KB251903

미국의 우생학

AMERICAN EUGENICS
Copyright © 2003 by N. Ordover All Rights Reserved.
Licensed by the University of Minnesota Press, Minneapolis, Minnesota,
U.S.A Korean edition published by arrangement with University of
Minnesota Press through Danny Hong Agnecy,
Seoul Korean translation copyright © 2026 by Maybooks

이 책의 한국어판 저작권은 대니홍 에이전시를 통한 저작권사와의
독점 계약으로 오월의봄에 있습니다. 저작권법에 의해 한국 내에서 보호를 받는
저작물이므로 무단전재와 복제를 금합니다.

미국의 우생학

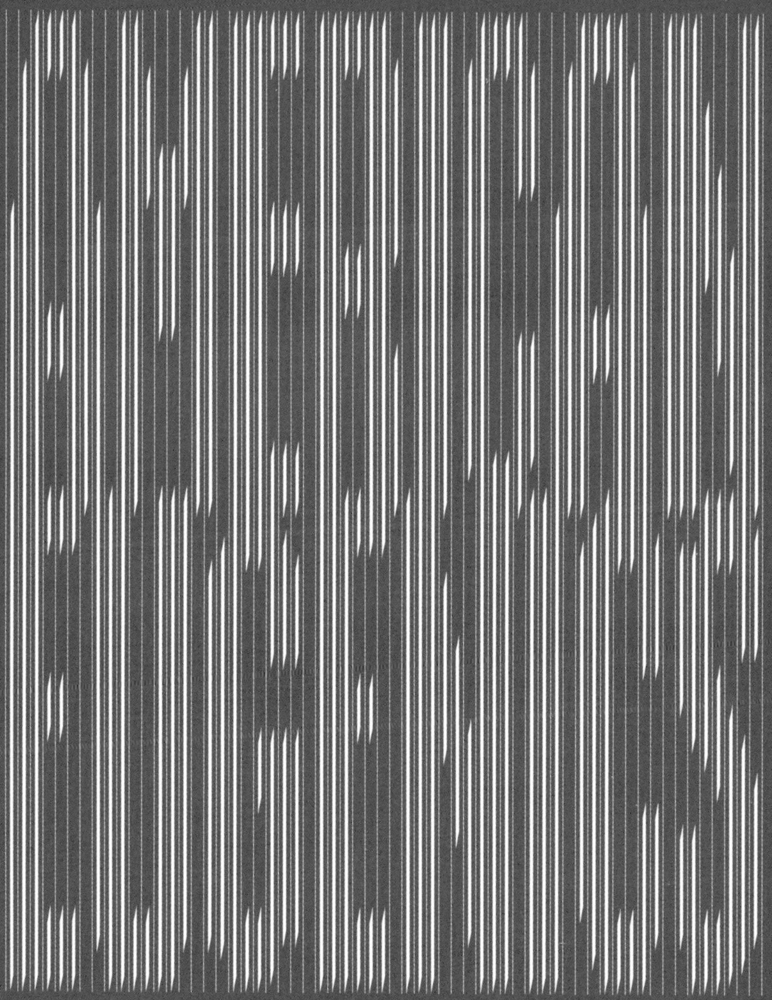

혐오와 차별은 어떻게 '과학'이 되었나

N. 오르도버 지음

김현지 옮김

오월의봄

모든 것을 가능하게 해주신 부모님, 로셸과 조던을 위해
그리고 조부모님 아브룸, 이타, 민들, 울프를 기리며

"내 평생토록 당신의 삶을 들으리라."

일러두기

1. 미주는 저자, 각주는 옮긴이의 것이다.
2. { }로 표시된 것은 저자의 첨언, [ ]로 표시된 것은 옮긴이의 첨언이다.

《미국의 우생학》은 20세기 말에 집필되어 21세기 초에 처음 출판되었습니다. 이 책에서 다룬 내용이 20년 넘게 지난 현재 시점에도 너무나 시급한 쟁점이라는 사실에 슬픔과 분노, 두려움을 느낍니다. 하지만 그리 놀랍지는 않습니다. 이 서문에서 초판 줄간 후 시간이 흐르며 달라진 용어들, 과거 했던 예측 중 맞은 것과 빗나간 것, 그리고 부득이하게 초판에 담지 못했던 내용들만을 이야기할 수 있다면 좋겠지만, 그럴 수가 없습니다. 2003년 첫 출간 이후, 특히 2016년과 2024년 미국 대통령 선거를 기점으로 우생학과 그 이데올로기적 동조자들은 잔혹함과 끈질김, 악의를 노골적으로, 심지어는 즐기기라도 하듯 드러내왔으니까요. 그들은 미국의 거리거리를 말 그대로, 또 은유적으로도 휩쓸고 있습니다. 지금 이 글을 쓰는 2025년의 마지막 몇 주에 접어

들어서는 '휩쓴다'는 문자 그대로의 현실이 은유를 압도하고 있습니다.

지금 미국에서는 양심을 가진 사람들, 혹은 사회적으로 취약한 사람들, 혹은 그 둘 모두에 해당하는 사람들이 두려움과 분노, 고통, 그리고 극도의 피로 속에 살고 있습니다. 그 이전이나 그 사이의 시기에 잠시라도 숨을 돌릴 여유가 있었다는 말은 결코 아닙니다. 우생학에 힘을 주고, 또 우생학으로부터 힘을 얻는 이데올로기들이 조용했거나, 약해졌거나, 혹은 잠잠히 웅크리고 있었다는 말은 더더욱 아닙니다. 그 이데올로기들이 만연했던 시절을 우리가 돌아가야 할 '황금기'로 묘사하는 것은 잘못된 일입니다. 우리는 그보다 더 나은 것을 위해 싸워야 하니까요.

이 책에서 다루는 우생학운동에 의해 형성되기도, 그 운동의 본질과 성격을 규정하기도 한 것과 동일한 젠더 불안과 인종적 공포, 국가주의적이고 토착주의적인 환상들은 도널드 트럼프가 두 번째로 절대적 권력의 자리에 오른 지금, 노골적인 파시즘과 거리낌 없는 백인우월주의 정책을 공격적으로 실행하는 민첩한 도구가 되어주었습니다. 이 체제를 단순히 멈추는 데 그치지 않고 완전히 해체하는 데 우리는 온 힘을 쏟아야 합니다.

정당을 막론하고 모든 미국 행정부는 반이민 합의를 매섭고도 단단하게 이어왔습니다. 흑인을 비롯한 유색인의 몸은 병리화되고 범죄화되었습니다. 성 정체성은 구획되고 법으로 규제되며 감시와 통제의 대상이 되었습니다. 억류되거나 수감되거나 병원에 있는 가난한 여성과 여자아이들에 대한 단종수술이 시행되었습니다. 퀴어를 제거하기 위한 입법적 조치들이 이뤄졌습니다. 사회적으로 구성된 범주가 마치 생물학적 사실인 양, 생물학이 운명인 양 이야기되며, 우리 중 많은 이가 감염자이자 감염시키는 자, 국가의 건강을 위협하는 존재로 규정되어 통제, 격리, 근절, 심지어 절멸되어야 마땅하다는 주장이 온갖 방식으로 계속되고 있습니다. 우리는 이러한 체제 장치들이 그대로 지속되도록 내버려둘 수 없습니다.

작금의 상황은 권력의 중심 안팎에 모두 존재하는 '억울한' 백인 기독교 국가주의자들의 무분별함이 되살아난 것일 뿐입니다. 횃불을 든 무장한 폭도들이 목이 터져라 환호하는 광경을, 정치인과 팟캐스트 진행자들이 아이티 공동체와 아프리카계 미국인 투표 관계자들을 향해 폭력을 선동하는 행태(소름 끼치는 단골 수법이지요)를 우리는 지켜봐야 했습니다. 그곳에서 사람들은 2021년 1월 6일의 미 국회의사당*보다 훨씬 더 보호받지 못한 채 폭력에 노출되었습니다. 금서 지정과 신지어 화형식까지 벌어졌습니다. 비백인·비기독교인·비이성애자들이 몸에 대한 지명적 공격이 끊이지 않았습니다. 장애인의 생명과 가치를 의심하는 위험하고 기만적인 담론도 고개를 쳐들었습니다. 이 모든 일

---

* 2021년 1월 6일, 2020년 대선 결과를 의회가 인준하는 데 반대하며 트럼프 지지자들이 미 연방 의회에 난입해 폭력을 행사했다. 의회 곳곳에서 물리적 충돌이 발생해 다수의 사상자가 발생했다. 트럼프는 의회 폭동 직전 지지자들을 대상으로 한 집회에서 부정선거를 주장하며 의회 행진을 독려했다. 이에 폭동 사태 책임론이 대두됐고, 대선 전복 시도 혐의로 수사를 받기도 했다. 그러나 2024년 대선에서 트럼프가 다시 당선되면서 관련 수사나 재판은 중단됐고, 이미 유죄를 선고받은 폭동 가담자 상당수가 사면됐다.

들은 미국사회를 다시 한번 일깨우며 우생학의 재앙을 주목하게
만들었습니다.

　우생학의 재앙에 다시금 주목하게 되는 것은 무엇보다도 미
전역의 라틴계 개인과 공동체에 마구잡이식으로 가해지고 있는
공포의 통치 때문입니다.[1] 물론 그게 전부는 아니지만 말입니다.
복면을 쓴 정부 요원들의 급습과 공격, 납치가 벌어지고 있습니
다. 이민자이거나 혹은 인종적 프로파일링을 통해 이민자로 인
식되는 우리 이웃과 친구, 가족들이 체포되고 행방불명되고 있
습니다. 우생학 담론의 끔찍하고도 논리적인 결말을 잊고 있었
던 사람들에게 경각심을 불러일으킨 사건임이 틀림없습니다.

　현재 백악관을 점유하고 있는 사람은(참고로 이스트윙*은 완전
히 철거해버렸지요) 선별된(즉, 백인) 미국인들이 '우수한 유전자'를
가지고 있다고 공언하며 2024년 대선을 앞두고 이민자들이 나
라의 "혈통을 오염시키고 있다"고 선언했습니다.[2] 그러니 그의
두 번째 임기가 시작된 지 1년도 채 되지 않아 미국이 수용할 난
민 수를 연간 7500명으로 제한한 것이나 취임 직후 몇 주 만에
남아프리카 출신 백인들의 입국과 재정착을 신속히 추진한 것
도 놀랄 일은 아니지요. 그의 첫 번째 임기 동안 연방 요원들이
멕시코-미국 국경에서 가족 분리 정책을 시행한 것도 마찬가지

---

*　백악관 동관에 해당하는 이스트윙은 영부인 집무실 등 친교, 의전 기능 중심의 공
간으로 역사적 의미가 크다. 2025년 10월 트럼프 행정부는 백악관 내 대형 연회장 건설
계획에 따라 이스트윙 철거를 단행했다. 이는 절차적 요건을 갖추지 않았다는 점, 역사
보존을 무시했다는 점에서 비난을 받고 있다.

입니다. 이 글을 쓰고 있는 지금도 수천 명의 아이들이 아직 부모와 재회하지 못했습니다. 그는 이 짧은 글에서 하나하나 이름을 밝히기에는 너무 많은 우생학자, 공개적 나치 지지자, 백인 우월주의자, 반反트랜스 극단주의자들의 조언을 받고 있고, 또 그런 사람들을 대거 권력의 자리에 임명했습니다. 현 대통령이 충실히 따르고 있는 약 900쪽 분량의 정책 청사진인 프로젝트 2025Project 2025의 설계자 및 기여자들,[3] 그리고 보건복지부 장관도 포함해서 말이지요. 그는 인준 청문회에서 흑인이 백인보다 면역력이 강하므로 백인과 동일한 백신 접종 기회를 줄 필요가 없다고 거듭 말했고,[4] 근본적으로 우생학에서 장애인에 대해 주장하는 것과 맞닿아 있는 언어로 자폐인들을 비하했으며,[5] 코로나19가 중국인과 아슈케나지 유대인**은 피해가도록 인위적으로 만들어졌다고 주장하기도 했습니다.[6]

지난 10개월, 즉 새 정권 출범 이후 첫 10개월 동안 실행된 수사적·행정적·입법적 맹공 그리고 인권과 인간 존엄성에 대한 고의적이고 무자비한 무시는(경우에 따라 사실상 사형신고와 나름없지요) 일탈적인 행위가 아니라 공격이 전면적으로 확대된 것입니다. 21세기 미국의 많은 사람들은 상황이 이 정도로까지 나빠지리라고는 보지 않으려 했지요. 대통령이 선거운동에서 이러한 조치들을 하나하나 실행하겠다고 장담했지만 말입니다. 하지만 역사적으로 우리 개개인과 공동체에 끊임없이 가해진 체계적 공

**   독일, 러시아 및 동유럽계 유대인. 근대 이후 사실상 유럽의 유대인과 동의어가 됐다.

격(물론 저항도 존재했지요)을 되돌아본다면, 작금의 상황은 충분히 예상할 수 있었던 일입니다. 우리가 지금 직면한 상황이 단순히 '예전과 다를 바 없는 일'이나 예전과 같은 정도의 문제라는 말이 아닙니다. '정도'의 문제는 중요합니다. 그것이 부분적으로라도 우리가 얼마나, 어떻게 살아남아 또 하루를 싸워갈 것이냐를 결정하기 때문입니다.

열렬히 환영하든 순수하게 믿기 힘들어하든, 아니면 소름 끼치도록 확신하든, 이 행정부의 의도는 결코 의심할 여지가 없었습니다(M. 게센M. Gessen의 말을 빌려 표현하자면, 독재자가 자신이 누구인지 말할 때는 믿어야 하는 것이지요).[7] 선거 결과가 확정된 순간 우리는 앞으로 어떤 일이 벌어질지 이미 알고 있었습니다. 그것이 얼마나 빠른 속도로 일어났는지, 또 지금도 계속해서 현실화되고 있는지가 놀라울 뿐이지요. 그 속도가 너무나 빨라서 잉크가 채 마르기도 전에 이 다소 개괄적인 서문마저 현 상황에 뒤떨어진 것이 되어버릴 정도이니까요.

한 주 동안 벌어지는 사건의 홍수를 따라잡을 만큼 빨리 글을 쓰는 것도 어렵고, 20여 년 전 《미국의 우생학》이 출간된 이후 벌어진 일들을 다 다루기는 더더욱 불가능합니다. 2023년 초, 출판사 오월의봄에서 한국어판을 내고 싶다는 연락을 처음 받았을 때 저는 이미 팬데믹을 구실로 이민자(난민과 망명자 포함)를 정책적으로 배척하고 비방하며, 아시아계 미국인 공동체를 실제로 희생시키는 나라에서 살고 글을 쓰고 있었습니다. 진화론, 기후변화, 역학疫學과 같은 과학은 한낱 사견으로 폄하되고 교육과정에서 배제되는 한편(비판적 인종 이론 그리고 퀴어, 특히 트랜스젠더의 존재를 인정하는 내용도 모두 마찬가지였지요), 생물학적 결정론 주장은 강하게 자리 잡고 있었습니다. 정부 개입을 비판하는 지역사회가 점점 더 늘어났지만, 동시에 여성과 트랜스젠더 및 인터섹스 청소년의 몸에 대한 난폭한 침범을, 특히 블랙 라이브스 매터Black Lives Matter*에 대한 백래시가 계속되면서 아프리카계 미국인 다수 거주 지역에 대한 폭력적 개입을 부르짖는 목소리도 높아졌습니다. 일부 주에서는 재생산 권리와 자유가 사실상 박탈되었으며, 보수 성향의 의회와 주지사들은 학교, 도서관, 언론에서 자신들에게 반대하는 진보적 의견과 다양성의 표현까지도 제거하려고 나섰습니다. 이런 반동적 충동과 그러한 충동이 반영된 공공 정책을 정당화하고 심지어 만들어내는 과정에 비록 항상 명시적으로 드러나지는 않을지라도 우생학이 깊숙이 자리 잡고 있다는 사실은 쉽게 확인할 수 있습니다.

오늘날 노골적으로 우생학을 언급하는 목소리를 못 듣고 지나치기란 불가능합니다. 이 서문을 마무리하는 시점에도 미국 국무장관은 우생학적 사고가 반영된 100년도 넘은 이민정책을 되풀이하는 지침을 발표했습니다. 그에 따라 흔하고 만성적인 건강 문제를 가진 비자 신청자는 미국 납세자에게 '부담'이 될 것

---

* 아프리카계 미국인에 대한 경찰의 과잉 진압에 항의하는 시민불복종운동이다. 2013년 소셜미디어상에서 처음 사용되기 시작한 이 해시태그와 구호는 이 운동의 상징과도 같다. 2020년 5월 미국 미네소타주 미니애폴리스에서 조지 플로이드가 체포되던 중 질식사당한 사건과 이에 항의하는 시위가 발생하면서 전 세계적으로 주목을 받았다.

이라는 그럴듯한 이유로 이민 및 비이민 비자를 모두 거부하고, 장애가 있는 부양 자녀를 둔 신청자는 입국 자격이 없는 것으로 간주한다는 지시가 영사관과 대사관에 내려졌습니다.[8]

이제 간략하게나마 우생학이 사회정치적 통제의 집행자이자 대리인으로서, 즉 누가 국가를 구성하는지, 누가 안전하고 누가 위험한지 감시하고 규제하는 역할을 어떻게 수행하는지 이야기해야 할 것 같습니다. 이미 다른 이들이 지적했듯이 우생학은 매우 시각적인 이데올로기이며, 최근 미국 노동부의 소셜미디어 캠페인 이미지는 이를 잘 보여줍니다. 1930년대 선전 포스터 스타일로 제작된 이 이미지들은 아리안계로 추정되는 백인 남성들을 등장시키며 "조국의 미래를 세우라Build Your Homeland's Future", "당신의 국가가 당신을 필요로 한다Your Nation Needs You"라는 문구를 담고 있습니다.[9] 한편, 국토안보부는 이민세관단속국ICE 요원을 모집하면서, 18세기 백인 '개척자' 가족이 덮개가 씌워진 마차 뒤 칸에 탄 이미지를 배치하고 "조국의 유산을 기억하라Remember your Homeland's Heritage"{원문 그대로임}라는 문구를 썼습니다.[10]

결코 존재하지 않았던 허구적 과거를 그리워하는 이러한 향수는 단순히 외부인을 쫓아내려는 것에 그치지 않습니다. 이는 백인 기독교 토착주의적 국가주의를 확산시키는 것, 즉 미국이 '되돌아갈' 수 있는 나라의 모습을 제시하려는 것입니다. 인종, 종교, 민족, 성별, 언어, 이념적으로 '순수한' 국가가 바로 그것이지요. 하지만 그것은 실제 존재한 적도 없습니다. 상상의 완전한 동질성으로의 회귀야말로 근본주의의 정의인데, 그런 근본주의만

부상한 것은 아닙니다.

2024년 선거를 앞둔 몇 달 동안, 트랜스젠더 공동체에 대한 공격이 격화되었습니다. 추악한 비난, 공공연한 협박, 터무니없는 주장들이 우리 공동체를 표적으로 삼으며 선거 캠페인의 중심으로 떠올랐고, 2025년 1월 20일 자 행정명령을 시작으로 본격적으로 정책화되었습니다. 트랜스젠더를 희생시키거나 제거하려는 이들을 두고 흔히 "반反젠더 이데올로기"를 퍼뜨린다고 말하지만, 이는 잘못된 표현이며 문제의 위험성을 과소평가하는 말입니다. 트랜스젠더 혐오적 공격을 가하는 이들은 "반젠더적"인 것이 아닙니다. 그들은 규범적 젠더 순응으로의 회귀를 열광적으로 추구하는 **젠더 근본주의자들**이며, 이는 일종의 젠더 본질주의라고 할 수 있습니다. 그리고 본질주의는 우생학의 핵심 요소이지요.

이 책에서는 또한 우생학이 새로운 기술을 얼마나 민첩하고 탐욕스럽게 흡수하고 무기화하는지도 다루고 있습니다. 새로운 기술들은 우생학의 목적을 위해 눈부신 속도로 적용되고 있으며, 이는 행정부의 정치적 성향과는 무관합니다. 2020년에서 2024년 사이, 세관국경보호국CBP은 국경 검문소에서 미국 시민 수천 명의 DNA 샘플을 불법적으로 수집했습니다.[11] '생체 인식 출국Biometric Exit' 프로그램하에서는 연방 요원들이 출국하는 모든 승객을 촬영하고 그 이미지를 안면 인식 시스템에 입력합니다. 미국 시민이 아닌 이들의 사진도 최대 75년 동안 데이터베이스에 보관될 수 있습니다.[12] 대서양 건너 유럽연합도 비회원국 시민이 회원국 국가에 입출국할 때 생체정보를 제출하도록 요구하는 입출국 시스템을 도입하고 있습니다.[13] 2025년 11월, 미국 행정부는 국토안보부가 "나이, 이민 신청 여부, 기타 요청과 관계없이 모든 개인"으로부터 생체정보를 수집할 수 있도록 권한을 확대하는 규칙 개정안을 발표했습니다. 여기에는 "관련된" 미국 시민이라는, 정의가 불분명한 범주도 포함됩니다. 이러한 권한 확대의 명시적 목적 중 하나는 DNA를 활용해 출생 시 지정된 성별('생물학적 성별')을 확인하고 가족 관계를 파악할 수 있도록 하는 것입니다.[14] 무제한적이고 무비판적인 AI 도입은 국경을 넘거나 넘으려는 사람들에 대한 감시·통제·남용의 체계가 기하급수적으로 확대될 것임을 시사합니다. 이것이 개인의 몸과 우리가 속한 인류 전체에 미칠 영향은 단순히 불길한 예측이 아니라 이미 현실로 나타나고 있습니다.

이 짧고 부족한 서문이 작성된 시점과 실제로 한국어판이 출판될 날 사이에 무슨 일이 일어날지, 무엇이 펼쳐질지는 저도 알 수 없습니다. 우리가 너무도 잘 알듯이 우생학이나 국가주의는 미국에만 국한된 것이 아닙니다. 제노사이드, 극우 정당의 부상, 전 세계 이주민들을 향한 악의에 찬 경멸을 우리 모두 목도하고 있습니다. 어디에 살고 있든 우리는 여전히, 또다시 살인적인 시대를 버티고 있습니다.

제가 거주하는 도시의 거리에서는 숨 막힐 듯 생생한 공포감이 느껴집니다. 그리고 이는 철저하게 의도된 것이지요. 사유하는 한 사람으로서, 저는 두렵습니다. 하지만 절망하지는 않습니다. 지금은 역사학자에게 분명 위안이 되는 순간은 아니지만, 저는 평생 저항을 배우며 살아온 사람입니다. 역사의 수레바퀴는 반드시 돌아갈 것이고, 우리가 그렇게 할 것입니다. 우리 공동체와 운동은 살아남을 것입니다. 다만, 우리 운동과 공동체 안에서 쓰러져가는 사람들이 늘어날수록 뜬눈으로 밤을 지새우는 날들이 길어져만 갑니다. 지금 이 순간, 우리가 우생학과 그것이 놓인 체계에 맞서려 한다면, 다음 세 가지를 해야 합니다. 첫째, 이 정권의 정책과 조치에 대해 가시적으로, 끈질기게 저항해야 합니다. 둘째, 파시즘적 담론, 전체주의의 점진적 수용, 그리고 어떤 공동체든지 그 공동체를 비인간화하려는 시도의 정상화를 허용해서는 안 됩니다. 마지막으로, 최대한 많은 사람을 최대한 오래, 안전하게 지켜내야 합니다.

그렇습니다. 우리는 우생학이 국가주의, 인종주의, 그리고 여기에 얽힌 모든 구조적, 제도적 적대감의 발현인 백래시를 정당화하려는 시두를 똑똑히 확인하고 있습니다. 하지만 그것이 지금 이곳에서 벌어지고 있는 일의 전부는 아닙니다.

지난 몇 년 사이 이러한 시도들은 눈치를 본다든지, 대놓고 하지는 않는다든지 하는 최소한의 염치마저 내버리고 더욱 대담해졌습니다. 그러나 이런 시도들이 맹렬히 공격하는 운동들 또한 성장했습니다. 시민권과 정치적 권리를 위한 운동, 해방과 주권을 위한 운동, 정의와 다양성을 위한 운동 말입니다. 우리의 집단적 창의성과 강인함이 사방에서 뿜어나오는 것이 보입니다. 우리는 우리의 존재를 감추지 않았고, 우리의 활동에 따라붙는

위협에 굴복하지 않았으며, 우리의 분석 안에 갇혀 있지 않았습
니다.《미국의 우생학》이 우리 모두의 앞에 놓인 과업에, 이 시대
에 필요한 연대와 공감에 작게나마 기여할 수 있다면 더 바랄 것
이 없겠습니다. 제 작업이 독자들에게 울림을 줄 수 있다고 믿고
한국어판을 출간한 오월의봄에 깊은 감사를 전합니다.

2025년 11월
뉴욕 브루클린에서
N. 오르도버

차례

한국어판 서문 · 7

들어가는 말 · 23

1부 국가적 위생: 20세기 이민과 우생학 로비

1장 국가를 상상하기 —————————————— 61

2장 용의주도한 히스테리 ————————————— 73

3장 내부의 이민자 —————————————— 115

4상 파이어니어펀드: 과학적 인종주의와 우생학 기금 ——— 139

5장 무분별한 친절과 헤픈 감상주의: ——————— 149
　　 '박애주의적' 충동과 싸우기

6장 끝나지 않은 공황 상태 ————————————— 155

2부 퀴어 해부: 100년의 진단, 해부, 그리고 정치 전략

7장   구원자로서의 과학 —————————————————— 163

8장   일탈을 상세하게 서술하기: 도덕적 명령, ————————— 183
       유전적 전제, 그리고 법의 자구

9장   생물학 변명가들: 호소와 오산 ——————————————— 207

10장 젠더, 인종, 그리고 은유의 전략 ——————————————— 217

11장 동성애와 생체/정신 병합: 인과론의 가산적 모형 ————— 243

12장 에이즈, 백래시, 그리고 해방적 생물학주의라는 신화 ——— 275

3부 단종수술과 그 너머: 테크노픽스라는 자유주의적 호소

13장 자유주의의 맹점 ——————————— 287

14장 벽 대 벨과 그 이전 ——————————— 297

15장 마거릿 생어와 우생학의 합의 ——————— 305

16장 신체적 후유증: 인종주의, 우생학, 그리고 ——— 345
2차 세계대전 이후 자유주의적 공범들

17장 새로운 테크놀로지, 오래된 정치: 노플란트와 그 너머 —— 383

18장 장애와 우생학: 변함없는 합의 ——————— 413

19장 퀴나크린, 다가오는 공세 ————————— 427

나오는 말 · 433

감사의 말 · 451

옮긴이의 말 · 455

주 · 463

찾아보기 · 551

여러분은 여러분이 키우는 소 품종에 대해 이야기하지요

그리고 더욱 혹사시킬 계획을 세우지요

방목장 풀을 두 배로 늘리고

곡초를 수북이 쌓고

외양간과 축사를 더 좋게 만들려고

국가의 지혜를 짜내지요

하지만 내 형제여,

인간 품종을 개선하기 위해

여러분은 무엇을 하고 있나요?

—로즈 트럼볼Rose Trumball, 〈미국인들에게To the Men of America〉

1994년 10월 16일, 《뉴욕타임스 북 리뷰》는 표지 전면에 바로 눈앞에서 펼쳐지듯 생생한 총천연색 DNA 이중나선구조를 자랑스럽게 내걸었다. 거기엔 "유전자는 우리를 얼마만큼 결정할까?How Much of Us Is in the Genes?"라는 표제가 달려 있었다. 그 일요일 자 서평에선 해당 주제에 관한 책을 자그마치 다섯 권이나 다뤘는데, 가장 눈에 띄는 책은 찰스 머리Charles Murray와 리처드 헌스타인Richard Herrnstein이 쓴 《종형 곡선The Bell Curve》이었다. "집단의 지능과 에스니시티ethnicity[또는 민족성, 소수민족]를 건드리는 쟁점들을 입 밖에 내는 것은 지난 30년간 인기도 없었고 안전하지도 않았으나, 이 학자들은 이제 정치적으로 비난받을 위험을 감수하고서라도 용감히 싸울 때가 됐다고, 사회 통념을 폐기하고 통계적 증거와 정면으로 씨름할 때가 왔다고 주장한다."[1] 이 열렬한 찬사를 보낸 《뉴욕타임스》 서평자는 최근 구체적으로 모습을 드러내고 있지만 결코 참신하지는 않은 이데올로기를 높이 평가하고 있었다. 바로 과학적 인종주의였다. 《종형 곡선》은 지능을 (아이큐 검사로) 정량화할 수 있다, 아프리카계 미국인은 이 검사에서 백인 미국인보다 평균 15점 낮은 점수를 받는다, 그리고 이 격차는 유전자 때문이다, 라는 게 주요 내용으로, 낡은 주장들을 되풀이한 것에 불과하다.

몇 쪽 뒤에는 딘 해머Dean Hamer와 피터 코플랜드Peter Copeland가 쓴 《욕망의 과학The Science of Desire》에 관한 서평이 실렸는데, 이 책역시 유전을 주제로 삼아 '게이 유전자'를 탐구하는 해머의 연구를 집중적으로 다뤘다.[2] 당시 해머는 동성애의 생물학적 혹은 생리학적 근원을 규명하는 데 몰두하는 이론가들의 기나긴 대열에서도 가장 근래의 인물이었다. 이 책들이 동시에 등장한 것, 방송 매체에서 차례로 대대적인 환영 세례를 받고 미국의 모든 주요 잡지의 표지를 장식한 것은 우연이 아니다.[3] 우생학은 아마도 그 신조나 의도로 보자면 20세기 초반에 더 공공연한 운동이었겠 지만, 여전히 우리 가까이에 살아 숨 쉬고 있었다. 우생학을 향한 존경이 되살아나 마음껏 분출되고 있는 모양새였다.

초창기 우생학 지지자들은 과학자, 정치인, 의사, 성과학자, 정책 수립자, 반동주의자 및 개혁주의자 계층 출신으로, 선택교 배를 통해 인간이 스스로의 진화를 주도할 수 있고 또 그래야 한 다고 주장했다. 그들은 대부분 북유럽인 및 앵글로색슨인의 우 월성을 믿었고, 이 때문에 이민 제한을 선동했으며, 인종간혼합 금지법antimiscegenation laws*을 지지했다. 우생학자들은 빈민, 장애인, 그리고 '부도덕한' 사람에 대한 강제 단종수술을 옹호했다. 그들 이 제정한 법률, 그들이 뒷받침한 개입, 그들이 지시한 의료 요법 은 지능부터 섹슈얼리티, 빈곤, 범죄에 이르기까지 몽땅 유선에 서 기인한다는 믿음에서 비롯됐다.

이런 전제와 그에 따른 정책 권고 사항들은 프랜시스 골턴 Francis Galton이 1883년 '우생학'이라는 용어를 창안한 이래 크게 변 하지 않았다. 《종형 곡선》과 《욕망의 과학》에 대한 긍정적 반응

---

* 비백인, 특히 흑인과 백인 간 성관계나 혼인 또는 출산을 금지하는 법률을 말한다. 17세기 중후반부터 초기 13개 식민지 정부들에 의해 북미에 처음으로 도입됐으며, 그 이 후로 미국의 여러 주 및 미국령 정부들로 확대되어 1967년 미 대법원의 위헌 판결로 폐 기될 때까지 효력을 유지했다.

은 우생학에 바탕을 둔 중상모략이 어떻게 재탕되고, 대중이 소비할 수 있게 다른 모습으로 포장되어 용감하고 획기적이고 타당하다고 칭송받을 수 있는지 잘 보여주는 실례다. 무시무시하게 들리는, 살짝 축약된 말들을 제외하면 아마 새로운 점은 아무것도 없을 것이다. '우생학'이라는 단어를 사용하는 것은 꺼리지만 '인지적 엘리트'나 '인지적 결점'과 같은 표현이 일부 집단에서 통용되기 시작했고, 그와 더불어 '발생장애dysgenesis'*(한 세대에서 다음 세대로 유전될 수 있다고 주장되는 형질의 퇴화를 가리키는 말로, '인지'의 경우를 예로 들면 아이큐 점수가 높은 사람들이 점수가 낮은 사람들과 결합할 때 아이큐가 전반적으로 낮아진다는 뜻이다)와 같은 용어도 부활했다.

여기서 잠시 멈춰 사회다윈주의를 추종하는 이 무례한 언동들이 얽히고설키는 현 세태 속에서 나 자신이 서 있는 위치를 밝히는 게 좋겠다. 그래야 솔직하게 다 터놓고 이야기할 수 있을 테니까 말이다. 나는 유대인이며 퀴어다. 20세기의 시작과 끝에서 우생학의 버림받은 자라는 달갑지 않은 영예를 안고 있는 그 사람들 속에 또 다른 내가 보인다. 유대인 이민자의—사실상 남동부 유럽, 라틴아메리카, 아시아 출생 이민자는 모조리—인지능력이 제한돼 있다는 견해가 사람들에게서 지지를 얻었고, 그런 주장을 한 사람들은 스스로를 존경의 대상으로 만들었다. 그들은

---

* 19세기 말부터 사용된 용어로, 이상, 결함을 뜻하는 'dys'와 기원, 발생을 뜻하는 'genesis'가 결합된 형태다. 배아기 동안에 기관이나 장기가 비정상적으로 발달하여 생기는 장애를 일컫는다.

20세기 초반 수십 년간 가난한 토착민과 인종화된racialized 사람들을 공격함으로써 세력을 확장했고, 그렇게 공세를 한층 강화했다. 레즈비언, 게이, 바이섹슈얼, 트랜스젠더를 향한 공격이 확대되는 현상은 1990년대가 저물어가는 시점에 동성애의 유전적 근원을 규명하는 온갖 과학 자료가 급증하는 현상과 절묘하게 맞아떨어지는 것처럼 보인다. 나의 과거와 미래에 대한 감각이 이 프로젝트를 시작하게 만든 동기였다는 점은 부인할 수 없다.

내가 연구를 시작한 1990년대 중반은 우생학 프로젝트들이 일부 정치 영역에서 엄청난 지지를, 다른 정치 영역에서는 뜨뜻미지근한 인정을 받고 있을 때였다. 당시 내가 살던 캘리포니아 주에서는 어느 백인 판사가 한 아프리카계 미국인 여성에게 [피하 이식 피임제인] 노플란트Norplant**를 삽입하라는 판결을 내렸다. 또, 주민투표발의안 187호Proposition 187, 즉 미등록 이주민으로 의심되는 사람에게는 이제껏 법적으로 보장됐던 필수 서비스를 보장하지 않는 법안이 인종 기반 지능 연구를 후원하는 어느 재단의 상당한 기부금에 힘입어 압도적 표차로 통과됐다. 그때 내가 거주하던 도시에서는 생물학을 바탕으로 한 동성애에 관한 새로운 이론들이 저마다 1면 머리기사로 보도됐다. 과거에도, 오늘날에도 이처럼 모든 것을 생물학에 고정시키려는 열기는 가라앉은

** 노플란트, 데포-프로베라, 퀴나크린 등 화학적 피임제 및 단종 수단을 둘러싼 논의들은 이 책 3부 16장 '신체적 후유증: 인종주의, 우생학, 그리고 2차 세계대전 이후 자유주의적 공범들', 17장 '새로운 테크놀로지, 오래된 정치: 노플란트와 그 너머', 18장 '장애와 우생학: 변함없는 합의', 19장 '퀴나크린, 다가오는 공세'에서 더 자세하게 전개된다.

적이 없었다. 그저 잠시 묻혀 있었을 뿐 다시금 세상의 빛을 보게된 이 열풍이 그것을 불러일으킨 역사적 순간의 산물일 뿐이라고 나는 생각하지 않는다. 그 열정은 우연이 아니며, 사라지지도않는다.

우생학이 오랫동안 호소력을 발휘한 까닭은 우생학이 현상 유지를 꾀할 뿐만 아니라 구조적 원인을 분석하는 대신 개인이나 집단의 '결함'을 강조하며, 사회 및 제도의 근본적 변화보다 과학적, 기술적 구제책을 강력히 주장하기 때문이다. 우생학은 주변화된 집단이 실제로 이익을 얻거나 혹은 그렇다고 인식됨으로써 주류가 불안해하는 시대에 번성했고, 그럼으로써 보수주의자들에게 매력적인 도구가 됐다. 소송 당사자와 활동가, 의사, 변호사들이 아프리카계, 라틴아메리카계 미국인, 아메리카 토착민인 여성과 여자아이를 대상으로 벌어진 우생학에 기반한 강제 단종수술을 입증한 지도 벌써 수십 년이 흘렀지만, 노플란트는 여전히 사법부와 의료계의 전폭적인 지지를 등에 업고 보수 정치인과 진보단체의 축복 속에 동일한 집단에게 강제되기 시작했다. 퀴어가 수 세대에 걸쳐 병리화에 저항하고 스톤월 항쟁 Stonewall uprising*이 촉발된 지도 정확히 25년이 지난 지금, 정치, 사

---

* 스톤월 항쟁은 1969년 6월 28일, 뉴욕 그리니치빌리지에서 성소수자들이 즐겨 찾던 술집인 스톤월인을 경찰이 불시 단속하면서 시작됐다. 경찰이 종업원과 손님들을 술집 밖으로 거칠게 끌어내 연행하면서 단골과 이웃 주민들이 들고일어났고, 6일간 인근 거리와 공원에서 격렬한 시위와 충돌이 발생했다. 미국은 물론 전 세계에서 동성애자 권리운동을 촉발하는 계기가 됐다.

회, 문화 영역에서 퀴어의 존재가 점점 더 가시화하는 때에 《욕망의 과학》이 무대에 등장해 우리[퀴어]를 나머지 인류와 유전적으로 완전히 다른 존재라고 낙인찍는다. 우생학이 다시 한번 대중적으로 급부상하고 있다.

이처럼 종종 불명예를 안으면서도 결코 활동을 멈춘 적이 없는 사고 체계의 끈질긴 생명력을 이해하기 위해서는—단순히 범주로서뿐만 아니라 우생 치료에 몰두하는 국가 권력체state의 이데올로기적 무기로서—인종, 젠더, 계급, 섹슈얼리티가 국가 공동체nation에 통합되는 상황을 제대로 파악해야 한다.[4] 1부 '국가적 위생: 20세기 이민과 우생학 로비'는 국가주의nationalism[또는 민족주의, 내셔널리즘]에 이바지하기도, 국가주의의 도움을 받기도 한 우생학에 대해 살펴본다. 국민 건강과 국민성의 신성한 수호자인 우생학은 100년이 넘도록 [이민에 대해] 제한주의적인 로비와 같은 기능을 수행했으며, '부적자不適者, the unfit'의 이민이 줄지 않을 경우 나라의 혈통이 비참한 결과를 맞을 것이라고 예측했나. 선전한 몸과 건전하지 않은 몸을 구성하는 것이 무엇인기에 대한 우생학적 판단은 입법 논의에 반영되어 이민자를 정치체body politic 내에서 오염된 자이자 동시에 정치체를 오염시키는 자로 구성해냈다. 우생학자들과 그 동조자들은 흑인 대이동 기간에 미 북부로 향하던 남부 흑인을 포함해 북서부 유럽 출생이 아닌 사람을 샅샅이 가려냈다. 찰스 밀스Charles Mills는 법적으로 백인의 우월성을 승인했던 시대에 대해 "이 시기는 사회적 투명성이라는 큰 미덕이 있었다. …… **하위** 텍스트를 따로 찾을 필요도 없었던 것은

그것이 텍스트 그 자체 내에 있었기 때문"이라고 썼다.[5]

과학이 정점에 이르렀던 시기에 우생학은 과학의 일부였다. 그리고 배외주의자와 우월주의자들만 과학을 소환한 것은 아니었다. 예나 지금이나 여전히 과학은 핍박과 변호에 동시에 사용된다. 2부 '퀴어 해부: 100년의 진단, 해부, 그리고 정치 전략'*은 동성애에 대한 과학적 판단을 의료계 쪽에서 그리고 퀴어와 앨라이 쪽에서 어떻게 이용하는지 살펴본다. 의료계가 레즈비언, 게이, 바이섹슈얼, 트랜스젠더를 비롯한 젠더 위반자를 모조리 적대시했다고 한다면, 퀴어와 그 앨라이는 사회적으로 받아들여지기 위해 오랫동안 동성애에 대한 우생학, 정신의학, 호르몬 이론에 의존했고 이제는 유전론에 의지하고 있다. 두 경우 모두 과학은 구원자로서, 어떤 입장이냐에 따라 동성애를 바로잡거나 아니면 동성애 혐오를 바로잡는 치료책이 됐다. 그리고 양쪽 다 결과는 처참했다.

마지막으로 3부 '단종수술과 그 너머: 테크노픽스라는 자유주의적 호소'는 자유주의의 우생학 추동에 대해 살펴본다. 진보에 대한 계몽주의적 신념은 과학은 정치와 무관하다는 확고한 믿음을 뜻했다. 이런 신념은 과거 서로 다른 시기에 생물학 결정론을 고수하는 데 영향을 미쳤다.[6] 이는 기저에 깔려 있는 불평등

---

* 2부의 제목인 '퀴어 해부Queer Anatomy'에서 'queer'는 명사로도, 형용사로도 해석할 수 있다. 퀴어에 대한 해부학적, 의학적 논의들, 우생학적 사고의 진행을 따라가다 보면 그런 사고 및 논의 자체가 어떤 면에서 '퀴어하다(즉, 괴상하다, 괴이하다)'는 것을 느끼게 되기 때문이다.

[또는 불공평]을 개인에 초점을 맞춘 미봉책으로 해결하려는 자유주의의 부단한 노력과 결합돼 강제 난관결찰술**부터 데포-프로베라Depo-Provera*** 수용 명령에 이르기까지 인종, 계급, 장애에 바탕을 둔 단종 정책 지지로 손쉽게 옮겨갔다. 이 정책들은 '가난한 사람이 스스로를 도울 수 있게 돕는' 수단으로 그려졌다. 하지만 생물학주의와 공공 정책이 교차한 곳이라면 그곳이 어디든 가난한 사람들은 신체적으로나 정치적으로 무시무시한 대가를 치러야 했다.

미국의 이민에 관한 어떤 논문도 국가주의와 인종주의에 대한 논의 없이는 성립할 수 없다. 조지 모스George Mosse는 국가주의가 "그 시대의 주요한 운동 대부분을 흡수하는 경향이 있다"는 점을 지적했다.[7] 우생학도 이 흡수 과정에서 결코 예외가 아니었다. 우생학은 국가주의, 인종주의 프로젝트에서 실천적으로나 이론적인 프리즘으로써 중추적인 역할을 했으며, 나쁜 이데올로기들에 봉사하는 이데올로기였다. 에티엔 발리바르Etienne Balibar가 썼듯 "국민이 **그 자신**이기 위해서는 인종적으로든 혹은 문화적으로든 순수해야 한다".[8]

[순수해야 한다는] 이 강박적 명령은 사회집단이 인종화되는 직

**   난자를 자궁 쪽으로 내려보내는 난관(또는 나팔관)을 묶는 수술법.
***   호르몬 주사 피임법.

접적인 원인이다. 그 사회집단을 집단으로 만드는 특징은 그것
이 생활양식과 관련이 있든 신앙과 관련이 있든 아니면 에스닉
ethnic 기원과 관련이 있든 간에, 외부성과 불순성이라는 낙인으
로 주장될 것이다.[9]

발리바르가 주장하길, 이 명령의 핵심은 "**절멸** 내지 제거의
('배제적') 인종주의와 **억압** 내지 착취의 ('포함적') 인종주의로서, 한
쪽은 열등한 인종들이 표상한다고 여겨지는 더러움이나 위험으
로부터 사회체social body를 정화하는 것, 반면에 다른 한쪽은 사회
를 계층화하고 분할하는 것을 목표로 한다".[10] 우생학은 '포함적'
인종주의와 '배제적' 인종주의, 둘 다 활용하고 합리화했다. '포함
적' 인종주의의 유일하지는 않지만 가장 주목할 만한 수단은 85
년간 지속된 아이큐 검사였고(미국에서 이 검사의 원래 의도는 유대인,
이탈리아인, 슬라브인의 지적 열등함을 드러내고 조작하는 것이었다), '배제
적' 인종주의의 수단은 인종간혼합금지법, 강제 단종수술, 그리
고 1부의 핵심 내용인 이민 제한이었다.

1부 '국가적 위생: 20세기 이민과 우생학 로비'는 국가 건설
및 감시 감독에 우생학자들이 어떻게 기여했는지 알아본다. 이
를 위해 1917년과 1924년 이민법에 영향을 미친 반이민과 친우
생학의 수사학이 수십 년간 형태만 살짝 바뀐 채로 지속되었다
는 지점에서부터 논의의 포문을 열 것이다. 그리고 이런 입법을
허용했던 노골적인 백인우월주의와 외국인 혐오를 드러낼 것이
다. 또한 이민자를 인종에 따라 분류하고 국민성을 생물학적인

것으로 다루고 수치화하는 행태가 우생학 저널 지면과 미 의회 본회의장 양쪽에서 진행되었다는 점도 밝히려 한다.

우생학자들이 인종주의의 정당성을 '과학적으로' 입증하고, 노동운동, 환경보호주의, 도시 빈곤, 세계대전, 범죄, 질병, 그리고 인종 간 사회적 접촉에 대한 백인의 불안을 교묘하게 이용했다는 것은 그들 스스로가 남긴 기록물들에 잘 나타나 있다. 《유전학 저널 Journal of Heredity》(모태는 《미국 육종가 잡지 American Breeders Magazine》)과 《우생학 소식 Eugenical News》은 우생학자들의 운동을 재구성하고 그 운동에 그들 스스로 어떤 의미를 부여했는지를 파악한다는 두 측면에서 모두 연구에 필수적인 자료였다. 이 기록물들은 우생학자들의 제한주의적 의제 속으로 들어가기에 비할 데 없이 좋은 통로가 됐다. 더욱 중요하게도, 이 출판물들에 등장하는 다방면의 기고자군을 살펴봄으로써 우생학자들의 지지 기반이 광범위했음을 잘 알 수 있다. 우생학자들이 직접 남긴 기록을 살펴보거대, 그들은 적극적으로 자기 권력을 강회하는 경향이 있었다. 스스로의 정치적 영향력을 과장함으로써 언을 것이 많았기 때문이다." 의회 기록으로 남은 증거가 없었다면, 정치적 타당성에 대한 우생학자들의 주장은 그저 거드름을 피운 것으로 쉽게 치부됐을 수도 있다. 이민 관련 각종 토론 및 청문회의 녹취록은 국회의원들이 우생학자들을 선호했고, 심지어 그들에게 구애까지 했던 사실을 증명한다. 아닌 게 아니라 일부 국회의원은 자발적으로 우생학자 대열에 합류했다.

우생학자들은 20세기 이민정책에 영향력을 행사했는데, 이는 크게 19세기의 법률, 곧 1875년 페이지법Page Act 및 1882년 중국인배척법Chinese Exclusion Act에 힘입은 것이었다.[12] 반아시아인 정책이 수십 년간 지속되면서 1917년 즈음에는 이미 이민 관련 토론이 인종화된 상태였다. '토론'이란 단어는 국회의원들의 반대 의견이 실제 제기된 것보다도 더 많았던 것처럼 들리게 하므로 지나치게 적극적인 표현이긴 하지만 말이다. 이 책에서 1917년 및 1924년 법률에 비중을 두는 것은 그 이전 금지령들이 특이성을 갖지 못했다거나 선례로 작동할 만큼의 역할을 하지 않았다고 여기기 때문이 아니다. 그보다는 우생학이 2차 세계대전 발발 전 수십 년간 이민 관련 입법 전면에 도표, 검사 결과, 조사, 계산 등을 내세웠고, 이것들로 이뤄진 매트릭스matrix[또는 모체母體]가 거듭 진화하며 점점 더 기술적으로 발전해갔다는 점을 뚜렷이 드러내기 위해서다.

의사들은 "나쁜 생식질을 동화시키려고 하는" 미국의 파멸적 시도에 대한 경고성 글들을 집필했다.[13] 비전문가들도 마찬가지였는데, 그중 아마도 가장 악명 높은 사람일 매디슨 그랜트Madison Grant는 유대인의 형질이 "국가의 혈통에 접붙여지고" 있다며 경계했다.[14] 우생학연구회Eugenics Research Association, ERA의 해리 H. 로플린Harry H. Laughlin은 1920년 미 하원 이민귀화위원회의 초청을 받은 청문회에서 '이민의 생물학적 측면Biological Aspects of Immigration'이라는 제목으로 화학자, 해부학자, 통계학자의 언어를 사용하며 전문가로서 증언했다. 로플린은 위원회에 제출한 한 도표에서 국외 태생으로 미국 내 정신 의료 시설*에 수용된 사람 중 유대인 및 이탈리아인의 비율이 지나치게 높다고 표시했다.[15] 반이민 선동가들은 북유럽계가 아닌 사람은 부도덕하고 범죄와 악행을 저지르는 성향을 타고나며, 두개골이 더 작고 무식하고 유전적으로 손상됐으며 지적 능력이 떨어진다는 주장을 늘어놓으면서, 의회가 빨리 조치를 취하지 않으면 국가 재난을 맞을 것이라고 큰소리쳤다. 인종화되고 악마화된 이민자는 하버드대학교 교수 로버트 드코시 워드Robert DeCourcey Ward가 '미국 인종American race'이라고 부른 것을 위협하는 존재로 자리매김됐다.[16]

이 시기 위협적인 '이민자'는 남성으로 코드화됐는데, 성매매 여성(남성을 타락시키는 자)과 앞으로 시민이 될 사람들의 어머니(혈통을 타락시키는 자)를 제외했다는 점이 의미심장하다. 실제로 존재하든 존재할 것이라고 예측하든, 서로 다른 두 인종이나 여러 인종 간에 태어난 아이들에 대해 우생학자들이 (비록 우생학자들만 그런 건 아니지만) 백인의 히스테리를 조장하고 이용해먹을 수 있었던 것은 바로 이 후자의 범주화 때문이었다. 우생학자들은 다른 무엇보다도 블러드퀀텀법blood quantum laws[또는 인디언혈통법 Indian blood laws]**을 추종하고 도표화한 사람들이었다. 흑인 대이동

---

* 　어사일럼asylum이라 불리는 당대의 정신 의료 시설은 정신 질환자의 피난처라는 의미로, 현대 정신건강의학 전문병원의 전신이라 할 수 있다. 미국의 정신 의료 시설은 주 차원에서 19세기 중반부터 건립되기 시작해, 19세기 말에 이르면 이 시설들에 대한 국가 규제 체계가 확립된다.

** 　아메리카 토착민 혈통을 얼마만큼 물려받았느냐에 따라 토착민의 지위를 규정하는 체계로, 18세기 초 백인 정착민들이 만들었다. 수천 년간 토착민 부족들은 사회적 혈연관계라는 맥락에서 소속감을 이해했으나, 식민지 정착민들은 인종 개념을 도입해 사회적 지위, 혼인 자격, 공직 보유, 토지 소유를 결정했다. 이 법은 인종이라는 구성을 통해

과 나란히 진행된 수많은 남동부 유럽인 이민자의 입국은 "많은 잡종 인종과 일부 에스닉 참상을 빚게 될 테고, 이로 인해 발생하는 문제는 후대 인류학자들의 능력으로도 풀 수 없을 것"이라고 1916년 그랜트는 썼다.[17]

우생학은 자신의 입법적, 사회적 목표를 추진하기 위해 손에 잡히는 것은 뭐든 활용했다. 우생학은 사회주의자, 무정부주의자, 공산주의자를 향한 국가의 맹렬한 적대감과 절묘하게 맞아떨어졌다. 제한주의자들이 보기에 이러한 급진주의는 이탈리아인 및 유대인 이민자의 영역이었기 때문이다. 1차 세계대전 중이나 그 뒤에도 우생학자들은 원치 않는 난민이 미국으로 쏟아져 들어오고 있다고 경고했다. 난민 그 자체만으로도 충분히 나쁜데 심지어 좌익 '선동가들'이 혼란을 틈타 기존의 이민 금지령을 뚫고 들어와 선전을 퍼뜨릴 터이므로 더 해롭다는 것이었다. 그런 동시에 우생학자들은 미국 출생 백인 노동자에게 호소했다. 이민 제한에 반대하는 행위는 값싼 노동력과 결함이 있는 생식질—두 가지가 한 몸에 들어 있음—을 수입함으로써 노동자의 이익과 국민 건강을 훼손하려는 기업가의 책략이라는 것이었다.

우생학 로비와 그것이 미국의 이민에 미친 영향에 대한 연구는 대체로 1924년까지로 논의를 한정한다. 1924년은 국적기

'인디언성'을 측정함으로써 토착민의 정체성을 인종화하며, 이를 바탕으로 토착민과 부족의 법적, 정치적 지위를 박탈하는 데 활용됐다. 이와 유사한 사례가 20세기 중반까지도 유효했던 '피 한 방울 원칙one-drop rule, ODR'으로, '검은 피'의 양을 측정해 흑인 피가 한 방울이라도 섞인 사람은 모두 흑인으로 간주하고 차별적인 법을 적용했다.

원법_{National Origins Act}이 통과되면서 실질적으로 모든 비서구, 비북구 유럽인 이민자에 대한 의미 있는 문호가 닫힌 때였다. 그럼에도 우생학자들 및 그 조력자들은 국적기원법을 기껏해야 한시적인 타협안으로 봤고, 푸에르토리코인, (하와이의) 일본인, 필리핀인, (로플린이 외치길 남서부를 탈환하겠다고 위협하는) 멕시코인과 백인의 '통합_{amalgamation}'*에 대한 그 이전의 경고들에 다시 활력을 불어넣었다.[18] 다른 설명들을 살펴보면 우생학이 막을 내리기 시작하는 시점을 1930년대 초반으로 잡는데, 이때는 나치 독일[또는 제3제국] 때문에 우생학이 미국에서도 추악한 말로 자리 잡은 시기였다. 그런데 우생학자들의 출판물, 의회 기록 및 그 밖의 보충 문서를 검토해보면 이야기는 달라진다. 파시즘의 부상도, 뉘른베르크 재판에서 파시즘의 전력이 만천하에 밝혀진 사건도 우생학자들에게 끝을 의미하진 않았다. 우생학자들의 영향력은 전쟁 이전만큼 명백하지는 않았지만, 그럼에도 정치적 존재감은 여전했다. 예컨대 파이어니어펀드_{Pinneer Fund}는 1937년 이래로 우생학을 바탕으로 한 이민정책의 서구자 중 하나였다. 파이어니어펀드의 초대 선언문은 '인종 개량' 그리고 초기 13개 식민지 백인 정착민 후손의 생식 증대를 요구했다. 1952년 매캐런-월터법

McCarran-Walter Act[또는 1952년 이민국적법Immigration and Nationality Act]의 공동 발의자인 프랜시스 월터Francis Walter는 1950년대에 파이어니어펀드의 이사로 활동했다.[19] 1965년 이민법이 하원 법사위원회에 상정됐을 때, 파이어니어펀드의 공동 의장은 국적 기원 할당제 유지에 찬성하는 증언을 했다.

개별 우생학자들은 좀처럼 단일한 인구통계학적 집단이나 사회정책만을 공격 대상으로 삼지 않기 때문에, 얽히고설킨 우생학적 사고의 가닥들을 드러내는 데는 예나 지금이나 이민 '개혁안'을 고찰하는 것이 가장 좋은 계기가 된다. 《종형 곡선》의 마지막 장은 아이큐 점수에 바탕을 둔 이민자 입국 허가 및 (저자들에 따르면, 지능 지수가 낮은 여성들의 생식을 조장하는) 복지 폐지, 둘 다를 옹호하는 데 할애되었다.[20] 헌스타인과 머리는 인종 및 지능에 대해 판정할 때 그러했듯, 이민에 대해서도 20세기 초 우생학자들의 저술을 메아리치듯 따라 했다. 요컨대 지능을 기준으로 했을 때 미국 출생 백인은 최상위층에 자리했고, 아프리카계 미국인은 최하위에 영원히 붙박였다.

백인 이민자는 (비록 미국 토박이 백인의 평균보다는 다소 낮지만) 미국 토박이 인구의 평균보다 점수가 높다. 국외 태생 흑인의 아이큐 점수는 토박이 흑인보다 5점 정도 높다.[21]

헌스타인과 머리는 이민자의 아이큐 점수 평균이 낮은 것(아마도 100 이하일 것이라고 그들은 썼다)은 "백인 평균보다 현저히 낮은” 점수를 받은 에스닉 집단 구성원들이 전체 이민자의 중앙값을 끌어내린 탓이라고 했다.[22] ‘이민자’는 미국에서 언제나 인종화된 단어였다. 오늘날 이 용어는 라틴아메리카인 및 아시아인을 때려잡는 곤봉으로 자주 사용된다. 물론 처음 있는 일은 아니다. 1965년 이민법은 그 이전에는 배제시킬 수 있었던 아시아인 이민자에 대해 미국에 가족이 있는 경우 입국을 허용했다. 다음 인용문을 보건대 [헌스타인과 머리는] 이 법을 꽤나 대놓고 공격하고 있다.

이 책은 이민법을 다시 쓰려는 것도 아니고, 우리가 그런 일을 하려는 사람도 아니다. 그럼에도 우리는 이민법의 요점이 미국의 이익에 부합해야 한다고 믿는다. 공공 정책의 목표 중 하나는 **연고주의 원칙(친족의 재결합을 널리 장려함)**을 따르는 데서 이민법에 이미 확립된 대로 능력주의 원칙을 따라 입국을 허용하는 쪽으로 이민자의 흐름을 전환하는 데 있어야 한다.[23]

헌스타인과 머리는 800쪽에 걸쳐 써내려간 두꺼운 책의 어느 다른 대목에서 “용감하고 근면성실하고 상상력이 풍부하며 자발적이고 아마도 똑똑했을” 20세기 전환기 이민자의 죽음을 개탄했다. 그리고 현재 미국에 입국하는 이민자에게는 이런 자질이 부족하다고 논평했다. 물론 1900년대 무렵 이민자에게서 이런 자질 중 하나라도 알아본 미국인은 거의 없었고, 과학자 및 학자들은 침입자로 인지된 사람들의 지적, 정신적, 육체적 결점을 입증하고자 어떤 수고도 마다하지 않았다.

헌스타인과 머리의 그토록 당당한 토착주의는 주민투표발의안 187호가 투표에 부쳐지기 직전이라는 그 역사적 순간에 등장하지 않았더라면 학계의 이민자 때리기를 보여주는 또 다른 에피소드에 불과했을 것이다.[24] 캘리포니아주 유권자들이 《종형곡선》을 한 부씩 당당히 겨드랑이에 끼고 투표장에 갔다는 말은 아니다. 그보다는 그 책, 그리고 더욱 중요하게는 그 책이 낳은 언론의 관심이 미 전역에서 희생양 만들기 및 외국인 혐오가 심해진 분위기의 산물—이자 원인 제공자—이었다는 점을 말하려는 것이다. 이런 분위기는 미 연방 정부의 철저한 [미등록 이주민] 단속 조치로 실체를 갖추고 강화된 히스테리였으며, 현재도 그런 히스테리는 계속되고 있다. 주민투표발의안 187호가 통과된 이듬해, 미국에서 역대 최대 규모로 5만 1000명의 미등록 이주민이 국외 추방된 것을 보라.[25] 오늘날 반이민 공세는 결코 과학적 인종주의나 국민 유전자군에 대한 편집증적 우려의 발로로만 환원될 수 없으며, 그것만이 주요한 이유라는 식으로 설명될 수도 없다. 동시에 오늘날의 수사학 대부분이 과거 이민제한법을 주장했던 우생학운동과 닮았다는 사실을 과소평가하는 것 역시 잘못된 일일 것이다.

어떤 경우에는 만물의 어머니인 자연이 성性적 결정을 망설이는 것 같다. 이는 거의 생물학적 말더듬증이나 다름없다. 이런 경우 어떤 일이든 일어날 수 있다.[26]

몇 해 전, 캘리포니아대학교 로스앤젤레스의 생물학자인 로런 앨런Lauren Allen 박사는 미국과학진흥회 참석자들에게 머지않아 뇌 스캔을 통해 자녀의 성적 지향을 미리 알 수 있게 될 것이라고 말했다.

알려지진 않았으나 일정 비율의 사람들은 자라서 이성애자가 되지 않는다. …… 만약 이 아이들을 식별하는 데 이런 기술들이 마침내 이용될 수 있다면, {이 지식을} 활용해 아이들이 스스로를 더 편안하게 느낄 방식으로 양육할 수 있을 것이다.[27]

앨런의 발언에는 사회적 쟁점에 적용된 과학이 당연히 인도주의적일 것이라는 진심 어린 믿음이 반영돼 있다. 아이를 키우면서 도대체 왜 성적 지향을 주시해야 하냐는 질문은 제쳐두고라도, 뇌 스캔이 가족 안팎에서 동성애 혐오를 깨부술 가능성은 거의 없다. 이제껏 '조기 발견'(즉, 부모의 어림짐작)으로 너무나 많은 사람이 자녀와 인연을 끊고, 그들을 때리고, 심지어 시설에 가두기까지 했다.

그럼에도 앨런이 한 것과 같은 예측은 해머의 프로젝트가 그렇듯 계속해서 환대를 받는다. 이는 어느 정도는 진보와 지식에 대한 자유주의적 신념 때문이기도, 또 어느 정도는 과학 탐구를 추동하는 것이 실질적으로 연구와 관련된 질문이라기보다는 사회적 범주에 속하기 때문이기도 하다. 이는 미 국립보건원에서 해머가 한 연구뿐만 아니라, 사이먼 러베이Simon LeVay의 '게이 시상하부' 내 세포군 크기 측정, 그리고 베일리J. Michael Bailey와 필러드Richard C. Pillard의 레즈비언 쌍둥이 연구에도 해당된다. 이 연구들은 타당성과 합리성으로 겉만 그럴듯하게 꾸미고 있기 때문에 더 쉽게 웃어넘길 수 있는 인과관계 주장—떨어지는 전자 빙고판에 머리를 맞기 전에는 이성애자였다고 주장하는 한 여성이 최근 제기한 소송처럼—보다 훨씬 더 위험하다.[28] 겉치레에도 불구하고 이 연구들은 명백한 편견을 내포하는데, 가장 두드러진 것은 동성애는 규범적이지 않다는 근본 전제다. 이처럼 동성애의 근원에 대해 새로이 관심이 높아지는 현상은 극도로 우려스럽다. 특히 이러한 현상과 동시에 길거리에서 증오 범죄가 늘어나고, 의회에서 동성애 혐오가 거세진 것을 고려하면 더더욱 그렇다. 과학 탐구에 대한 재정 지원이나 과학 탐구를 추구하는 행위 모두, 정치적으로 중립적인 목적에서 행해지지 않는다. 현 수준에서 대부분의 과학 탐구란 오로지 두 가지 이유 중 하나로만, 즉 연구 중인 내용을 복제하거나 근절하기 위해서만 수행된다. 퀴어 가시화에 대한 백래시, 그리고 에이즈[후천면역결핍증]에 대해 피해자를 탓하려는 목적이 명백한 입법적, 문화적 대응들을 고려하면, 게이 및 레즈비언 인구수를 안정적으로 유지하기 위해 귀중한 시간과 자원을 투자하고 있다고 생각하기는 힘들다.[29] 에이즈, 유방암, 청소년 자살로 사람들이 목숨을 잃고, 우리 공동체가 심각한 반동성애 폭력에 직면하고 있는 지금, 더 적절하고 절박한 물음은 "우리는 왜 여기에 있을까?" 또는 "어쩌다 우리가 이렇게 됐을까?"가 아니다. 그보다는 "그걸 알아내는 게 왜 그렇게 중요할까?"이다.

2부 '퀴어 해부: 100년의 진단, 해부, 그리고 정치 전략'은 미국에서 한 세기 동안 레즈비언, 게이, 트랜스젠더, 바이섹슈얼에게 부과된 (또한 종종 수용된) 의학 모형 및 개입을 자세히 기록한다.[30] 특히 의료 담론과 사법 담론이 교차—치료를 가장해 처벌이 행해질 수 있게 한 어떤 통합—하는 지점에서 야기된 위험, 그리고 모든 유래 가설의 누적적인 특성을 강조한다. 도덕적 타락 행위, 해부학적 결함, 우생학적 불상사, 정신 질환, 호르몬 불균형에 대한 상세한 설명들이 등장했으며, 이 이론들 중 어느 것도 다른 것을 능가하지 못했으나 저마다 치료 또는 해방의 새날을 알리는 신호탄으로 환호받았다. 인과론들은 가산적加算的이었으며, 제각각 반동성애 수사학과 처벌이라는 무기고에 새로운(또한 그다지 새롭지는 않은) 탄알을 공급했다.

의료계가 출판에 힘을 쏟은 덕분에 이를 입증해줄 문서는 부족하지 않다. 진단과 치료법이 의학 저널 및 관련 문헌에 부지런히 기록됐는데, 퀴어에게 적대적인 의사들뿐만 아니라 우리[퀴어]를 위해 일하고 있다고 생각했던 의사들도 모두 기록을 남겼다. 당대 뉴스 기사는 말할 것도 없고 《오리피스 수술 저널Journal of Orificial Surgery》,* 《영국 의학 저널British Medical Journal, BMJ》, 《성과학지

---

* 　오리피스 수술은 미국에서 19세기 말, 20세기 초 유행했던, 동종요법의 한 갈래다. 'orifice', 즉 입·콧구멍·귓구멍·직장·항문·요도·질·자궁경부 등 인체의 구멍을 수술함으로써 거의 모든 질병을 고칠 수 있다고 여겨졌으며, 수만 건의 수술이 이뤄졌다. 오리피스 수술의 창시자이자 《오리피스 수술 저널》의 창립자 겸 편집장이었던 E. H. 프

Sexology》, 그리고 무수히 많은 의학 문헌에 실린 글들은 100년 넘게 이어진 의사들의 과시와 좌절을 기록하고 있다. 쇼번 서머빌Siobhan Somerville이 지적하듯, 특히 19세기에 이런 문헌은 섹슈얼리티에 대한 노골적인 논의가 가능한 몇 안 되는 장 중 하나였다. 나아가 "과학이 신체에 대해 진실을 발견하고 말하도록 승인한 문화 내에서 [이런 문헌은] 사실상 정의를 내리는 권력을 쥐고 있었다".[31]

이 '진실'이란 다른 여러 진실들과 결부돼 있었다. 과학적 인종주의 등의 우생학적 노력들을 이해하지 않고서 퀴어 의료화의 뿌리와 범위를 파헤치기는 불가능할 것이다. 퀴어 의료화와 과학적 인종주의 등의 우생학적 노력들은 이데올로기적으로 묶여 있었을 뿐만 아니라, 동일한 추종자를 거느리고 종종 동일한 희생자를 낳았다. 1904년 시카고대학교 의과대학 교수인 G. 프랭크 리드스턴G. Frank Lydston은 '변태성욕[또는 성도착]'의 위험성에 대해 강의하며 "남부 니그로negro*의 경우, 뚜렷한 원형 회귀**를 동반한 …… 육체적, 도덕적 타락이 확실하게 보이는데 …… [그런 타락은] 특히 성적 성향 방면에서 분명하게 나타난다"라고 쓰기도

랫E. H. Pratt은 자위부터 강간에 이르기까지 '부자연스러운 행동'의 치료법으로 음핵절제술 및 포경수술, 여성 정신이상의 치료법으로 자궁적출술을 옹호했다.

* 니그로는 아프리카계 흑인 혈통의 사람을 가리키는 말로 인종차별적 의미가 내포돼 있다.

** 원형 회귀는 특정 형질이 세대를 거쳐 다시 조상 형질로 돌아가는 현상을 말한다. 유전적 특성이 잠시 변화했다가 시간이 지나면서 다시 원래의 상태, 즉 원래의 조상이나 종의 전형적인 특성으로 돌아감을 뜻한다.

했다.[32] 텍사스주 출신 의사 F. E. 대니얼F. E. Daniel은 "모든 성범죄 또는 성 경범죄"에 대해 거세를 지지했을 뿐만 아니라 "인종 개량" 목적의 강제 단종수술을 옹호했다.[33] 아프리카계 미국인 레즈비언 및 게이는 성적 약탈자로 지목됐다. 그들의 해부학적 구조, 젠더 일탈, 성적 지향들은 스스로의 편견을 입증하려고 애쓰는 연구자들에 의해 부풀려지고 선정적으로 다뤄졌다. 우생학 프로젝트들은 떼려야 뗄 수 없는 관계를 맺으며 부상한다. 동성애에 대한 논문들은 과학적 인종주의에서 나온 기존의 견해는 물론, 경제적 현상 유지를 정당화하는 우생학자의 논리, 여성 섹슈얼리티 및 젠더 규범 준수에 대한 가차 없는 감시 감독으로부터 이익을 얻는 동시에 그것들을 증대시켰다.

의사 및 이론가들이 생식을 하지 않는 여성 섹슈얼리티를 혈통, 정신이상, 해부학적 구조와 연관시킴에 따라, 레즈비언 등 젠더 비순응자들이 의사 및 이론가들의 주목을 받게 될 것은 불 보듯 뻔했다. 여성 동성애를 정신이상이자 유전으로 동시에 규정하는 것은 지난 한 세기 동안 널리 퍼져나갔던, 동성애에 대한 생물학적, 정신의학적 접근법들이 더욱 공식적으로 통합 및 강화될 것임을 예고했다. '오리피스' 수술은 전두엽절제술***과 호르

*** 20세기 초 중증 정신 질환자 치료 영역에서 정신과 의사들의 여러 시도가 이뤄진 가운데, 1930년대에 처음 개발된 뇌 수술의 일종이다. 전두엽 피질의 연결을 절단하는 방식으로, 초기에는 획기적 치료법으로 인정받았다. 두 차례 세계대전 이후 미국에서는 외상후스트레스장애, 부상에서 비롯된 뇌 손상 및 이후의 정신장애, 조현병 등의 환자가 크게 늘면서 병상 부족과 재정 부담을 겪고 있었다. 이런 배경에서 1940년대에서 1950년대 초까지 전두엽절제술 건수가 극적으로 증가해 약 2만 건이 이뤄졌다. 치료 효과가

몬요법으로 대체됐다. 레즈비언 및 게이 민권운동이 한창 벌어지고 있었을 때도 이 두 가지는 모두 동성애에 대한 합법적인 대응으로서 그 건재함을 자랑했다. 혐오 요법은 의사들 사이에 여전히 정당하다고 여겨지는 행위다.

푸코의 말을 빌리자면, 100여 년 전에 등장한 동성애에 대한 의학적, 사법적 담론은 분명 퀴어에 대한 온갖 창의적인 방식의 사회적 통제를 가능하게 했다. 하지만 푸코는 거기서 더 나아가 새로운 담화들의 등장으로 "'역'담론의 형성도 가능해졌다고 지적했다. 요컨대 동성애가 스스로의 입장을 대변해 자신의 적법성이나 '자연성'을 인정받길 요구하기 시작했던 것이다. 흔히 의학적으로 적격하지 않다는 판정을 받을 때 동원된 바로 그 용어, 그 범주들을 이용해서 말이다"[34] 퀴어는 새로운 연구의 대상이 되는 사람이자 그것을 소비하는 사람일 뿐만 아니라, 낭패하긴 했지만 어쨌든 그것을 스스로에게 유리하게 이용하는 사람이기도 했다. 이는 하나의 정치 전략으로서는 엄중한 결과를 초래했다. 새롭게 떠오르는 유전 기반 모형들은 동성애자에게 더욱 큰 위기를 가져왔다(그중에서도 위험천만한 것은 많은 주에 존재한 강제단종법 대상에 동성애자가 포함됐다는 점이었다). 의사들이 법률 체계에 개입함으로써 우생학 및 '도착perversion' 그리고 범죄 사이에 이데올로기적 연결고리가 형성됐다. 19세기 말에서 20세기 초반 해

검증되지 않은 점, 부작용이 심각한 점, 비윤리적이라는 점 등 비판이 거세지고, 또 항정신병 약물이 개발되면서 1950년대 중반 이후로 빠르게 쇠퇴했다.

블록 엘리스Havelock Ellis와 마그누스 히르슈펠트Magnus Hirschfeld는 그들 주변에 널리 퍼져 있던 우생학 담론의 징벌적 성격에는 주의를 기울이지 않은 채 '전도inversion'와 '제3의 성'이라는 생물학 이론들을 발전시켰다. 엘리스와 히르슈펠트는 의학 모형에 의존해 동성애를 비범죄화하려고 하였으며, 이는 동성애가 타고난 일탈이라는 주장에 힘을 실었다. 히르슈펠트부터 지난 30년간의 동성애자 언론에 이르기까지, 경멸받는 '성소수자'를 위해 해방의 수단은 아니더라도 억압에서 벗어나는 수단으로 과학을 끌어왔던 작업들은 너무도 절박한 나머지 우리[퀴어]가 우리 스스로를 억압하는 일에 자주 협력했다는 고통스러운 진실을 낱낱이 기록하고 있다.

복제 양 및 인간 유전체 프로젝트로 규정되는 시대에 우생학은 종종 해방적 생물학 결정론 같은 것으로 겉만 그럴듯하게 꾸민 채 작동한다. 1993년 가을, 동성애에 적대적인 콜로라도주 수정헌법 제2조에 대한 소송이 시작됐을 때*《빌리지 보이스Village Voice》의 도나 민코위츠Donna Minkowitz는 "동성애자 해방이 시계를 거꾸로 돌릴 수도 있는 변론을 한 건 주 검사 측이 아니라 동성애자를 지지하는 변호사 측이었다"라고 보도했다. 동성애자를

---

*   콜로라도주 수정헌법 제2조는 주 정부가 성소수자 차별금지법을 제정할 수 없다는 내용의 주 헌법 조항으로, 미 대통령 선거일이기도 했던 1992년 11월 3일 시행된 주민투표에서 과반수가 찬성함으로써 승인됐다. 이 수정안 제정으로 광범위한 항의 시위가 촉발됐다. 4년 후인 1996년, 로머 대 에번스Romer v. Evans 사건에서 미 대법원은 콜로라도주 수정헌법 제2조가 미 수정헌법의 평등보호조항에 위배되므로 위헌이라고 판결했다.

지지하는 변호인단은 수정안의 위헌성을 입증하려고 '전문가' 증인을 요청해, 레즈비언이 될 가능성이 있는 태아 생식기의 "남성화", 트랜스섹슈얼transsexual*의 "측두엽의 병리"에 대해 증언하게 했다.[35] 레즈비언, 게이, 바이섹슈얼에 대한 차별금지법 제정을 막을 의도로 제안된 그 수정안은 폐지됐다. 하지만 해부학적 구조를 바탕으로 시민권을 규정하는 것은 여전히 위태로운 전략으로 남아 있으며, 보통 소외된 사람들에게 불리하게 쓰인다.[36]

콜로라도에서 증인석에 서기도 했던 해머는 자기 연구가 정치적으로 이용되는 것에 대해 어느 정도는 성찰한 바 있다. 지식재산권 주장, 성적 지향에 대한 유전자 검사 및 치료 반대, 유전자 연구의 윤리적 이용을 위한 지침 마련 지지와 같이 과학자는 자기 연구가 남용되지 않도록 확실하게 조치를 취할 수 있다고 해머는 썼다.[37] 그렇지만 원자를 쪼개 '동력원으로 이용한' 물리학자들만 봐도, 자기 연구가 지적으로나 문화적으로 어떻게 통용될지를 과학자가 통제하는 건 불가능하다는 점을 알 수 있을 것이다. 해머는 오늘날의 연구가 (섹슈얼리티 관련 유전자에 대한 DNA 스캔을 근거로 내세우는) 고용 및 보험 차별부터 동성애 혐오에

---

* 'transsexual'은 20세기 초부터 사용된 용어로, 출생 시 지정된 생물학적 성별을 전환하기 위해 호르몬 투여 및 성전환 수술과 같은 의료 조치를 선택하는 사람을 가리킨다. 차츰 이 용어가 젠더 정체성 병리화, 의료화와 불가분의 관계에 있다는 비판 의식이 트랜스 공동체 내부에서 생겨났고, '트랜스젠더transgender'가 더욱 통용되고 퀴어 이론이 본격 부상하면서 용어 사용에 대한 논쟁과 재전유가 일어났다. 다음을 참조. "트랜스섹슈얼", 〈한국성적소수자사전〉, 한국성적소수자문화인권센터, http://kscrc.org/xe/board_yXmx36/4760

근거한 임신 중지 결정에 이르기까지, 온갖 방식으로 편견을 강화할 수 있음을 인정하면서 다음과 같이 경고했다.

비록 그처럼 위험이라고 가정된 것들이 무섭긴 하지만, 나는 훨씬 더 큰 위험이 존재한다고 생각한다. 미래가 아니라 지금 여기의 위험, 가정이 아니라 실재의 위험 말이다. …… 진짜 위험은 성을 전혀 연구하지 않는 것이다.[38]

하지만 이런 우려는 그렇게 쉽게 가설의 영역으로 축소되지 않는다. 고용주 및 보험사의 차별은 실제로 일어난다.[39] 부모가 퀴어 자녀의 정체성을 부정하고 그들을 버리는 일도 마찬가지다.
'성적 지향 유전자 검사'라는 가설에 대한 우려를 불식시키기 위해 해머는 이렇게 썼다. "생물학은 중립적이다. 동성애자가 …… 그런 검사를 이용해 '이성애 유전자'를 가진 태아를 임신 중지하거나, '게이' 유전자 프로파일을 가지고 있지 않은 사람들을 고용하지 않는 등의 일을 하지 못할 이유도 없는 것이다." 하지만 이는 그야말로 세상에 없는 힘의 평형 상태를 상정한 발언이다. 1992년에서 1997년 사이 미국에서는 반동성애 주민투표발의안 28건이 통과됐고, 동성애자 권리법 9건이 폐지됐다.[40] 유전윤리학자이자 《복제 시대: 생식 테크놀로지라는 신세계의 모험 The Clone Age: Adventures in the New World of Reproductive Technology》의 저자인 로리 앤드루스Lori Andrews는 부모가 될 가능성이 있는 사람들을 대상으로 한 최근의 어느 설문 조사에서 응답자의 33퍼센트가 자녀의 성적 지향을 통제하길 원한다는 것이 밝혀졌음을 인용한다.[41] 이 모든 상황을 고려하면 동성애 성향 유전자 검사를 누가, 어떤 목적으로 할 것인지는 불 보듯 뻔하다. 그럼에도 이 책을 집필하고 있는 현재, 주요 성소수자단체 가운데 퀴어에 대한 유전 연구의 윤리나 이행을 감시 감독하고 있는 곳은 없다.[42] 여전히 의문점이 남는다. 만약 퀴어가 진정으로 안전하다면 과학계가 이런 논의를 하고 있을까?

미국은 외국인이 들어오지 못하게 문을 걸어 잠급니다. 또, 다른 나라들에 비하면 이 땅을 방문하는 사람들에 대한 환대에도 인색합니다. 그런 반면 우리 국경 내에서 바람직하지 못한 이방인—**과 토박이**—이 급격하게 불어나는 것을 막으려는 시도는 전혀 하지 않지요. 오히려 그 반대입니다. 미 정부는 백치, 결함이 있는 자, 병자, 정신박약자 및 범죄자 계층이—무시무시할 만큼 빠르게—번식하도록 의도적으로 장려하고, 심지어 법으로 의무화하기까지 합니다.[43]*

---

* '백치idiot' '치우imbecile' '결함이 있는 자defective' '우둔stupid' '아둔dull' '노둔moron' '정신박약feeble-minded' '정신지체mentally retarded'는 모두 '지적장애' 이전의 용어, 또 '간질epilepsy', '간질 환자epileptic'는 '뇌전증,' '뇌전증 환자' 이전의 용어로, 대체로 비하적 의미와 편견이 내포된 말들이다. 이 용어들은 이 책 곳곳에 반복해서 등장한다. 지능 및 정신과 관련된 질환이나 장애에 대한 명명은 시대에 따라 끊임없이 바뀌어왔다. 영국 사회 내 지적장애의 역사를 탐구한 다음 저서를 참조. 사이먼 재럿, 《백치라 불린 사람들: 지능과 관념·법·문화·인종 담론이 미친 지적 장애의 역사》, 최이현 옮김, 생각이음, 2022.

2차 세계대전 이후, 우생학 이데올로기는 대체로 외국의 파시스트, 인종주의자, 국수주의자들의 전유물로 간주됐다. 미국이 과학적 인종주의라는 자기 역사를 모른 척할 수 있었던 것은 그것이 나치 독일의 잔혹함에 비하면 무시해도 될 정도라고 여겼기 때문이다. 우리[미국]는 우생학을 생산하고 실행에 옮기는 데 참여했음을 인정하기는커녕 우리 국가[미국]를 유럽 우생학 생존자들의 구원자로 그렸다. 그리하여 조너선 보야린_{Jonathan Boyarin}의 말을 바꿔 표현하자면, 우리 자신의 희생자는 부인하면서도 다른 누군가의 희생자는 기릴 수 있었던 것이다.[44] 나치운동의 극악무도한 범죄행위를 생각하면 이는 어려운 일은 아니다. 하지만 진실은 더욱 복잡하다. 과학은 그 스스로 일종의 국제주의를 표방하며 우생학계에서는 엄청나게 활발한 의견 교환이 있었다. 마찬가지로, 우생학은 순전히 극우만의 전유물도 아니었다. 우생학은 국가 간 해역뿐만 아니라 정치적 해역도 가로질렀다. 미국 우생학이 온갖 유형의 반동주의지와 보수주의자, 의회 내 외국인 혐오자, 인종차별 정책 입안자, 온정주의적[혹은 기부징직] 의사, 빈민과 장애인을 적대시하는 법관에 의해 지탱됐음은 명백하지만, 이 대열에 포함되는 것에 움찔할 다른 많은 사람들도 우생학의 보급을 촉진했다.

3부 '단종수술과 그 너머: 테크노픽스라는 자유주의적 호소'는 우생학자들이 정치적 우익 편에 서서 했던 역할을 축소하거나 면죄부를 주려는 의도에서 쓴 것이 아니다. 우생학자들은 과학적 인종주의의 중추였고, 지금도 여전히 그렇다. 하지만 그들은 혼자가 아니었다. 자유주의적인 목소리들은 거의 20세기 내내 강제 단종 정책을 포함해 우생학 프로젝트를 가장 떠들썩하게 찬양한 세력 중 하나였다. 이 우생 단종수술 옹호자들을 추동한 것은 자유주의가 말하는 개인의 격상 그리고 내가 '테크노픽스technofix'(로버트 블랭크Robert Blank가 "기술적 미봉책technological fixes"이 "더 근본적인 사회 변화의 필요성에 주목하는 걸 방해한다"라고 평한 데서 압축한 용어)라고 부르는 것에 대한 끊임없는 의존이었다.[45]

마거릿 생어Margaret Sanger를 향한 주류 페미니즘의 찬사는 자유주의가 우생학운동을 묵인하고 그것에 가담한 완벽한 사례다. 생어의 활발한 산아제한운동 때문에 생어 자신이 소득에 바탕을 둔 인구 조절책을 옹호했다는 사실이 가려지기는 하지만, 그럼에도 생어가 당대의 저명한 우생학자들과 결속을 다졌다는 점에는 오해의 여지가 없다. 1919년 생어는 "산아제한 옹호자들과 마찬가지로 우생학자들은 …… 부적자 제거라는 경쟁에 도움이 되려고 노력하고 있다. 양쪽 다 단일한 목적을 추구하지만 서로 다른 방법을 강조한다"라고 썼다. 산아제한 없는 우생학은 "우리[산아제한 옹호자들]가 보기에 모래 위에 지은 집 같다"[46]라고 생어는 공공연하게 말했다. 이 두 운동이 마음속에서 너무나 필연적으로 얽혀 있던 나머지, 1925년 생어는 《산아제한 평론Birth Control Review》을 어느 "우생학 잡지"와 합병해야 하는지 여부를 두고 독자 대상의 설문 조사를 실시했다. 비록 그런 합작이 실현되지는 않았지만, 생어가 편집장으로 재임한 동안이나 임기가 끝난 이후 발행한 출판물은 사실상 두 운동을 하나로 합친 성질의 것이었다. 생어라는 인물, 그리고 그 인물이 아무런 문제의식 없이 계속 경의의 대상이 되는 현실은 자유주의-우생학 동맹의 전형을 구체적으로 보여준다. 이 동맹은 아직 완전히 깨지지 않았다.

생어가 우생학 교리를 고수했다는 점을 앤절라 데이비스Angela Davis, 린다 고든Linda Gordon, 벳시 하트만Betsy Hartmann이 폭로했지만, 전기 작가 등은 생어가 우생학을 진심으로 신봉했다기보다는 가능한 선에서 동맹을 맺었을 뿐이라고 끊임없이 정당화한다. 《용맹한 여성: 마거릿 생어와 미국 산아제한운동Woman of Valor: Margaret Sanger and the Birth Control Movement in America》을 쓴 엘런 체슬러Ellen Chesler 그리고 《미국 산아제한 정치, 1916-1945Birth Control Politics in the United States, 1916-1945》를 쓴 캐럴 R. 매캔Carole R. McCann은 생어를 생어 자신이 살았던 시대의 산물로 설명한다. 그 점에 대해서 체슬러와 매캔은 분명 맞는 말을 했다. 생어의 동료로서 우생학운동에 참여한 사람들은 '인종 위생'*과 '정신박약'이라는 개념에, 또 강제 단종법에 사로잡혀 있었다. 유전적으로 바람직하지 않다고 생각되는 사람들을 징벌하려는 우생학자들의 욕망, 가난한 사

---

* 19세기 말 등장한 인종 위생 개념은 나치 독일 우생학운동의 핵심 이데올로기로 작용하며 광범위한 형태로 구현됐다. 나치 독일은 '아리아 게르만족'을 우생학적 이상으로 내세워 이에 해당하지 않는 '신체적, 정신적, 인종적으로 퇴보한 사람이나 외부자'를 배제하고 제거함으로써 단결된 국가 공동체를 형성하려고 했다. 생식과 혼인을 통제하는 공중 보건 조치 시행을 통해 인구에 생물학적 위협이 되는 유전자를 제거함으로써 '국민 신체'를 강화하려고 했다. 정교한 대량 단종수술 프로그램, 신체장애인 및 정신장애인에 대한 안락사, 유대인과 비유대인 독일인 간 성관계 및 혼인 범죄화, 유대인 강제 이주가 인종 위생 논리의 결과물이었다. 독일 인종 위생학자들은 홀로코스트에서 핵심 역할을 했다.

람들을 향한 그들의 온정주의, 유색인의 섹슈얼리티 및 도덕성에 대한 그들의 집착을 생어도 공유했다. 매캔과 체슬러는 생어의 인종주의를 부정하고, 장애인과 빈민에 대한 생어의 관점이 생어의 친우생학적 입장에 미친 영향을 축소한다. 그렇지만 생어가 쓴 글과 책, 개인적으로 주고받은 편지들을 보면, 생어가 우생학자들의 환심을 사려고 했으며 그 사실을 전혀 부끄러워하지 않았음이 적나라하게 드러난다. 우생학과 산아제한의 관계를 논의하는 것은 결코 후자를 깎아내리기 위함이 아니다. 오늘날 복지 정책은 갈수록 빈곤—특히 유색인—여성의 몸을 점점 더 침략해 들어가고 있는데, [우생학과 산아제한의] 그 초창기 동맹은 이런 행태 속에서 지속적으로 반향을 일으키고 있다. 그렇기에 이를 낱낱이 드러내는 것은 재생산권과 자유를 추구하는 페미니즘의 책무 중 하나일 것이다.

생어와 그의 동료 클래런스 갬블_{Clarence Gamble}이 기울인 노력의 초점은 빈곤 퇴치가 아니라 빈곤층 퇴치였다. 갬블은 2차 세계대전 이후 수년간 남부 주에서 단종수술과 복지 간에 직접적인 연관성을 확립하려고 노력을 기울였는데, 생어는 이를 공개적으로 지지하며 용이하게 해줬다. 갬블의 전망은 그 혼자만의 것이 아니었고, 이후 수십 년간 의사, 사회복지사, 정부기관들이 그 뜻을 이어갔다. 남부에서 단종수술이 '미시시피 맹장 수술'이라고 불린 것은 단지 그것이 너무 흔하게 이뤄졌기 때문만이 아니라, 의료진이 당사자의 '동의'를 얻으려고 속임수를 동원했기 때문이다. 미 전역의 클리닉에서 동일한 '프로토콜'에 따라 자궁적출술과 난관결찰술이 멕시코계 미국인, 푸에르토리코인, 아프리카계 미국인, 아메리카 토착민 여성을 대상으로 환자(혹은 여자아이들의 경우 부모)의 동의 없이 시행됐다. 이런 캠페인은 보통 빈곤을 퇴치할 만병통치약으로 합리화됐으므로, 우생 단종수술 관행을 살펴보기 위해서는 반드시 계급에 주목해야 한다. 어떤 사람이 자식을 낳을 가치가 없는 사람이고 또 경제적 강압에 쉽게 넘어갈 만한 사람인지를 결정하는 것은 계급이었다. 더욱이 홀로코스트 이후로는 명시적으로 인종에 따른 단종수술 계획을 납득시키기 힘들었으므로 언어적 재-코드화 같은 것이 필요했다. 마찬가지로, 오늘날 우리는 우생학이 아니라 '유전자치료'니, '의료 서비스 자원 배분'이니 하는 말들을 듣는다. 1950년대, 1960년대 및 1970년대에 여성 집단 전체를 단종수술의 표적이 되게 한 핵심 결정 요인으로서 인종의 중요성을 축소해서 말하거나 순화시킬 의도는 없다. 예컨대 아프리카계 미국인 여성에 대한 단종수술 남용은 "니그로 문제를 과학에, 과학을 니그로 문제에 대입"[47]하기를 열망한 우생학자들이 저지른 유구한 의학적 만행의 연장선상에 있었다.

가난하고 인종화되고 범죄자 취급받는 사람들에게 난관결찰술, 자궁적출술, 정관절제술은 결코 가치중립적인 의료 행위가 아니었다. 오히려 경제적 불평등을 바로잡을 유의미한 방안을 대신해 개별 몸에 부과된 기술적 미봉책이었다. 최근 한바탕 세상을 뒤흔들고 있는 생식 테크놀로지들—(중동, 라틴아메리카, 아시아 여성들을 대상으로 시험되고 있는) 퀴나크린Quinacrine, 노플란트, 데포-프로베라—은 테크노픽스 패러다임을 바꾸지 않았고, 이 테크노픽스 패러다임이 표적으로 삼는 인구 집단 역시 바뀌지 않았다. 모든 것이 의료진에 의해 통제되는 이러한 생식 테크놀로지들은 지독하리만큼 미흡한 복지제도 및 급격히 강화되고 있는 형사 사법제도에 실질적으로 이의를 제기해야 할 때 그 역할을 대신하고 있다. 3부 말미에는 십 대 여성을 표적으로 삼은 노플란트 시행, 유자녀가정지원Aid to Families with Dependent Children(현 빈곤가정한시지원Temporary Assistance for Needy Families) 수급자를 대상으로 한 노플란트 등 화학적 피임제 강요, 노플란트 삽입을 하는 대가로 징역 대신 집행유예를 받게 해주는 유죄 협상 제도와 같은 '해결책'에 자유주의 진영이 동의했다는 점에 대한 비판을 담았다.[48] 우생 단종수술의 역사는 일부 자유주의 페미니스트 단체를 비롯해 자유주의 조직들이 재생산 '선택권'은 옹호하면서도, 인구 조절 정책을 구성하는 관행들과 가난한 유색인 여성 및 여자아이들에 대한 국가 주도 공격에 반대하는 것은 확고하게 거부한 역사이기도 하다. 하지만 '선택권'은 고정돼 있거나 변화하지 않는 구성개념이 아니다. 그것은 역사나 정치나 사회 바깥에 있지 않다. 선택권은 인종 및 계급에 얽매여 있으며, 테크놀로지와 관련된 영역에서는 특히 그렇다.

우생학은 언제나 극히 기민한 이데올로기였다. 우생학은 스스로 힘을 실어주기도 하고 동원되기도 한 운동들, 즉 국가주의, '개혁 지향' 자유주의, 절대적인 동성애 혐오, 백인우월주의, 여성 혐오, 인종주의와 따로 떼어낼 수 없다. 우생학이 오래도록 살아 남은 것은 순전히, 어떤 사람들이 상대적으로 오명을 뒤집어쓰 더라도 나머지 사람들은 다치지 않는다는 이유로 이런 운동들과 공모했기 때문이다. 더욱이 우생학이 모든 유형의 편견에 호소 력이 있다는 것은 배제나 유전적 추정이나 외과 수술의 대상으 로 지목된 개인들이 대부분 다중적 정체성을 가지며, 어느 하나 가 아니라 그 이상의 표적 집단에 속한다는 것을 의미한다. 이런 이유만으로도, 아돌프 리드Adolph Reed가 일컫듯 "지금 한바탕 세상 을 뒤흔들고 있는 유전적 페티시즘[또는 물신화]"[49]에는 다각도의 논박이 필요하다.

하지만 민첩하다는 것은 환원주의적이라는 것, 그러므로 매 체에서 대중의 관심을 끌 목적으로 귀에 쏙 들어오는 단순한 어 구를 내세우는 보도 행태에 대단히 순응적이라는 것을 뜻하기도 한다. 간단명료하고 반론의 여지가 없으며 이미 정해진, 핵심 가 치로서의 분리—시민권 박탈과 불평등을 자연스러운 것으로 만 들어내는 분리—를 우생학은 약속한다. 우생학은 외부에서 부과 된 사회적 범주들을 그 범주들의 부적절함과 위험 요인(그리고 종 종 폭력적인 기원)에도 불구하고 취하며, 이로부터 불변의 의학적 진리를 상정한다. 하지만 이것들만으로는 결국 충분하지 않다는 사실이 밝혀질 것이다. 뮤리얼 루카이저Muriel Rukeyser가 우리에게 일깨워줬듯, 세계는 원자가 아니라 이야기로 이뤄져 있으므로.

1부

국가적 위생: 20세기 이민과 우생학 로비

국가의 바탕은 주로 그 국가의 인종적 질, 즉 국민이 가진 유전성의 신체적, 정신적, 도덕적, 또는 기질적 형질에 따라 결정됩니다. …… 이제 우리 미래의 성질과 안전을 결정할 우생학적 요소, 곧 자연발생적인 유전적 자질이라는 인자에 대한 적절한 고려가 필요한 때입니다.

—해리 로플린, 미 하원 이민귀화위원회 증언, '이민의 생물학적 측면'

사실을 말하자면 민족주의는 역사적 운명의 언어로 사고하는 반면, 인종주의는 역사의 바깥에서 혐오스러운 교미의 끝없는 연속을 통해 시간의 근원으로부터 전달되는 영원한 오염이라는 꿈을 꾼다.

—베네딕트 앤더슨, 《상상된 공동체》

1장

국가를 상상하기

1994년 11월 8일, 캘리포니아주에서 주민투표발의안 187호가 투표를 거쳐 법률로 제정됐다. 법정에서 이의에 부딪혀 결국 연방법에 의해 파기된 이 법률의 목적은 미등록 이주민과 그 자녀가 보건 의료 및 공교육을 비롯한 다수의 서비스를 받지 못하게 막는 것이었다. 이 법률이 시행됐다면, 서비스 제공자는 의무 신고자가 돼 잠재적인 고객, 환자, 학생에게 합법적 거주지 확인을 요구하고, '수상한' 개인의 성명을 미 이민귀화국*에 넘겼을 것이다. 투표를 불과 2주 앞둔 시점, 공영 라디오방송국은 주민

---

* 미 노동부 및 법무부 산하 이민 및 귀화 문제를 관리하는 기관으로 1933년부터 2003년까지 존재했다. 2001년 발생한 9·11테러 이후 대규모 정부 개편의 일환으로 국토안보부가 창설되면서 그 산하 세 기관에 이민귀화국 대부분의 기능이 이전됐다. 이민국, 이민세관단속국, 세관국경보호국이 그 기관들이다.

투표발의안 187호의 핵심 후원자인 미국이민개혁연맹Federation for American Immigration Reform이 재정 일부를 파이어니어펀드에서 지원받았다고 보도했다. 1937년 설립된 파이어니어펀드는 특히 인종 기반 지능 및 이와 유사한 우생학 프로젝트 분야에서 '인종 개량'을 위해 일하는 연구자들에게 수백만 달러를 지원해왔다. 주민투표발의 캠페인, 일명 "우리 주를 구하라Save Our State, S.O.S."는 이 밖에도 플로리다주 상원의원 돈 로저스Don Rogers로부터 2만 달러를 기부받았는데, 로저스는 '기독교 정체성운동'*과 손잡고 있었다.[1] 이처럼 반이민, 친우생학, 백인우월주의가 손잡고 뒷받침해준다는 점—이에 대해 주류 언론은 이름을 붙이지도, 검토하지도 않았다—에서 우생학이 오래도록 살아남을 수 있었던 한 가지 속성이 두드러지게 드러난다. 다른 이데올로기 및 정치 의제를 흡수하기도, 그것들에 흡수되기도 하는 능력이 바로 그것이다.

물론 주민투표발의안 187호가 통과되고 그에 따라 여타의 반이민 공세들이 시작된 것은 오로지 과학적 인종주의 또는 국민 유전자군에 대한 편집증적 우려 때문만은 아니며, 그것만이 주요한 이유도 아니다. (등록 여부와 무관하게) 이민자와 그 자손이 국가의 안녕을 위협한다는 이미지가 굳건할 수 있었던 것은 주민투표발의 캠페인 전반에 걸쳐 '국민 세금 부담'을 지속적으로

---

* 기독교 정체성운동은 미국에서 1920~1930년대에 출현해 1950년대 이후 본격적으로 확산, 1980~1990년대에 대중적 영향력을 발휘한 극우 기독교운동이자 정치운동이다. 인종주의, 반유대주의, 백인우월주의 등을 핵심 교리로 삼았으며 미국 내 극우 테러 및 혐오 범죄와 연계돼 있다.

언급하고 인종주의 및 토착주의에 노골적으로 호소한 탓이 컸다.[2] 주민투표발의안은 적극적 우대 조치affirmative action** 폐기, 연방 차원이든 주 차원이든 복지의 알맹이 도려내기, 역대 최대 규모의 국외 추방 처분을 아우르게 될, 더욱 거대한 백래시의 일환이었다. 게다가 이와 나란히 생물학적 결정론에 근거한 추측 및 제안이 무분별하게 쏟아지면서 교육, 형사 사법, 민권 전략과 마찬가지로 이민정책도 유전적 억측을 따라야 한다는 목소리가 높아졌다. 이러한 분위기에서 이 같은 수사학 대부분과 그것이 환기하는, 앞 시대 이민 제한을 주장했던 우생학운동 사이의 유사성을 과소평가하는 것은 잘못된 일일 것이다. 앞 시대의 운동들 또한 인종주의, 외국인 혐오, 국가주의로 구성되었고, 동시에 그것들을 구성하기도 했다. 이런 역동적 상호작용은 우생학운동의 기회주의와 나란히 미국 이민사에서 반복적으로 등장한다.

우생학적 선동에 대한 모든 고찰은 인종주의, 외국인 혐오, 뿌리 깊은 계급적 편견의 불가분성을 역설한다. 우생학은 결국 안팎의 '위험'에 대한 대응이었다. 흑인 대이동, 이민 인구 증가, '인종 간 혼합'에 대한 히스테리에 가까운 공포는 반동주의자와

** 차별적 관행을 종료하는 것을 넘어, 과거 또는 현재의 차별을 시정 또는 보상하거나 미래의 차별 재발 방지를 위해 할당제나 가산점 부여 등 적극적 조치를 취하는 일련의 정책들을 일컫는다. 미국에서 적극적 우대 조치는 1960년대부터 정부가 지시 또는 승인하거나 민간기관에서 자발적으로 시행됐고, 역사적으로 배제됐다고 여겨진 집단, 특히 인종적 소수자와 여성이 주요한 고려 대상이었다. 2023년 6월 미 대법원이 대학 입학 전형에서 인종을 우대하는 적극적 우대 조치를 위헌이라고 판결함에 따라 '역차별' 주장, '구조적, 제도적 인종주의'에 대한 인식 격차, '다양성'에 대한 새로운 전형 모색 등을 둘러싼 논쟁이 계속되고 있다.

개혁주의자 모두에게 똑같이 우생학을 추동했다. 생물학이 북부 도시들의 문제점을 설명하고 궁극적으로 해결할 것이므로, 사회적 분석은 필요하지 않을 터였다. 구조적 불평등에 대해 빠른 해법을 내놓도록 과학이 부름받은 것은 처음도 마지막도 아니었다. 또한 계급이 인종의 영향을 받는다는 점, 입국 및 귀화를 규제하는 수많은 입법안에서 '이민자'는 중요한 말처럼 들리지만 실제로는 별 의미 없이 특정 노동자 계층을 가리키는 데 쓰인 기술적 단어라는 점을 고려하면, 계급을 이 방정식에서 따로 떼어낼 수 없다. 예나 지금이나 계급 구분은 여전히 우생학적 설명으로 그 정당성을 확보하고 있다는 점이 가장 중요하다. 우생학적 법률 제정으로 가장 크게 타격을 입은 사람들은 빈곤층이었다.

이 책의 1부는 이러한 우생학적 입법 행위의 자취를 따라간다. 그것은 1917년 이민법이 통과되기도 전, 수년에 걸쳐 인종과 국적을 확고히 융합하고자 한 우생학자들의 노력에서부터 시작해 최근의 반이민 열변으로 끝난다. 19세기 후반과 20세기 초반에는 아무 때고 '인종'을 종교, 피부색, 계급 그리고/또는 국적을 가리키는 데 유연하게 사용했고, 이 때문에 이 입법 행위의 역사는 더욱 복잡해졌다. 우생학자들은 도덕적, 신체적, 정신적 '결함'을 인종화된 이민자 및 미국 출생 외부자의 바뀌지 않는 고유성으로 못박음으로써 이러한 입법 행위에 공헌하기도 했다. 아이큐 검사에서 도출한 통계에 힘입은 우생학자들은 '정신박약'으로 향하는 '열생학적dysgenic'* 성향을 가진 슬라브인, 이탈리아인, 유대인, 폴란드인 등의 입국에 경악하며 경고를 울려댔다. 1917년 이민법 제정 이후, 우생학자들은 1차 세계대전 이후의 난민 '범람'에 대한 두려움, 그리고 반공산주의적, 반무정부주의적, 반노동적 박해라는 시류를 교묘하게 이용했다. 그들은 그 밖의 주변화된 집단 사이에서 섹슈얼리티 및 생식을 규제하는 캠페인에 관여했던 다른 우생학자들과 마찬가지로, 사회적 범주에서 출발한 다음 통계적, 생물학적 '증거'를 통해 그 사회적 범주를 정당화하려고 했다.

배외주의적 노력은 마침내 1924년 국적기원법에서 정점에 이르렀다. 1917년 이민법도, 1921년 3퍼센트제한법[또는 비상할당법]도 충분히 만족스럽지 않았던 우생학자들은 노력을 배가했다. 그들은 결코 비주류가 아니었으며, 이민 논쟁에 직접적인 영향을 미쳤다. 즉, 새로운 검사 결과 가운데서 필요한 것을 가려내고, 입법 초안을 작성하고, 의회에서 증언하며, 불가리아인, 중국인, 유대인, 아일랜드인, 이탈리아인, 멕시코인, 폴란드인, 러시아인 및 튀르키예인 사이에 '정신이상자' 수가 지나치게 많다는 '증거'를 제공했다. 우생학자들과 그 동조자들은 하원, 상원, 배악관에 모두 포진해 있었다.

국적기원법 제정 이후 우생학자들은 (그들이 말하는 모범적인 우생학적 법률의 구성 요소이지만 1924년 국적기원법에서는 실현되지 않은) 출국항에서의 검사는 물론, 할당제를 계속 추진해 라틴아메리

---

*   열생학은 우생학의 반대 개념으로, 사회적으로 바람직하거나 일반적으로 환경에 적응하는 것으로 간주되는 형질의 우세가 감소하는 것을 가리킨다. 특정 집단이나 종 내에 결함이 있거나 손상된 유전형질들을 누적시키는 요인들에 관한 연구라고 할 수 있다.

카 및 카리브해 출생 이민자로까지 그 대상을 확대할 것을 요구했다. 저명한 우생학자들은 "결함이 있고 퇴화한 원형질의 급류를 일으키는 물줄기들을 …… 말라붙게 할"[3] 다각적인 접근법을 촉구했다. 이민 제한, 국가 내부의 '명백한 부적자'에 대한 단종수술, 인종 간 혼합에 대한 강도 높은 공격들이 그것이다. 우생학자들은 포괄적인 계획을 가지고 있었다. 그들이 의회의 소위원회에서나 그들 스스로 발행한 저널에서 한 진술을 살펴보면 알 수 있듯 그들은 스스로가 국가 건설, 백인우월주의, 외국인 혐오와 우생학적 꿈 사이에 구축한 연관성을 충분히 인지하고 있었다.

초창기 우생학 출판물에는 《유전학 저널》과 《우생학 소식》이 있는데, 《유전학 저널》은 1910년 《미국 육종가 잡지》로 시작됐고 《우생학 소식》은 발행 10여 년 만에 본궤도에 올랐다. 이 출판물들은 우생학자들이 이민법, 특히 1917년 및 1924년 법률 제정에 자신들이 미친 영향을 스스로 어떻게 인식했는지에 관한 기록을 제공한다. 그 밖의 출판물(예컨대 마거릿 생어의 《산아제한 평론》)에도 친우생학적 글들이 실렸지만, 《유전학 저널》과 《우생학 소식》은 우생학자들 스스로 발행한 것이었다. 물론, 저널 기고자들은 자기 홍보를 하고 싶은 마음에서 자신의 정치적 영향력을 과장하는 경향이 있었다(그들의 통계 조작은 특히 인상적이다). 우생학자들의 말만으로는 그들이 입법 과정에 미친 영향을 판단하기에 충분치 않다. 그런 한편으로, 스스로를 뽐내며 힘을 과시하는 성향 덕분에 우생학자들은 당대 우생학운동 및 주요 반이민 캠페인에 대한 근면 성실한 기록자가 될 수 있었다.

20세기의 대부분 동안 우생학은 에티엔 발리바르가 국가를 "정화하는" 데 필수적이라고 본 "배제적 인종주의"가 힘을 발휘하는 데 중추적인 역할을 했다.[4] 우생학이 이민 금지령을 지지한 것을 보면 잘 알 수 있다. 그런데 국가의 물리적, 이데올로기적 구축은 결코 완수될 수 없는 기획이므로, 말 그대로의 국경과 비유적인 국경에 대한 끊임없는 감시 감독 및 순찰을 필요로 한다. 우생학은 언제나 가장 먼저, 국가가 어떤 모습일 것인가에 관심을 쏟았다. 요컨대 어떤 여성이 어떤 남성의 아이를 낳았는지 조사하고, 유전성 장애를 도표화하고(또한 자주 조작하고), 성적, 정치적 행위에 대한 생물학적 결정인자를 주장하며, 미국 혈통의 진입로들을 열렬하게 사수했다. 라틴아메리카, 아시아, 남동부 유럽, 북아프리카 출생 이민자를 경계한 20세기 우생학은 앵글로색슨 국가를 구축하고 보존하려는 사람들의 손에 쥐어진, 특별한 의미를 지닌 도구였다. 그런 지역에서 오는 '침입자들'과 미국 흑인은 오염된 신체이자 동시에 정치체를 오염시키는 자로 간주됐다.

이민 제한 정책 내에 표현되고 동시에 그 정책에 기여한 국가주의와 인종주의가 우생학을 **필요로 했다**는 말이 아니다. 우생학자들이 팔을 걷어붙이고 이민 논쟁 내부로 슬며시 들어가기 훨씬 전부터도 국가 건설은 이미 일종의 인종화된 프로젝트였다. 1882년, 중국인배척법에 대한 논쟁 중 앨라배마주 상원의원 존 T. 모건John T. Morgan은 중국인 이민이 서부를 완전한 (백인) 정착지로 만드는 데 걸림돌이 된다고 공공연하게 비난했다. "아내를 데리고 서부로 가서 후일 더 큰 결실을 거두리라는 일말의 기대 감으로 농장을 일구고 땀 흘려 생계를 꾸리고 싶은 젊은이가 있어도, 그는 그곳에 가지 못할 것입니다. 이미 중국인이 자리를 잡고 있기 때문입니다.”[5] 그럼에도 우생학은 당대의 합리화하는 기술들을 동원해 인종주의 및 국가주의에 실체를 부여하는 역할을 했다. 그리고 이러한 이데올로기들은 역으로 우생학적 사고와 이에 따른 입법의 원동력이 되었다.

국가주의는 일관성을 유지하고, 그것을 실제 적용하기 위해 다른 이데올로기들에 크게 의존하기 때문에 혼자만 따로 떼어내 생각할 수 없다. 발리바르가 썼듯, 국가주의는 인종주의 또는 외국인 혐오와 분리될 수 없다.[6] 인종주의와 외국인 혐오 둘 다 국가주의에 흡수됐고, 둘 다 동일한 이민자 집단을 가리키며 허용이 불가하다는 점을 분명히 했다. 20세기 초 우생학자들이 장려한 국가주의는 디폴트 메커니즘default mechanism[즉, 어떤 기본값을 설정하고 그것을 끊임없이 환기시키는 기제]에 크게 의존했다. 결코 존재하지도 않았던 국가를 재창조하고 미국인의 표현형을 정제하려는 시도들 속에서, 우생학자들은 발리바르가 “찾을 수 없는 ‘핵심적인’ 진정성에 대한 강박적 탐구”라고[7] 불렀던 것에 몰두했다. 그래서 우생학자들은 “결함이 있는 재외국인”의 입국 및 생식에 의해 “우리 국가의 생혈이 희석되고 있다”고 끊임없이 개탄했다.[8]

우생학자들은 악마화된 타자라는 완전히 인종화된 범주를 구성하면서, 이데올로기적으로 정화된 미국—과거의 죄는 청산하고 미래의 위협에는 대비하는—을 제시했다. 우생학적 기획은 국가에 대한 상상을 중심으로 전개됐다. 예컨대 (현재 위기에 직면한) 국가가 과거에는 어떠했으며, (정부 개입 및 의료 개입이 있거나 없을 경우) 앞으로는 어떠할 것이냐를 그려보는 것이다. 이는 역사 수정주의와 불길한 예언, 둘 다를 요구하는 일종의 창조적인 시각화였다. 이를 하나의 입법 의제로 상세하게 기획하는 데 로버트 드코시 워드만큼 능숙한 사람은 거의 없었다.

하버드대학교 기후학 교수이자 대학행정위원회 위원이기도 했던 워드는 미국 우생학운동의 역사에서 중요한 위치를 차지한다. 1931년 워드에 대한 추도사에는 이렇게 쓰여 있다. "수년간 필요한 입법을 이루기 위해 고군분투하는 모든 애국적인 입법자, 그리고 허위 사실 및 악의적인 정치적 영향력에 맞서 적절한 법 집행을 위해 힘쓰는 모든 양심적인 공무원은 워드의 노력이 이룬 결실을 실감했다."[9] 1912년 워드는 《미국 육종가 잡지》에 "우리 미국은 선택된 남녀에 의해 건립되고 발전했다"[10]라고 썼다. 이 위조된 역사와 나란히 놓고 살펴볼 것은 이듬해에 워드가 발표한, 국가적 타락이 임박했음을 외치는 다음과 같은 서술이다.

앵글로색슨인 이민자가 지배적이었던 시대는 끝났다, 영원히 …… 남동부 유럽인 이민자가 현재 전체 이민자의 약 70퍼센트에 달할 정도로 증가했다. …… 아시아인 이민자도 해마다 더 많이 거들고 있다. 영국령 인도는 수백만 명을 데리고 올 선발대를 파견하기 시작했다. ……

…… 최근 미국에 입국하는 이민자 인종의 변화는 틀림없이 향후 미국 인종의 성질에 지대한 영향을 미칠 것이다. 그 결과 어떤 신체적, 정신적 변화가 나타날 것인지에 대해 이미 여러 온갖 권위자들이 말했다. '평균적인 이민자'(그게 뭐든!)의 에스닉 구성이 지난 몇 년간 근본적으로 바뀌어, 발트해 및 알프스 지역 혈통이 지중해 지역 혈통으로 대체되고 있다.[11]

우글거리며 잠식해 들어오는 군중에 대해 경고하고자 했던 워드는 발리바르가 "신화적 국가형形"[12]이라고 명명한 것을 불러내며 이 나라의 기원으로 거슬러 올라갔다(하지만 아메리카 토착민의 지위가 격상되진 않도록 그다지 오래전으로 돌아가지는 않는다). 발리바르가 말하듯 국가주의는 "허구적 에스니시티의 산물", 일종의 "상상된 통일성"이다. 국가주의는 "동일성과 합리화를 위한 힘이다. 그것은 또한 국가의 기원에서 유래하고 어떤 형태로도 흩어지지 않도록 보존돼야 한다는 국가 정체성에 대한 페티시를 키운다".[13] 워드는 자신이 말하는 "정력적인 피"가 희석되는 것에 대해 독자에게 경고했다. 워드의 "미국 인종 보호와 보존" 발언은 당대를 규정한 인종 및 국적의 융합을 전형적으로 보여준다.[14]

워드 등에게 결정적인 질문은 "어떤 사람이 미국 아이들의 부모가 될 것인가?"였다. 워드가 설명하길, "우리에게 국가적 우생학은 토박이 부적자의 번식을 방지함은 물론 이민을 막고, 재외국인 부적자의 입국 후 번식을 저지함을 뜻한다". 워드의 논문 〈우생학 관점에서 본 우리 이민법Our Immigration Laws from the Viewpoint of

Eugenics)은 "범죄적인 아이들을 낳는 것을 합법화한다"며 독자를 꾸짖었다. "타락자"의 부모가 되는 것은 토박이이든 재외국인이든 가난한 혈통을 퍼뜨리는 일이라며 비난했다. 그럼에도 워드는 재외국인을 더 큰 위협으로 여겼다. 워드는 "정신박약자, 정신이상자, 간질 환자, 상습 범죄자의 입국을 허락하는 것"을 가리켜 다음과 같이 결론 내렸다. " …… 후대에 대한 범죄다."[15]

> 국산 품종을 개량하려고 들여오는 헤리퍼드종 소나 사우스다운종 양이 우리가 입국을 허용해 장차 미국 아이들의 부모가 될 재외국인 남녀보다도 건강하고 병이 없다는 사실은 오늘날 참으로 더욱 뼈아프게 다가온다.[16]

워드도 저널 편집진도 **실제** 아이들에게는 관심이 없었다. 그들의 관심사는 **잠재적** 자손, 그리고 한때 "인종적으로 내세울 만한 혈통들"에 대해 "소극적 우생학"*이 미치게 될 영향이었다.[17] 그들은 "아리아 게르만족의 하위 종족들에게 …… 과학적 방법으로 스스로의 진화를 이끎으로써 세계사에 대한 지배력이 지속될 것이라는, 또 스스로가 창조한 화려한 문명이 영속됨은 물론 눈

---

* 소극적 우생학은 바람직하지 않은 특성이나 결함을 전달할 것 같은 사람의 생식을 규제하는 것, 즉 부적자를 제거하는 것을 가리키며, 적극적 우생학은 바람직한 특성을 가진 사람들의 수를 늘리는 것, 즉 적자適者, the fit를 불리는 것을 가리킨다. 현대 유전의학 및 공학 맥락에서는 유전자를 보존하면서 치료를 목적으로 하는 것을 소극적 우생학, 유전자 선별과 조작을 시도하면서 개선을 목적으로 하는 것을 적극적 우생학으로 부른다.

부시게 확장될 것이라는 자기 확신을 가지라고” 촉구했다.[18] 적자는 상대가 토박이이든 이민자이든 인종적 부적자의 아이를 낳아서도, 임신시켜서도 안 됐다.

2장

용의주도한 히스테리

조지 모스는 전간기 유럽에 관해 쓴 글에서 인종주의가 시각 중심의 이데올로기—외부자의 신체적, 정신적 특성을 정형화하고 '우월한' 민족[또는 인종]과 '열등한' 민족 간에 인식 가능하고 부인할 수 없으며 변하지 않는 차이를 주장한다는 점에서—임을 시사했다.[1] 미국 우생학자들은 도표, 사진, 인간 두개골까지 준비하고 나와 시각적, 수학적 증거를 제공함으로써 인종주의를 과학적으로 타당하며 정치적으로 실행 가능한 것이 되게 했다. 국가, 에스닉, 인종 정체성들이 공적이고 정치적인 담론에 병합됨에 따라 우생학적 수사는 법정에 선 실증주의자 역할을 했고, 백인 인종을 '개선하고 보호한다'는 명목으로 반이민 공세를 합리화하고 떠받들며 종종 주도하기도 했다.

인종화된 외부자의 도덕적, 지적, 신체적 결함에 대한 장황한 설명은 더는 단순 추측이 아니었다. 배외주의자 등이 창의적이고도 빠르게 대량의 자료를 분석함으로써 이런 설명을 뒷받침했기 때문이다. 이민자와 그 자손은 우생학적, 통계학적 정밀 조사의 대상이 되어 가난한 토박이, 신체장애인 및 발달장애인, 성소수자, 아프리카계 미국인, 성매매 여성, 알코올의존자, 약물의존자, 죄수 등의 대열에 합류했다. 이것이 불가피했던 까닭은 과학과 진보에 확고한 믿음을 가졌기 때문만은 아니었다. 우생학자들이 정당한 연구 목적에서가 아니라 기존의 사회계층 구조를 정당화하고 유지하려는 욕망에서 동기를 부여받았기 때문이기도 했다. 간단히 말해 생물학주의는 현상을 유지하는 데도, 사회경제적 불평등을 분석해야 한다는 요구를 회피하는 데도 도움이 됐다.

당대의 과학 전문 지식은 사법적, 입법적 결정에 갈수록 더 많이 끼어들었다. [우생학자들에 따르면] 그래야만 했다. 조지 스타킹George Stocking이 설명하듯, 우생학자들은 '문명화된' 세계에서 자연선택은 거의 중단된 지 오래이며 인간의 직접 개입 없이 더는 앞으로 나아갈 수 없다고 생각했다.[2] 우생학자들은 (생물학적인 것이든 다른 무엇이든) 집단의 결점을 정량화한 다음, 그것이 합리적으로 보이도록 겉만 그럴듯하게 꾸밈으로써 의회에 제출할 설득력 있는 논리를 갖추었다. 이민법에 문해력 검사를 포함시키기 위한 캠페인이 그 좋은 사례다. 그 자체로도 의미심장한 이 캠페인은 이후 표준화된 검사들이 어떻게 정치적으로 쓰일지를 예고하는 본보기였다.

대통령 스티븐 그로버 클리블랜드, 윌리엄 하워드 태프트, 토머스 우드로 윌슨은 모두 문해력을 입국 요건에 포함하는 데 거부권을 행사했지만, 워런 G. 하딩은 결국 승인했다. 거부권 행사부터 행정부 승인에 이르기까지, 수년간 끈질긴 제한주의자들의 로비가 있었다. 뉴욕주 킹스카운티 대배심은 "영어를 읽고 쓸 줄 모르는 자는 인간의 자유라는 핵심 사상을 이해할 지성을 갖추고 있지 않으므로 모조리 이민을 금지할 것"을 의회에 촉구했다.[3]

우리 국민 생활의 물줄기가 그 물줄기의 근원보다 높아질 수는 없는 법입니다. 이 물줄기에 더 이상의 오염을 허용한다면, 국가 안팎으로 우리가 당면한 문제들이 더욱 증폭될 것입니다. 이는 화합을 촉진하기는커녕 불화를 조성할 것입니다. 우리는 고귀한 이상을 지닌 하나의 국가로 존립하기는커녕 단지 온갖 인종의 잡동사니, 각 국민의 뒤범벅으로 전락할 것입니다.[4]

문해력은 동화 불가능설의 편리한 기준이었다. 우생학자들의 손에서 문해력은 타고난 정신적, 지적 건강의 표시로 이후 수십 년간 강력하게 통용된 신념이 됐다. 무엇보다 문해력의 진정한 이로움은 정량화할 수 있다는 것이었다. 1894년 로버트 드코시 워드는 이민제한연맹Immigration Restriction League을 공동 창립했는데, 이는 보스턴에서 아일랜드인을 쫓아내려는 분명한 목적을 가지고 일찌감치 문해력 검사를 옹호한 단체였다. 이민제한연맹이 공공연하고도 지속적으로 '열등하다'고 밝힌 이탈리아인들이 2차 표적이 됐다.[5] 지지자들은 정확히 어떤 집단에 문맹 이민자 수가 더 많은지를 입증하려고 어떤 수고도 마다하지 않았다. 《이민의 물결The Tide of Immigration》에서 프랭크 줄리언 원Frank Julian Warne은 보스니아인, 이탈리아인, 루마니아인, 리투아니아인, 튀르키예인 이민자의 3분의 1 이상을 문맹으로 분류했다. 1914년에만 튀르키예인 이민자의 64퍼센트가 문맹이었던 데 비해, 영국인, 웨일스인, 스칸디나비아인, 핀란드인 이민자 중 문맹은 1퍼센트 이하라고 원은 주장했다. 원은 자신이 인종적, 국가적 차이(이자 나아가 인종적, 국가적 결점)라고 묘사한 것에 독자의 주의를 환기한 다음, 문해력 검사가 "인격이 아닌 기회"를 평가하는 시험이 될 것이라고 마지못해 양보했다. 그럼에도 문해력 검사는 이민의 규모를 조절하는 수단으로서 가치가 있으며, 이는 "오직 우리가 이민자 부류들을 흡수하고 동화시킬 수 있는 합리적인 수준으로 {이민을} 제한하고자" 사용될 것이라고 썼다.[6] 뉴욕에 본부를 둔 대일관계위원회의 시드니 걸릭Sidney Gulick 등은 문해력 검사가 "아시아인에 대해서는 변별력이 없어 수백만 명의 입국을 허용할 것이므로" 인종을 민감하게 감지하는 장치로서는 **충분치** 않다고 걱정했다.[7] 우생학자들에게는 다행스럽게도, 문해력 요건의 한계를 훌쩍 뛰어넘는 통계적 증거가 계속 축적되고 조작되면서 그 어느 때보다도 풍부해졌다. 표준화된 검사들은 빠르게 최첨단 기법이 돼가고 있었다.

알프레드 비네Alfred Binet(비네는 프랑스에서 최초의 지능검사법을 개발해 시행했다)의 논문 번역자로서, 또 미국 땅에서 실시된 최초의 아이큐 검사 감독관으로서 헨리 허버트 고더드Henry Herbert Goddard가 등장할 무렵에는 공화국에 위험한 것으로 간주되는 일련의 신체적, 행동적 특성을 인종과 연결시키는 강력한 선례가 이미 존재했다.[8] 심리학자인 고더드에게 비네-시몽 지능검사를 이용해 미국에 입국하는 이민자의 유전적 결함을 입증할 것을 최초로 제안한 사람은 미국육종가협회American Breeders Association의 찰스 대븐포트Charles Davenport였다(대븐포트는 이후 미국우생학회American Eugenics Society의 공동 창립자가 된다).[9] 1912년 엘리스섬에 내린 이민자들은 미국에서 아이큐 검사를 받은 최초의 집단이 됐다. 다른 많은 우생학 프로젝트가 그렇듯 고더드가 실시한 검사에도 계급적 편견이 내재돼 있었다. 삼등 선실을 타고 온 사람들만 검사를 받아야 했던 것이다. 고더드가 도출한 결과에 따르면 전체 유대인, 폴란드인, 이탈리아인, 헝가리인, 러시아인 이민자의 80퍼센트 이상이 "정신박약자이며, 결함이 있는 자"였다.[10]

새로이 도착한 남성 이민자의 지능 문제에 관여한 지 1년 뒤, 고더드는 여성 2명을 엘리스섬에 파견해 여성 이민자를 검사하게 했다. 여성은 예리한 직감이 있으므로 파견된 검사관들이 지적, 정신적 '결함이 있는' 여성을 알아보고 가려낼 수 있을 것이라고 고더드는 생각했다. 검사관들은 고더드를 실망시키지 않았는데, 그들이 검사한 여성 152명 중에서 유대인의 83퍼센트, 헝가리인의 80퍼센트, 이탈리아인의 79퍼센트, 러시아인의 87퍼센트가 "정신박약자"라고 공식 발표했던 것이다.[11] 나중에 견해를 크게 바꾸긴 하지만, 당시 고더드는 자기 작업이 암시하는 것에 흥분했다. 고더드는 자기 작업이 정책에 직접적인 영향을 미쳤다고 보고, '정신박약자'의 국외 추방이 증가한 것은 '정신 검사'를 도입한 공로라고 말했다. 고더드는 "정신 검사가 정신박약이 있는 재외국인을 찾아내는 데 사용될 수 있다는 믿음에 고무된 의사들의 지칠 줄 모르는 노력"을 칭송하고, 모든 입국항에 검사 시설을 갖출 수 있게 의회의 지원을 요구할 것을 대중에게 촉구했다.[12]

'정신박약'은 법적 구속력이 있는 명문화된 용어가 아니었기 때문에 무한히 오용되고 남용됐다. 엘리스섬 미 공중보건국의 부의副醫였던 하워드 녹스Howard Knox는 1914년 《유전학 저널》에 실은 한 논문에서 그 명칭의 애매모호함을 예찬했다. 녹스는 다음과 같이 말했다. "다행히 '정신박약'이라는 용어는 대부분의 정신감정의에게 다양한 형태와 정도의 저능을 싸잡아넣을 수 있는 쓰레기통 같은 것으로 간주된다. 또한 법적으로 반드시 제외해야 할 결함으로 규정돼 있으므로 {엘리스섬} 검사관들의 필요에 특히 적합하다."[13]

일련의 검사를 통해 엘리스섬 관리들은 "정신박약자이며 결함이 있는 자"만이 아니라, 충분히 건강해 **보이지만** 나중에 허약해질지도 모를 "잠재적 결함이 있는 자"를 가려내기 시작했다. 녹스에 따르면, "결함이 있는 자"의 부모는 "기질적 특이성 ……바로 다음 세대나 미래의 후손에게서 실제로 나타날 결함의 전조"를 잔뜩 안고 있었다. 이런 "특이성"으로는 "폭발적으로 화를 내는 것, 슬픔을 잘 가누지 못하는 것, …… 때에 맞지 않게 즐거운 것, 육체적 쾌락 추구와 관련된 병적 상태 및 도착, 음침한 것, 안면 경련, …… 편두통 …… 특정 방면에서 천재적인 기색 …… 강한 습성의 형성, 독특한 버릇, 언어장애 및 그 밖에도 당사자를 '퀴어하다'고 단정할 수 있는 뚜렷한 속성들이 있었다. …… 이처럼 막연한 실체들이 한 세대에 자리를 잡으면, 다음 두세 세대에는 명확하게 정신이상 및 정신박약이 나타난다". 1914년 녹스는 "정신이상이 있는 재외국인 수는 일반적인 예상을 훨씬 뛰어넘는다. …… 정신이상이 있는 재외국인 중 병원에 갈 방도를 찾지 못하는 자들이 있는데, 병원에 갈 경우 추방되기 쉽다는 것을 그들의 친족은 알기 때문"이라고 썼다. 녹스는 "그 정신이상자들의 동포들은 인종적 자부심 혹은 다른 이유로 그 정신이상자들이 품고 있는 정신이상과 질병이 어느 정도인지 알려지는 것을 바라지 않는다"고 주장했다.[14] 당시 제공된 도표들이 적절하지 않았다는 점을 고려하면, 정신이상이 있는 재외국인 수기 과소 집계됐다는 녹스의 주장을 썩 진지하게 받아들이기는 어렵다. 원이 집필한 책의 서평자는 1910년 미 인구총조사를 끌어와, 국외 태생 백인은 전체 인구의 14.5퍼센트에 불과함에도 정신 의료 시설 수용자의 28.8퍼센트를 차지한다고 보고했다.[15] 물론 이는 어느 집단이 정신 의료 시설 체계에 걸려들 가능성이 가장 큰지, 또왜 그런지에 대한 논평은 아니었다. 1915년 미 공중보건국 부副의무감 L. E. 코퍼L. E. Cofer는 그 바로 전 회계연도에 입국한 이민자 148만 5957명 중 정확히 4만 1250명이 여러 사유로 정신이상자임이 증명되었으며, 그중에서도 1360명이 "온갖 유형의 정신적 결함"을 가지고 있는 것으로 판정되었다고 주장했다. 코퍼는 실제로 이런 사람들에 대한 국외 추방에 '우생학'이라는 이름을 붙였다. 코퍼의 추산에 따르면, "지난해 입국한 이민 여성들에게서 100만 명의 아이들이 태어날 운명"이었다.[16] 우생학에 대한 장황한 열변에서 '이민자'는 성매매 여성 및 '결함이 있는 자'의 어머니(혹은 잠재적 어머니)를 콕 집어 가리키는 경우를 제외하면 일반적으로 남성을 의미했다. 어쨌든 국외 추방은 우생학적 자기 방어로 간주됐고, 곧 하원발의법안 제10384호H.R. 10384[즉, 1917년 이민법]에 명문화될 예정이었다.

1917년까지 미국은 명시적으로는 아니더라도 이념적으로는 우생학적 목표에 부합하는 이민 제한 조치를 성실히 수행했고, 우생학자들은 이를 간과하지 않았다. 코퍼는 유럽이 미국을 "죄수, 빈민, 정신이상자를 갖다 버리는 쓰레기 하치장으로" 이용하고 있다고 보고, 이를 개탄하며 "정신적, 육체적, 도덕적, 경제적으로 바람직하지 못한 대략 21개 계층의 자들을 배제하는 것이 요지인" 이민법 제정은 "애초에 그 쓰레기 투기 과정으로부터 나라를 보호하기 위한 것이었다"라고 공공연하게 말했다.[17]

의회는 1875년부터 1924년 사이에 속속 제출된 이민 법안들을 차례로 논의했다. 대니얼 케블스Daniel Kevles가 지적했듯, 각각의 법안은 입국 불가의 범위를 넓혔다.[18] 인종 및 계급에 대한 고려가 항상 최우선이었다. 1875년 페이지법은 실제로 성매매를 하거나 혹은 한다고 여겨지는 아시아인 여성의 입국을 금지함으로써 사실상 중국인 여성의 미국 이민을 중단시켰다. 1882년 중국인배척법은 물론, "정신이상자, 백치, 공공부조 대상이 될 가능성이 있는 자"에 대한 최초의 연방 이민 금지령이 통과됐다. 중국인 노동자 및 정신이상자에 대한 배제는 1891년, "도덕적 타락 행위라는 범죄로 유죄판결을 받은 자"를 콕 집어낸 또 하나의 법률이 제정되면서 유지됐다. 1903년 새로운 법이 간질 환자의 입국 불가를 선포함에 따라 바람직하지 못한 사람들이라는 저변이 다시 한번 확대됐다.[19] 4년 뒤에는 무정부주의자, 빈민, '직업 거지', 결핵 환자도 명단에 합류했다.[20] 같은 해, 신사협정에 의해 일본 정부의 협조로 일본인 노동자의 입국이 금지되면서 이민 예정자에 대한 여권 발급도 중단됐다. 1907년에는 대통령이 이민위원회를 설치했다. 1910년 이민위원회는 의회에 제출한 보고서에서 가족이나 아내를 동반하지 않은 모든 비숙련 노동자 배제, 모든 항구의 연간 입국 이민자 수 제한, 이민자가 입국함에서 소지하고 있어야 할 금액의 상향을 촉구했다.[21]

그런 뒤인 1917년 2월, 의회는 대통령의 거부권을 기각하고 하원발의법안 제10384호, 곧 "재외국인의 미국 이민 및 거주 규제법"을 통과시켰다.[22] 이 법에는 원치 않는 사람들이 입국하는 것에 대한 두려움만큼이나 주변화된 토박이에 대해 미국이 품고 있는 감정이 가득 담겨 있었다. 미국 우생학의 전성기에 등장한 이 법은 남동부 유럽 이민자가 밀어닥치는 상황(또한 수십 년간의 제한주의적 법률 제정 이후에도 계속된 아시아인 이민의 상황)뿐만 아니라 흑인 대이동 기간에 아프리카계 미국인이 북부 도시들로 대거 이동한 상황에 따른 정치·문화적 백래시의 일환으로 봐야 한다. 이 법은 우생학 논문들이 범죄자와 정신 질환자를 다루며 조장한 에스닉/인종적 희생양 만들기를 다시 한번 재현했으며, 노동계에 대한 미적지근한 태도 및 대중의 반무정부주의 정서와 절묘하게 맞아떨어졌다.

새로운 법은 성매매 여성, 무정부주의자, 유죄판결을 받았거나 유죄로 인정된 중범죄자의 입국을 금지하거나 기존 금지령들을 강화했다. 도심의 성매매는 이미 거의 전적으로 이민 여성 탓으로 간주되고 있었다. 마찬가지로, 수많은 불법행위의 책임이 전체 이민자 공동체에 돌아갔다. 체사레 롬브로소Cesare Lombroso를 필두로 한 범죄인류학자들은 이미 '생래적 범죄인born criminal'이라는 개념을 전파하고 있었다.[23] 범죄, 건강, 정신이상, 도덕성 문제가 모조리 우생학적 검토의 몫이 됐고, 인간의 결점들은 과학적 정확성에 따라 당대의 에스닉 표적, 즉 흔히 이민자에게 돌아갔다. 이는 결코 새로운 시도가 아니었다. 반세기 전인 1860년대에 《하퍼스 위클리》는 폭력 범죄의 75퍼센트가 아일랜드인 이민자의 소행이라고 단언했다.[24] 1908년 뉴욕시 경찰청장 시어도어 빙엄Theodore Bingham은 "대부분 러시아 출생 히브리인"이 뉴욕에서 발생하는 범죄의 50퍼센트를 차지한다고 진술했다.[25] 코퍼는 청소년 범죄자 대부분이 북대서양 주에 집중되어 있다며 "이 지역에서는 이민자의 인구 비중이 미국의 다른 어느 지역보다도 높다"고 강조했다.[26]

우생학은 몇 번이고 범계급적 연대를 표방했다. 이민 제한을 둘러싼 수사가 계속 진행되는 와중에 미국 토박이 노동자의 생계가 자주 언급됐다(지금도 그렇다). 1917년 이민법은 계약 노동자의 입국 금지를 강화하기도 했다. 법안이 통과되기 직전, 이름을 밝히지 않은 한 서평자는 《유전학 저널》에서 다음과 같이 말했다.

> 가장 쓸모 있고 계몽된 계층 사이의 출생률이 저조한 건 주로 경제적 이유 때문이라는 것은 이제 꽤 잘 알려져 있다. 따라서 우생학적 선전이 성공하려면 사회경제적 변화가 선행돼야 한다. 그래야만 젊은 부부가 자녀를 낳는 것이 사회경제적으로 가능해질 것이다. 미국에 입국하는 비숙련 노동력의 규모를 제한하는 것이 그런 변화 중 하나가 될 것이다.[27]

다시 말해, 우생학적으로 적자인 미국 노동자가 자식을 양육할 재정적 수단을 확보할 수 있도록 그들의 일자리는 부적자인 외국인으로부터 보호돼야 했다. 이처럼 가난한 노동자들을 향한 온정주의적 태도는 우생학자들의 또 다른 모순을 드러냈다. 우생학자들이 다른 때는 빈곤을 타고난 '발생장애'의 발현으로 분류했기(그럼으로써 자본주의하에서 부의 불평등한 분배를 과학적으로 합리화했기) 때문이었다.

로버트 워드는 살짝 다른 각도에서 노동-우생학 가교에 접근했다. "우리는 국내 노동을 할 '일손'이 더 많이 필요하다고 끊임없이 이야기하지만, '손'만 아니라 몸도 들여오고 있다는 점은 망각한다"(워드는 자신이 쓴 거의 모든 글에서 이 견해를 되풀이했다).[28] 워드의 동시대인 중 일부는 입국한 이민자들을 전국의 농촌으로 분산할 것을 요구했지만, 워드는 그런 계획은 "이미 북부에서 진행되고 있듯 신체적, 정신적으로 열등한 외국 혈통으로 토박이를 대체하는 결과"를 낳을 것이라고 우려했다. 대신 워드는 남부 주들이 우생학적 이민에 대해 확고한 입장을 취할 것을 촉구했다. "남부인은 현재 우생학적 관점에서 이민 문제의 열쇠를 쥐고 있다." 남부인은 이민자를 노동자로 고용할 때 "정직하고 근면성실하고 건강하며 적자인 이민자만을 고집해야" 한다고 워드는 말했다.[29]

우생학자들은 값싼 수입 노동력의 위협을 과장함으로써 조직화된 노동이라는 대규모 세력과 반이민이라는 공동의 대의를 추구할 수 있었다.[30] 1차 세계대전은 이런 수사적 기회를 확장했다. 걸릭은 다음과 같은 각본의 밑그림을 그렸다.

이제 전쟁이 진행됨에 따라 우리 해안에 밀려들어오는 새로운 이주자들의 물결이 일시 중단됐으니, 지금이야말로 새 외국인들의 입국을 규제할 새 법률을 제정할 적기다.

전쟁으로 황폐해진 유럽 국가들에서 오는 이민의 규모가 얼마나 크고 작을지는 누구도 예측할 수 없다. 이런 문제에서 일반적으로 간과되는 한 가지 요소는 바로 전후 미국의 임금이 더 높아져 값싼 노동력에 대한 수요가 시급해질 것이라는 점, 이민

관련 회사 및 증기선 노선들이 미국으로 데려올 저렴한 노동력
의 신규 공급원을 찾을 것이라는 점이다.

걸릭은 "이민 관련 회사 및 증기선 노선들이 서아프리카 및
북아프리카, 이집트, 시리아, 소아시아['아나톨리아'라고도 불린, 튀르
키예 내에서도 에게해에 인접한 반도 지역]에서 수십만 명의 이민자를
데려오는 것을 막으려면 어떻게 해야 하는가?"라는 질문을 던졌
다.[31] 국내 노동이 외부로부터 위협받고 있다는 이러한 호소는 (비
록 외국인 혐오적이긴 해도) 겉으론 미국 출생 노동자들이 빠질 수 있
는 곤경에 대한 우려처럼 받아들여질 수도 있지만, 아프리카 및
중동 지역에서의 인력 모집 가능성에 초점을 맞추었다는 점에
주목해야 한다(어째서 걸릭은 예컨대 프랑스인이나 독일인 난민이 들어
올 가능성에 대해서는 경계하지 않았을까?). 걸릭의 경고는 발리바르가
"위기의 인종주의"라 불렀던 것의 좋은 예시를 제공한다. "위기
의 인종주의" 안에는 "{외국의} 배제 그리고 {외국인을 향한} 적대감
에 대한 암묵적 공모를 바탕으로 한 사회적 '합의'"가 존재한다. "
…… {그것은} 계급 간 차이를 단지 상대적인 것처럼 보이게 만드
는 의견 합일의 결정적 요인이 된다."[32]

워드는 유럽인 난민에 대해 불안해했지만 그가 전쟁을 이용
하는 방식은 걸릭보다 살짝 더 은밀했다. 미국이 전후 불가피하
게 "물밀듯 밀어닥치는" 난민을 받아들임으로써 국외의 정치, 사
회, 종교 개혁을 저해할 것이라는 의견이었다.

전 세계 교육, 종교 자유, 민주주의 제도의 발전에 관심이 있는 미국인으로서 우리의 의무는 우리 선조가 이 땅에서 우리를 위해 이룩한 것을 불만에 가득 찬 수백만 유럽인 및 아시아인이 자국에 머물며 그곳에서 그들 스스로 이룩하도록 돕는 것이다.[33]

그럼에도 워드는 "우리의 즉각적이며 가장 주요한 관심사는 우생학적인 것"이라고 인정했다.[34] 그 전해에 워드는 미국유전학회American Genetic Association 산하 이민에관한위원회의 나머지 위원들과 함께, 전쟁이 마련해준 "숨 쉴 틈"을 유리하게 이용해 입법자들에게 새 이민법을 통과시키라고 촉구했다. 워드는 전쟁이 시작된 후로 입국 이민자 수가 감소해 입국항에서 더욱 엄격한 건강진단이 가능해졌다고 주장했다. "그 결과 …… 신체적 혹은 정신적 결함이 있음이 증명된 재외국인 수가 눈에 띄게 증가했고", 입국 금지 또는 국외 추방 조치된 이민자 수도 크게 늘었다.[35] 《유전학 저널》도 의회가 이런 소강상태를 기회로 삼아 "미래에 지침이 될 만한 합리적 정책"을 채택할 것을 재촉했다.[36] 1916년 초 즈음, 워드는 이미 전후 난민이 밀어닥칠 것을 우려하고 있었다. 유럽인 이민자의 수는 불어날 터인 반면 "이민자의 신체적, 정신적 자질은 줄어들 가능성이 높다"[37]고 판단했다. 이민에관한위원회가 주장하길, 진취적이고 용감한 전성기의 유럽인은 죽었거나 자국에 남아 재건을 하는 반면 "적자와 가장 거리가 먼 자"는 타국으로 이민을 갈 터였다. 실제로 서아시아 및 남동부 유럽 국가들은 "인종, 정치제도, 교육, 사회 관습의 차이" 때문에 아마도 재건에 거의 참여하지 않을 것이라고 이민에관한위원회는 예측했다.[38] 그 나라들의 자포자기한 민중은 미국으로 마음을 돌릴 터였다.

전쟁으로 황폐해진 발칸반도에서 이미 수백 명이 왔다. 유럽 및 소아시아의 혼란스러운 정세—전쟁의 여파—에서 생겨난 허접 쓰레기들이 우리 해안가에 도달하기 시작했다. 시리아에서, 튀르키예에서, 이집트에서, 그리스에서, 시베리아에서 난민이 왔다. 전쟁이 끝나면 이곳으로 흘러들어올 광활한 물줄기가 최초로 똑똑 떨어진 것이다.[39]

매디슨 그랜트의 걱정은 좀 더 장기적인 것이었다. "시간문제일 뿐이지만 러시아에서 볼셰비키가 타도되면 유대인 대학살이 일어날 것이고, 우리가 막지 못할 경우 유대인이 어마어마하게 들어오게 될 것이다."[40]

1917년 이민법의 기틀을 잡는 데 전쟁이 얼마나 큰 영향을 미쳤는지는 불분명하다. 확실한 것은 법의 범위가 "전쟁으로 생겨난 정신적, 육체적 낙오자" 등을 포괄할 만큼 충분히 넓었다는 점이다.[41] 입법자들은 장애인 및 인종화된 사람들을 표적으로 삼았고, 지지자들 및 우생학자들은 그 둘을 동의어로 만들려고 노력했다. 하원발의법안 제10384호의 제3조는 다음과 같은 사람들의 입국을 거부했다.

모든 백치, 치우, 정신박약자, 간질 환자, 정신이상자. 어느 시점이든 이전에 한 차례 이상 정신이상으로 발작을 일으킨 자. 정신병질적 열등성 기질이 있는 자. 만성 알코올의존자. 빈민, 직업 거지, 부랑자, 어떤 형태로든 결핵을 앓고 있거나 또는 혐오스럽거나 위험한 전염병에 걸린 자. 외과의의 검사를 통해 정신적으로나 신체적으로 결함이 있음이 증명됐으며, 그 신체적 결함이 해당 외국인의 생계 능력에 영향을 미칠 수 있는 성질의 것인 …… 자.[42]

이 조항을 더욱 잘 이해하기 위해서는 다음 세 가지 중요 요소를 알아야만 한다. 첫째는 앞서 언급했듯 '정신박약'이라는 용어의 유연성 그리고 이를 이민자 조사관들이 재량에 따라 부당하게 이용했다는 것이다. 둘째는 미국 도시들의 형성이 명백한 열생학의 기폭제로 작용한 것이다. 셋째는 국외 추방 위험 기간의 연장이다. 1917년 이민법에 의해 다시 한번 되새겨지긴 했지만, '정신박약'은 위에서 나열된 다른 많은 상태와 나란히 이미 배제의 근거로서 명문화돼 있었다. 그런데 1917년 이민법에서 새로운 것은 입국 후 하나 이상의 배제 사유에 속한다고 밝혀진 이민자의 국외 추방을 위해 5년의 기간을 할당했다는 점이다. 1917년 이전에 당국이 이런 개인들을 국외 추방할 수 있는 기간은 입국일로부터 3년 이내였다. 우생학자들은 타고난 '정신박약'이나 '치우', 아니면 어떤 선천적 '빈민' 성향조차 도시 생활의 냉혹한 현실에 스며들어 국외 추방 기한이 만료될 때까지 발현되지 않을 수 있다고 불평했다. 하워드 녹스는 미국인의 삶을 확신에 찬 태도로 지지하고 있지는 않은 듯, "정신이상이 있는 수많은 재외국인의 경우, 그들이 미국에 오지 않았다면 그렇게 되지 않았을 것이다. 그런 자들은 자국에서는 아주 잘 지낼 수도 있지만 미국의 시민이 되기에는 적합하지 않다"라고 설명했다.[43] 워드 역시 이처럼 "정신병질적 열등성 기질"(1917년 법에 처음 포함된 배제 사유)에 대해 경고하면서, 동부 해안 병원들에는 새로운 환경의 스트레스에 대처하지 못하는 이민자가 득실댄다고 공공연하게 말했다.[44] 우생학자들이 환경 요인에 즉각적인 책임을 돌렸을지는 모르나, 어느 집단이 광기를 물리칠 능력이 가장 없다고 믿었는지는 의심할 바 없다. 그 누구도 뉴욕 거리에서 신경쇠약에 시달리고 있는 사람이 영국인이나 독일인 이민자라는 인상을 받지 않도록 어느 작가는 이런 해명을 내놓았다. "정신적 약점은 {이민자가} 여기서 몇 년을 산 뒤에야 나타나는데, 아마도 불가피한 {선천적인} 것이거나, 알고 보니 그 이민자가 떠나온 나폴리만이 내려다보이는 농장의 단순한 주변 환경보다는 로어맨해튼섬의 환경이 뇌에 훨씬 더 부담이 되기 때문일 수 있다."[45] 당국은 이제 새로운 이민자의 상황이 어떻게 풀리는지 지켜본 다음, 마음대로 주무르기에 딱 좋은 '정신박약'이라는 용어를 갖다붙여 국외 추방 서류를 제출하기까지 꼬박 5년이라는 시간을 확보한 셈이었다.[46]

우생학자들은 자신들의 노력이 법안의 아주 작은 활자들 속으로 녹아들어간 것을 직접 확인했다. 하지만 그들이 원했던 것이 전부 다 들어가진 않았다. 예컨대 1917년 이민법은 순수하지 않은 유전자군에 대한 편집증에 부응하면서도, 매디슨 그랜트가 바라던 대로 유대인 이민의 문호를 닫지는 않았다(아닌 게 아니라 종교 박해를 피해 달아난 사람들을 위해 몇 가지 조항을 마련했다). 유대인 이민의 문호가 닫힌 것은 그로부터 7년 뒤다. 그렇지만 1917년 이민법은 다음과 같은 사람의 입국을 금지함으로써 남아시아인 이민자 등을 효과적으로 배제하긴 했다.

> 미국이 소유하지 않은 아시아 대륙 인접 섬들 중 북위 20도 이남, 동경 160도 이서, 남위 10도 이북에 있는 섬들의 원주민이거나 또는 아시아 대륙 내 국가, 지방, 속령으로서 동경 110도 이서, 동경 50도 이동, 북위 50도 이남에 있는 지역의 원주민은 미국 입국을 금한다. 단, 그 지역 중 동경 50도에서 64도 사이, 북위 24도에서 38도 사이에 있는 구역은 예외로 한다. 또한 현재 어떤 방식으로든 미국 입국이 금지됐거나 제한된 외국인은 미국 입국을 허가받을 수 없다.[47]

의회 논의에서 나온 이처럼 장황하리만큼 자세한 설명은 남아시아인을 코카시아인종[즉, 백인]으로 규정한 사법적 판결을 교묘히 회피하기 위한 국회의원들의 노력이 얼마나 힘겨운 것이었는지를 강력하게 보여준다.[48] 찰스 밀스가 《인종 계약The Racial Contract》에서 설명하듯 "백인성의 자격 요건은 시간의 흐름에 따라 변화하는 기준에 맞춰 다시 작성된다".[49] 1917년 이민법은 밀스가 서술하듯 의회가 백인성에 대한 나름의 규정 요소를 확정해 백인성을 비백인성과 동시에 공식적으로 명기하며 인종을 이민의 한 고려 사항으로 더욱 구체화하는 기회가 됐다.

최종 투표 당일 미주리주 상원의원 제임스 A. 리드_{James A. Reed}는 곧 통과될 법안과 달리 원래 법안은 제외된 영토에 거주하는 '백인'에게는 미국 입국을 허용했으나 법안이 위원회에 회부됐을 때 해당 조항이 삭제됐음을 지적했다. 리드는 사람들이 "인종도 지적 능력도 도덕적 자질도 아닌 위도선 및 경도선"에 따라 배제된 것은 처음이라고 말하고, 현재 형태의 법안은 "해당 지표면의 거대한 영역 내에 거주하는 모든 자를 절대적으로 배제하며, 이는 해당 이민자가 (영국인과 같이) 백인 순혈 중의 순혈일지라도 그의 지적 혹은 도덕적 능력과 무관하게 적용된다"라며 개탄했다. 이에 대해 조지아주 상원의원 토머스 W. 하드윅_{Thomas W. Hardwick}은 다음과 같이 답했다.

리드 의원님은 우리 법원이 힌두인을 백인으로 판결해왔음을 알고 계실 겁니다. 그런데 힌두인이 엄밀한 의미에서 백인이라 하더라도, 의원님이 미국에 들어왔으면 하는 유형의 백인은 아닙니다. 그리고 만약 우리가 법안에 '백인'이라는 단어를 남겼다면, 우리가 이처럼 피하고 싶어 하는 이민자 유형을 제거하지 못했겠지요.[50]

입국 금지 구획은 제쳐두고라도, (유용하고도 마음대로 주무르기에 딱 좋은 또 다른 용어인) **잠재적** 공공부조 대상 제외라는 조항에 의거해 남아시아인 수천 명은 1908년에서 1924년 사이 미국 입국을 거부당했다.[51] 1917년 법안은 대부분 경제 용어로 쓰였고, 국가에 의존할 가능성이 있는 사람은 물론 계약직으로 채용된 노동자에 대해서도 입국을 금지했다. 건강 및 범죄와 관련된 의심스러운 통계에 대한 호소, 국가 재정을 염려하는 듯한 상투적인 표현은 그 법에 담긴 계급적 편견을 무심코 드러내 보였으며, 그 법의 공공연한 인종차별적 의도를 누그러뜨리기는커녕 증폭했다. 리드는 "여러분은 우리 인종의 순수성을 보존하고자 하고 바람직하지 못한 자들이 떼로 몰려드는 것을 방지하고자 합니다"라고 말하며 "그처럼 칭송할 만한 목표에서 출발한 …… 상원이 법안에 들어 있는 나쁜 제안들에 대해 살펴보는 일만은 절대적으로 거부하고 있습니다"라고 지적했다. 그 "나쁜 제안들"이란 "아프리카의 무어인" 그리고 "파타고니아 및 피지 제도의 인간 사냥꾼과 식인종"의 입국을 허용한 것이었다.[52] 리드 등이 법안에 반대표를 던진 이유는 법안이 (몇몇의 사례만 들더라도) 인도, 러시아 일부 지역, 페르시아, 지금의 튀르키예 출생 이민자의 입국을 금지해서가 아니라 충분할 만큼 입국을 제한하지 않아서였다. 리드는 정치적 박해로부터의 도피를 허용하는 조항도 탐탁지 않아 했다. 이 지점에서 리드는 대통령 우드로 윌슨과 전적으로 의견이 일치했는데, 우드로 윌슨의 법률안 거부 교서를 다음과 같이 인용했던 것이다.

그런 조항이 적용되고 집행되면, 사실상 관련 {이민국} 공무원이 외국 정부의 법률 및 관행에 대해 판단을 내리고 그 법률 및 관행이 종교적 박해를 구성하는지 여부를 밝혀야 할 의무를 짊어지게 될 것이다. …… 해당 조항이 행사될 경우 우리 정부 그리고 공식적으로 규탄의 대상이 된 정부나 정부들 간에 국제사법재판 및 국제예양과 관련해 대단히 심각한 문제가 발생할 수 있으며, 이는 가능성이 있는 정도가 아니라 틀림없이 발생할 문제다.[53]

윌슨은 표면적으로는 여전히 미국의 중립을 유지하려고 노력하고 있었으며, 그런 입장이 바다 건너의 종교적 박해를 인정함으로써 위협받는 것을 원하지 않았다. 비록 전쟁으로 국가주의가 고조됨에 따라 유럽 내 종교적 소수자의 지위가 더욱 위태로워졌을지라도 말이다.

리드는 새로운 법안의 초안을 작성할 것을 촉구했다. "미국 시민권을 부적절한 외국인의 유입으로부터 보호해야 합니다. 내가 말하는 부적절한 외국인은 혈통이나 인종 때문에 미국인의 몸과 삶과 정신에 통합될 수 없는 자입니다. 이는 지도에 그려진 임의의 선이 아니라 혈통을 따져 할 일입니다."[54] 리드가 주장하는 입법의 날이 다가오고 있었다.

잠시 동안 우생학자들은 입법상의 승리를 마음껏 즐겼다. 이는 당연히 우생학자들에게만이 아니라 덜 과학적인 성향의 인종주의자, 특정 갈래의 노동단체, 반볼셰비키, 반무정부주의자에게도 하나의 큰 성취였다. 그럼에도 우생학자들은 이를 자기들만의 것이라고 칭했다. 법안이 통과돼 법률로 제정되기 한참 전부터 미국유전학회 산하 이민에관한위원회는 하원에서 308표 대 87표로 승리했음을 축하하면서, 이 법안이 "몇 가지 중요한 우생학적 조항을 담고 있다"라고 주장했다. 위원회는 법안의 조항들을 "진심으로" 지지했으며, 미국유전학회의 임원 및 회원에게 "상원이 이 법안에 호의적인 결정을 내리도록 가능한 모든 노력을 기울일 것"을 촉구했다.[55] 1917년 이민법이 제정된 뒤 로버트 워드는 이 법이 "본질적으로 우생학적인 조치로서, 아마도 지금껏 의회에서 통과된 것 중 가장 포괄적이고 만족스러운 법"일 것이라고 공공연하게 말했다. 워드는 계속해서 다음과 같이 찬사를 보냈다.

미국유전학회는 물론 미국의 우생학적 안녕을 간절히 바라는 모든 사람은 장차 외국에서 들어올 이민자의 정신적, 육체적 자질을 현저히 향상시킬 것이 분명한 법안이 최종적으로 제정되었다는 것에 충분히 만족할 만하다.[56]

위원회는 1918년 당국이 이민자를 거부한 전체 사례 중 23퍼센트를 이 법률 제정의 공으로 돌렸다. 그래도 충분치는 않았다. 위원들은 "외국인 이민"의 일시 중단을 촉구하면서, 그런 조치가 "우생학적으로 대단히 바람직한 결과"를 가져올 것이라고

　　　1부 | 국가적 위생: 20세기 이민과 우생학 로비

주장했다.[57] 그러나 1917년 통과된 법률만으론 히스테리를 부리듯 제멋대로 분출하는 제한주의자들의 감정의 격랑을 잠재우기에 충분하지 않았다. "1월부터는 모든 기록이 산산이 깨질 것"이라고 1920년 말 뉴욕의 어느 관리는 소리쳤다. "유럽의 전 인종이 미국으로 이주할 준비를 하고 있다."[58]

그런 공황 상태는 부분적으로는 전후의 대규모 난민 이민에 대한 두려움에서 비롯됐다. 1917년 볼셰비키의 승리로 공산주의자, 무정부주의자, 사회주의자와 여타의 급진주의자에 대한 적대감이 고조되면서 더욱 보편적인 반이민 정서가 한층 강렬해졌다. 워드와 같은 우생학자들은 재빨리 시류에 편승했다. 1920년 워드의 논문 〈오늘날의 이민 문제The Immigration Problem Today〉에는 필라델피아 《퍼블릭 레저》의 바르샤바 특파원이 보내온 한 전보에서 발췌한 장문의 내용이 다음과 같이 포함됐다.

이제껏 세상에 알려진 것 중 가장 기이하고 절망적이고 극빈하며 한심한 이주가 멀리 키예프{원문 그대로임}[우크라이나의 수도 '키이우'의 러시아어식 명칭] 그리고 흑해 북쪽과 동쪽의 러시아 영토에서부터 폴란드를 통과해 약속의 땅 미국으로 향하고 있다. 심지어 조지아에서도 가난하고 질병에 걸린 수많은 자가 미국으로 이동하고 있다.

3주 만에 15만 명이 바르샤바 땅에 도착했다. 이는 시작에 불과하다. 불행히도 볼셰비키 선동가 및 공산주의자 다수가 무리에 섞여 있으며, 그들은 대혼란 속에서도 미국에 들어가 계획대로

선전을 퍼뜨릴 수 있으리라 자신한다.[59]

이런 수사는 파머 급습(이 과정에서 실제 급진주의자 및 급진주의자로 의심되는 수천 명이 연방 요원과 지역 경찰이 벌인 전국적인 소탕전에서 난폭하게 검거됐다. 이 사람들은 대부분 남동부 유럽인 이민자였다), 이민자 중 공산주의자, 무정부주의자, 노동운동 지도자, 사회주의자에 대한 국외 추방, 그리고 사코와 반제티의 처형으로 얼룩진 한 시대를 전형적으로 보여주는 것이었다.* 반무정부주의적이고 친우생학적인 호소들이 종종 단단히 결합됐는데, 아마도 우생학자들이 급진주의자 그리고 "결함이 있는 생식질" 보유자를 인구통계학적으로 동일한 집단으로 인식했기 때문일 것이다. 또한 다양한 정치 이데올로기를 소비하는 동시에 자신도 소비되는 우생학자들의 위치 때문이었을 가능성이 크다. 이 경우, 우생학자들은 반좌파적 국가주의를 동원하고 급진주의자인 이민자를 우생학적으로 위험한 존재라고 표명함으로써 뻔뻔스럽게도 외국인

---

* 1919년 11월부터 1920년 1월까지 우드로 윌슨 집권 당시 법무부 주도로 무정부주의자, 공산주의자, 사회주의자로 의심되는 사람들을 체포, 추방하기 위해 수행된 일련의 습격 사건을 가리켜 파머 급습 또는 파머 공안몰이라고 한다. 이는 20세기 초 1차 적색공포를 배경으로 이뤄졌으며, 이탈리아 이민자 및 동유럽 유대인 이민자, 그중에서도 이탈리아 무정부주의자와 좌파 노동운동가가 집중적인 단속 대상이었다. 한편, 1920년대에는 이탈리아 이민자 출신 노동자이자 무정부주의자였던 니콜라 사코Nicola Sacco와 바르톨로메오 반제티Bartolomeo Vanzetti가 무장 강도 및 살해 혐의로 유죄판결을 받아 처형당하는 사건도 있었다. 이들에 대한 사형선고 이후, 철회된 증언 및 상충되는 증거 등을 근거로 항소가 이어졌지만 모두 기각됐다. 반이탈리아, 반이민자, 반무정부주의 편견과 정서가 판결에 큰 영향을 미친 것으로 의심됐으며, 미국 국내는 물론 전 세계적 주목을 모으며 거센 항의가 촉발됐다.

혐오를 이용해먹을 수 있었다. 반동적 정서에 힘입은 우생학자들은 자신들이 국가의 생물학적 미래**와** 정치적 미래를 수호하고 있다고 주장하며 동시에 자신들의 직접적인 영향력 바깥에 위치한 제한주의자 및 반동주의자들의 목표와 노력을 정당화했다.[60] 비록 1917년 이민법이 무정부주의자(흔히 은근슬쩍 모든 유대인 및 이탈리아인 좌파를 가리키는 데 쓰인 말)에 대한 입국 금지를 이미 강화했음에도, 또한 주 및 연방 당국이 탄압 캠페인을 벌였음에도, 반좌파적 중상모략은 우생학자들에게 앞으로 수년간 하나의 강력한 도구로서 유효하게 기능했다.[61] 1919년, 《유전학 저널》에 매사추세츠대학교 공과대학 생물학자 프레더릭 애덤스 우즈Frederick Adams Woods가 쓴 〈볼셰비즘의 인종적 한계The Racial Limitation of Bolshevism〉가 게재되었다. 우즈는 "앵글로색슨 기질은 천성적으로 볼셰비즘을 싫어할까?"라는 질문을 던진 뒤, 전적으로 "그렇다"고 답했다. 우즈가 보기에 무정부주의와 공산주의는 혼돈과 폭력의 동의어였다. 우즈는 러시아혁명을 설명한 다음 필연저으로 뒤따를 일에 대해 경고했다.

러시아를 구성하는 인종 요소는 주로 슬라브인이다. 진정한 러시아인은 러시아 인구의 4분의 3 정도를 차지하고, 나머지는 주로 레토-리투아니아인, 폴란드인, 유대인, 핀란드인, 투르코-타르타르인, 몽골인이다. 이 자들은 지난날 무정부상태에 빠져 있었다. 슬라브인은 이웃 북유럽인보다 폭동을 일으키는 기질에 훨씬 더 쉽게 굴복하는 성향이 있다는 것은 역사적으로도 분명히 입증되었다. 이제 다시 한번 본성이 양육보다 더 강하다고 자신을 주장하는 때가 오기를, 그리고 볼셰비즘이 앵글로색슨 국경 앞에서 한계에 봉착하기를 바란다.[62]

우생학자들은 히스테리로 부풀려진 교리라면 그게 무엇이든 사용할 준비가 돼 있었다. 이 경우, '순수한' 앵글로-게르만 혈통의 보존은 적색 위협에 대한 최후의 방어책이었다. 볼셰비즘에 대한 보루로서의 최근 우생학 이론을 보자면, 미국기업연구소의 벤 J. 와튼버그Ben J. Wattenberg가 1987년에 한 경고를 들 수 있다. 그는 공산주의 국가 여성들이 미국 여성들에 비해 어머니 한 명당 자식을 1.8~2.3명 더 낳고 있다며, 미국 여성들이 이를 따라잡지 않으면 미국은 "자유를 증진하고 수호하기 어렵다"는 점을 깨닫게 될 것이라 말했다. 와튼버그는 미국 내 생식을 장려하고 세계 무대에서의 경제적, 군사적, 이데올로기적 손실을 막기 위해 현금 형태의 특별수당 지급을 권장했다. 와튼버그의 지지자 중에는 잭 켐프Jack Kemp와 (미국이 "유전적 자살을 저지를" 수 있다고 말한) 팻 로버트슨Pat Robertson이 포함됐다.[63]

수완 좋은 것을 빼면 시체였던 우생학자들은 외국인 혐오와 공산주의자 색출에 동참했을 뿐만 아니라 토박이 노동자의 우려에도 재차 호소했다. 손가락질의 대상이 된 것은 탐욕스러운 기업가들이었다. 워드는 "우리 스스로 분발하지 않으면 증기선 회사, '값싼 노동력'의 대규모 고용주, 하이픈으로 연결된 미국인* 집단이 지난날 자주 그랬듯 승리할 것"이라고 경고했다.[64] 따라서 우생학 지지자들은 비록 '우월한' 태생과 '열등한' 태생이라는 엘리트주의적 개념을 조장하면서도 동시에 우생학적 포퓰리즘 비슷한 것을 일으켰고, 대기업은 토박이 노동력과 국민 유전자군 양쪽 모두에게 위협적 존재로 상정됐다.[65] 1921년 1월 초, 텍사스주 하원의원 존 C. 복스John C. Box가 하원 이민귀화위원회 위원으로서 하원에서 한 발언을 생각해보라. 복스에 따르면 "제한에 반대하는 강력한 세력이 있는데", 요컨대 친족의 입국을 강렬히 바라는 이민자 그리고 "돈과 권력으로 노동을 지배하길 원하며, 따라서 미국 대중과 그 자식 세대의 현재는 물론 미래의 안녕도 무시하는 기업의 탐욕이 그것이다". 인종간협의회Inter-Racial Council는 이 양 집단의 대변자로, 몇 개 후원자만 예로 들어도 제너럴 일렉트릭, 뉴저지주의 스탠더드 오일, 콜트 특허 총기 제조사, 베들레헴 스틸, 제너럴 모터스, 섬유 사업자, 제당업자, 증기선 회사가 포함돼 있다고 복스는 주장했다.[66] 여기서 흥미로운 것은 제조업계가 노동력을 쉽게 착취할 수 있는 이민자의 지속적인 유입에 이해관계를 갖게 될 것이라는 사실 자체가 아니라 복스의 발언이 유전학, 우생학과 그 어떤 관련이 없는데도 《유전학 저널》에 길게 인용되었다는 점이다. 《유전학 저널》이라는 지면의 성격에도 불구하고, 복스의 말에서는 과학적 주장을 하는 척하는 태도조차 찾아볼 수 없다. 이미 외국인-우생학 연결고리가 기정사실로 확립된 이 무렵, 《유전학 저널》은 유전에 대해 아무런 언급도

---

*   African-American, Asian-American과 같이 하이픈이 붙은 미국인을 가리키는 말.

없는 이민 관련 논문들을 게재하고 있었다.

복스가 이렇게 발언하게 된 계기는 하원의원 앨버트 존슨 Albert Johnson이 의회에 제출한, 한 이민 정지 법안을 둘러싼 논쟁에서 출발했다. 우생학의 열렬한 지지자인 존슨은 우생학기록협회Eugenics Record Association, 골턴연구회Galton Society,[67] 그리고 이후 미국 우생학위원회Eugenics Committee of the United States of America에서 활동했다. 1919년 워싱턴에서 이민제한연맹 로비스트의 도움으로 존슨은 하원 이민위원회 위원장으로 임명됐다.[68] 배리 멜러Barry Mehler는 존슨이 자기 법안을 추진하는 과정에서 구사한 반유대주의적 수사를 기록했으며, 특히 그가 유대인 이민자들을 "불결하고 미국적이지 않으며 종종 위험한 습성을 보인다"고 폄하한 국무부 보고서에 의존하고 있다는 점을 지적했다. 이민자 전반이 "질병으로 쇠약한 상태이고", "비정상적으로 뒤틀려 있으며", 폴란드 유대인들은 "보편적 게토 유형"으로 지목됐다.[69]

존슨의 목표는 완전한 이민 중단이었다. 1921년 대통령 하딩이 승인한 3퍼센트제한법으로도 부족했다. 3퍼센트제한법은 "회계 연도마다 미국 …… 입국이 허용될 수 있는 외국인의 수는 그 외국인이 어느 국적이든 간에 1910년 미 인구총조사를 기준으로 하여 해당 국적으로서 국외 태생이며 미국에 거주하는 사람 수의 3퍼센트로 제한된다"라고 정했다. 이런 국적기원법은 1922년 6월까지 계속 효력을 유지했다.[70] 일부는 우생학자들이 먼저 착수했고, 일부는 외부에서 받아들인 온갖 반이민 선동이 절정을 이룬 결과였다. 그럼에도 이 법은 그 이전의 것들이 그랬듯 단기적인 정착점에 불과했다. 진짜 승리까지는 아직 3년이 남아 있었다.

　1917년 이민법을 둘러싼 논쟁 과정에서 상원의원 리드는 이민자가 인종에 따라, "품성과 혈통에 따라, 그도 아니면 국적에 따라"서가 아니라 "등위도선들 및 경도에 따라" 배제된다고 불평했다.[71] 그런 리드도 1890년 인구총조사의 2퍼센트로 할당 인원수를 설정한 1924년 국적기원법(일명 존슨-리드법 Johnson-Reed Act)에 대해서는 문제를 제기할 수 없었다. 1924년 이민법이 통과될 수 있었던 데는 수년에 걸친 우생학자들의 반이민 선동이 크게 작용했다. 우생학자들이 남긴 이데올로기적 지문은 법문 어디에서나 찾아볼 수 있었다. 1924년 이민법 제정은 그 이전의 법안들이 충분히 나아가지 못했다고 생각하는 우생학자 등에게 완벽한 보상을 선사했다고 보아야 할 것이다. 1924년 이민법은 우생학자들이 심지어 1917년 이민법 이전부터 로비를 해서 만들고자 했던 법률에 훨씬 더 가까웠다. 따라서 1924년 국적기원법에 우생학자들이 쏟은 노력은 단지 두 법률 간에 존재하는 7년의 시간보다도 훨씬 더 긴 기간에 걸쳐 있다고 봐야 한다.[72]

　크게 보아 1924년 이민법과 이를 부추긴 로비에 쏟은 노력은 그 이전인 1917년에 기울인 노력을 반복한 것이었다. 양쪽 법안의 논리는 꾸준히 이어져온 오류투성이 통계에, 특히 인종에 바탕을 둔 '정신박약' 추정과 널리 추앙받는 아이큐 검사에 의존했다. 차이점은 각 법안의 통과에 우생학자들이 얼마나 즉각적으로 개입했느냐였다. 1917년에 우생학자들은 배외주의적 입법을 위한 이데올로기적, 수사적 배경을 확립하는 데 주된 역할을 했다. 1924년에 우생학자들의 영향력은 더욱 가시적이고 뚜렷했다. 요컨대 우생학자들은 의회에서 중요한 증언을 제공하고 실제 법안의 작성을 도왔다. 해리 로플린(미 의회 및 시카고 지방법원의 '우생학 전문가'로서 우생학기록협회 소장이자, 이와 유사한 몇몇 단체의 공동 창립자)과 로스롭 스토더드Lothrop Stoddard(1922년 출간된《백색 세상의 우월주의에 대항하는 유색 물결의 부상The Rising Tide of Color against White World-Supremacy》을 비롯해 여러 책의 저자로서, 이후 이민과 관련해 의회에서 한 증언이 후버 대통령의 찬사를 받았다)는 법안의 공동 발의자인 하원의원 존슨과 정례 회의를 열었다.[73] 1916년, 일단 "국회의원들이 사실의 진정한 의미와 영향을 인식하게 되면 우리의 정치구조에 필연적으로 완전한 변화가 일어날 것"을 확신한다고 썼던 매디슨 그랜트는 법안의 입안자 중 한 명이었다.[74] 마지막으로 존슨 자신도 미국우생학회 회원이었다.[75]

1917년부터 1924년에 이르는 7년간 우생학자들, 특히 로버트 M. 여키스Robert M. Yerkes, 칼 C. 브리검Carl C. Brigham, 해리 로플린이 생성한 검사 및 도표들은 곧 있을 법안에 엄청난 영향을 미쳤다. 1917년 이민법이 통과된 지 불과 몇 달 만에 여키스는 고더드를 포함한 유전 결정론자 집단을 조직해 이후 육군 정신 검사Army Mental Test로 알려지게 되는 것을 고안했다. 여키스의 작업은 물론 그것이 입법에 미친 영향은 기록에도 잘 나와 있다. 간단히 말하자면, 이 하버드대학교 교수는 미 육군 신병 175만 명에게 검사를 실시했다.[76] 검사 결과는 우생학의 참된 신봉자들에게는 재앙이라고 할 만했다. 백인 미군의 정신연령이 충격적이게도 13세보다 낮았던 것이다. 비난의 화살이 정면으로 향한 곳은 아프리카계 미국인과 백인의 인종 간 결합, 가난한 '정신박약자'의 왕성한 생식력이라고들 하는 것, 그리고 남동부 유럽인 이민자가 토박이 혈통을 집어삼킨다는 것이었다. 검사 결과에 따르면 이들 이민자는 북서부 유럽 출생이자 '살결이 흰 혈통'에 비해 지능이 낮았다. 러시아인의 정신연령은 11.34세, 이탈리아인은 11.01세, 폴란드인은 10.74세였다. 대열의 꼴찌는 평균 정신연령 10.41세를 기록한 흑인 신병들이었다. 검사관들은 '피부색의 농도'를 기준으로 아프리카계 미국인을 세 검사 집단으로 나눴으며, 피부색이 밝을수록 더 높은 점수를 받았다고 주장했다.[77] 여키스는 군부대 주변에서 일하고 있는 성매매 여성들도 검사했다. 그중 53퍼센트(백인 성매매 여성의 44퍼센트, 흑인 성매매 여성의 68퍼센트)가 10세 혹은 그 미만의 정신연령을 지니고 있다고 여키스는 결론을 내렸다. 양심적 병역 거부자 및 그 밖의 '반역자' 또한 검사를 받는데, 이들을 비방하는 사람들에게는 실망스럽게도 결과는 평균 이상이었다.[78] 물론 이 시대의 검사 기법은 아이큐 검사에만 국한되지는 않았다. 1921년 M. G. 윌슨M. G. Wilson과 D. J. 에드워즈 D. J. Edwards는 자신들의 측정에 따르면 흑인 아동은 백인 아동만큼 주어진 시간 내에 숨을 많이 내쉴 수 없기 때문에 '서구 표준'에 도달하는 데 어려움이 있다고 공식 발표했다.[79]

프린스턴대학교 심리학 조교수인 칼 C. 브리검은 여키스의 뒤를 이어 육군 검사 자료를 광범위하게 적용하는 일에 돌입했다. 이후 브리검은 육군 검사를 수학 적성 시험[현 SAT]을 위한 토대로 활용하게 될 터이지만, 1922년에는 다른 의도의 측정을 염두에 두고 있었다.[80] 브리검은 《미국인의 지능에 관한 연구A Study of American Intelligence》에서 자신의 스승이 세운 업적을 치켜세우면서, 그의 연구는 미국에 들어오는 이민자를 경계하는 일이 타당하며 그러한 경계심이 합리적이라는 것을 입증했다고 언급했다.

국가 차원의 목적에서 볼 때, 육군 정신 검사는 우리 자신의 정신적 역량은 물론 우리와 함께 살도록 받아들인 자들의 정신적 역량까지 측정해 일종의 국가적 목록을 만들 수 있게 해준다.

브리검은 이어서 말했다.

이 육군 정신 검사 자료는 인종 간 정신적 특성의 차이를 연구하는 데 사실상 최초로 중대한 공헌을 했다. 이 자료는 우리의 결론에 과학적 근거를 마련해준다.[81]

이 자료를 토대로 브리검은 지적 능력이 "평균적인 니그로보다도 낮은 이민자 200만 명 이상"이 1901년에서 1921년 사이 미국 입국 및 체류 허가를 받았다고 추정했다.[82] 이는 우생학자들이 반복적으로 사용한 전술 중 하나, 즉 멸시의 대상인 한 집단을 이용해 또 다른 집단을 폄하하는 것이었다. 오랫동안 백인의 상상 속에서 사실로 받들어져온 흑인의 지적 열등성이라는 폭력적인 신화는 미국을 찾아온 사람을 모조리 재단할 손쉬운 잣대였다. 우생학자들은 극도로 민첩하게 전략적으로 은유를 활용했다. 비유는 여성, 퀴어, 장애인에 대한 분석 및 논의에서 반복적으로 등장했다.

브리검은 북유럽 유대인을 '알프스 슬라브인'로 분류했지만, 우생학자들이 스스로 만들어낸 인종 및 국적의 혼동에 빠져버렸다. "우리 육군 자료는 국외 태생의 개인들을 출생 국가에 따라서만 분류하므로, 유대인을 별도로 지능에 따라 분류할 체계가 없다는 점은 유감이다"라고 브리검은 밝혔다. 육군 검사관이 간과하고 있는 지점이 있다 할지라도 브리검의 작업에 방해가 되지는 않았다. 그 허점에도 불구하고 브리검은 유대인의 지적 결함을 강력히 주장하며 "북유럽인이 알프스 슬라브인과 이종교배될 경우 그 북유럽인의 평균 지능이 저하된다는 것을 모든 지표가 말해주고 있다"라고 경고할 수 있었기 때문이다.[83] 브리검은 유대인의 정신적 역량에 대한 관념을 떨쳐내기 위해 (그는 유대인이 미국 내 러시아 이민자 사이에서 과대 대표되고 있다고 지적했다) 유대인 사상가의 존재는 집단의 지능이 아니라 극단적인 집단 변이성으로 설명할 수 있다고 썼다.

우리가 가진 수치는 …… 유대인이 고도로 지적이라는 대중의 통념을 오히려 반증하는 경향이 있다. 육군에서 검사를 받은 자로서 러시아 출생이라고 보고한 이민자는 폴란드와 이탈리아

를 제외한 다른 모든 국가 출생 이민자보다 평균 지능이 낮았
다. 하지만 러시아 출생 표본이 다른 어떤 이민자 집단 표본보
다 …… 표준편차가 더 높다는 점에 주목하는 것이 아마도 중요
할 것이다. …… 유대인 이민자가 다른 출생 집단에 비해 평균
지능은 낮지만 변이성은 높다고 가정하면, 우리가 가진 수치
와 대중의 통념은 양립할 수 있다. 동시에, 연구자들이 뉴욕시
와 캘리포니아주의 학교에서 영재를 찾으려 할 때 유대인 아동
들 사이에서 빈번하게 수재를 발견한다는 사실도 이를 통해 설
명할 수 있다. 유능한 유대인은 자기 자신의 능력 때문만이 아
니라 능력이 있고 유대인이기 때문에 많은 사람이 알아보는 것
이다.[84]

여키스의 자료는 가산적 측정을 원하는 브리검에게 일종의
도약점이 됐다. 각 '유럽 인종'의 기여도 및 비용을 진정으로 결
정하려면, "미국으로 이민자를 보내고 있는 유럽 각국에서 북유
럽, 알프스, 지중해의 혈통 비율이 각각 어떻게 되는지 대략적인
추정치라도" 있는 게 "북부와 서부, 동부와 남부로 분류하는 것"
보다는 더 도움이 될 것이라고 브리검은 제안했다. 이를 위해 브
리검은 독자에게 "유럽 각국 내 북유럽, 알프스, 지중해 혈통의
비율에 대한 잠정 추정치"라는 도표를 제공했다. 이 도표에 담긴
수치들은 1920년 《미국통계연감》과 브리검 자신의 편견에서 나
온 통계의 정수만 뽑은 것이었다. 이 도표는 검사 점수 분포를 도
식으로 보여주는 '조사 결과'와 나란히, 1922년 무렵이면 이미 정

해진 것이나 다름없는 특정 결론을 가리킨다. 북유럽인이 알프스인 및 지중해인보다 지적으로 우월하다, '북유럽 피의 양'이 높은 국가들은 스웨덴, 노르웨이, 덴마크, 네덜란드, 스코틀랜드, 잉글랜드 순이다, 라는 것이 바로 그 결론이었다. 북유럽 혈통 비율이 낮으며, 따라서 지적으로 열등한 사람의 비율이 높은 국가들은 튀르키예, 루마니아, 그리스, 이탈리아, 러시아(폴란드 포함), 포르투갈이었다.[85] 브리검은 이민 장벽을 요구하며 책을 마무리했지만, 동시대인 대부분이 그랬듯 미래의 이민은 수많은 우생학적 위험 요소 중 하나일 뿐이라고 여겼다. 국내 인구의 전반적 재생산을 우생학적으로 규제하는 것을 포함해 더욱 철저한 조치를 꾀하는 사람들에게 이민 쟁점은 그 첫걸음이 될 수 있는 정략적 방편이었다.

현재 우리의 지적 능력을 보존하거나 신장하기 위해 취해야 할 조치들은 당연히 정치적 편의주의가 아니라 과학에 의해 결정돼야 한다. 이민은 제한적이어야 할 뿐만 아니라 고도로 선택적이어야 한다. 이민법 및 귀화법 개정은 현재 우리가 당면한 어려움을 약간 덜어줄 수 있을 뿐이다. 정말 중요한 조치는 현 인구 내에서 결함이 있는 유형의 지속적 번식을 방지하는 대책들이다. 지금 당장 이민이 모조리 중단된다 하더라도 미국인의 지능 퇴화는 여전히 불가피할 것이다. 이는 반드시 해결해야 할 문제이며, 이를 어떻게 해결하느냐에 따라 우리 국민 생활의 향방이 결정될 것이다.[86]

　　우생학자와 제한주의자들은 여키스의 육군 검사와 그 결과를 광범위하게 적용하는 브리검의 연구를 너 나 할 것 없이 재빠르고도 열성적으로 이용했다. 《유전학 저널》 편집자이자 우생 단종수술 옹호자인 폴 포프노이Paul Popenoe는 "최근 몇십 년간 미국으로 들어온 이민자는 주로 지중해 지역 및 근동 출생으로서, 이들은 대체로 북유럽 출생으로 구성된 그 전 세대 이민자 및 미국 토박이 혈통의 평균보다 우생학적으로 열등하다"라고 주장하며 이는 육군 검사를 통해 분명하게 입증됐다고 썼다.[87] 여키스 스스로도 자신의 작업이 정책에 미칠 잠재적 영향을 충분히 인식하고 있었다. 브리검의 《미국인의 지능에 관한 연구》 머리말에서 여키스는 "한 명의 시민으로서 우리 중에 인종 악화의 위협을 혹은 이민이 국가의 발전 및 안녕과 맺는 명백한 관계를 무시할 수 있는 사람은 아무도 없다"라고 썼다.[88] 육군 검사 자료는 1924년 이민제한법[즉, 1924년 이민법]에 대한 의회 논의에서 끊임없이 인용됐으며, 이전의 할당제들을 폐기하고 모든 '열등한' 국민의 이민을 사실상 끝내려는 우생학자들의 노력을 북돋웠다.[89] 여키스와 함께 육군 검사를 수행했던 심리학자 루이스 터먼Lewis Terman은 1924년 법안 통과 뒤, 그 검사를 통해 심리학이 "우생학 운동에서 한 줄기 빛이 됐다. …… {그리고} 이민에 관한 국가 정책을 재편하는 일에서 국회의원들에게 호소력을 발휘했다"라고 떠벌렸다.[90] 터먼은 로버트 라투 디킨슨Robert Latou Dickinson이 1935년에서 1941년 사이 성변이연구위원회Committee for the Study of Sex Variants에서 수행한 연구, 즉 뉴욕시 게이 및 레즈비언의 골반 구조, 성기 형

태 및 크기, 피부 빛깔, 머릿결, 유두 발기 등을 조사하는 것과 같은 일을 후원하기도 했다.[91]

그런데 국회의원들은 터먼 일당이 제공한 조사 결과보다도 더 많은 것을 갖추고 있었다. 1920년 4월, 의회는 해리 로플린을 불러 하원 이민귀화위원회에서 증언하도록 했다. 당시는 로플린의 저서 《미국의 우생학적 단종수술 Eugenical Sterilization in the United States》이 아직 출간되지 않았던 때다. '이민의 생물학적 측면'이라는 제목으로 로플린이 행한 증언은 위원장인 하원의원 존슨의 요청에 따라 이뤄졌다. 의회에서 로플린이 공식 전문가의 지위를 확보할 수 있도록 해준 사람은 그 바로 전해 이민 중단 법안을 발의했지만 통과시키는 데는 실패한 존슨이었다.[92]

위원회에 등장한 로플린은 "우리가 이민자를 자연적 가치를 기준으로 선별하는 데 실패한 것은 대단히 엄중한 국가적 위협"이라고 경고했다.[93] 로플린의 증언은 현 정책에 대한 비판에만 국한되지 않았고 특정 대안을 제시할 준비가 돼 있었다. 로플린의 우생 단종법 모형은 열 가지 '사회적 부적자' 유형을 지목했다.

(1) 정신박약자 (2) 정신이상자(신경과민인 자 및 정신병질적인 자 포함) (3) 범죄 성향이 있는 자(비행 청소년 및 다루기 힘든 자 포함) (4) 간질 환자 (5) 알코올의존자(약물의존자 포함) (6) 병자(결핵, 매독, 한센병 환자 및 만성 감염성으로 격리가 필요한 질병이 있는 자) (7) 시각장애자(시력이 현저히 좋지 않은 자 포함) (8) 청각장애자(청력이 현저히 좋지 않은 자 포함) (9) 기형(불구자 포함) 그리고 (10) 자

립하지 못하는 자('시설 수용' 아동 및 노인, 아무 쓸모없는 자, 부랑자 및 빈민 포함)[94]

로플린은 "열등한 국적이 아니라 각각의 열등한 가계 혈통"이 자신의 관심사라고 주장했는데,[95] 이는 그가 증언한 내용과 상반된다. 로플린은 남서부 '비행 청소년이 다니는 학교'에 멕시코인 및 멕시코계 미국인들이 지나치게 많다고 강조했던 것이다. 로플린은 "뉴욕주 내 국외 태생 정신이상자의 출생에 관한 비교표", 즉 "이탈리아인, 러시아인, {그리고} 오스트리아인(대체로 유대인)이 정신이상자의 큰 부분을 차지한다"는 "결정적" 증거를 제공하는 도표를 위원회에 제시했다.[96]

로플린의 계획은 두 부분으로 이뤄져 있었다. 미국 내 '부적자'에 대한 강제 단종수술 그리고 우생학에 바탕을 둔 이민정책이 바로 그것이었다. 로플린은 "이민자에 대한 검사를 그들의 자국에서 받게 하고, 필요한 신체, 도덕, 위생, 정신 및 가계 혈통 검사를 통과한 이민 예정자에게 미국 영사가 개별적으로 '이민자용 여권'을 발급하도록 할 것"을 권고했다. 로플린에게는 바람직하지 못한 이민자가 어떻게든 이 망을 뚫고 들어와 미국에 입국할 경우의 대비책도 있었다. 재외국인에 대한 국가 등록제를 촉구했던 것이다. "우리는 국가의 보존에 관심이 있는 건실한 미국인으로서 이민자의 귀화 및 미국화 과정을 추적해야 한다. 정신이상, 정신박약, 도덕적 타락 행위, 혹은 무기력 때문에 이민자가 성공하지 못할 경우에는 그를 국외 추방해야 한다."[97]

로플린의 모형은 미국에서 법률로 제정되진 않았으나, 나치 통치 12년간 200만 명에게 단종수술을 실시했던 유전병자손예방법Gesetz zur Verhütung erbkranken Nachwuchses [일명 유전건강법, 또는 강제 단종법]*을 위한 청사진의 일부분이 됐다.[98] 그 독일 법률이 제정된 지 1년 뒤 로플린은 "히틀러는 우생학기록협회 명예회원 자격이 있다"라고 썼다.[99] 얼마 뒤 이런 평가에 대한 보답으로, 나치는 로플린에게 표창장을 수여했다. 그렇다고 로플린이 자신의 고국에서 인정받지 못한 것도 아니었다. 당시 로플린은 카네기 연구소의 우생학과 부학과장이었다.[100]

1922년 로플린은 다시 하원에 불려가 증언했다. 이때 로플린이 위원회에서 발표한 '현대 미국의 용광로에 대한 분석Analysis of America's Modern Melting Pot'에서는 할당제를 끌어들였다. 로플린에 따르면, 미국 내 교도소나 정신 의료 시설에 입소한 전체 인구에서 특정 이민자 집단이 차지하는 인구 비율은 미국 전체 인구에서 그 이민자 집단이 차지하는 인구 비율과 일치해야 한다. 로플린의 계산에 따르면, 튀르키예인 이민자는 그들에게 할당된 격리 상태의 '정신이상자' 인원수를 200퍼센트 이상 초과했다. 러시아인, 핀란드인, 폴란드인은 265퍼센트, 불가리아인 및 아일랜드인은 300퍼센트 이상 초과했다. '세르비아인'은 우려스럽게도 400퍼센트를 초과했다. 범죄에 관해 보자면, 모든 '북유럽' 국가는 할

---

* 1933년 7월 제정돼 1934년 1월 발효된 나치 독일의 단종법으로, 유전질환이 있는 것으로 추정되는 사람에 대한 강제 단종수술을 허용했다. 이후 신체장애인 및 정신장애인, 정신 질환자에 대한 비자발적 단종수술의 토대가 됐다.

당 인원수를 훨씬 밑돌았지만, 이탈리아인 그리고 또다시 토박이가 아니라 재외국인에 가깝게 분류된 아프리카계 미국인은 허용 인원수의 두 배를 넘어섰다. 마찬가지로 튀르키예, '아시아 전역', '발칸반도 전역', 그리스 출생 이민자는 240퍼센트에서 294퍼센트 범위에 걸쳐 있었다. '서인도제도인', 중국인, 불가리아인은 할당 인원수를 318.14퍼센트에서 366.26퍼센트, 멕시코인은 549.6퍼센트, 스페인인은 660.21퍼센트, 세르비아인은 1400퍼센트 초과했다.[101] 말할 필요도 없겠지만, 의사가 지닌 문화적 편견이라는 교묘한 책략이 작용한다는 점도, 가난하고 인종화된 사람이 온갖 제도적 망에 걸려들어 꼼짝달싹 못할 가능성이 더 크다는 점도 로플린은 인정하지 않았다. 마찬가지로 형법의 선택적 집행 혹은 사법적 편견에 대해서도, 개인 및 집단의 경제적 지위 차이가 사법 당국에서 그 개인 및 집단이 차지하는 지위에 영향을 미칠 수 있다는 점에 대해서도 로플린이나 하원 위원회는 언급하지 않았다.

로플린이 왜곡된 통계를 들고서 의회에 출석했다는 사실이 지니는 중요성은 아무리 강조해도 지나치지 않다. 1924년 이민법이 대통령 캘빈 쿨리지의 승인을 받은 직후, 존슨은 로플린의 "조사"는 "하원 이민귀화위원회가 이민과 귀화라는 두 가지 중요 주제에 영향을 미치는 법률을 마련하는 데 가장 유용했다"라고 썼다.[102] 이런 존슨의 입장에 의회는 더할 나위 없이 동조했다. 로플린 등의 우생학자들이 존슨과 정례적으로 기획 회의를 했을 뿐만 아니라, 그 "우생학 전문 대리인[로플린]"은 의회의 공식 서

신지와 우편물 발송 권한을 이용해 그러한 "조사" 대부분을 수행했던 것이다.[103]

1924년 이민법은 당대에 이민을 제한하려 했던 우생학자들의 노력 중 가장 성공적이었지만, 거기서 끝나지는 않았다. 우생학자들은 1920년대 초 국적에 기원한 법률을 기껏해야 일종의 타협안으로 여겼다. 우생학자들이 진정으로 원한 것, 즉 공무원 및 검사관들이 입국항과 출국항 **양쪽에서** 미국에 동화될 수 없는 사람을 가려내는 일은 실현될 수 없었기 때문이다.[104] 우생학자들은 존슨-리드법이 통과되는 데 자신들이 큰 역할을 했다고 과시했지만 그 법의 한계를 개탄했으며, 더욱 철저하게 인종주의적인 법률 제정을 추진했다.

우생학자들은 자신들이 존슨-리드법 통과에 중추적인 역할을 했다고 강조하며 승리를 선언하는 데는 민첩했지만, 이민 쟁점에 대한 통제권을 쉽게 내려놓지 않았다. 1920년대에 우생학자들이 거둔 두 번째 위대한 승리, 즉 강제 단종법이 합헌이라고 선포한 미 대법원의 벅 대 벨Buck v. Bell 사건 판결(1927)은 3년 뒤의 일이었고, 우생 단종수술이라는 개념에 몰두했던 로플린도, 그의 무리들도 이민을 제한하려는 시도를 완전히 단념할 준비가 돼 있지 않았다. 앞으로 몇 년간 우생학자들은 멕시코인 및 멕시코계 미국인(이민자로서의 신분이나 출생 국가와 무관하게)에 대한 조사를 강화하고, 독일에서 전개되는 사태를 주의 깊게 살피면서도 높이 평가하며, 미국 내에서 새로운 단체들을 출범시킬 채비를 하는 등 제한 조치를 더욱 밀어붙이는 데 계속 적극적으로 나설 터였다.

　　우생학기록협회는 이민과 '국민 생식력'이라는 관련 쟁점에 대한 관심을 내려놓기는커녕 기반을 넓히기 위한 논문 공모전을 후원했다. 이런 대회들은 우생학을 널리 퍼뜨리고 우생학적 사고방식을 대중화하려는 시도였다. 1928년 우생학기록협회는 "미국 내 북유럽계와 비북유럽계의 조출생률[줄여서 출생률], 15~45세의 가임기 여성 1000명당 출생률, 그리고 '인구 통태 지수'(또는 출생수/사망수에 100을 곱한 값)를 비교해 논하라"는 주제를 주고 최우수작에 상금 1000달러를 내걸었다. 이와 동시에 있었던 또 다른 대회에서는 참가자들에게 "유럽의 북유럽계와 비북유럽계"를 대조하는 글을 쓰도록 했다.[1] 심사위원들에 따르면, 공모전 출품작들에 담긴 정보는 "지난 40년간 유럽 각국에서 …… 순생식력이" 감소했음을 시사했다. 이에 호응해 우생학기록협회는 이듬해 대회에서 상금을 세 배 이상 늘려, "특별히 유럽인 및 유럽 혈통의 경우를 참조해 이런 출생률 저하의 원인을 논하는 최우수작"에 3500달러를 수여했다. 대회의 지침은 다음과 같았다. "서술은 역사에 기반을 둬야 하고, 해당 주제를 다룬 기존 연구에 대한 분석을 포함해야 하며, 북유럽인 혹은 주로 세계 각지에 거주하는 북유럽 태생 사람들의 양상에 중점을 둬야 한다. 의견 표명보다는 객관적 연구에 바탕을 둔 글을 우대한다."[2] 대공황이 한창일 때도 우생학기록협회는 "종류를 불문하고 개인의 가족사로 인해 정신 질환에 빠질 확률을 논하는" 연구에 총 4000달러(최우수작 3000달러, 우수작 1000달러)를 제공할 재원이 있었다.[3]

다음으로 살펴볼 단체인 미국우생학회 역시 이 시기에 공모전을 후원하고 있었다. 미국우생학회는 '적자 가족 경진대회'를 개최하는가 하면, 학회 소속 성직자와의협력위원회는 우생학을 주제로 가장 우수한 설교를 하는 목사에게 상금 500달러를 수여했다. 참가자들은 설교문과 각자의 교구에 대한 연구를 같이 제출하라는 지시를 받았다. "그 연구는 교회별로 '교회 인구'의 출생률을 밝히고, 교회에서 어떤 직책을 맡고 있느냐 같은 문제에서 유전이 어떤 작용을 하는지 어느 정도 실마리를 던져주며, 직업이나 교회와 맺고 있는 관계에 따라 집단별로 가구의 규모가 어느 정도인지 보여주는 귀중한 자료를 제공할 것이다."[4] 이는 여러 면에서 우생학자들의 목표를 논리적으로 표현한 것이었다. 우생학은 예나 지금이나 가산적 이데올로기다. 우생학자들은 새로운 과학을 들먹이면서도 국가주의와 반좌파적 중상모략을 사용한 것과 꼭 마찬가지로 종교적 수사 또한 활용할 수 있었던 것이다.

원래 미국우생학위원회로 알려졌던 미국우생학회는 1922년, 미국 내에서 가장 명망이 높으며 왕성하게 활동한 몇몇 우생학자에 의해 설립됐다.[5] 1924년부터 1936년까지 미국우생학회의 이민위원회는 앨버트 존슨 그리고 하원 이민위원회 양쪽 모두와 나란히 일했고, 그에 따라 단행본 및 논문 형태의 반이민 문헌을 꾸준히 양산했다.[6]

1925년 7월 3일, 미국우생학회 내에서 로플린, 그랜트, 워드가 이끄는 선별적이민에관한소위원회는 이민 예정자가 미국으로 출국하기 전 검사를 받을 것을 요구하는 내용의 3차 보고서를 발행했다. 게다가 소위원회는 미국 비자를 신청하는 개인이 "본인의 진술을 뒷받침해줄 신뢰할 만한 증인을 제시하고, 심지어 본인이 정신적으로나 육체적으로 우리 법률이 요구하는 표준에 부합하고, 건전한 가계 혈통에 속한다는 취지의 의료 및 여타 전문가 증언을 제출하는 것까지" 요구하는 것은 "지극히 타당하다"는 의견을 제시했다.[7] 1928년, 소위원회는 현행 법률에 세 가지 추가 항목을 요구했는데, 그 내용은 다음과 같다. 첫째, 잠재적 이민자의 친족은 자신이 건강한 '미국 혈통'임을 드러내 보여줌으로써 그들의 친족이 나라의 자산이 될 것임을 보증해야 한다. 둘째, 육군 정신 검사의 지능 척도에서 C보다 낮은 등급을 받은 이민자는 입국이 허용되지 않는다. 셋째, 향후 이민자는 그들의 조상이 모두 코카시아 혈통인 경우에만 입국이 허용된다.[8]

이 세 번째 목표를 염두에 둔 우생학자들은 1917년과 1924년에 자신들에게 큰 도움이 됐던 수사에 다시 한번 기대를 걸며 남쪽으로 눈길을 돌렸다. 이민자의 지적 열등함과 백인 노동자를 향한 인종 특정적 위협을 주장하는 수사가 바로 그것이었다. 1927년 1월 4일, 그랜트, 워드, 로플린, 대븐포트, H. F. 오즈번H. F. Osborn, 사회학자 에드워드 A. 로스Edward A. Ross(로스가 우생학에 남긴 불후의 업적은 '인종 자살race suicide'이라는 신조어를 만든 것으로, 대통령 시어도어 루스벨트는 이 말을 열렬히 신봉했다) 등은 〈대통령 및 상하원께 드리는 이민 할당제에 관한 건의서Memorial on Immigration Quotas: To the President, the Senate, and the House of Representatives〉를 제출했다.

북미 및 남미까지 할당제를 확대할 것을 촉구합니다. 이 지역에서 상당한 이민자가 들어오고 있는데 이 지역 인구는 백인종이 우세하지 않습니다. …… 지난 2년간의 회계연도를 살펴보면 각 연도에 멕시코, 서인도제도, 브라질 등의 지역으로부터 7만 5000명 이상의 이민자를 받아들였습니다. 이들은 대부분 비백인종으로 생활수준이 낮기 때문에 각종 유형의 농업 및 비숙련 노동에 종사하는 미국인 노동자와의 경쟁에서 유리합니다.[9]

이와 동일한 결의 주장은 이민의 물결이 이어질 때마다 제기됐고, 수십 년 전 중국인에게 특히 철저하고 장기적인 영향을 끼쳤다. 의회는 1882년에도 그랬듯 동조하며 귀를 기울였다. 텍사스주 하원의원 존 C. 복스는 멕시코인들을 비난했는데, 다른 무엇보다도 임시 노동자 역할을 맡아야 할 그들이 미국에 노동자 신분으로 들어온 다음 자신들의 고용주를 저버린다는 것이 그 이유였다. "멕시코인이 제멋대로 이동하고 제멋대로 눌러앉는 것을 막을 방법이 무엇입니까? 너무나 많은, 가장 달갑지 않은 부류가 이런 식으로 들어와 눌러앉은 결과 우리 인구에서 이 부류가 급격히 불어나고 있습니다. 텍사스, 남서부 및 중서부 시민들이여, 주위를 둘러보고 눈으로 확인해봅시다." 그런 뒤 복스는 자선단체들의 목록을 길고 지루하게 늘어놓으며 이 단체들의 재정이 멕시코인 때문에 바닥나고 있다고 주장했다. 이렇게 "납세자에게 무거운 부담을 지우는 비참한 공동체들이" 댈러스, 갤버스턴, 덴버, 포트워스, 휴스턴에서 속출하고 있었다.

로스앤젤레스 …… 원외구호국은 구호 대상자의 27.44퍼센트가 멕시코인이라고 보고합니다. 가톨릭자선단체는 …… 멕시코인이 …… 예산의 최소 50퍼센트를 소모한다고 밝혔습니다. …… 시립모성서비스는 대상자의 62.5퍼센트가 멕시코인으로, 예산의 73퍼센트를 쓰고 있다고 밝혔습니다. 아동복지과는 …… 수급자의 40퍼센트가 멕시코인이라고 말합니다.[10]

멕시코인이 구호 기관에 지나치게 의존하고 있다는 주장은 해리 로플린이 수년간 역설한 바를 강조했을 뿐이었다. 로플린은 이미 1920년 의회 출석 당시 멕시코인 및 멕시코계 미국인이 정신적, 사회적으로 부적합하다고 밝혔다.

기관에 있는 개인들의 이름을 살펴보면, 진보의 수준이 더 낮거나 모자란 인종이 그들에게 할당된 것보다 더 많은 비율을 차지한다는 점을 알 수 있습니다. 캘리포니아주 휘티어 및 텍사스주 게인즈빌에 소재한 비행 청소년이 다니는 학교들에서는 학생 이름의 절반이 미국인 이름, 나머지 절반은 멕시코인 이름이거나 외국인 이름이었습니다.[11]

1928년, 로플린은 인종이 아니라 가계 혈통이 우생학적으로 건전하냐를 중요하게 생각한다는 이전의 주장을 파기하면서, 하원 이민귀화위원회에 이민 및 귀화를 '백인종'으로 제한할 것을 촉구했다. 《우생학 소식》은 로플린이 "미국 역사상 인종 문제가 가장 심각했던 시대들"이라고 분류한 내용을 전했다.

(1) 인디언과의 인종 간 혼합에 따른 파멸에 대항하는 백인 식민주의자의 싸움 (2) 한편으로는 영국 식민주의자들과의, 다른 한편으로는 프랑스, 네덜란드, 스페인 식민주의자들과의 충돌 (3) 니그로 노예 도입 (4) 동양인 이주 (5) 1880년대 산업의 급격한 팽창에 따른 대규모 이민 (6) 1920년 이래 미 남서부 지역으로의 유색인종 유입.[12]

로플린은 1924년 이민법이 멕시코인의 입국을 더 많이 허용했으며, 멕시코인은 텍사스주, 캘리포니아주, 애리조나주를 되찾겠다며 위협하고 있다고 주장했다.[13] 1928년, 《우생학 소식》은 2월호에 향후 이민법 제정의 세 가지 목표를 열거했다. 멕시코인 이민에 대한 공포가 그 첫 번째였다.

1. 할당제에 서반구를 포함시킬 것. 멕시코인 날품팔이 노동자가 무섭도록 밀어닥침으로써 미국인의 생활에 또 다른 심각한 인종 문제를 가져오는 경향이 있다. …… 서반구 전체에 할당제를 적용한다면 불법 입국 재외국인에 대한 통제도 더욱 효과적으로 이뤄질 것이다.
2. 재외국인 등록제는 불가피하다. 이를 떠들썩하게 반대하는 자들은 대부분 '하이픈으로 연결된 미국인'으로, 이들의 본국에는 미국에서 제안된 그 어떤 온건한 등록제보다 훨씬 더 악랄

한 제도들이 존재한다.

3. 불법 입국 재외국인을 모조리 국외 추방하는 것은 정의 실현에 다름 아니다. 할당법을 위반해 미국인의 생활에 들어온 자는 일단 바람직하지 못한 자로 추정할 충분히 강력한 근거가 있다.[14]

할당제 확대와 '국경을 넘어오는 자border jumper 및 불법 입국 브로커alien smuggler'*에 대한 엄중 단속은 1924년 이후 우생학자들의 의제에서 주요 요소였다. 미 노동부 장관 제임스 J. 데이비스James J. Davis는 이민자에게 매년 등록을 하도록 하거나 벌금을 내도록 하는 '재외국인' 등록제를 선호했다. 이 계획은 로버트 워드의 진심 어린 지지를 받았는데, 워드는 이 방식이 불법 입국을 줄이는 효과를 가져올 뿐만 아니라 "새로 온 자들의 무지를 기회로 삼아 언제나 그들을 이용해먹을 준비가 돼 있는, 이미 미국에 체류 중인 동일 국적의 이민자들"로부터 새 이민자들을 보호하는 역할을 할 것이며 " …… 따라서 등록제는 온전히 기독교적인 자선 행위가 될 것"이라고 덧붙였다.[15]

앞서 아시아인, 유대인, 슬라브인, 그리고 특히 아프리카계 미국인의 지적 무능을 표명했을 때와 마찬가지로 우생학은 멕시코인 및 멕시코계 미국인에 대한 공격을 '과학적으로' 검증함으

---

* 'border jumper'는 미등록 이주민에 대한 비하적 표현으로, 일반적으로 멕시코인 및 라틴아메리카계를 가리킨다. 'alien smuggling'은 보통 돈을 받고 불법 입국을 돕는 행위를, 'alien smuggler'는 그런 행위를 하는 사람을 가리킨다.

로써 계속 공감을 불러일으켰다. 대공황이 멕시코인 이민의 흐름을 저지했다는 증거들이 같은 진영에서 나왔음에도, 로플린이 1920년에 했던 증언의 메아리들은 1930년대까지도 생생히 울려 퍼졌다.[16] 프린스턴 여성유권자연맹은 1935년에 펴낸 〈유전과 열두 가지 사회문제Heredity and Twelve Social Problems〉에서 독자에게 다음과 같이 경고했다.

> 캘리포니아주 남부 학교들에서 실시한 검사에 따르면, 평균적인 멕시코인 아동은 평균적인 니그로 아동보다 추상적 지능이 훨씬 낮은 것으로 나타났다. 이는 평균적인 니그로 아동이 평균적인 백인 아동보다 추상적 지능이 훨씬 낮은 것과 같다. 이런 아동 한 명 한 명이 미국에서 태어나 출생부터 미국 시민이 된다. 1930년 연방 인구총조사에 따르면, 150만 명의 멕시코인이 미국에 거주하는 것으로 나타났다.[17]

다시 한번 말하건대, 흑인의 열등함은 기정사실로 너무 당연했기 때문에 그것을 단순히 언급하는 것만으로도 반멕시코 구호로 기능했다. 수십 년 전 이민제한연맹의 반아일랜드인 및 반이탈리아인 선동을 연상시키듯, 여성유권자연맹의 논문은 "100만 명이 넘는 문맹 멕시코인"이 입국함으로로써 앞서 1924년 이전에는 남동부 유럽인 이민자로 충원됐던 값싼 노동자 계층이 이들로 채워지고 있다고 규탄했다.[18] 오즈번은 지능 검사를 통해 이민자의 지적 발달 부진이 판명된 만큼, 할당제 원칙을 "북미(특

히 리오그란데강 이남), 남미, 대서양 및 태평양 제도"로 확대할 필요
성이 충분히 입증됐다고 썼다.[19] 우생학자들은 다른 집단들—병
자, 정신박약자, 일자리 도둑, 국민 세금을 등쳐먹는 부랑자로서
의 이민자—을 공격하는 데 큰 도움이 됐던 친숙한 비유에 기대
어 서반구 할당제 입법을 계속 추진했다. 우생학기록협회의 24
차 연례회의 주재 연설에서 C. M. 거터C. M. Goethe는 자신이 매우
중요하다고 생각하는 제정안을 통과시키지 못했다며 의회를 질
책했다. 그 제정안은 다음과 같은 내용을 공공연하게 선포하고
있었다.

미국에는 여전히 북유럽계가 압도적으로 많습니다. 그리고 제
안하건대 계속 이 상태를 유지해야 합니다! …… 의회에서 연이
어 좌절을 맞은 서반구할당법의 운명은 진보를 가로막는 장애
물을 전형적으로 보여주는 또 다른 사례입니다. 서반구할당법
은 우생학적인 면에서 향후 이민 제한 정책에 나타날 가장 중
요한 진보입니다. 서반구할당법에 반대하는 진영은 늘 연막을
치지요. '라틴아메리카 교역'이라는 연막 말입니다. 리오그란데
강 이남에서 얻은 수익을 다 더한다 한들 페스트의 유행을 정
당화할 수 있을까요? S. J. 홈스S. J. Holmes 박사는 로스앤젤레스에
서 발생한 페스트 발병률의 급격한 증가에 대해 이렇게 썼습니
다. "폐페스트 32건이 발생해 30명이 사망하고 림프절페스트 7
건이 발생해 5명이 사망한 일은 멕시코인 지구에서만 발생했
다. 쥐 14만 5000마리가 박멸됐고 건물 2473채가 철거됐으며

7499채가 쥐 방역 조치를 받았다. 총 277만 7000달러가 소요됐다.”[20]

‘멕시코인 지구’에 대한 거터의 묘사는 대단히 중요한데, 국가라는 실체 내부에서 이물질, 즉 이 경우 질병을 **가지고 있는** 동시에 이물질을 **이루고 있는** 존재로서의 이민자라는 이중적 이미지를 가리키고 있다는 점에서 그렇다. 이는 우생학자들이 이른바 동화될 수 없는 사람들을 정치체 내부의 이물질로 분류하는 더 큰 맥락을 상징적으로 드러냈다. 이 패러다임에서 보자면, 로스앤젤레스의 멕시코인 지역사회를 황폐화시킨 유행병은 멕시코인 그 자체가 미국의 우생학적 건강에 야기한 위협의 축소판일 뿐이었다.

우생학자들의 멸시 어린 공격에 가장 크게 타격을 입은 것은 멕시코인만이 아니었다. 《우생학 소식》은 캘리포니아주 및 하와이의 필리핀인 이민을 “동양인 이주 통제라는 사안의 주요 문제”로 꼽았다.[21] 1935년 여성유권자연맹의 논문은 태평양 연안의 젊은 필리핀인을 “인종적 위협 요소”로 지정했다. 본토 백인들은 “{하와이} 제도에서 태어난 모든 일본인 아동은” 미 본토에 “입국할 완전한 권리를 가진 미국 시민이다”라는 경고를 받았다.[22] 마찬가지로 1935년 푸에르토리코에 미국 주州의 지위를 부여하는 문제에 관한 의회 논의는 우생학자들의 분노를 촉발했다. 《우생학 소식》의 한 필자는 씩씩대며 말했다. “분명 현재 미국 인구 1억 2500만 명의 바람이나 최선의 이익은 고려되지 않았다. 푸에르토리코 인구의 천성 및 그 인구가 미국 인구에 융합되는 것이 향후 미국 인구를 위한 최선인지 여부에 대해서는 아무런 언급도 없다.”[23]

우생학자들의 기본적인 가르침, 즉 흑인은 결함이 있는 존재라는 생각이 다시 한번 중심적인 역할을 했다. 새크라멘토교회연합이 자신들과 같이 일한 푸에르토리코인을 가리켜 “[그들은] 대부분 노둔하고, 니그로 혈통이 압도적으로 많으며, 정글 같은 생식력을 가지고 있다”라고 공공연하게 말했던 것이다. 캘리포니아주 북부우생학회는 푸에르토리코인이 지능이 낮고, 월 1달러에서 3달러를 받고도 “기꺼이” 일하려 한다고 전했다. 나아가 “어떤 새로운 생식력 강한 니그로 집단이 우리 정치체 안으로 들어온다는 것은 인종 대립을 심화하며 **결국에 가서는** 니그로 혈통이 우리 백인 혈통에, 아니면 우리 백인 혈통이 니그로 혈통에 흡수된다는 뜻”이라고 경고했다.[24] 이는 1916년 그랜트가 “멕시코만에 접한 주들의 연안 지역과 …… 미시시피밸리 하류는 니그로에게 버리는 게 낫다”라며 통탄한 것을 떠올리게 하는 경고였다.[25] 게다가 라틴아메리카 및 카리브해 흑인은 우생학적 상상력에 딱 들어맞는 원형을 제공했다. 요컨대 흑백 혼혈이라는 위협—내부에 있기도 하고 외부에서 이주해오기도 한—이 한 몸에 들어 있다는 것이었다. “미국 남북전쟁이 불러일으킨 감상에 찬 시각이 세월과 함께 씻겨 내려갈 수 있다면, 우리는 이 물라토 mulatto*의 위협을 저지할 수 있을 것이다. 그렇지 않으면 니그로, 멕시코인, 필리핀인, 일본인의 흡수는 …… 로마제국을 무너뜨린 것과 같은 인종적 대혼란을 낳을 것이다.”[26]

인종 혼합에 대한 불안은 오랫동안 지속됐다. 1856년 현대 자연인류학[또는 형질인류학, 체질인류학]의 창시자 폴 브로카Paul Broca 는 인종 간 결합으로 태어난 자손은 나약하고 수명도 짧다고 공공연하게 말했다. 이런 아이들은 정신적으로나 도덕적으로 “부모의 인종” 중 어느 쪽 기준에도 미치지 못하고, 생식력이 없는 경우도 자주 있었다는 것이다. 더욱이 백인 남자와 흑인 여자가 결합하면 인종 **내** 결합만큼 많은 자손이 태어날 수 있지만, 흑인 남자와 백인 여자가 결합하면 일반적으로 자손이 생기지 않는다고 말했다. 전자에 의한 “지속적인 보충”이 없으면 혼혈 집단이 멸종될 수도 있다고 브로카는 밝혔다.[27]

인종 간 결합은 생식력이 없다는 브로카의 선언이 우생학자들의 불안한 마음을 달랬을지는 모르지만, 브로카의 선언이 있고 70년 뒤 겁에 질린 우생학 지지층은 남쪽으로 눈을 돌리고는 ‘인종 혼합’에 욕을 퍼부었다. 우생하자들은 멕시코인에 대해 멕시코인 그 자체로서만이 아니라 인종 간 결합의 구현으로서 집착했다. 1928년, 그랜트는 “우리가 저급한 유럽인과 우리 남부의 혼혈 인디언 및 니그로 인구를 물리치는 이민제한법의 완전성을 지키지 못하면 우리 백인 미국인은 세계를 이끌 지도력을 상실할 것이고, 그다음에는 현실에서 황인종과 흑인종이라는 해

---

*　식민지 및 노예제 시대에서 비롯한 흑인과 백인의 혼혈을 가리키는 말로 인종차별적 의미가 내포돼 있다. 흑인의 피가 2분의 1일 경우 물라토, 4분의 1일 경우 콰드룬quadroon, 8분의 1일 경우 옥토룬octoroon으로 지칭했다.

악에 직면해야 할 것"이라고 썼다.[28] 과거 1916년, 그랜트의 저서 《위대한 인종의 소멸The Passing of the Great Race》은 인구통계학적 예측을 내놓으며 디스토피아적인 전망을 열렬히 설파했다. 인종[또는 민족] 간 결혼에 대한 그랜트의 집착은 1937년 그가 사망할 때까지 계속됐다. 그랜트의 동료들도 똑같이 우려를 표명했다. 칼 C. 브리검은 "이 나라[미국]의 북유럽인이 알프스 슬라브인과, 지중해의 퇴화된 잡종과, 아니면 니그로와 이종교배하는 것"에 대해 걱정했다.[29] 이 혼종적 몸이라는 관념은 인종화된 주체에만 국한되지 않았다. 쇼번 서머빌은 성과학자 등이 혼성적 몸이라는 모형을 빌려 동성애적 '성도착자'를 이해하고 이론화했음을 시사했다.[30]

우생학자들은 일상적으로 인종 혼합에 반대하는 정서를 끌어냄으로써 모든 '바람직하지 못한 혈통'이 입국하는 현실을 성토했다. 《미국 육종가 잡지》 편집진은 다음과 같이 불만을 표출했다.

다른 인종들의 바람직하지 못한 특정 신체적, 정신적 특성이 아리아 게르만족의 가장 바람직하고 독특한 특성 중 일부를 제거할 만큼 강력하게 지배적이진 않은지, 우리가 자손을 낳아 불리는 것이 우리 자신의 문명을 더 튼튼히 쌓아올릴지 또는 더 훼손할지, 이 대륙[북아메리카]을 차지하고 지배함으로써 문명, 제도, 이상을 심은 아리아 게르만족이 지금처럼 남부 및 남동부 유럽과 소아시아 출생 이민자의 유입을 제지하지 않고 내버려

둘 경우 말살될 위험에 처하지는 않을지 그 여부를 알지 못한 채 …… 우리는 인종 혼합이 계속 진행되게 내버려두고 있다.[31]

매디슨 그랜트는 "유색인에겐 인종 혼합적 결혼을 옹호하는 정교한 프로그램이 내재돼 있다"고 확신했다. 그랜트가 공동 창립한 미국우생학회는 미시간주, 텍사스주, 워싱턴 D.C., 버지니아주에서 인종간혼합금지법을 지지했는데, 그랜트는 이 지역의 "많은 물라토가 자신이 인디언이라고 주장한다"며 우려했다. 아프리카계 미국인과는 달리 아메리카 토착민은 그랜트가 생각하기에 엄중한 위협이 되지는 않았는데, 아메리카 토착민은 필연적으로 "사라질" 것이라고 생각했기 때문이다.[32]

멜러에 따르면, 인종 혼합에 반대하는 선동에 대한 미국우생학회의 참여도는 그랜트의 성에 차지 않았다.[33] 하지만 《우생학 소식》은 그랜트를 실망시키지 않았다. 1931년 《우생학 소식》은 시카고 지방 검사 D. A. 오르바David A. Orebaugh가 쓴 《범죄, 타락 그리고 이민Crime, Degeneracy, and Immigration》에 대한 호평을 실었다. 오르바의 주요 논지는 미국 내 범죄가 "국민 혈통이 조화롭지 못하고 열등한 인종들과 뒤섞임으로써 타락한 데서 비롯된다"라는 것이었다. "언론과 대중문화와 법률이 점점 더 퇴보하는 것"도 따지고 보면 같은 연유에서였다.[34] 1943년, 즉 미국 우생학자들이 바다 건너에서 우생학 교리가 불러온 결과들을 완전히는 아니더라도 대체로 인식하고 있었을 시점에 우생학기록협회 회장 클래런스 G. 캠벨Clarence G. Campbell은 '인종 혼합'에 관한 자신의 입장을 다음과 같이 간략히 말했다.

> 인종 혼합 결혼, 즉 백인과 니그로 혈통 간의 혼인을 법으로 금
> 지하는 주는 한두 군데뿐이다. 민주주의 사회는 여전히 인종차
> 별을 꺼리지만, 모든 우생학 연구는 물론 유전학에 따르면 인
> 종 혼합은 유구한 선택 과정을 통해 순종 인종 안에 축적된 인
> 간의 귀중한 형질 및 생존가survival value[또는 생존 가치]*를 약화시
> 키거나 상실하게 한다는 결론에 도달한다. 아닌 게 아니라 인종
> 혼합이 인종 퇴화의 주원인이라는 이론을 충분히 뒷받침하는
> 논문도 있다.[35]

우생학자들은 이민 및 인종 간 결합의 직접적인 결과로 범
죄, 질병, '정신박약'이라는 망령이 국민 혈통을 갉아먹을 것이라
는 두려움에만 사로잡혀 있는 것이 아니었다. 우생학자로서, '블
러드쿼텀' 도표 작성자로서, 유전자가 부채질하는 범죄 급증 및
'인종 퇴화'를 다루는 통계학자로서 그들은 앞으로 국가의 시민
을 더는 쉽게 분류할 수 없을지도 모른다는 가능성을 맞닥뜨리
고 있었다. 그들은 미국이 과거에는 에스닉 관점에서 동질적이
었다는 허구 그리고 그런 미래의 중요성을 옹호했다.[36] 그들이 그
어놓은 경계선이 흐려진다면—신화 속에서든 현실 속에서든—

---

* 독립된 생물체의 여러 특성이 그 생물체의 생존과 번식, 적응도 따위에 미치는 영
향을 정량적으로 나타낸 값을 말한다. 어떤 특성이 개체나 종의 생존과 번식에 얼마나 유
리한지, 생존과 번식 성공률을 어느 정도 높이는지 나타내는 개념이다.

백색 국가 건설이라는 게 무슨 희망이 있겠는가? 인종적 순수성에 대한 그들의 지속적인 탐구는 유럽에서 구체화되고 있던 우생 정책들과 친화력을 갖게 되었다.

일부 학자들이 1930년대 진보적 사회과학이 생물학 결정론에 이의를 제기했다는 점을 지적했지만[37] 진보적 사회과학의 부상은 과학적 인종주의를 '역사의 쓰레기통'으로 던져넣기에 역부족이었다. 그 진보적 사회과학 이론들을 노골적으로 일축하는 일은 학계 바깥보다는 안에서 훨씬 더 만연했다.

미국 우생학 언론을 면밀히 들여다보면 많은 미국 우생학자가 자신들의 입장을 단념하기는커녕 나치 독일이 인종 위생 조치들을 채택한 것에 박수를 보내고, 또 종종 자신들에게 그 공로가 있다고 생각했음을 알 수 있다. 나치 독일이 인종법을 최초로 제정하고 나치 우생학을 전면적으로 실행하는 과정을 지켜보며 《우생학 소식》은 특히 흥분을 가라앉히지 못했다. 초기에 《우생학 소식》은 아리아인의 순수성을 과도하게 극단적으로 옹호하는 진영과 거리를 두는 모양새를 취했다. 《우생학 소식》의 한 편집자 노트는 독자에게 "독일 내 북유럽계의 움직임"에 대해 알리며 이렇게 말했다. "인종에 대한 관용 없이, 또한 역설적으로 보이겠지만 인종에 대한 자부심 없이 실용적인 우생학은 그다지 성공할 수 없다. …… 《우생학 소식》이 발행하는 저자 서명이 된 논문들은 분명 그 저자들의 작업과 추론을 담고 있으며, 따라서 진술에 대한 책임은 전적으로 그 저자들에게 있다."[38] 이런 식의 책임 부인은 차치하더라도, 이 저자들의 추론은 우생학기록협회의 공식 기관지인 《우생학 소식》, 골턴연구회, 3차 국제우생학대회, 국제우생학기구연맹International Federation of Eugenics Organizations에서 갈수록 더 많이, 더 공공연하게 받아들여지는 추세였다.

《우생학 소식》이 나치 독일 정책 초창기부터 그 정책을 꾸준히 옹호하게 되리라는 점은 놀랍지도 않다. 앞서 언급했듯, 로플린은 히틀러에 대한 존경을 숨기지 않았다. 로플린은 단종법 모형이 독일 정책에 미친 영향을 인정받아 1936년 하이델베르크 대학교에서 명예 의학박사 학위를 받았다.[39] 다른 두 명의 《우생학 소식》 편집위원도 같은 영광을 입었다. 《우생학 소식》이 1933년 독일의 일명 유전건강법[또는 강제 단종법] 본문을 게재했을 때, 미국 우생학자들의 영향력을 자랑스럽게 전하는 머리말이 별도의 서명 없이 실렸다. 그 머리글의 필자는 존슨-리드법이 통과되면서 우생학자들이 승리를 주장했을 때와 거의 동일한 방식으로 다음과 같이 선언했다.

미 연방 27개 주에서 시행된 실험적 단종법의 입법 및 사법의 역사는 독일이 국가 단종법을 작성하는 데 경험적 지식을 제공했음이 틀림없다. 미국 우생 단종수술의 역사에 정통한 사람에게 독일 법률의 본문은 흡사 '미국식 단종법 모형'처럼 읽힌다.[40]

미국 우생학자들의 이런 자기 인식은 1936년 우생학기록협회 연례회의에서 C. M. 거터가 한 논평을 통해 더욱 입증된다.

"우리는 지난 20년간 두 번의 깜짝 놀랄 만한 약진을 목격했는데 한 번은 우리 미국에서, 다른 한 번은 독일에서 일어났습니다. 먼저, 1921년에서 1924년에 걸쳐 제정된 유일무이한 이민할당법[즉, 1921년 이민법과 1924년 이민법]이 이에 해당합니다. …… 이 법률들은 인구 조절에 관한 거대한 우생학적 실험의 출발점이었습니다."[41] 미국 우생학자들이 나치 우생학에 동조하고 나치 우생학을 이데올로기적으로 지지하는 입장에 서 있었다는 것은 자명하다. 미국 우생학자들은 자신들의 노력이 독일에서 벌어지고 있는 일의 전신임을 자랑스레 신성시했다.

이 '진취적 움직임들' 간의 가장 명시적인 연결고리는 우생학자 개개인의 '지적' 교류라는 영역에 있었다. 나치는 미국 우생학 교리의 열렬한 학생들이었다. 로플린의 공헌 외에도 매디슨 그랜트와 로스롭 스토더드의 저작들이 독일어로 번역돼 광범위한 독자층을 모았다.[42] 1941년 여키스는 "독일은 군사심리학의 발전을 오랫동안 선도해왔다. …… 독일에서 일어난 일은 1917년에서 1918년에 우리 군 내에서 시행된 심리 및 인사 관련 서비스의 논리적 귀결이다"라는 견해를 밝혔다.[43] 뉘른베르크 국제군사재판에서 나치 의사들은 미국 우생학자들을 자신들의 이데올로기적 스승으로 지목했다. 역사학자들도 나치와 미국 우생학자들 사이에 '부적자' 단종수술에 대한 공감대가 있었음을 짐크로법*

---

* 1876년부터 1965년까지 미 남부 주들에서 제정, 시행된 흑백분리법으로, 1896년 플레시 대 퍼거슨Plessy v. Ferguson 사건 판결에서 '분리되지만 평등하다separate but equal'라는 흑백 분리 원칙이 확립된 것이 그 대표적 사례다. 공공장소 및 공공시설, 대중교통

과 나란히 언급했다. 독일이 자국의 (독일 출생이든 아니든) '재외국인'과 씨름하고 있는 것에 대해 미국 우생학자들이 동정을 표했다는 사실은 덜 알려져 있다. 《우생학 소식》의 보도들은 대량 단종수술 프로그램의 '지혜'에 관한 내용이 주류를 이루고 있긴 했지만, 수년간 그 나름대로 이민에 관해 고수해온 입장에 더욱 긴밀하게 부합하는 다른 우생학적 조치들을 극찬하기도 했다.

보편적으로는 나치 정책을 비난할 수도 있지만, 특히 1933년의 독일은 국민성을 이루는 생물학적 바탕을 인식하고 있다는 점에서 세계의 위대한 국가들을 선도하고 있다. ……
…… 국가마다 위생법을 명문화했듯, 가까운 미래에 각국의 법률적, 과학적 과제 중 하나는 나름의 우생법, 특히 이민, 국외 추방, 혼인, 단종 관련 우생법을 명문화하는 것이다.[44]

홀로코스트 기간 내내 《우생학 소식》은 나치 프로젝트의 진행 상황을 치켜세우는 글들을 게재했다. 《우생학 소식》의 한 호에 글을 실은 어떤 서평가는 《민족국가의 유전학 및 인종 위생Erblehre und Rassenhygiene im völkischen Staat》이라는 책을 읽고 "그런 인종 정

등에서 흑인에 대한 차별을 합법화해 흑인의 자유를 억압하고, 정치, 경제, 사회, 교육 등 모든 면에서 불평등을 초래하며, 남부 백인의 린치 행위를 정당화했다. 이후 1954년 브라운 대 교육위원회Brown v. Board of Education 사건 판결에서 이 흑백 분리 원칙은 뒤집힌다. 곧 이어진 민권운동 및 인종차별 철폐를 위한 노력의 결과 1964년 민권법Civil Rights Act이 제정되면서 짐크로법은 폐지됐다.

화에는 개인의 고난이 동반될 수 있다"고 썼다. "하지만 사회는 개인의 진보보다는 인종의 진보를 더 중요하게 여기는 자연의 방식을 따른다."[45]《우생학 소식》은―[나치 독일의] 내무부 장관인 빌헬름 프리크Wilhelm Frick 박사를 비롯해―독일 우생학자들의 저작 번역본을 실었으며, 다른 저널들에서 긁어모은 탈맥락화된 논평들을 찍어냈다. 그럼으로써 그 논평의 저자가 실제로 어떤 입장을 취하는지에 상관없이 마치 나치의 목표에 동조하는 것처럼 보이게 했다. 1932년 4월호《애틀랜틱 먼슬리》[현《애틀랜틱》]에 최초로 게재된 니컬러스 페어웨더Nicholas Fairweather의 글은 나치를 확정적으로 지지하는 글은 아니었다. 하지만《우생학 소식》에 실린 발췌문을 보면 페어웨더가 나치 강령은 물론이고 거기서 더 나아가 미국 우생학자들의 강령을 합리화하고 옹호한다는 인상을 받게 된다.

국가 그 자체가 목적이 아니다. 국가는 단지 목적을 위한 수단에 지나지 않는다. 목적은 바로 독일 인종을 지키고 보존하며 증진하는 것이다. 국가는 그릇이요, 인종은 내용물이다. 만약 비독일인이 섞여들면 독일 인종의 수준이 낮아질 뿐이다. 외국인이 독일어를 배워 말할 수는 있어도 독일인이 될 수는 없다.[46]

《우생학 소식》과 그 배후 인물들은 외국인 혐오를 조장함은 물론 인종 분리 및 인종간혼합금지법을 지지했으므로, 1930년대 독일에서 제정된 최초의 반유대 법령에 크게 공감했다. 그들은 독일 유대인의 혼인 금지, '귀화 무효화', 국외 추방을 무미건조하게 보도했다. 그들은 이러한 법률의 시행을 규탄하지 않았을 뿐만 아니라—그도 그럴 것이 미국에서 유사한 법률을 제정하기 위해 로비하고 지원했던 그들이 어떻게 그럴 수 있었겠는가—이 조치들을 일종의 학습 기회로 바라봤다.

> 인종사를 전공하는 학생이라면 장기적으로—향후 몇 세대에 걸쳐—지금의 정책이 독일 국민성과 독일 지도력의 성격 및 자질에 어떤 영향을 미칠지, 그리고 이 난민[즉, 유대인]들이 각자의 수용 국가에서 어떤 생물학적—신체적, 정신적, 영적—대변과 차변을 구성할지 알아내는 데 관심이 있을 것이다.[47]

《우생학 소식》은 나치 우생학의 충실한 옹호자와 변명자, 그 사이에서 오락가락했다. 《우생학 소식》은 정성스럽게도 독일 인종위생학회Deutsche Gesellschaft für Rassenhygiene를 조직한 알프레트 플뢰츠Alfred Ploetz의 서신을 실었다(플뢰츠는 《우생학 소식》이 유대인 난민을 묘사할 때 '국외 추방된'이라는 단어를 사용하는 것에 이의를 표했다). 《우생학 소식》은 유대인 의사들에 대한 조치를 옹호하는 내용의, 아버지나라fatherland[독일어로 조국을 뜻하는 파터란트Vaterland를 영어식으로 표현한 것. 즉, 독일을 가리킨다]의 속보를 게재했다. "결국 …… 독일 대도시들은 말 그대로 이런 의사들로 넘쳐나게 되었다. …… 베를린시가 유대인 의사 수를 줄이려고 노력하는 것은 상당히 논리적인 처사인데, [유대인 의사 수가 너무 많아] 일반 인구의 인종 구성과 일치하지 않았기 때문이다."[48] 더욱이 독일이 '인종 위생'을 들먹임에도 불구하고—혹은 어쩌면 바로 그 이유 때문에—['인종 위생'이라는] 그 용어는 《우생학 소식》의 발행인란에 다음과 같이 계속 자리를 지켰다. "우생학 소식—인간 유전학 및 인종 위생 현황." 심지어 나치즘에 대한 비판이 표면화되기 시작했을 때도 《우생학 소식》은 굳건했다.[49] 1936년 3~4월호는 의사이자 우생학기록협회 명예 회장인 클래런스 G. 캠벨이 쓴 독일 인종 위생에 대한 장황한 찬가로 시작했다.

> 모든 나라를 휩쓸고 있는 반나치 선전이 독일 인종 정책에 대한 정확한 이해 그리고 그것의 엄중함을 흐리는 데까지 나아간 것은 안타까운 일이다. ……
> 이런 정책은 국가적 허영심을 부추기거나 인종적 적대감을 불러일으키려고 고안된 정치적 기회주의자들의 창작물이 아니다. 그보나는 독일의 인류학자, 생물학자, 사회학자들이 숙고 끝에 내린 결론을 집대성한 것으로, 특히 독일 사회학자들은 타 국가의 많은 사회학자와는 대조적으로 집단생활의 생물학적 기초를 충분히 인식하고 있다. 진지한 우생학자라면 그런 국가 정책에 찬성을 표명하지 않을 수 없다. 아닌 게 아니라 그런 정책은 우생학자들이 수년간 품어왔지만 현세대에 채택되지 않을 것이라 체념했던 희망을 실현한다.[50]

《우생학 소식》이나 우생학기록협회가 미국 우생학자들은

꿈만 꿨던 것을 실행하고 있는 나치에게서 그 어떤 중대한 잘못을 발견했다면, 이는 표리부동한 일이었을 것이다. 캠벨 등에게 독일은 "자신의 인종적 자질 향상이라는 생물학적 과제가 최우선임을 알 만큼 충분히 지성적인 국가의 고무적인 본보기"였다. 캠벨은 독일이 "자신의 생존가를 증대"하는 데 필수적인 애국심, 결의, 자제력을 갖췄다고 썼다. 그리고 다른 나라들은 스스로를 기만할 여유가 없다고 경고했다.[51]

통설에 따르면 나치즘의 흐름이 완전히 분출돼 그 의도가 알려지자 우생학자들도 열광적인 언행을 당장 멈췄다고 한다. 그런데 실제로는 별로 그렇지 않았다. 나치 정권 8년 차이자 뉘른베르크법*이 통과된 지 6년 뒤이며 최초의 대량 국외 추방이 있은 지 3년 뒤인 1941년에도 《성과학지》의 한 필자는 여전히 이런 폭로들을 묵살할 수 있었다. "요즘 해외에서는 어리석게도 우생학에 대한 비판이 많이 나오고 있는데, 그중 대부분은 논리적으로 따지자면 말도 안 되는 것들이다."[52] 미국 우생학자들은 나치즘 때문에 주저하기는커녕 고무됐음이 틀림없다. 1930년대 후반에는 새로운 우생학 프로젝트로서 막강한 지속력을 지닌 하나의 조직이 설립됐으니 말이다. 바로 파이어니어펀드였다.

---

* 1935년 9월 뉘른베르크 전당대회에서 제정, 공포된 나치 독일의 반유대법이다. '독일혈통명예보호법'과 '독일제국시민권법'의 총칭으로, 전자는 유대인과 독일인 간 성관계 및 혼인 금지, 후자는 유대인의 독일 시민권 박탈을 규정했다. 홀로코스트의 법적 토대가 됐다.

4장

파이어니어펀드:
과학적 인종주의와 우생학 기금

60년이 넘는 세월 동안 파이어니어펀드는 명확히 인종주의적인 연구를 진행하는 학자들에게 재정을 지원해왔다. 파이어니어펀드의 임원들은 어떤 방식이 됐든 단체가 존속하는 동안 줄곧 반이민 활동—1965년 이민법에 관한 논쟁 중 의회에서 증언하는 등—에 적극적으로 참여해왔다.

파이어니어펀드는 1937년, 섬유업계 거물이자 흑인 '본국 송환' 지지자인 위클리프 드레이퍼Wycliffe Draper가 제공한 자금을 바탕으로 프레더릭 오즈번Frederick Osborn과 초대 의장 해리 로플린을 비롯해 1924년 우생학자들을 승리로 이끈 바로 그 주역들 중 일부에 의해 창립되고 유지됐다.[1] 초대 선언문은 우생학 및 유전 연구를 통해 '인종 개량'을 추구한다고 규정했다. 이들 기금은 또한 초기 13개 식민지에 살았던 백인 정착민들의 백인 후손 생식을 장려하는 데 사용될 예정이었다.[2] 1985년에 선언문이 개정된 것은 원래의 목적을 명확히 하고 재정 지원을 위한 지침을 확립하기 위해서인 듯하다. 선언문의 2A항에는 다음과 같은 내용이 기술되어 있다.

> 지원 대상으로 선정된 아동의 부모는 미국 시민권자여야 하며, 아동을 선정할 때는 이사회가 부적절하다고 판단하지 않는 한 주로 미국 헌법 채택 이전의 초기 13개 주에 정착한 사람의, 그리고/또는 그런 사람과 관련된 혈통의 후손으로 간주되는 아동, 아니면 대다수가 그 후손에 속하는 계층의 아동을 특히 배려해야 한다.[3]

20세기의 다른 인종주의적 캠페인들이 그랬듯 우생학도 젊은이들을 끌어모으는 데 관심이 있었다. 파이어니어펀드의 의장으로서 로플린이 가장 먼저 했던 일 중 하나는 우생학적으로 건강하고 신체적, 정신적으로 건전한 젊은 아리아인들은 가난에 시달리는 반면 장애가 있는 사람들은 호화로운 요양원에서 인생을 마음껏 즐긴다는 내용의 나치 선전 영화, 〈오늘날 독일 우생학의 응용 Applied Eugenics in Present-Day Germany〉을 수입한 것이었다. 로플린은 자막을 추가하고 미국 내 3000개 고교에 상영을 제안했다. 28개교에서 관심을 보였다.[4] 그 밖에도 초기에 우선적으로 재정 지원을 받았던 이들로 하급 비행 장교들이 있었다. 그들에게는 상금을 현금으로 지급했는데, 하급 비행 장교들이 우수하다 평

가받는 자신들의 유전자를 경제적 여유가 없다는 이유로 자식에게 물려주지 못하는 일을 막기 위해서였다.[5]

파이어니어펀드는 2차 세계대전 이후에도 독일어로 쓰인 우생학 출판물을 영어로 번역하는 일에 계속해서 재정을 지원했다. 또한 1950년대까지 미국우생학회에 자금을 댔다.[6] 이 기간 동안, 또 1960년대까지도 기금 수혜자들은 큐클럭스클랜Ku Klux Klan과 남부의 백인시민협의회White Citizens' Councils를 위한 소책자를 제작했다. 파이어니어펀드는 조지프 매카시를 지지했으며 민권법 제정에 반대했다.[7] 파이어니어펀드의 우생학 프로젝트들은 다각도로 이뤄졌지만, 그 조직과 운영자들의 반이민이라는 기본 입장만큼은 꾸준히 유지됐다.

존슨-리드법이 통과된 지 28년이 지나면서, 또 나치 우생학에 대한 새로운 사실들이 속속 밝혀지면서 우생학자들의 지위는 과거 의회에서 공공연하게 지지를 받던 때와는 달라졌다. 1952년 매캐런-월터법의 초안이 작성되고 통과되는 데 우생학자들이 명시적이고도 철저하게 영향을 끼쳤다고 주장하기는 어려울 것이다. 그럼에도 결정적인 연결고리는 있었다. 펜실베이니아주 하원의원으로 비미활동위원회House Un-American Activities Committee에서 다섯 번의 임기 동안 위원장을 맡게 되는 프랜시스 월터는 1950년대에 파이어니어펀드 이사회의 지도부급 일원이었다. 월터의 이름을 딴 법률은 일부 이민자를 가로막는 몇몇 장애물을 제거하긴 했지만('아시아-태평양 삼각지대' 출생 이민자 소수에 대한 입국 허용, 일본인에게 연간 185명이라는 변변찮은 이민 할당제 부여, 일본인 이민 1세대에게 귀화 권리 부여), 기존 제한 조치를 꽉 조이고 '비백인' 국가 출생 이민을 대폭 축소했다. 또한 이민자가 '전복적'이라고 간주될 경우 국외로 추방하거나 시민권을 박탈할 수 있다고 규정했다. 재외국인은 정치 활동 참여를 사유로 국외 추방될 수 있었으며, 추방 건은 법원의 적법절차에 구속되지 않는 전문 위원회에 넘겨졌다. 8년 뒤, 아프리카계 미국인의 유전적 열등성을 확립하기 위한 작업인 드레이퍼 프로젝트Draper Project*에 월터가 관여했던 것으로 밝혀졌다.[8]

파이어니어펀드 구성원 및 협력자들은 수년에 걸쳐 배외주의적 이민법 제정을 지속적으로 촉구했다. 각기 다른 여러 시기에 기금의 공동 이사, 재무, 총무로 활동한 존 트레버John Trevor는 1965년 덜 제한적인 이민법이 통과된 것에 반대하는 증언을 하면서 이민 및 인구 전반의 "제한 없는 다양성"을 강하게 비난했다. 트레버의 아버지인 존 트레버 시니어John Trevor Sr.에 대해 오하이오주 하원의원 마이클 A. 페이건Michael A. Feighan은 "국적 기원 할당제가 발전하는 데 토대가 된 사고를 제공했다"라고 평가했다. 하원 법사위원회의 소위원회에서 증언할 당시 트레버는 1929년 부친에 의해 설립돼 회원 300만 명을 보유한 전미애국협회연합American Coalition of Patriotic Societies의 회장이었다.[9]

제한주의를 옹호했던 선조들이 그랬듯 트레버는 최악의 각

---

* 파이어니어펀드 설립자인 위클리프 드레이퍼의 이름에서 따온 드레이퍼 프로젝트는 1960년대 미국에서 파이어니어펀드가 인종차별을 정당화하기 위해 지원한 유전학 및 인종 관련 연구 활동들을 지칭한다.

본들을 소환해 의원들 앞에 죽 늘어놓았다. 요컨대 "우리의 도덕 수준", "우리의 생활 수준", "우리의 건강 수준", 그리고 "공산주의에 맞서는 공동의 투쟁"에서 세계 지도자로서 우리가 효능을 잃고 있다고 주장했던 것이다. 트레버는 국적 기원 할당제가 차별적이라는 점을 부인하며 위원회에서 이렇게 에둘러 주장했다. "국적 기원 할당제는 마치 미국인 앞에 거울을 세워놓고 그 미국인을 이루는 가지각색의 외국인의 비율을 비춰 보여주는 것과 같습니다. …… 국적 기원 할당제는 미국으로 오는 이민자가 우리 국민에게 동화되도록 하려는 시도일 뿐입니다." 트레버는 인종이나 국적에 대해 중립을 표방했지만—파이어니어펀드와 아파르트헤이트를 지지하는 전미애국협회연합에 깊이 몸담았다는 점을 고려하면 믿을 만한 주장이라고 보기 어렵다—라틴아메리카계 미국인 인구가 연간 3퍼센트씩 늘어나 향후 35년에 걸쳐 4억 명이 증가할 것으로 예상된다는 통계자료를 공식 기록에 남기기 위해 신중히 낭독했다.[10] 무엇보다 트레버가 《미국 정신의학 저널American Journal of Psychiatry》에 최초로 게재된 존 M. 래진스키John M. Radzinski의 1959년 논문을 장황하게 인용한 데서 그의 속내는 더욱 잘 드러났다. 래진스키는 인종 '혼합'에 관한 자신만의 편집증에 빠져 있었고, 미국 사회를 쇠락해가는 몸으로 묘사했다.

유럽인들 간의 에스닉 혼합을 검토해보면, 이런 과정이 문화적 붕괴 및 쇠퇴와 관련돼 있음을 잘 알 수 있다. 수 세기에 걸쳐 배양 및 생물학적 융합이 이루어지고 나면 마침내 새로운 문화

양상이 확립되는데, 보통 기존 것을 그보다 우월한 것이 대체하지만 경우에 따라 열등한 것으로 교체되기도 한다. 특히 지난 80년간 수백만 명이 미국으로 이민을 오면서, 세계적으로도 역사상으로도 유례를 찾을 수 없을 만큼 엄청나게 다양한 에스닉 혈통이 이곳에 모였다.

…… 그런 인종적, 에스닉 요소의 집합은 심각한 문화적 쇠퇴를 피할 수 없게 만든다. 몰락의 징후들은 우리 문화의 일부 측면이 악화되고 있다는 점에서, …… 또한 노골적인 반사회적 행동이라는 병독성이 서유럽 국가, 캐나다, 호주에서 볼 수 있는 것보다 훨씬 더 심하게 우리 국민 사이에 퍼져 있다는 점에서 이미 뚜렷하게 드러난다.

한마디로 우리는 작금의 미국 사회가 병들었다는 불쾌한 진실을 마주해야만 한다.[11]

웨스트버지니아주 하원의원 아치 A. 무어Arch A. Moore는 트레버의 증언 및 전미애국협회연합에서의 활동을 "신선하다"고 묘사했다. 켄터키주 하원의원 프랭크 첼프Frank Chelf는 이를 기회 삼아 "이 나라에 정착해 …… 13개의 작은 식민지로 단결했던" "훌륭한 혈통"을 치켜세웠다.[12] 표면적으로는 '훌륭한 혈통' 개념이 의회에서 꽤 오래 살아남았고, 또 소위원회 위원 일부(결코 전부는 아니었다)가 트레버를 환대했지만, 1965년 이민법은 국적 기원 할당제를 폐지했다. 민권운동이 한창이던 시기에도 트레버가 초청을 받아 [의회에서] 증언을 했다는 사실만 보더라도, 미 입법부(와 그것이 백래시의 행위자로서 가진 힘)가 우생학에 지속적인 타당성을 부여했음을 잘 알 수 있다. 비록 우생학자들이 더는 전성기의 호소력이나 설득력을 발휘할 수 없었다 하더라도 말이다.

우생학자들은 의회의 본회의장에서는 어느 정도 기반을 잃었지만, 학문의 전당에서는 그 기반을 되찾았다. 멜러는 파이어니어펀드가 1971년부터 1992년까지 1000만 달러 이상을 지출한 것으로 추산한다. 다른 산정에 따르면 지출액은 그보다 더 많다. 1994년 애덤 밀러Adam Miller는 파이어니어펀드가 500만 달러 가치의 투자 포트폴리오, 신탁, 유증, 기부금 등을 자금원으로 가지고 있으며, 이를 통해 약 100만 달러의 연 수입을 창출해 그중 대부분이 매해 20곳의 수혜자에게 분배됐음을 밝혔다. 이 수혜자에는 반이민단체 및 학계 우생학자들이 포함된다.[13] 캘리포니아대학교 샌타바버라 생물학 명예교수인 개릿 하딩Garrett Harding은 파이어니어펀드의 지원을 받는 단체 2곳의 이사로 활동했는데, 두 단체 모두 라틴아메리카인의 이민을 우생학적 위협으로 지목해 이를 축소하는 데 전념했다.[14] 이런 재정적 검증의 자연스러운 결과로 유사과학이 유사과학을 강화하게 된다. 헌스타인과 머리는 《종형 곡선》 여기저기에서 파이어니어펀드 수혜자 최소 13명의 작업을 인용했다.[15]

그런데 이런 금전적 지원보다 더욱 불온한 것은 파이어니어펀드가 미국이민개혁연맹을 후원한다는 점이다. 1979년 창립된 미국이민개혁연맹은 인구제로성장Zero Population Growth[현 인구연결 Population Connection]의 한 갈래다. 1982년 미국이민개혁연맹은 파이어니어펀드에서 첫 보조금을 확보하고, 1993년까지 100만 달러 이상을 받았다.[16] 미국이민개혁연맹의 운영자 해럴드 이젤Harold Ezell과 전 미 이민귀화국 국장 앨런 넬슨Alan Nelson이 캘리포니아주 주민투표발의안 187호를 공동 작성했다. 이 두 사람 모두 당시 로비스트로서 연맹에 고용된 상태였다.[17] 그런 점에서 이들은 파이어니어펀드가 베푸는 호의의 간접 수혜자였다. 이런 유대 관계는 뜻밖의 것이 아니다. 우생학은 늘 제도적 편견 때문에 이미 주변화된 사람들을 가려내 나머지 인구에게는 이용 가능한 것을 이용하지 못하도록 배제하는 일을 목표로 삼았다(캘리포니아주 주민투표발의안 187호의 경우에는 의료 및 교육과 같은 기본 서비스들이 '일반 대중'의 권리로 간주되고 미등록 이주민은 '일반 대중'과 분리된 존재로 본다). 캘리포니아주에서만 회원 3만 명을 거느린 미국이민개혁연맹은 80년 전 그 이데올로기적 전신이 그랬듯 다른 이해관계자들과 공동의 대의를 이뤄 이민자의 지위를 약화시키고 외국인 혐오를 부채질할 수 있었으며, 궁극적으로 모든 미등록 이민을 없애고 합법적 이민을 절반으로 대폭 줄이고자 노력했다.[18]

배외주의자들은 언제나 그렇듯 다른 운동들의 대열에서 영감을 얻어왔다. 환경운동도 그중 하나다. [환경단체] 시에라클럽 Sierra Club의 핵심 인물들은 미국이민개혁연맹 창립에 중요한 역할을 했다.[19] 여기서 공동의 대의는 '인구과잉'이 빈곤, 불평등, 환경 악화의 주범이라는 신맬서스주의적 신념에 집중하는 데 있었다.[20] 이런 논리가 아무런 제지를 받지 않을 경우, 인구가 증가하면 문명 및 서식지 양쪽 모두가 완전히 파괴된다는 결론에 이른다. 신맬서스주의는 온갖 진보적 캠페인에서 튀어나왔다. 마거릿 생어와 그 동료들은 '인구압'이라는 용어에 자주 기대어 산아제한 옹호론을 펼쳤다. 1인당 소비량 비교나 자원 분배 같은 쟁점들은 무시함으로써, 인구 조절이라는 수사는 사회 내 가장 취약한 집단 및 개인에게 가혹한 조치(미국 국내외에서 시행된 강제 단종수술 포함)를 장려하는 데 이용됐다.[21] 오늘날 인구감소성장Negative Population Growth과 같은 우익단체들은 "인구를 증가시켜 미국을 환경 파괴의 길로 내몰고 있다"는 이유로 이민자들을 비난한다.[22] 1996년 인구감소성장은 《하퍼스》, 《애틀랜틱 먼슬리》, 《이 매거진The Environmental Magazine》에 미국이 매년 50만 명을 국외 추방하지 않으면 "인구학적, 환경적 재앙"이 닥칠 것이라고 예언하는 광고를 실었다.[23] 1995년 설립된 미국인구안정화연합Coalition for the United States Population Stabilization은 이민 중단, (다산多産을 장려한다는 이유로 비난의 대상이 되기도 하는) '복지 인센티브' 종료, 국민 생식력 감소를 위해 로비한다. 미국인구안정화연합의 창립 조직 중에는 매사추세츠주 오듀본협회Massachusetts Audubon Society가 있다.[24] 최근 몇 년간 시에라클럽은 다시 한번 이민에 대해 심사숙고하게 됐다. 샌프란시스코 지부 '인구위원회'에서 일하는 사람들을 비롯한 많은 구성원은 이민자를 환경적 위험 요인으로 간주하는 인구감소성장의 평가에 동의한다. 1994년 초, '인구위원회'는 이민 허용 규모를 엄격하게 감축할 것을 권고했다.[25] 시에라클럽 회원들은 1996년 보수단체인 인구-환경균형Population-Environment Balance으로부터 단체 강령으로 이민 제한에 친화적인 입장을 채택하라는 압박을

받았다.[26]

환경운동을 비난하려는 의도로 하는 이야기가 아니다. 시에라클럽은 인구감소성장이나 인구-환경균형과 다르다. 시에라클럽의 경우 이민 문제로 조직 내 분열이 있었고 많은 회원이 조직 안팎에서 쏟아지는 외국인 혐오적 공격에 맞서 싸웠다. 결국 시에라클럽은 이민 문제에 대해 '중립'을 유지하기로 결정했다.[27] 하지만 시에라클럽(과 그보다는 덜 하지만 매사추세츠주 오듀본협회)의 입장은 여타 운동들에 손을 내밀기도 하고, 그 운동들을 잠식하기도 하는 유사과학의 맹공격을 잘 보여준다.

습지 및 야생동물 보호에 전념한다고 추정되는 어떤 단체가 이민 문제를 논의한다는 게 완전히 전례 없는 각본은 아니다. 매디슨 그랜트는 동시대 다른 우생학자들과 함께 자연 보존 활동에 깊이 관여했다. 캘리포니아주의 엘크보호구역 및 거대한 삼나무림에는 그랜트의 이름이 붙여졌는데, 이는 그랜트의 업적을 잘 보여준다. 그랜트 등에게 환경보호주의와 우생학은 연속선상에 있는 점들이었다. 지구를 독성 물질과 기업의 탐욕에서 구하려는 노력은 인구 조절 및 더 나아가 이민 제한과 긴밀하게 연결된다는 당대 환경보호주의의 일부 갈래들이 가지고 있던 인식에는 특정한 역사적 일관성이 있다. 이런 연결고리가 특히 불안감을 자아내는 까닭은 그것이 반동적이고 인종주의적이며 본질적으로 강압적인 입법 및 의료 전술에 합리성은 물론 진보성이라는 허울을 부여하기 때문이다.

    1부 | 국가적 위생: 20세기 이민과 우생학 로비

5장

무분별한 친절과 헤픈 감상주의: '박애주의적' 충동과 싸우기

1994년 찰스 머리는 《뉴욕타임스 매거진》의 한 기자에게 사람들은 더 이상 사회적 걸림돌 때문에 가난해지는 게 아니라 지적 역량이 선천적으로 결여돼 있기 때문에 가난해지는 거라고 말했다.[1] 시민권을 박탈당한 사람들에 대하 그 어떤 사회적 의무도 불필요하게 만듦으로써 정확히 일부 사람에게만 호소력을 발휘하는 이 주장은 우생학운동 내에서 강력한 선례를 가지고 있다. 1929년 《산아제한 평론》은 "만성적 빈민 혈통을 가진 종족"의 영속성을 설명하는 E. J. 리드베터E. J. Lidbetter의 논문 한 편을 게재했다.[2]

인구문제는 이제 본질적으로 경제적인 것이 아니라 대개 생물학적인 것으로 간주된다. 이런 점에서 19세기 경제학자들의 가르침은 수정될 필요가 있다. …… 그러므로 그 가르침에서 나온 사회 이론들, 특히 온갖 형태의 사회적 부적합 문제에 관한 이론들 또한 수정돼야 한다. 우리는 이제 이런 사회적 부적합의 형태들이 이전에 상정됐듯 경제 상황이 아니라 유전에 따라 대단히 광범위하게 나타날 수 있다는 것을 알기 때문이다.[3]

리드베터에게도 이데올로기적 전신이 있다. 우생학자들의 결의를 약화시키고 이민 논의의 성과를 위태롭게 할 수도 있는 '감상적' 충동에 저항하라고 촉구한 그랜트와 워드가 대표적이다. 그랜트는 《위대한 인종의 소멸》을 다음과 같이 주의를 촉구하는 단락으로 끝맺었다.

우리 미국인은 지난 세기 동안 사회 발전을 억눌러온 이타적 이상들, 그리고 미국을 '억압받는 자들의 피난처'로 만들어온 헤픈 감상주의가 국가를 어떤 인종적 심연으로 떠밀고 있는지 깨달아야 한다. 만약 용광로가 걷잡을 수 없이 끓어오르도록 내버려둔다면, 또 우리 국가 모형을 계속 좇아 의도적으로 모든 '인종, 신념, 또는 피부색이라는 차이점들'을 외면한다면, 식민지 정착민 혈통의 토박이 미국인 유형은 페리클레스 시대의 아테네인과 롤로 시대의 바이킹족이 그랬듯 멸종할 것이다.[4]

그리하여 실제보다는 상상에 더 가까운 사회경제적 정의감을 별나게 감상적인 정서로 축소시킨 그랜트는 자신이 한 말이

    1부 | 국가적 위생: 20세기 이민과 우생학 로비

이듬해인 1917년 로버트 워드의 다음 글에서 메아리치듯 되풀이 되는 것을 듣게 된다.

나는 엄중한 국가적 문제를 감성으로 해결할 수 있다고 생각하지 않는다. 수천 명에서 수십만 명, 많게는 수백만 명에 이르는 유럽인 및 아시아인 이민자 중 다수가 신체적, 정신적 부적자일 경우, 우리가 그들에게 무분별한 친절을 베풀 수 있다 하더라도 그들이 우리에게 끼칠 해악이 어떤 방식으로든 상쇄될 수 있다고 생각하지 않는다.

워드는 이 "무분별한 친절"을 "근시안적이고 이기적이고 옹졸하며 미국적이지 않은 정책"이라고 묘사하기까지 했다. 워드는 다음과 같이 썼다.

우리 종족의 미래 유산의 수호자인 우리가 정신적, 육체적 결함이 있는 자들, 스스로는 물론이고 후손을 통해서까지 우리 종족의 정신적, 육체적 수준을 낮추며 장차 공공 및 민간 자선 활동 영역에서 우리가 안게 될 모든 문제를 엄청나게 가중시킬 자들로 하여금 우리 해안에 상륙하도록 허락하는 것은 최고로 졸렬한 짓이다. 우리는 이미 과중한 부담을 떠안고 있는 다음 세대의 미국인에게 더 이상의 부담을 지울 권리가 없다.[5]

워드의 각본에서 취약한 사람은 이민자나 빈자가 아니라 미국 납세자였다. 그해 말,《유전학 저널》의 또 다른 기고자인 모리스 피시버그Maurice Fishberg는 유대인에 대한 자선 활동이 "결함이 있는 자"의 생존 및 급증을 가능케 했으며, 따라서 "하나의 중요한 열생학적 요소로서 …… 오늘날 유대인 사이에서 관찰되는 퇴화의 많은 부분에 엄연히 큰 책임이 있다"라고 공공연하게 말했다.[6] 이런 추론 방식은 '의존의 악순환' 이론, '빈곤의 문화' 주장, 그리고 가장 최근에는 근로 연계 복지*에 관한 논의에서 몇 번이고 재확인됐다.

1917년 이민법은 워드와 피시버그가 공개적으로 경고를 하던 당시 이미 통과를 눈앞에 두고 있었다. 마찬가지로 1921년—하딩이 3퍼센트제한법을 승인한 그해—당시 부통령이자 이후 1924년 이민법을 승인하게 될 캘빈 쿨리지는 미국인들이 지나치게 마음씨가 따뜻하다고 생각하고는 이를 꾸짖었다.《굿 하우스 키핑》에 게재된 쿨리지의 글, 〈이 나라는 누구의 것인가Whose Country Is This〉는 이렇게 경고했다. "반동적 이민자는 우리 가운데

---

* 사회복지 수급자에게 일정한 노동을 요구하는 정책으로, 개인의 책임과 자립을 강조하고 복지 의존도를 낮추는 것을 목표로 한다. 미국에서는 1996년 빌 클린턴 대통령이 승인한 복지개혁법Welfare Reform Act, 즉 개인책임및근로기회조정법The Personal Responsibility and Work Opportunity Reconciliation Act이 이런 정책을 공식화한 대표적인 법이다. 복지 수급자에게 일자리를 구하거나 교육을 받도록 의무화하고, 특정 조건을 충족하지 못하면 혜택을 제한하는 내용을 담고 있다. 이 법은 또한 기존의 유자녀가정지원 프로그램을 폐지하고 빈곤가정한시지원 프로그램을 도입했다. 빈곤가정한시지원 프로그램은 수급 기간 제한과 근로 의무 조건을 추가한 것이 가장 큰 특징이었다. 근로 연계 복지와 관련해서는 이 책 3부 17장 '새로운 테크놀로지, 오래된 정치: 노플란트와 그 너머'에서 다시 한번 언급된다.

존재하는 위협 요소다. …… 이곳에는 그가 들어올 자리가 없다. …… 감상적인 이유로 무시하기에는 인종적으로 고려해야 할 문제가 너무나 엄중하다. …… 정신 및 신체의 자질은, 에스닉 법칙ethnic law을 준수하는[즉, 인종적, 민족적 순수성을 유지하는] 것이 이민법만큼이나 국가에 반드시 필요한 일임을 시사한다."[7]

우생학은 그 지지자들에게 근시안적 이타주의에 대한 합리성의 승리, '미국적이지 않은'(그럼에도 '미국 특유의') 환대에 대한 이성의 승리, 감상주의에 대한 과학의 승리를 의미했다.[8] '인종적으로 건전한' 시민들을 위해 합리적인 이민정책보다 더 나은 투쟁 방안이 있겠는가? '과학적' 정보를 바탕으로 한 이민 제한은 '더 우수한 혈통을 가진' 미국인의 시대를 여는 데 그치지 않고, 우선순위가 바로잡힌 건실한 국가의 확고한 입법적 역량을 보여주는 신호가 될 터였다.

인종의 악마화는 전적으로는 아니더라도 부분적으로는 유사 생물학이 정당한 담론으로 재부상한 사건에 뿌리를 두고 있으며, 20세기를 마무리 짓는 일련의 반이민 입법과 함께 이뤄졌고 그로부터 혜택을 받았으며 동시에 그것을 추동하기도 했다. 미국 이민개혁연맹 창립자이자 이사인 존 탠턴John Tanton은 과거 1988년 기밀 메모를 작성하면서, 라틴아메리카인의 이민이 지속되면 "순전히 생식력이 더 왕성한 집단"이 미국을 탈취하는 결과를 초래할 것이라고 경고했다.[1] 오늘날 이민자의 생식력에 대한 집착은 국민 유전자군 고갈에 관한 우생학자들의 고전적인 우려보다는 비용 지출에 관한 염려로 표현된다. 그럼에도, 이민자는 생식력이 지나치게 왕성하다는 상상을 전면에 내세우는 것은 앞 시대 우생학의 노력들을 떠올리게 한다. 다시 한번 말하지만 오늘날의 공세는 여성과 아동을 겨냥하고 있으며, 이러한 공세가 본질적으로 소환하는 것은 바로 이민자의 자손이라는 위협적 존재다. 버지니아주 상원의원 워런 E. 배리Warren E. Barry는 공적 자금이 투입된 사회 서비스를 이용하는 미등록 이주민에 대해 주 정부 공무원들이 신원을 파악해 보고하도록 하는 법안을 발의했다. 이민자는 연방 당국에 신고당하는 것 외에도 "불법적으로 취득한 서비스에 대해서는 채무를 징수"하는 식으로 법적 책임을 지게 된다. "우리는 임신부와 미등록 노동자와 아동이 미 연방으로 어마어마하게 쏟아져 들어오는 사태를 끝장내거나 그들이 그로 인한 대가를 치르게 만들도록 연방 정부에 요구해야 한다"라고 배리는 말했다.[2]

동화될 수 없는 이물질, 오염시키는 자, 감염된 자이자 감염시키는 자로서의 이민자와 그 자손이라는 이미지는 여전히 우리 곁에 존재한다. 주민투표발의안 187호에 대한 표결이 3개월도 채 남지 않은 시점에 《샌프란시스코 크로니클》에 게재된 한 사설에서 앨런 넬슨은 "전염병을 막는 최선의 길은 불법 이민자의 미국 입국을 금지시키는 것"이라고 썼다.[3] 한 사회가 통제 불가능한 질병 및 바이러스 때문에 겁에 질려 있을 때 이런 유형의 수사는 극성을 부린다. 이는 모스가 "외부자에 대한 의학적 정당화"[4]라고 일컬은 바 있는 다각적 캠페인의 일환으로 보는 것이 가장 적절하다. 넬슨이 공중보건과 관련된 위협을 날조했듯, 캘리포니아주 상원의원 롭 허트Rob Hurtt는 은유에 기대어 동일한 이방인-질병 연결고리를 구축하고, 캘리포니아주의 이민 '문제'가 림프절

페스트를 연상시킨다고 말하기까지 했다.[5] 허트의 논평은 과거 1936년, 거터가 멕시코인 이민이 '페스트 유행'을 뜻한다고 공공 연하게 말했던 일을 떠올리게 한다.

반이민을 부르짖는 다른 장황한 열변들도 스토더드의 《백색 세상의 우월주의에 대항하는 유색 물결의 부상》(1922)이나 그랜트의 《위대한 인종의 소멸》과 같은 왕년의 우생학 저작들에 붙여진 불길한 제목을 떠올리게 한다. 1993년 북미자유무역협정에 대한 표결 전날, 캘리포니아주 이민개혁연합California Coalition for Immigration Reform의 소식지(《9-1-1》)는 "나프타=국경 완전 개방(더 많은 시민이 살해당함)은 …… 우리 국가의 죽음이요, 우리 국민의 죽음"이라고 떠들썩하게 알렸다. 미국이민통제재단American Immigration Control Foundation은 〈국가 자살로 가는 길: 이민과 다문화주의에 관한 소론The Path to National Suicide—An Essay on Immigration and Multiculturalism〉이라는 제목의 소책자를 발간했다.[6]

지난날을 놀아보건대, 한때 위대했지만 지금은 쇠퇴하는 국가에 대한 호소는 죄다 타자(이민자, 북부로 간 남부 흑인, 국경의 '잘못된' 쪽에 있는 멕시코인)에 대한 인종화와 인종주의적 조롱에 근거를 뒀다. 그런 호소들은 그 타자들에 대한 히스테리에 가까운 이미지, 그리고 은유적으로나 말 그대로 국민의 신체/신체들에 제기되는 위협에 기대고 의존했다. 지금도 변한 것은 거의 없다. 이민의 적들은 20세기 초 우생학자들이 활용한 수사적, 전략적 장치들을 단념하지도 벗어던지지도 않았다. 물론 그 초기 수십 년과 오늘날 사이에는 중요한 차이점이 있다. 우생학은 반이민 정서를 유지하고 배외주의적 법률을 통과시키려 할 때마다 좋은 동반자라는 평가를 받았으며, 우생학자들은 공공연하게 영향력을 행사했다. 한때 그랬던 만큼 권력을 장악하지는 못하겠지만, 우생학은 '존경할 만한' 정치판에서 계속 자신의 틈새시장을 찾는다. 이민자에 대한 우생학의 지속적 맹공은 국가주의적, 인종주의적 교리에 봉사하고 그것을 끌어들이는 데 근거를 둔 것으로, 이는 우생학의 궤적들 중 하나에 불과하다.

조지 모스는 국가주의가 기나긴 내력을 써내려가는 동안 보수주의, 자유주의, 사회주의에도 손을 뻗었다고 기술했다.[7] 우생학 역시 대단히 기회주의적이고 상호작용적인 이데올로기였다. 국가주의 내부의 생물학자로서 역할을 수행한 우생학은 정치 스펙트럼 전반에 걸쳐 지지자들을 끌어들였다. 우생학자들은 서로 다른 역사적 순간에 과학적으로 덜 엄밀한 인종주의자, 전시 애국주의자, 환경보호주의자, 진보주의자, 공산주의자 색출꾼, 무정부주의 혐오자와 힘을 합칠 수 있었으며, 그 과정에서 각각의 새로운 반이민 법안이 통과될 때마다 줄곧 승리와 자기 정당성을 주장했다. 1917년 및 1924년 이민법이 특히 그런 경우였는데, 이 두 법은 반이민 세력들이 어떻게 통합되고 강화되었는지, 그리고 우생학적 측정이 어떤 방식으로 그 촉매제 역할을 했는지를 가장 잘 보여주는 사례다. 이 법안들에 대한 논의가 진행된 시기에 미국 우생학자들의 권력은 정점에 이르렀지만, 비록 그 로비의 힘이 한결같지는 않았다 하더라도 우생학 로비에서 뚜렷이 볼 수 있는 과학적 인종주의, 외국인 혐오, 국가주의의 통합은 일정하게 연속되는 성질이 있었다.

우생학이 전적으로 이민 문제에만 관심을 둔 것은 결코 아니었다. 1912년 헨리 허버트 고더드가 엘리스섬에 아이큐 검사를 도입했을 무렵, 5개 주에서 주 단종법을 우생학적 그리고/또는 치료적 성격으로 규정했으며 더 많은 주에서 그 뒤를 따를 터였다. 이런 단종법의 표적은 누구보다도 '정신박약자', 매독 환자, 간질 환자, 성매매 여성, '유전적 범죄자', '변태 성욕자', '도덕적 타락자'였다.[8] 우생학은 사람 사이에 놓인, 바꿀 수 없는 구분선 및 혈통 경계선의 심판자이자 수호자 노릇을 했다. 우생학은 집단 병리가 사회경제적 조직 방식을 미리 결정짓는다고 강력히 주장함으로써 불평등을 무너뜨릴 위협 없이 불평등을 설명할 손쉬운 길을 제공했다. 이런 패러다임 속에서 평등한 접근권과 보상과 지위를 가질 수 있는 사회는 리처드 C. 르원틴_{Richard C. Lewontin}이 서술했듯 생물학적으로 불가능했다.[9]

우생학자들이 어떤 과학 분야 전공자이든 (또 많은 경우 그렇듯 단지 과학의 언어를 끌어다 썼든) 간에, 그들을 추동한 것은 사회적 범주를 합리화하고 강화할 필요성이었다. 이 책무는 현미경 아래 놓인 다른 외부자들에게도 섬뜩한 효과를 발휘할 터였다. '인종 개량' 지지자들은 자신들이 보완적 캠페인이라고 인식한 것에 강한 확신을 가지고 있었기 때문이다. 결국 우생학은 본질적으로 비교에 근거를 둔 프로젝트다. 우생학자들에게 이민은 외부로부터의 심각한 위험이었다. 인종적으로나 문화적으로 국가를 진정 '정화'하려면 내부의 위험에도 주의를 기울여야 했다.

2부

퀴어 해부: 100년의 진단, 해부, 그리고 정치 전략

동성애자와 이성애자 사이의 차이는 마음이 아니라 뇌에서 찾아야 한다.

—딕 스와브Dick Swaab, 신경과학자

1999년 2월, 《애틀랜틱 먼슬리》는 폴 이월드Paul Ewald와 그레고리 코크런Gregory Cochran의 작업을 다룬 기사를 게재했다. 이 생물학자-물리학자 팀은 동성애가 심장 질환, 자궁경부암, 정신 질환이 그렇듯 유전사가 아니라 병원균에 의해 발생할 수 있다는 이론을 폈다. 이런 주장은 동성애와 젠더 '일탈'의 원인에 관해 최근에 나온 다수의 주장과는 정반대되는 것이다. 예컨대 1991년 이성애자 남성이 동성애자 남성보다 뇌 시상하부의 한 부분에 있는 특정 세포군의 크기가 두 배로 더 크다는 사이먼 러베이의 발표, 1992년 일란성 쌍둥이들에 대한 조사 결과 태아가 자궁에 있는 동안 뇌 내부의 유전인자들에 의해 여성 동성애나 바이섹슈얼리티가 결정됨을 간접적으로 알 수 있다는 J. 마이클 베일리와 리처드 C. 필러드의 주장, 1993년 아직 특정되진 않은 엑스염색체상의 유전자가 남성의 성적 지향에 영향을 미친다는 딘 해머의 발표, 1995년 일반 남성이 남성에서 여성으로 전환한 트랜스섹슈얼보다 시상하부의 한 영역이 60퍼센트 더 크다는 딕 스와브의 보고가 그 최근의 주장들이다.

이런 추측들은 죄다 새로울 것이 없었다. 동성애의 원인과 증상에 관한 추측은 지난 100년이 넘도록 전문가와 대중, 양쪽 모두가 심취한 사안이었다. 예컨대 이런 식이다. 산전 스트레스의 결과로 동성애자 자녀가 태어난다, 레즈비언은 월경을 하지 않는다, 레즈비언은 안면 비대칭이다, 게이는 휘파람을 불지 못한다, 레즈비언은 휘파람 불기 선수다, 식수에 함유된 불화물弗化物이 동성애의 원인이다, 그리고 《오클랜드 트리뷴》 머리기사에서 따오자면, "자동차 충돌 사고 이후 게이가 됐다는 남성, 배심원이 그의 손을 들어줘 거액의 보상금을 받았다".[1]

최신 연구 결과들이 유전에 강조점을 찍는 방식을 보면 별반 색다를 것도 없다. 그럼에도 대중매체는 그것들을 모조리 획기적인 과학인 양 보도했다. 해머와 러베이는 〈20/20〉와 〈나이트 라인〉에 출연했고, 《뉴욕타임스 북 리뷰》, 《워싱턴 포스트》, 《샌프란시스코 이그재미너》, 《USA 투데이》 및 동성애자 언론의 지면에 오르내리며 가장 많은 주목을 받았다. 주류 출판사들을 비롯한 대중 언론은 동성애가 유전적이라는 이야기를 만들어내고 퍼뜨리는 데 중요한 역할을 해왔다. 너무 난해해서 읽기 어려웠을 과학 저널의 내용에 대중이 다가갈 수 있도록 했을 뿐만 아니라, 연구 결과들을 더 광범위한 청중에게 알리기 위해 연구진과 협력했다. 이월드와 코크런의 작업은 전문적인 저널에 등재되기 위해 거쳐야 하는 엄격한 학계 검증을 받기 훨씬 전에 《애틀랜틱 먼슬리》에 게재됐다. 한편 해머는 '게이 유전자' 그 자체를 분리한 게 아니라 그런 유전자가 존재한다는 증거를 발견했을 뿐이라고 애써 설명하긴 했지만, 그 유행어를 대단히 효과적으로 마케팅한 셈이었다. 해머의 저서 《욕망의 과학》은 '게이 유전자를 향한 탐색, 그리고 행동 생물학'이라는 부제를 달고 있어, 해머는 오해를 불러일으키는 표현을 부인하면서도 동시에 그 표현으로 이익을 취했다.

이런 유전 가설들이 환대받았다는 사실에서 (이월드와 코크런의 병원균론[또는 세균론]은 똑같은 환영을 받지 못했다) 두 가지 쟁점이 제기된다. 인과론은 과연 어떤 점에서 주류 제도권과 이성애 중심적인 미국 사회에 그토록 매력적인 걸까? 그토록 많은 퀴어 공동체 구성원은 과연 이런 연구의 어떤 점이 자신들을 해방시킬 것이라고 기대하는 걸까? 주류 대중매체와 그 주 소비자인 이성애자늘은 흥미로운 이야깃거리를 찾는다. 치료법에 대한 무언의 약속이 담겨 있다면 더욱더 좋다. 그보다 중요하게는, 퀴어가 되는 원인이 무엇이냐에 초점을 맞추면 누가, 그리고 왜 그런 것을 알고 싶어 하느냐, 라는 더 거대한 질문을 가릴 수 있다. 한편 동성애자 공동체의 상당 부류는 인과론을 전략적 도구로 다듬을 수 있으며, 인과론이 더 거대한 법적, 정치적 투쟁에 통합될 수 있다고 생각한다. 생물학적 설명에 대해 개인적으로 애착을 가지는 사람도 많을 수 있다. 즉, 이성애자인 가족 및 친구들에게

"우린 태어날 때부터 그랬어"라고 말할 수 있다는 점에서 위안을 느끼는 것이다. 이 둘의 이해관계는 분명 다르지만 공통점이 존재한다. 유전에 근거를 둔 약속들은 아무런 추궁도 받지 않은 채, 현대 과학이 제공하는 손쉬운 설명(과 그에 따른 해결책)이라면 그게 무엇이든 간절히 받아들이고 싶어 하는 공동체와 그보다 더 거대한 사회에 의해 수용됐다. 사람들의 바람이 동성애에 대한 해법이었든 동성애 혐오에 대한 해법이었든 간에 이런 수용은 그토록 많은 결정론적 프로젝트를 두 팔 벌려 환영해온, 구원자로서의 과학이라는 프리즘을 전형적으로 보여준다.

생물학 결정론의 표적이 된 모든 집단 중에서도 퀴어는 주변화에서 벗어나기 위해 우생학에 기대를 걸었던 유일한 사람들인 것 같다. 그 기대에 반하는 증거―이 나라에서 레즈비언 및 게이에게 시행된 모든 화학요법 및 전기충격요법, 전두엽절제술, 자궁적출술, 거세, 정관절제술, 음핵절제술―가 차고 넘치는데도 우리[퀴어]는 왜 의학 모형에 계속 열중할까? 레즈비언, 게이, 바이섹슈얼에 대한 차별금지법 제정을 막으려 했던, 동성애에 적대적인 콜로라도주 수정헌법 제2조에 대한 법정 소송 건에서 그 대표적인 사례를 만날 수 있다.

1993년 10월 14일, 당시 미 국립암연구소의 유전학자로서 해머는 덴버 지방법원 증인석에 섰다. 당시 막 통과된 수정안에 이의를 제기한 콜로라도 법률이니셔티브프로젝트의 변호인단이 해머를 증인으로 소환했다. 동성애가 생물학적 구성물이라는 것, 권리는 생물학에 근거를 두고 부인되거나 축소될 수 없다는 것이 변호인단이 내세운 논리였다. 이 추론의 결론은 이랬다. 동성애가 유전적이거나 태아 발달 시기에 발생한 것이라면, 레즈비언 및 게이에게는 진정성 있고 논란의 여지가 없으며 보호받아야 할 소수자로서의 지위가 부여된다. 동성애는 선택의 문제가 아니라 자연에 의한 제한적 배분의 문제이기 때문이다. 그러므로 게이 및 레즈비언은 사회적으로 배척되어서도, 정치적으로 시민권을 박탈당해서도 안 된다.

이 특정 전략은 적어도 법정 밖에선 전례가 없지 않았다. 레즈비언 및 게이의 역사는 진화론적 혹은 생물학적 논리에 의존해 우리[동성애자]의 시민권 및 인권을 부르짖은 투사들로 가득하다. 예컨대 카를 하인리히 울리히스Karl Heinrich Ulrichs는 19세기 중반에 이런 노선을 추구했다. 동성애가 타고난 것으로 인정되면 동성애자는 형사 기소될 수 없다고 울리히스는 판단했다. 동성애가 선택의 문제라면 유죄성을 띨 수도 있지만, 부인할 수 없는 자연의 힘이라면 사정은 달라진다. 마그누스 히르슈펠트도 비슷한 논리를 펼쳤지만, 궁극적으로 나치의 난폭함에 무너진 히르슈펠트의 성과학연구소Institut für Sexualwissenschaft도, 히르슈펠트가 공동 설립한 과학-인도주의위원회Wissenschaftlich-humanitäres Komitee도 게이 및 레즈비언의 시민권을 보호하지는 못했다. 최근에는 호르몬 수치부터 모계 DNA에 이르기까지 온갖 것에 관한 연구가 진행되면서, 동성애를 생물학적으로 설명하려는 맹렬한 열망이 두드러진다. 그러나 콜로라도주, 오리건주, 메인주, 아이다호주에서 반동성애 주민투표발의안이 연달아 빠르게 등장한 데서 알 수 있듯 그런 탐색은 동성애 혐오를 누그러뜨리는 데는 거의 기여하지 못했다. 그런 이론들에 대해 말할 수 있는 최선은 그것이 정의나 평등이나 존중이 아니라 마지못해 내보이는 연민에 찬 관용을 장려한다는 것이다. 그리고 최악은 이제부터 이야기할 모든 것이다.

동성애의 생물학적 불변성을 주장하는 것은 역사적으로 퀴어에 불리하게 사용된 하나의 전술이다. 콜로라도 법률이니셔티브프로젝트 측은 이런 주장을 묵인하면서 레즈비언, 게이, 트랜스젠더, 바이섹슈얼 공동체가 완전한 정치사회적 권리 확보를 위해 자기 존재 자체를 해명하거나 정당화해야 한다고 요구했다. 그리고 이는 민권운동의 전 사례를 통틀어 하나의 골치 아픈 선례가 됐다. 의학 모형을 적용하기로 결단한 우리[퀴어]의 변호인들은 지난 100년간 의학이 퀴어에게 퍼부은 맹공격—아닌 게 아니라 아무리 의도가 좋다 하더라도 콜로라도 법률이니셔티브프로젝트의 전략은 이런 역사의 산물이다—뿐만 아니라 현재 퀴어 이외에도 주변화된 집단들에 한바탕 불어닥치고 있는 우생학까지 무시하기로 작정했다. 콜로라도 법률이니셔티브프로젝트 측은 캘리포니아대학교 로스앤젤레스의 정신과의이자《여자아이 같은 사내아이 증후군The Sissy Boy Syndrome》의 저자인 리처드 그린Richard Green과 같은 증인들을 내세웠다. 그린은 자신의 진술서에서 산전 스트레스 때문에 남성 태아가 동성애자가 될 수 있다고 진술했으며, 여자아이의 음핵이 큰 경우 생후 1년 이내에 '교정 수술'로 치료하지 않으면 레즈비언이 될 수 있다고 밝혔다. 또한 법

     2부 | 퀴어 해부: 100년의 진단, 해부, 그리고 정치 전략

원은 일부 트랜스섹슈얼에게 "측두엽의 병적 이상"[2]이 있다고 주장한 저드 마머Judd Marmor의 진술을 청취하기도 했다.

해머는 이보다 몇 달 앞서 자신의 '발견'에 대해 증언을 요청받았다. 엑스염색체상의 한 작은 영역이 동성애자 형제에게서 동일하게 나타나는 경우가 지나치게 많으므로, 해머는 이것이 동성애의 유전적 근원을 나타낸다고 보았다. 이후 해머는 이렇게 썼다. "콜로라도주 법정에 앉아 여러 번 생각했다. 나는 여기서 도대체 뭘 하고 있는 거지? 대관절 생물학이 법, 정치, 평등권과 무슨 관계란 말인가?"[3] 국내외 할 것 없이 과학과 사회정책이 서로의 의제를 강화해온 유구한 역사가 없었다면, 이는 건전하고 합리적인 질문이었을 것이다. 에이즈 팬데믹이 10년간 지속된 상황에서 재판이 열리지 않았다면 타당한 질문이었을 수도 있다. 왜냐하면 에이즈에 대한 정치적, 의료적 대응들은 정확히 생물학이 법, 정치, 평등권과 어떤 관계가 있는지를 너무나 선명하게 보여줬기 때문이다. 해머의 책 표지에는 사회생물학의 선두 주자인 E. O. 윌슨E. O. Wilson을 인용한 문장이 쓰여 있다. "동성애의 유전적 근원에 대한 탐구는 생물학과 공공 정책 사이에 존재하는 긴장 관계를 심오한 방식으로 보여준다." 윌슨은《욕망의 과학》에 대해 "과학을 훌륭하게 수행하는 방법 그리고 그것이 사회에 미칠 수 있는 모험적인 영향들을 관리하는 방법, 양쪽 모두에 대해 권위 있으며 매우 읽기 쉬운 해설서"라고 평했다. 실상 《욕망의 과학》은 둘 다 제대로 하지 못한다. 이 장은 일차적으로는 이 "사회에 미칠 수 있는 모험적인 영향들"―그중 가장 막대한 영향은 그 책이 불러냈지만 결코 적절하게 다루진 못한 우생학이라는 망령이다—을 역사화하고자 하지만, 해머의 과학이 얼마나 탁월했는지에 대해서도 언급할 필요가 있다. 그릇된 과학 자료에 대한 집착은 동성애 혐오에 대한 우파의 집념 **그리고** 동성애자 권리 옹호자들의 정치적 간절함, 양쪽을 다 잘 보여준다. 또한 과학 이론의 중립성이라고들 하는 것에 대한 확고한 믿음, 즉 대부분의 우생학 프로젝트에서 두드러지는 진보에 대한 계몽적 신념을 들추어낸다. 이런 이유로 먼저 해머 및 해머와 같은 생각을 한 동시대인들의 연구 조건에 대해 간략히 논의하고 넘어갈 필요가 있다.

1995년 6월 25일, 《시카고 트리뷴》은 해머가 미 국립보건원 연구윤리국의 조사를 받고 있다고 보도했다. 불과 2년 전만 해도 《뉴욕타임스》, 《워싱턴 포스트》, 《뉴스위크》, 《USA 투데이》, 《샌프란시스코 이그재미너》, 〈나이트 라인〉, 런던의 《데일리 이그재미너》 외에도 많은 언론에서는 해머의 '획기적 성과'에 관해 호의적인 보도를 쏟아냈었다. 어느 머리기사는 "'게이 유전자 발견'으로 임신 중지의 희망이 생겨'"라고 요란하게 떠들어댔다.[4] 심지어 샌프란시스코의 한 퀴어 주간지 《베이 에어리어 리포터 Bay Area Reporter》는 이 유전학자를 "개척자"라고 호명하면서, "이 연구가 가진 사회적, **의료적**, 그리고 여타의 이점이 어마어마할 수 있다"고 주장했다.[5] 해머가 조사를 받고 있다는 《시카고 트리뷴》의 보도가 나왔음에도 국내 언론은 진지한 비평을 내보내지 않았다. 해머가 현재 '게이 유전자'를 찾는 과정에서 자료를 조작했

    2부 | 퀴어 해부: 100년의 진단, 해부, 그리고 정치 전략

다는, 구체적으로는 자신의 가설과 모순되는 자료를 무시했다는 혐의를 받고 있다는 뉴스는 이전[즉, 해머의 연구가 처음 발표됐을 때]과는 달리 언론의 관심을 받지 못했다. 1995년 10월 해머가 두 번째로 연구 결과를 공개했을 때 뉴스 보도는 [해머가 받은] 조사에 대해서는 아무런 언급도 하지 않았다. 언론은 해머의 최신 보고서를 환영하면서, 마치 이 과학자가 이전의 주장을 되풀이한 게 아니라 새로운 이론을 확립한 것인 양 대했다. 최근에 웨스턴 온타리오대 연구진은 해머의 주장을 뒷받침할 어떤 증거도 찾을 수 없다고 밝혔지만, 이 발표 역시 그다지 주목을 끌지 못했다.[6] 사실 동성애의 유전적 근원을 입증하는 데 실패하거나 그것을 반박하는 연구들은 대부분 발표되지 않거나 충분히 보도되지 않는다.

《시카고 트리뷴》의 철저한 검토를 받기 훨씬 전, 해머는 원자료를 밝히지 않았다는 점, 연구에 사용한 유전물질에 다른 연구자들이 접근하는 것을 거부했다는 점 때문에 동료 과학자들의 비난을 샀다. 다른 어떤 연구팀도 해머의 작업을 재연할 수 없었고, 따라서 그것을 입증할 수도 없었다. 해머의 연구 결과가 의미하는 바는 차치하더라도, 방법론에도 의문이 제기됐다. 해머는 현장에서 다수가 기본으로 간주하는 대조 실험, 즉 이성애자 형제의 유전자에 대한 조사를 한 적이 없었던 것이다.[7] 해머는 레즈비언 자매가 둘, 게이 형제가 셋인 어느 가족을 비롯해 해머 자신이 '전형적이지 않다'고 생각한 잠재적 피험자들을 배제했다. '전형적인 유전자를 찾지 못할까봐' 우려된다는 이유, 그리고 '여성 동성애, 남성 동성애는 대개 별개의 가족 안에서 유전되므로 한 가족 내에 게이 및 레즈비언이 모두 있을 가능성이 낮다'는 글을 읽었다는 이유에서였다. 마찬가지로 해머 팀은 게이 아들과 게이 아버지가 있는 가족들을, "이 유형 또한 엑스염색체 연관성을 드러내지 못할 터"이므로 고려 대상에서 제외했다. 해머는 극히 동질적인 피험자 표본, 즉 92퍼센트가 백인이며 평균 교육 수준 15.5년, 평균 연소득 4만 달러 이상, 평균 연령 36세인 사람들을 두고서 전체 게이 남성에 대해 추론했다. "그처럼 교양 있는 피험자 집단과 같이 작업하는 것의 이점은 이 사람들이 섹슈얼리티에 대해 개방적이라는 것이다. 이는 연구에 방해가 되기보다는 도움이 될 특징이다"라며 해머는 합리화했다. 그렇다면 해머가 노동 계층 및 빈곤층 게이 남성, 유색인 게이 남성에 대해 암시하고자 하는 것은 무엇일까? 마지막으로, 해머의 연구 통계는 게이 및 레즈비언의 수를 인구의 1~7퍼센트(그의 연구 목적상으로는 2.0~2.6퍼센트)라는, 놀랄 만큼 낮은 범위로 책정했다.[8] 이 정도 규모로 수치를 축소하는 것은 그 자체로 엄청난 정치적 의미를 지닌다.

해머의 방법론이 중요 쟁점은 아니다. 그보다 훨씬 더 의미심장한 것은, 물론 전부는 아니지만 대부분의 신문, 잡지, 뉴스쇼가 앞서 두 번의 짧은 여름 동안 해머를 극찬했음에도 후속 기사를 내놓지 못했다는 사실이다. 해머의 연구와 그 연구의 그럴듯한 포장은 지난 100년간 사람들이 입 밖으로 내기도 하고, 입 밖으로는 내지 않기도 한 생각, 요컨대 퀴어는 타고나기를 일탈적이라는 추측이 사실임을 확인해줬다. 해머가 자기 연구 결과를 조작했을 수도 있다는 폭로는 그 누구의 희망이나 두려움도 확인해주지 않았으므로 뉴스거리가 아니었다. 결함이 있으며 입증되지 않은 이론, 그리고 재연 불가능한 연구가 공적 담론에 들어오면 어떻게 될까? 횡행하는 편견을 그런 이론 및 연구가 뒷받침해준다면? 그럴 경우 그 이론 및 연구는 확고히 자리 잡고 추후 거짓임이 폭로되더라도 타격을 입지 않는다. 에이즈에 대한 초기 추측 및 보도에서 그런 각본이 전개됐으며 그 후유증은 아직도 감지되고 있다.

1990년대는 퀴어성에 대한 대대적인 의료화가 이뤄진 시기다. 이보다도 훨씬 더 오래되고 더 깊게 뿌리박힌, 동성애에 대한 생물학 결정론이 부활한 것이었다. 해머는 참가자들 중 한 명에 지나지 않았다. 샌드라 위텔슨Sandra Witelson(1994년 이성애자 남성보다 동성애자 남성이 "발화를 이해하고 사물을 인식하는 데 사용되는 뇌의 부분들 간 전달 통로"가 더 크다고 발표했다)과 딕 스와브도 해머의 이데올로기적 동료로 볼 수 있다.[9] 더욱 중요하게도, 해머는 "섹슈얼리티의 생물학적 차이를 찾는 시대를 열어젖혔다"라고 평가하며 또 다른 과학자의 존재를 인정했다. 바로 사이먼 러베이다.[10]

해머라는 신성이 떠오르기 2년 전인 1991년, 러베이는 게이 남성의 시상하부에 관한 연구 결과를 《사이언스》에 실으면서 주목을 모았다. 당시 샌디에이고 소크연구소Salk Institute 연구원이었던 러베이는 이성애자 남성이 게이 남성보다 앞시상하부 세 번째 사이질핵(이하 INAH 3)[또는 전시상하부 세 번째 간질핵]에 있는 한 세포군이 두 배 더 크다고 보고했다. 뉴욕 및 캘리포니아주 대도시 병원들에서 피험자 41명에 대한 부검 중 채취한 뇌조직을 분석해 도출한 결론이었다. 피험자는 에이즈에 걸린 게이 남성 18명, 에이즈에 걸린 바이섹슈얼 남성 1명, "이성애자로 추정되는 남성" 16명(그중 6명이 에이즈 관련 사망), 에이즈에 걸린 여성 1명(섹슈얼리티는 명시되지 않음)이었다.[11] 1992년 초, 해머의 연구를 예고하기라도 하듯 러베이는 한 기자에게 5년 안에 연구자들이 소수의 성 유전자를 특정할 수 있을 것이라고 말했다.[12]

성적 지향의 핵심이 뇌, 더 구체적으로는 시상하부에 있다는 러베이의 주장은 섹슈얼리티 연구에서 새로운 것이 아니었다. 이런 주장은 섹슈얼리티 연구의 최근 역사적 맥락 속에서 검토돼야 한다. 1972년 F. 뢰더F. Roeder와 D. 뮐러D. Müller라는 독일의 두 신경과의는 '공중보건 정책 사안'으로 동성애자 '치료'에 심혈을 기울이고 있다고 전했다. 이 두 사람이 말하는 '치료'를 위해서는 '시상하부 중앙 안쪽 핵에 있는 성행위 중추를 일방적으로 파괴할' 필요가 있었다. 두 사람은 판사들을 설득해 교도소 복역 중인 게이 남성들을 뇌수술을 받는 대가로 석방했다. 이 뇌수술은 전자 탐침인 바늘이 남성의 뇌에 삽입된 다음 딸깍하고 스위치가 켜지면 해당 부위가 응고돼버리는 원리였다. 말하자면 당시 어느 기자가 지적했듯, 두 사람은 자기들 마음에 들지 않는 뇌세포들을 태워 없애버린 것이었다.[13] 이런 연구를 뒤좇아, 또 의료윤리라든지 강압적 수단을 활용한 피험자 확보라는 문제는 아랑곳하지 않고, 몇몇 국가에서 의사들이 일시적 당뇨, 식욕 조절 중추의 교란에 따른 비만, 성욕 감소, 무성애를 비롯한 부작용의 위험이 있음에도 정신외과술을 시행하기 시작했다.[14] 영국의 의학 저널 《랜싯Lancet》은 "거세는 윤리적인 이유로 비난받을 수 있지만 정신외과술은 그렇지 않다"라는 이유를 대며 그 수술을 지지했다.[15] 이에 뒤질세라 미국 과학자들도 뇌를 정조준했다. 노스캐롤라이나대의 월터 E. 스텀프Walter E. Stumpf는 성호르몬을 유인하는 신경세포가 전두엽, 측두엽, 뇌간 및 중뇌의 여러 부위에 흩어져 있다고 보고했다. 스텀프는 이런 정보를 바탕으로 "정서적, 성적 장애"를 신경외과술을 통해 치료할 새로운 문이 열릴 것이라고 공공연하게 말했다.[16]

러베이는 최소한 이미 사망한 사람들을 피험자로 삼긴 했다. 하지만 그 피험자를 입수한 수단에 대해서는 어느 정도 관심을 기울이는 것이 마땅하다. 러베이는 에이즈 때문에 게이 남성의 뇌조직 표본을 쉽게 구할 수 있었음을 인정했다. 해머는 실험군을 꾸리기 위해 미 국립보건원, 워싱턴 D.C.의 휘트먼 워커 클리닉, 레즈비언 및 게이 12단계 프로그램, 그리고 레즈비언 빛 게이 크리스천 사이언티스츠*를 위한 단체인 이머전스[정식 명칭은 이머전스인터내셔널]의 HIV 양성 외래환자 중에서 피험자를 모집했다.[17] 해머는 게이 남성 인구를 대표하는 표본을 선택하지 않았다. 더욱 불온한 것은 다른 우생학 프로젝트에서도 그렇듯 피험

---

* 크리스천 사이언스Christian Science는 1879년 미국 매사추세츠주 보스턴에서 창시된 신흥 기독교운동으로, 질병은 마음의 오류이며 기도로 치유가 가능하다는 교리를 내세웠다. 크리스천 사이언티스츠는 크리스천 사이언스의 신자들을 가리킨다.

자가 어떤 제도적 망, 즉 이 경우 건강보험제도에 걸려들었기 때문에 그 피험자를 손에 넣을 수 있었다는 사실이다.

해머가 그랬듯 러베이도 INAH 3의 차이가 동성애를 직접적으로 **유발했다고** 단정할 수는 없다, INAH 3의 차이는 단지 동성애의 **결과**일 수도 있다, 라고 말하면서 자기 작업에 대해 책임을 피하려는 단서를 달았다. [러베이가 주장한] 이 가설 역시 선례가 있다. 과학자들은 100년이 넘도록 동성애가 자위나 '과도한' 이성애 성관계와 더불어 어떤 생물학적 결함의 발현이거나 아니면 부정교합에서 왼손잡이에 이르기까지 온갖 해부학적 '불상사'의 근본 원인이라고 주장해왔다.

이런 역사는 제쳐두고라도, 러베이의 동시대인들은 러베이의 측정에 의문을 제기했다. 뇌조직 절편의 구조 자체를 눈으로 관찰하기 어렵고, 크기를 확실하게 측정할 기준도 명확하지 않다는 것이다. 러베이는 부피를 측정했다. 다른 사람들은 실제 세포의 수치가 더 신뢰할 만하다고 말한다.[18] 러베이는 또한 표본의 수가 적다는 점, 성적 이력을 부적절하게 수집했다는 점 때문에 비판을 받았다. 러베이의 동료 몇몇은 세포핵의 크기가 에이즈의 영향을 받았을 수 있다는 점에 주목했다. 특히 INAH 3가 테스토스테론 수치에 좌우되며, 그 테스토스테론 수치는 HIV 감염 말기에 상당히 감소할 수 있다는 연구 결과들을 반영한 비판이었다.[19] 러베이의 연구 결과가 처음 공개됐을 때 요란스러운 팡파르가 울려퍼졌던 것과 비교하면, 이런 비판들은 해머의 작업에 대한 비판이 그랬듯 거의 묵살된 것이나 다름없었다. 어쨌든 '게이 뇌'나 '게이 유전자'라는 발상은 계속 진지하게 받아들여진다.

이 연구들이 대중적 인기를 누린 이유를 설명할 때, 당시 이 나라가 어떤 정치적 분위기에 휩싸여 있었는지를 살펴볼 필요가 있다. 이 연구들이 보여준 해방적 생물학주의라는 가능성은 미 전역의 도시, 카운티, 주에서 반동성애 주민투표발의안이 갑자기 쏟아져 나오던 상황과 맞아떨어진다. 퀴어에 대한 증오 범죄가 증가하고 있었고 살인 사건도 일어났다. 군대 내 동성애자가 동성애자 정치의 중대 쟁점이 되면서 민권과 에이즈라는 더 거대한 쟁점들이 무색해지고 있었다. 한마디로 말해 퀴어를 어떻게 할 것이냐를 두고 이 나라는 다시 한번 고민에 빠져 있었다. 그러니 이 모든 시급한 쟁점들로 혼란스러운 상황에서 초점이 흐려지는 것도 놀라운 일은 아니다. 예나 지금이나 관심의 초점은 권리에 관한 것이 아니라 우리가 어쩌다 지금의 우리가 됐느냐에 관한 것이었다. 물론, 이런 프로젝트는 분석 대상이 아닌 사람들에게는 훨씬 더 안전하다. 그런 프로젝트는 현상에 대해 아무런 변화도 요구하지 않으며, 궁극적으로 소외가 아니라 소외된 사람들을 근절할 가능성을 약속하기 때문이다.

유전적 가정에서 나온 논평은 대부분 평등권, 그리고 사회와 가족 내에서 소외되는 상황을 종식시키자는 말들을 한다. 1992년 《뉴스위크》의 한 기사는 이 새로운 이론들이 퀴어 및 그 부모에게 여러모로 희소식이라고 극찬했다. "이론상으로 '자연적' 소수자라면 누구나 부여받는 민권 보호 조치를 퀴어도 받을 수 있다. '자연적' 소수자라는 존재의 법률적 요체는 그 소수적 특성이 '불변하느냐'는 문제다. 더욱이 퀴어의 부모는 자책이라는 짐을 덜 수 있다."《뉴스위크》기사에서 불씨를 당긴 핵심 요소는 바로 부모의 죄책감이었다. "부모에게는 자녀의 '커밍아웃'이 고통스러운 자기 성찰로 이어질 수 있다." 이는 종종 너무나 맞는 말이긴 하지만 과학 탐구에는 이보다 더 적절한 동기가 요구된다. 베일리와 함께 레즈비언 쌍둥이 연구를 진행한 정신과 의인 필러드는 한 인터뷰 진행자에게 이렇게 말했다. "성적 지향을 이루는 유전인자는 '이건 잘못도 아니고, 네 잘못도 아니야'라고 말해주지요." 또 다른 연구자는 말하길, "사람들은 동성애가 생물학적인 것이라는 말을 들으면 안도의 한숨을 쉬는 경향이 있어요. 동성애자 본인과 가족의 죄책감을 덜어주니까요."《뉴스위크》기사는 레즈비언및게이의부모와친구들Parents and Friends of Lesbians and Gays 회원들이 "생물학이 동성애의 근원임을 시사하는 모든 연구를 확고히 지지한다. 이는 자기 탓이라고 느끼는 일부 회원의 극심한 죄책감을 누그러뜨려주기 때문이다"[20]라고 썼다. 이제는 불안을 달래주는 것이 자연과학의 연구 규범으로 격상됐다. 이는 죄책감을 느낄 만한 무엇인가가 정말로 존재한다는 생각에 항복한 것이다.

《뉴스위크》기사는 양육 기술에 대한 의구심을 누그러뜨리는 것이 대체로 주요 목적인 것 같았지만("이 아이는 게이인가요?"라는 표제와 함께 클로즈업한 한 아기 얼굴이《뉴스위크》표지를 장식했다), 의학 모형의 힘에 대한 지나치게 단순하고 잘못된 믿음을 전달하기도 했다. 생물학은 숙명일 뿐만 아니라 해방, 즉 동성애 혐오로

부터의 해방이자 사회화라는 설명으로부터의 해방이기도 하다
는 것이다. 또 다른 해명 논리로서의 사회화 역시 결국은 성소수
자에 불리하게 이용돼왔다. 성소수자가 일상적으로나 체계적으
로 교사, 위탁 부모, 입양 부모 등이 될 수 없었던 이유는 감수성
예민한 사람들이 타락할 것이다, 무구한 젊은이들이 퀴어 집단
에 입문할 것이다, 라는 식의 두려움 때문이었다. 그러니 일부 동
성애자 공동체가 인종주의와 우생학의 역사는 물론이고 의료계
가 동성애를 다뤄온 역사도 무시한 채 유전적 해석을 수용한다
해도 전혀 놀랄 일이 아니다. 이런 식으로 많은 공동체는 콜로라
도주 수정헌법 제2조 소송에서 원고 측 변호인단이 전형적으로
보여준, 제한적이며 궁극적으로 파괴적인 이분법의 희생양이 됐
다. 하지만 더 오래된 과거까지 기억하고 있는 다른 공동체들은
유전적인 것이든 아니든 의학 패러다임에 대한 의존에 이의를
제기했다. 더그 푸투이마_{Doug Futuyma}가 지적했듯 의학 패러다임에
대한 의존은 대단히 위태롭다. 동성애는 생물학과 아무런 관련
이 없음을 시사하는 새로운 연구가 나올 수도 있는데, 그렇게 되
면 유전자나 호르몬이나 진화를 바탕으로 정당화해온 동성애자
권리는 어떻게 되겠는가?[21] 실제로 이런 일이 이미 벌어졌다. 웬
들 리케츠_{Wendell Ricketts}가 썼듯 진짜 질문은 인간 섹슈얼리티가 환
경 혹은 선천적 조건에 영향이나 지배를 받는지 여부가 아니다.
"생물학자와 사회과학자, 둘 중 과연 누가 자기 이론의 개념적 빈
약함, 자기 연구의 오만함, 그리고 사적 신념 및 문화적 편견이
'객관적' 과학에 피할 수 없는 흔적을 남긴다는 점을 더 잘 입증

해낼 것인지”야말로 중요한 물음이다.[22] 그렇지만 그런 양자택일의 문제가 아닐 수도 있다. 현실에서 인과론은 경쟁적이기보다는 협조적인 경향이 있었기 때문이다.

이런 유전론에는 뭔가 참신한 점이 있다는 강력한 믿음이 존재한다. 너무 파괴적이었던, 동성애에 대한 낡은 모형을 치워 버릴 어떤 것, 사회화 논리를 권좌에서 몰아낼 어떤 것, 정신의학 패러다임과 그에 따르는 모든 ‘치료’ 혹은 기독교 교리가 부채질하고 지탱한 부도덕이라는 혐의를 왕좌에서 끌어내릴 어떤 것이 있다는 생각 말이다. 하지만 유구한 시간에 걸친 동성애의 의료화 과정에서 이전의 이론이나 논리를 대체한 것은 아무것도 없다. 대신 우리가 목격한 것은 가산적 인과론이다.

인과론을 제안하고 형성해온 것은 동성애자 권리 반대자와 옹호자, 둘 다였다. 인과론은 도덕적 타락 행위에서부터 출발해 (흔히 인종에 따른) 해부학적 결함으로, [특정 사회문제를 일으키는] 생물학적이고 우생학적인 주범으로, 정신 질환으로, 호르몬 불균형으로까지 이르렀다가 다시 우생학으로 되돌아왔다. 이런 패러다임들은 하나가 다른 하나를 강화했을 뿐만 아니라 인종, 범죄, 도시화, 계급에 관한 우생학적 견해에 자주 기대고 이를 지지하기도 했다. 이 패러다임들은 가산적이므로 그 어떤 것도 이전의 것을 바꾸지 않았고, 동성애 혐오에 대해 실질적으로 아무런 이의 제기도 하지 않았다. 정신과적 진단이 죄악에 근거를 둔 지탄을 대체하지 못한 만큼이나 ‘게이 유전자’도 정신과적 진단을 대체하지 못할 것이다. 동성애의 근원을 찾아야 한다는 바로 그 필요성 때문에, 인과론의 노력은 모조리 반동성애 편견에 집중한다. 이 책은 생물학 모형의 파탄과 위태로움에 초점을 맞추고 있지만 이제부터 이야기할 내용이 사회화 논리를 지지하자는 것은 전혀 아니다. 오히려 본성 대 양육 논리에서 완전히 손을 떼자고 퀴어들에게 요청하려는 것이다.

문화적으로나 정치적으로 퀴어는 동성애에 대한 다각적인 설명들을 통합하고 서로를 강화하는 힘과 씨름해야 했다. 20세기에 들어서는 극도로 무시무시한 통합물이 출현하는 것을 우리는 지켜봤다. 생물학은 정신의학과, 질병은 진화와, 유전은 도덕성과, 정신의학은 유전학과 융합됐다. '치료' 담론과 처벌 담론이 병합됐다. 의학적 맹공격과 법적 맹공격이 하나로 합쳐졌다.

일탈을 상세하게 서술하기: 도덕적 명령, 유전적 전제, 그리고 법의 자구

동성애의 원인이나 치료법을 찾는 것이 동성애에 일탈이라는 꼬리표를 단다는 점, 동성애에 대한 의학적 또는 정신의학적 병리화가 이성애를 정상화하는 역할을 한다는 점은 두말할 나위가 없다. 미 국립보건원은 어쨌든 이성애 유전자를 찾는 일에는 자리를 내주지 않았다. 다만, 아마도 의도치 않게 연구를 하는 경우는 있었을지 모르지만 말이다. 그러니 1869년 헝가리 직기 카로이 마리아 케르베니Károly Mária Kertbeny가 만든 '동성애자homosexual'라는 용어가 '이성애자heterosexual'라는 용어보다 먼저 통용된 것도 놀랍지 않다.

우생학과 동성애라는 구성을 면밀하게 살펴보는 일은 지난 130여 년간 일어난 단어의 변화 때문에 더욱 복잡하고 까다로워졌다. 반이민 우생학자들이 사용한 '인종'이라는 명칭이 [사용자]

마음대로 주무르기에 딱 좋은 것이었듯, 의사와 정책 입안자, 그 협력자 및 옹호자들이 젠더와 섹슈얼리티에 부여한 용어 및 그와 연관된 의미들은 정확한 뜻을 파악하기가 어렵다. 조지 촌시 George Chauncey가 지적하듯, 20세기 전환기에 계급 및 에스닉 경계선들에 구애받지 않고 일관된 규범으로 여겨지던 '여성스러운' 행동 혹은 '남자다운' 행동이란 존재하지 않았다. 더 나아가 촌시는 중산층 문화가 아프리카계 미국인 및 유럽계 이민자 노동 계층 문화보다 훨씬 더 이전부터 배타적 이성애를 '정상' 남성성의 척도로 강력히 주장해왔다고 말한다.[1] 불행히도 바로 이 중산층 문화가 의학적, 사회적 표준을 설정했다.

논의를 더욱 혼란스럽게 만드는 것은 지난 세기 대부분 동안 동성애를 가리키는 말들이 젠더 규범에 대한 준수를 기반으로 형성되어왔다는 점인데, 젠더 그 자체가 사회적 구성물임을 생각하면 상황은 더욱 난해해진다. '성적 전도 sexual inversion'는 오로지 여자의 젠더 규범을 채택한 남자, 남자의 젠더 규범을 채택한 여자만을 가리켰다. 그러므로 어떤 사람이 자신의 생물학적 성별의 규범에 맞는 신체적, 행동적 특성을 유지한다면 '성도착자'가 되지 않고도 동성애를 하는 게 가능했다. 의학 문헌에서는 이런 집단을 비록 전적으로는 아니지만 자주 '변태성욕자'라고 표현했다.[2] '우르닝 Urning[영어로 어닝]'은 1864년 카를 울리히스가 남성의 몸을 한 여성의 정신이라는 뜻으로 창안한 용어였다. 미분화된 인간 배아의 산물이 바로 이 '우르닝'이라고 그 독일인 변호사는 말했다.[3] 마그누스 히르슈펠트는 동성애를 완전한 '여성성'

과 완전한 '남성성' 간의 중간점으로 설명하는 '제3의 성'이라는 표현을 선호했다.

이처럼 연속적 상태라는 발상은 19세기 말에서 20세기 초에 대단히 인기가 있었다. 동성애자 권리운동가 제이비어 메인 Xaviar Mayne은 "간성間性, intersex …… 반음半陰, 사이에 있는 존재들"에 대해 말했다. 영국의 사회주의자 에드워드 카펜터 Edward Carpenter 또한 '중성中性, intermediate sex'을 상상했다. 쇼번 서머빌이 지적했듯, 이두 사람 모두 인종에 대한 과학계의 통념을 많이 차용했다. 메인은 "가장 밝은 빛의 피부를 가진 사람과 가장 어두운 빛의 피부를 가진 니그로 사이에는 중간 인종들intermediary races이라는 광활한 대열이 죽 늘어서 있다"고 밝혔다. 간성도 마찬가지였다. "자연은 절대적인 수를 몹시 싫어하고, 부분적인 수를 매우 좋아한다." 카펜터는 "4분의 1 또는 8분의 1만큼 남자인" 여자들은 "아메리카 토착민과 백인의 혼혈"과 유사하다고 씀으로써, 우생학의 한 갈래기 또 다른 갈래에 얼마나 기대고 있는지를 다시 한번 증명했다.[4]

푸코는 성(성관계, 성병, 혼인으로 맺어진 동맹, 변태성욕)에 관한 담론을 더 넓은 유전 패러다임 내에 배치한 결과 그 성 담론이 긴급성을 부여받고, "결함이 있는 개인, 질이 떨어지며 퇴화한 사람들을 제거할" 동력이 되었다고 지적했다. 이런 위치 설정으로 성 담론은 다른 우생학적 분석 전반과 결부되어 "사회체의 도덕적 청결성"에 대한 최종 심급으로 자리 잡았다. 이로써 종으로서의 인류에 대한 "생물학적 책임"을 부여받은 채, "성은 그 자체가 질병의 영향을 받을 수 있음은 물론, 통제되지 않을 경우 미래 세대를 괴롭힐 다른 질병들을 일으키거나 옮길 수도 있었다"라고 푸코 는 썼다.[5]

다른 '성향들' 중에서도 유독 동성애를 손상된 혈통의 여타 징후들과 결부시키는 유전적 관념은 19세기 말 여기저기에 퍼져있었다. 1882년 장-마르탱 샤르코Jean-Martin Charcot와 발랑탱 마냥Valentin Magnan은 '성적 전도'가 클렙토마니아kleptomania[병적 도벽] 및 딥소마니아dipsomania[주벽](알코올에 대한 만족할 줄 모르는 갈망)와 더불어 유전적 퇴화라는 더욱 크고 근본적인 과정의 일부라고 밝혔다.[6] 비록 나중에는 우생학적 주장들을 부인하긴 했지만, 리하르트 폰 크라프트-에빙Richard von Krafft-Ebing 역시 동성애를 유전적 결함의 많은 징후 중 하나일 뿐이라고 보아 "조상 및 혈족의 신체적, 정신적 기벽에 대해 조사하는 것이 가능했던 거의 모든 사례에서 그 일가 사람들에게 신경증, 정신이상, 퇴행성 징후 등이 나타났다"라고 말했다.[7]

제임스 포스터 스콧James Foster Scott은 1898년 출간한 《성 본능: 유전과 도덕에 영향을 미치는 그것의 효용과 위험. 개인의 안녕과 인종의 미래를 위한 필수 요소The Sexual Instinct: Its Use and Dangers as Affecting Heredity and Morals. Essentials to the Welfare of the Individual and the Future of the Race》에서 이와 유사한 우생학적 추론을 성욕의 문제에 적용했다. 자위 및 오나니슴onanism은 19세기에 동성애를 포함해 생식을 하지 않는 성을 몽땅 지칭하는 데 사용된 포괄적 용어들이었다. 스콧은 이런 자위 및 오나니슴의 우생학적 결과에 특히 관심이 있었다. 스콧이 쓰길, 자위는 종종 "불안정한 신경계와 나란히 대물림되는 어떤 유산"이었다. 컬럼비아여성병원 산과의인 스콧에 따르면, "거의 모든 경우, 변태성욕자가 가진 욕망, 성향, 애호의 이상異常은 …… 자신이나 조상의 오나니슴에서 비롯된다".[8] 어떤 경우든 유전과 관련이 있었는데, 이런 '이상'은 비록 후천적인 것이라 하더라도 다음 세대로 전달될 수 있기 때문이었다.

순수하지 못한 자들의 자손은 부모가 가진 생식기능의 정력이 손상되고 더럽혀졌기 때문에 고통받을 가능성이 크다. 따라서 그들은 죄―유기적 **잘못** 혹은 신체적, 도덕적 악영향―를 저지르기 쉬우며, 신경증적인 성적 성향, …… 체질적으로 손상된 신체적, 도덕적 정력을 물려받는다.[9]

스콧에게 성 본능은 "종의 영속을 향한 내재적 욕망"이었다. 그리니 당연히 인류 번식을 수반하지 않는 모든 성행위를 비뚤어진 것으로 분류했다. 스콧은 전적으로 남자에 대해서만 서술하고 있는데, 종족의 발전을 꾀하지 않는 성행위를 하는 모든 남자는 궁극적으로 "후손에게 바람직하지 못한 유산을 물려주므로, 그 자손은 딸 아들 할 것 없이 특히 성적 성향 면에서 정신이상 및 신경증에 걸리기 쉽다"[10]고 말한다.

스콧은 "남자들은 유전의 막대한 중요성을 깨닫지 못하는 것 같다. 자신의 부도덕한 쾌락과 불순한 행동거지로 인해 후천적으로 획득된 선호가 아들은 물론 딸에게도 나타날 가능성이 있으며, 그것은 항상 악한 방식으로 나타날 것이라는 점을 말이다"라고 밝혔다. 스콧은 조상의 자위 그리고/또는 동성애 때문에 다음 세대가 대대로 파멸하는 이미지를 상기시킴으로써 법적 처벌이나 의학적 치료에 대한 대안으로서 (게이 및 레즈비언에게는 금욕 생활을 의미하는) [성적] 자제를 촉구하고 있었는지도 모른다. 하지만 스콧이 "어떤 사람을 개량하고 싶으면 그의 할아버지부터 시작하라"라는 올리버 웬들 홈스Oliver Wendell Holmes의 말을 언급한 걸 보면, 아마도 우생학적 개입을 주장한 것인지도 모르겠다.[11]

프랑스 작가 폴 모로Paul Moreau는 훨씬 더 명확하게 자기 의도를 드러냈다. 19세기 말에서 20세기 초 미국 우생학 관련 글에서 광범위하게 모로의 작품이 인용된 것은 동성애에 대해 유전 및 도덕에 바탕을 둔 접근법들이 융합된 것을 보여주는 전형적 사례다. 모로에 따르면 인간은 육감, 즉 정신적, 육체적 손상에 민감한 성기의 감각을 가지고 있었다. 환경도 하나의 요인이 될 수 있지만 "패더래스트pederast/paederast, 소더마이트sodomite, 사피스트sapphist"* 등으로 이뤄진 어떤 "혼합 계층"의 존재는 "가장 흔히는

---

* 고대 그리스에서 유래한 용어인 패더래스티pederasty는 성인 남성과 그보다 더 어린 남성이나 남자아이 간 성관계를 말한다. 창세기 소돔과 고모라 이야기에서 파생된 용어인 소도미sodomy는 일반적으로 사람 간 항문성교나 때로는 구강성교를, 또는 사람과 동물 간 성행위, 즉 수간을 말한다. 생식과 관련되지 않은 모든 성행위를 의미할 수도 있다. 현대에 들어와서는 특히 법률에서 사용됐는데, 소도미처벌법은 유대교, 기독교, 이슬람교 문명에서 과거에 자주 볼 수 있었다. 고대 그리스 레스보스섬에서 태어난 시인 사포에서 유래한 용어인 사피즘sapphism은 여성이 성적 지향과 무관하게 다른 여성에게 성적으로 끌리는 것, 다른 여성과 관계를 맺는 것, 여성 간 낭만적 사랑을 포괄하는 말이다. 패더래스트, 소더마이트, 사피스트는 이 각각의 행위를 하는 사람을 가리킨다. 특히 패더래

유전이라는 단 하나의 단어로만 설명될 수 있다"고 1887년 모로
는 썼다.[12]

어떤 악습이나 체질적 요인, 일반적으로는 유전의 영향을 받아
도덕적 능력이 변화를 겪는 일은 드물지 않다. 정신이상 판정을
받은 사례들처럼, 이 도덕적 능력 변화는 실제로 개인의 사회적
관계를 파괴하지는 않더라도 놀랄 만큼 수정한다. 이 도덕적 능
력 변화는 우리가 이런 행위들의 도덕성을 평가해야 할 때 반
드시 고려될 필요가 있다.[13]

동성애 그 자체는 유전이 아닐 수도 있지만, 그런 도덕적 쇠
약 성향은 유전이었다. 유전은 도덕성에 영향을 미치므로, 우생
학은 죄에 근거를 둔 비난을 약화하는 게 아니라 오히려 더 강화
할 수 있었다.

모로기 **징벌적** 조치가 아니라 **치료적** 조치를 요구한 것은
신친적 병리가 대대로 전해진다는, 모로 그 자신의 확신에 바탕
을 둔 것이었다.[14] 비록 정신 의료 시설의 상황을 고려하면 징벌
과 치료를 구별하는 것이 모호하긴 하지만 말이다. 모로는 의학
교수진에게 형사재판이 진행되는 동안 재판석에 앉을 것을 강력
히 권고했는데, 이는 동성애자를 교도소에서 병원으로 옮기는—
처음에는 이데올로기적인 의미에서—전략이었다. 주된 차이점

스트와 소더마이트는 비하적 의미가 내포돼 있다.

은 누가 동성애자의 운명을 결정할 것이냐에 있었다. 판사가 아니라 의사가 소도미, 트리버디즘tribadism,* 또는 여타의 '성적 과잉'으로 기소된 사람들을 평가해야 한다는 것이다.

데이비드 그린버그David Greenberg는 《동성애의 구성The Construction of Homosexuality》에서 '사회문제' 영역에 대한 사법권을 주장하려는 의사 및 과학자들의 적극적인 노력에 대해 심층적으로 서술했다. 그린버그는 의료화로의 전환이 여러 요인에서 기인한다고 봤는데, 그 가운데는 여태껏 반동성애 수사의 수호자 격이었던 "형이상학 및 종교적 미신을 일소하고 과학을 바탕으로 하며 과학의 지도에 따르는 문화를 창조"하고자 하는 과학자들의 노력이 있었다.[15] 국가 경제의 변화는 계몽적 이유 이상으로 의료계가 자기 권리를 주장하는 데 도움이 됐다. 유전을 바탕으로 한 설명은 기존의 부와 권력의 분배를 정당화했기 때문이다.

직업은 전문화됐고 기술력이 요구됐다. 이는 보통 값비싼 고등교육을 통해 습득돼야 했다. 관료 조직에 고용된 형태의 노동이 갈수록 일반화됐고, 사업을 시작하기 위해서는 더 많은 양의 자본이 요구됐다. 이런 추세 속에서 **도덕적** 결함은 더는 실패에 대한 그럴듯한 해명이 되지 못했다. 아닌 게 아니라 노동자들은 갈수록 자신들이 겪는 어려움의 원인이, 다시 말해 경기 침체가

---

* 여성 간에 외음부를 서로 문질러 음핵을 자극함으로써 쾌감을 얻는 성행위를 말한다.

    2부 | 퀴어 해부: 100년의 진단, 해부, 그리고 정치 전략

올 때마다 기회가 심각하게 제한되고 일자리를 잃게 되는 원인이 계급제도에 있다고 생각하게 됐다. 하지만 이는 상대적 특권을 누리는 사람들에게는 불편한 생각이었다. 실패를 선천적인 지적 결함으로 설명하는 것이 상대적 특권층에게는 훨씬 더 매력적이었다.[16]

도시화, 이민, 계급 갈등, 경제(1890년대 경제공황의 원인을 미국 인구의 생물학적 수준 저하 탓으로 돌린 사람들도 있었다)에 대한 중상류층의 불안은 동성애, 빈곤, 범죄의 유전적 성격에 대한 믿음에 큰 영향을 미쳤다.[17] 동성애를 둘러싼 수사는 부분적으로는 불안감의 산물이었다. 동성애는 어쩌면 모순적이게도 현대 세계의 삶에 대한 어떤 병리적 반응으로 간주됐다.[18] 많은 의사는 전도를 정확히 도시적 현상이라고 진단하면서, 틀림없이 항구 도시들에 발을 내딛는 이민자들 때문에 동성애자 집단이 엄청나게 불어난 것이라고 했다. 촌시가 평했듯, "동성애에 대해 영국인은 프랑스인을 탓하고 프랑스인은 이탈리아인을 손가락질하는 동안 미국인은 유럽인 이민자 전체를 싸잡아 비난하는 쪽에 가까웠다".[19]

이 모든 것에 의사 자신들의 사회경제적 지위와 그 지위를 높이려는 열망 때문에 발생하는 편견을 더하면, 어째서 의사들이 인간 행동의 거의 모든 측면을 의료화하는데 그토록 열중했는지 쉽게 알 수 있다. 그러나 동성애를 우생학의 실패로 규정하는 것에 대한 저항도 일부 존재했다. 당시에도 지금처럼 동성애에 대한 신체적 설명이나 유전적 접근 방식이 죄인에게 면죄부를 준다고 생각하는 사람들이 있었다. 시카고대학교 의과대학 교수이자 유니언로스쿨 범죄인류학 강사인 G. 프랭크 리드스턴은 〈변태성욕, 세이터라이어시스, 님포마니아에 관한 강의A Lecture on Sexual Perversions, Satyriases, and Nymphomania〉*에서 도덕성과 우생학의 이런 분열을 하나로 조화시켰다.

> 도덕주의자조차도 온갖 종류의 변태성욕자를 도덕적 불치병에 걸린 것이라고 보기보다는 신체적 비정상이라고 생각하는 것이 분명 더 만족스러울 것이다. 육체적 도착과 도덕적 도착 간에 경계선을 긋기 어려운 경우가 많다. 그도 그럴 것이, **하나가 다른 하나에 의존하는 경우가 다반사이기 때문이다.** 많은 경우 둘을 **구별하려고 시도하는 것이 현명한 일인지도 의문스럽다.** 하지만 그렇다 하더라도, 변태성욕자는 일반적으로 신체적 일탈에 해당한다는 주장의 타당성에 영향을 미치지는 않는다.[20]

외과의인 리드스턴은 '변태성욕'을 두 가지 주요 범주로 나눴다. 1889년 그는 "아마도 태아 발달 시기에 발생한 것으로 볼 수 있는 변태성욕"은 다음 항목 중 하나 이상으로 나타난다고 썼다.

---

* 성 충동이 과도한 상태, 즉 성적 각성이 과도하게 일어나 일상생활에 지장을 줄 정도로 끊임없이 성행위를 하거나 성행위에 대해 생각하는 증상을 성욕항진증, 성욕과다증, 성중독증이라고 한다. 세이터satyr와 님포마니악nymphomaniac은 각각 남성, 여성 성욕항진증 환자를 가리킨다. 색정증, 색정광으로 번역되기도 한다. 20세기 후반부터는 더 중립적이고 포괄적인 용어인 하이퍼섹슈얼리티hypersexuality로 대체됐다.

가. 구조상의 혹은 성기의 결함이 없는 변태성욕

나. 예컨대 허마프로다이티즘hermaphroditism[또는 자웅동체증, 암수
중간몸증]**과 같이 성기 구조상의 결함이 있는 변태성욕

다. 예컨대 백치와 같이 뇌 발달에 명백한 결함이 있는 변태성욕

반면 후천적 변태성욕은 다음에 해당했다.

가. 임신, 완경기, 난소 질환, 히스테리 등이 원인이 된 변태성욕

나. 정신이상 인정 여부와 관계없이 후천적 대뇌 질환이 원인
이 된 변태성욕

다. 악행이 원인이 된 변태성욕

라. 성적 자극을 느끼는 감각신경 및 그것을 받아들여 처리하
는 중추신경의 과도한 자극이 원인이 된 변태성욕. 그런 과도
한 자극은 성적 과잉과 자위에 부수적으로 발생함.[21]

'변태성욕'의 원인에 대한 리드스턴의 관심은 더 크게 보아
국민의 우생학적 건강에 대한 우려의 일부였다. 리브스딘의 계
산에 따르면, "타락한 계층"(범죄자, 빈민, 정신이상자)은 21만 5000
명에 달했다. "이는 미국이 스페인과의 전쟁 당시 조직한 군 규모

** 하나의 동물 개체에 암수의 형질이 모두 발달하는 것을 말한다. 사람의 경우 여성
과 남성의 형질이 하나의 개체에서 모두 발달하는 것, 즉 한 개체 내에서 고환과 난소가
동시에 발견되는 것을 일컫는다. 오늘날에는 더 중립적이고 포괄적인 용어인 인터섹슈
얼리티intersexuality 또는 인터섹스, 즉 간성으로 대체됐다.

와 거의 맞먹는다."[22] 리드스턴은 획득형질이 유전될 수 있다고
확신했다. 이런 확신은 '변태성욕자'(동성애자를 포함하되 이에 국한
되지는 않음)라는 피험자군이 광범위하게 존재한다는 사실 외에도
일반적으로 통용되는 담론에 부재하다시피 한, 인간 섹슈얼리티
의 유동성에 대한 특정한 믿음이 반영된 것일 수 있다. 리드스턴
은 '변태성욕'이 대를 이어 유전될 것을 우려했다. 실제 모든 '성
적 일탈자'가 전적으로 동성애자인 것은 아니며, 이성애적 접촉
을 통해 자식을 가질 가능성이 존재함을 인정한 데서 비롯된 우
려였다.[23]

악행을 통해 태어난 아이의 내부에는 사악한 충동이라는 병원
균이 들어 있는 경우가 많다. 그리고 어떤 정화 작업을 해도 그
아이가 선천적 성향을 따르는 걸 막을 수 없다. 여성, 남성 할
것 없이 성적 만족감을 채우는 정상적인 방법이 싫증난다는 이
유만으로 변태적인 방법을 꾀하는 자는 다음 세대에 진정한 변
태성욕으로 발현될 해로운 영향을 자신의 신경계에 인장을 찍
듯 각인시킨다. 한 세대에서 획득된 변태성욕이 다음 세대에는
체질적으로 근절할 수 없는 진정한 악행이 될 수 있으며, 이는
육안으로 확인되는 신체적 이상과는 별개다.[24]

리드스턴에게 '성도착'의 도덕적, 신체적 발현은 상호 의존
적이었고, 그 원인은 다중적이었다. '악행'을 [그 악행을 저지르는]
신체적 주범과 연결하는 것의 이점은 이미 19세기 외과의들이

'일탈자'에게 마구잡이식으로 시행하던 신체적 치료법에 정당성을 부여해준다는 점이다. 후천적이든 아니든, '발생장애'를 중단하려면 개입이 요구됐다.

자궁적출술, 정관절제술, 거세, 음핵절제술, 외음부, 포피, 허벅지 물집 형성은 모두 의사가 변태성욕에 대해 처방한 치료법이었다.[25] 1859년 《보스턴 의학 및 외과술 저널Boston Medical and Surgical Journal》[현 《뉴잉글랜드 의학 저널New England Journal of Medicine》]은 "세이터라이어시스"(과도한 성욕) 및 "에로틱 마니아erotic mania"[병적이고 통제되지 않는 성적 충동 또는 행동] 때문에 탈시설한 이성애자 남성을 치료하고 있던 한 의사의 편지를 게재했다. 거세를 하면 문제가 해결될까? 그 의사의 답변은, 특히 오하이오주의 한 병원에서 "상당히 광범위한 규모로" 거세가 거듭 시행됐음을 확인해줬다. 하지만 그 의사는 "님포마니악"의 난소를 제거한다는 생각에는 움찔했다면서, "다량의 아편을 오랫동안 복용하면 님포마니악 성향이 조절된다는 점을 알아냈다"라고 썼다.[26] 《오리피스 수술 저널》의 어느 기고자는 자신의 글에서 음핵절제술 및 포경수술에 대해 폭넓게 설명한 다음 이렇게 마무리했다. "국민이 질병은 물론 죄에서도 해방되길 바란다면 오리피스 수술에 크게 의존해야 할 것이다."[27] 또 다른 기고자는 자식이 부모, 조부모, 혹은 증조부모한테서 강한 성욕을 물려받을 수도 있다고 쓰면서 몇몇 영양학적 조언을 덧붙였다. "돼지고기, 햄, 베이컨, 소시지, 피클, 식초, 양념, 알코올음료, 담배 및 여타의 수많은 식품의 섭취를 금해야 한다. 그런 성분이 혈액에 들어가면 정욕을 자극하고 자제력을 떨어뜨리기 때문이다.”[28]

치료 목적이든 예방 목적이든, 리드스턴과 그 동료들이 자신들 뜻대로 한다면 [대상자가] 치료를 받아들이는 것은 명목상으로라도 자발적으로 이뤄지지 않을 것임이 분명했다. 1904년 출간된 《사회의 질병The Diseases of Society》에서 리드스턴은 “신체적, 도덕적 상태로 보아 후대에 부적자인 자손이 태어날 것이 확실한 개인에게는 단종수술을 할 경우에만 법적으로 혼인을 허용한다는 조건을 제시해야 한다”고 썼다.[29] 리드스턴의 동료들도 똑같이 치료법, 대개는 외과적 성질의 치료법을 처방하는 데 광적으로 집착했다. 예컨대 E. H. 프랫은 “경악스러운 성향을 대담하게 드러내 공동체를 깜짝 놀라게 하는” “성적 괴물들”을 거세할 경우 (비록 “범죄자의 성향을 억제하거나 정신 의료 시설에서 구해내진 못한다 하더라도”) 그들이 같은 성향을 대물림하는 것을 막을 수 있다고 썼다.[30] 동성애가 질병이나 유전, 또는 선천적 상태로 지정됨으로써 ‘치료’가 의무화됐을 수는 있지만, 그렇다고 해서 환경이나 죄에 근거를 둔 모형들이 끽소리도 못 하게 된 것은 아니었다. 가장 중요한 사실은 투옥 등의 법적 처벌 가능성이 배제되지도 않았다는 점이다. 리드스턴과 프랫 등은 의료 및 사법/입법 권한의 통합 및 강화를 통한 규제를 권고했다. 동성애는 우생학-범죄 패러다임 안으로 흡수될 터였다.

1901년 국제범죄인류학대회International Congress of Criminal Anthropology에서 체사레 롬브로소는 동성애자가 자신의 “병든” 충동을 행동으로 옮길 경우 모조리 감옥에 처넣어야 한다고 말했다.[31] 의학

    2부 | 퀴어 해부: 100년의 진단, 해부, 그리고 정치 전략

학위가 없는 대부분의 사람은 말할 것도 없고 당대의 많은 의사가 그랬듯, 롬브로소는 광범위한 범죄행위의 원인을 유전(과 더 나아가 인종 및 국적)에서 찾았다. 범죄자는 생물학적으로 퇴화한 자, 현대사회를 헤쳐나갈 능력이 충분하지 않은 자라고 롬브로소는 단호히 주장했다. 동성애자는 이런 격세유전[또는 환원유전]* 중 하나로, 이성애자보다 진화 단계가 더 낮았다. 이런 견해는 롬브로소가 말하는 델린퀜테 나토delinquente nato(생래적 범죄인) 모형과 딱 들어맞는다. 델린퀜테 나토는 상스러운 동물적 본능을 억제할 수 없으며 폭력, 성적 문란, 패더래스티, 문신 새기기 경향이 있는 사람을 뜻했다.[32] "그렇게 태어나 특별한 원인이 밝혀지지 않은 채 아동기부터 사악한 성향을 드러내는 동성애 범죄자는 …… 어릴 때부터 감금돼야 한다."[33] 동성애 비범죄화를 옹호한 모로조차 비슷한 정책을 요구하게 됐다. 우생학자들의 징벌에 대한 열정으로 처벌 및 치료를 둘러싼 담론들이 계속해서 하나로 수렴하게 된 것이다.

1893년 텍사스주 오스틴 출신 의사 F. E. 대니얼은 신체적 처벌을 사실상 치료의 일종으로 규정함으로써 법적 절차와 의료적 절차의 교차를 전형적으로 보여주는 논문을 발표했다. 이후 19년간 〈정신이상 범죄자 또는 변태성욕자가 아이를 낳는 것

---

* 한 생물 계통에서 우연히 또는 교잡 후 선조와 비슷한 형질이 몇 세대 후에 나타나는 현상을 말한다. 현재 학계에서는 격세유전이란 말은 사용하지 않고 돌연변이를 한 것이 우연히 선조의 형태와 일치한 것, 또는 교잡의 결과 유전자가 바뀌어 선조의 형질을 발현하는 유전자의 재편성이 이루어진 것이라고 본다.

을 허용해야 하는가?〉라는 제목의 논문이 세 개의 서로 다른 의
학 저널에 재게재됐다. "나는 자위를 포함해 모든 성범죄 또는 성
경범죄에 대한 처벌을 대신해 거세를 시행하겠다"라고 대니얼은
말했다. 대니얼은 목적을 달성할 더 친절한 수단으로 처형보다
는 거세를 택했던 것이다.[34]

> 법체계의 목적은 범죄 진압 외에도 범죄 원인 제거, 그리고 악
> 한 자들에 대한 근절이 아닌 교정이다. 이는 가장 넓은 의미에
> 서 치료와 예방, 둘 다 포괄해야 한다. 그러므로 주취 상태는 치
> 료돼야 하고, 무절제는 예방돼야 한다. …… 성적 죄악도 마찬
> 가지다. 범죄자가 범죄를 반복할 수 없게 해야 하며, 범죄자 부
> 류의 번식은 문명 그리고 미래 세대의 안녕을 위해 금지돼야
> 한다.[35]

대니얼은 "인간의 유전적 특성 중 결함이 있는 많은 부분"
을 제거함으로써 얻을 수 있는 사회적 이로움, 그리고 "예방의
학"과 "적합한 법률 제정 및 집행"이 합쳐짐으로써 태어날 궁극
의 "위생적인 유토피아"를 이야기했다. 동시에, 우생학은 암묵적
으로 개개인에게 인도주의적인 영향을—"범죄자에 대한 잔혹한
처형" 대신 거세를 시행함으로써—미친다는 믿음을 전파하기도
했다. 적절한 의료적, 법적 개입이 이뤄지면 그 방식[즉, 거세]조차
도 앞으로 몇 세대 후에는 쓸모없어질 것이라고 대니얼은 설명
했다. "정신적 결함이 있거나 범죄적인 계층을 양육하는 게 우리

정부의 계획이자 우리 문명의 경향인 듯하다. …… 범죄자의 목은 부러뜨리면서도 고환은 존중하는 문명사회라니, 정말 놀랍지 않은가?"[36]

대니얼은 그렇게 비판했지만, 섹슈얼리티 문제에 대한 입법적 침해에 의사들의 참여가 부족하지는 않았다. 19세기의 마지막 몇십 년을 시작으로, 소도미를 처벌하는 주 법률들이 내리 통과되거나 더 다양한 성행위를 포괄하도록 개정됐다. 의사들은 콜로라도주 수정헌법 제2조 소송 전략을 예고하기라도 하듯, 로비스트들 사이에서 합법적인 존재감을 뽐냈다. 거세 등의 방식이 법원 명령에 따른 처벌에서 의료적으로 승인된 치료로 전환된 데는 특정한 호혜주의가 관련돼 있었다. 의사들은 자기 진단이 법적으로 승인되고, 따라서 자기 평판 및 영향력이 굳건해지는 것을 지켜봤다. 동시에 사법제도는 신체적 처벌을 가하면서도 여전히 피고인/환자, 대중, 그리고 국민 유전자군의 이익을 최우선으로 생각하는 것처럼 보일 수 있었다.

이 역동적 관계의 가장 본격적인 징후 중 하나(이지 리드스턴과 그 동료들의 처방이 부분적으로 이행된 것)는 1907년에서 1932년 사이 30개 주에서 무분별하게 단종법이 제정된 일이었다. 단종수술을 법제화한 거의 모든 주에서 우생학위원회가 소집됐다. 기본적으로 이는 실제로 신체장애 및 발달장애가 있거나 혹은 있다고 상상된 사람에게 단종수술을 할 권한을 의사에게 부여하거나 그 권한을 제한하기 위해 설립된 의료위원회였다. 실제 혹은 상상된 신체장애인 및 발달장애인은 보통 병원이나 정신 의료 시설에 있는 환자나 수용자였고, 때로는 평범한 대중 가운데 한 명이기도 했다. 집행과 관련된 비용은 일부 주에서는 기관 유지 재원으로, 다른 주에서는 주 재정으로 부담했다.[37] 의료 담론과 법률 담론이 융합되면서 단종수술 대상자로 지목된 개인은 **피고인**으로 지칭됐다. 한마디로 입법부는 사실상 의사의 지휘에 따르는 사법체계를 확립한 것이다. 이 사법체계의 배심원들은 주의 어떤 법원제도에도 구속받지 않았으며, 형사 사법제도나 정신건강 체제의 올가미에 걸려들 만큼 불운한 사람들에게 "우생학적 또는 치료적 목적으로" 단종수술을 얼마든지 인가할 수 있었다. 의학이 사법제도에 **병합되는 것을** 넘어, 사법제도가 **된 것이다.**

1909년 세 번째로 강제 단종법을 통과시킨 캘리포니아주는 '도덕적 타락자' 및 '유전적 퇴화를 보이는 변태성욕자'에 대한 단종수술을 법 조항에 포함한 최초의 주가 됐다. 주 보건국 국장 그리고 주립 병원, '정신박약자'를 수용하는 주립 정신 의료 시설, 주립 교도소의 의사 및 관리자들로 구성된 위원회가 다음과 같이 권한을 부여받았다.

모든 수감자, 환자, 죄수에게 치료적, 우생학적, 징벌적 사유의 단종수술을 시행할 수 있다. 이 위원회의 판단은 수감자나 죄수의 경우 성범죄로 최소 두 차례, 아니면 여타의 범죄로 최소 세 차례 유죄판결을 받았음이 분명하며 구금 기간 중 도덕적, 성적 변태임을 입증한 경우에 한해서만 적용된다.[38]

 2부 | 퀴어 해부: 100년의 진단, 해부, 그리고 정치 전략

    2년 뒤 아이오와주의 단종법은 '범죄자, 백치, 정신박약자, 치우, 알코올의존자, 약물의존자, 간질 환자, 매독 환자, 그리고 도덕적, 성적 변태'를 표적으로 삼았다. 캘리포니아주 법률과 마찬가지로 아이오와주 법률도 이후 10년간 여러 차례 개정되고 교체됐다. 특히, 평등 보호에 위배되며 그 대상이 너무 광범위하다는 이유로 합헌성에 대한 법적 이의 제기가 있었고, 이에 대한 대응으로서 개정 및 교체가 이뤄진 것이다. 그러나 표적 집단은 변하지 않았다. 변한 것이 있다면 오히려 새 법률이 더 효율적이었다는 점이다. 1929년 아이오와주 법률은 주립 기관 관리자들이 단종수술 실행 가능 후보 명단이 포함된 분기별 보고서를 우생학위원회에 제출할 것을 요구했다. 캘리포니아주와 달리 아이오와주는 이 대상자 몰이를 병원 및 교도소 담장 너머 일반 대중으로까지 확대하고, 곧 수술칼 아래 놓이게 될 사람들에게 무료 법률 상담을 제공했다.[39]

    오리건주는 우생학적("정신박약자, 정신이상자, 간질 환자, 상습 범죄자, 도덕적 타락자, 열등한 유전적 잠재성을 가진 변태성욕자의 생식을 방지")이기도 하고 치료적("완전 거세*를 제외한 어떤 단종수술도 명령할 수 있음. 단, 개인의 건강을 향상시키는 데 꼭 필요한 방식이라면 완전 거세도 명령할 수 있음")이기도 하다고 주장하는 법률을 통과시켰다. 그 후 몇 년간 "강간, 소도미, 혹은 자연을 거스르는 여타의 범죄로 유

---

* 남성의 경우 거세는 고환, 즉 생식샘을 제거해 사용할 수 없게 하는 외과적, 화학적 행위를 말한다. 완전 거세는 외부 생식기, 즉 음경 그리고 고환을 담고 있는 음낭을 모두 제거하는 행위를 말한다.

죄판결을 받은 자가 단종법을 따르도록 하기 위해” 법이 바뀌고 (1923) 개정됨(1925)에 따라, 동성애자 및 여타의 ‘변태성욕자’는 명시적으로 폭력범들과 동일시됐다.[40]

네브래스카주의 1929년 법률은 일부 경우 석방이나 가석방의 전제 조건으로 단종수술을 내걸었는데, 이는 특히 ‘변태성욕자’ 및 ‘도덕적 타락자’를 표적으로 삼은 것이었다. “강간, 근친상간, 또는 자연을 거스르는 여타의 범죄로 유죄판결을 받은 범죄자 가운데 거세수술로 감형을 받을 수 있는 자격이 있는 경우에 한하여 법원 명령에 따라 그 수술을 시행할 수 있다.”[41] 입법부가 정한 의료 절차를 거치면 자유의 몸이 될 수도 있다는 것이다. 단종수술, 심지어 거세수술이 감옥살이보다 더 자비로운 것, 더 중요한 것으로 묘사됐다.

유타주는 1925년 ‘상습 성범죄자’의 단종수술을 허용하는 법안을 통과시켰다. 그 법안의 조항들은 징벌적이 아니라 치료적이라는 법안 작성자들의 주장 덕분에 에서 월턴_{Esau Walton}이라는 사람은 역설적으로 단종수술을 피할 수 있었다. 월턴은 조지아주에서 태어났지만 1923년 모친이 돌아가신 뒤로 고향을 떠났다. 성인이 되기 전 남부에서 살 당시에는, 실크 셔츠를 훔친 혐의를 비롯해 여러 가지 절도 혐의로 체포됐다. 열아홉 살에는 유타주 주립교도소에 수감됐다. 그로부터 4년 뒤, 한 교도관은 월턴이 다른 수감자와 성관계를 했다는 혐의를 제기했고, 교도소장은 이를 근거로 월턴에게 단종수술을 시행해달라고 건의했다. 다수의 주에서 단종수술 프로그램에 따라 수술칼 아래 놓였던

    2부 | 퀴어 해부: 100년의 진단, 해부, 그리고 정치 전략

아프리카계 미국인의 수가 지나치게 많았음을 고려하면, 교도소장 R. E. 데이비스_{R. E. Davis}가 월턴의 단종수술을 열렬히 원했던 것은 동성애 궤멸이라는 제도적 열의만큼이나 명문화된 인종주의와도 당연히 관련이 있다고 볼 수 있을 것이다. 소도미, 아니면 적어도 이를 초래한 변태성욕은 유전적인 것이라는 당대의 통념을 거역하고, 1929년 유타주 대법원은 교도소장 데이비스 대 월턴_{Warden Davis v. Walton} 사건에 대해 다음과 같은 판결을 내렸다.

유타주 법률은 결코 징벌적 법이 아니다. 수술 제공은 범죄에 대한 처벌이 아니다. 그것의 목적은 우생학적이며 치료적인 것이다. ……

일반적으로 사법재판소 구성원은 유전법칙에 대해 잘 알지 못한다. 비록 잘 안다 하더라도, 에서 월턴이 자녀를 갖게 될 경우 그 자녀가 월턴처럼 사회 부적자로서 고통을 받게 될 것이라는 주지의 사실을 채택하지 않을 수도 있다. 유전법칙에 대해 과학적으로 철저하게 연구한 사람들도 그렇게 불리는 법칙의 작용에 대해 전적으로 의견이 일치하지는 않는다. 물론, 과학적 훈련을 받은 사람들은 특정인의 자녀가 어떤 천성을 타고날 법한지를 사법재판소가 결정하는 데 분명 귀중한 도움을 줄 수 있을 것이다. **그러나 비록 유전법칙의 불변성을 가장 열렬히 옹호하는 사람이라 하더라도, 지금 우리 앞에 놓인 기록의 내용을 넘어서는 사실들에 대한 확인 없이 에서 월턴의 자녀에게서 어떤 천성이 나타날 법하다고 결정하고 싶어 하지는 않을 것이**

다. 어쨌든 간에 우리 앞에 놓인 기록의 내용은 "유전법칙에 따라 에서 월턴의 자녀는 부적자로 태어나 똑같이 고통받을 가능성이 있다"는 소견을 뒷받침하지 못한다.[42]

이 판결의 본질은 법원이 유타주 법률에 대해 어떤 중대한 이의 제기도 하지 않았다는 점이다. 법원은 단종수술을 명령하기에는 증거가 뒷받침되지 않는다고 판결했지만, 해당 법률의 합헌성은 인정했다. 미 대법원이 벅 대 벨 사건에서 강제 단종수술을 합헌이라고 판결한 것이 이미 2년 전이었고, 유타주 법원의 결정은 이와 일맥상통했다. 위 발췌문의 마지막 줄은 1927년 대법관 올리버 웬들 홈스가 캐리 벅 Carrie Buck 사건에 대해 내린 판결을 거의 그대로 따오다시피 한 것이었다. 벅은 버지니아주 출신의 한 젊은 백인 여성으로, 위탁가정의 일원에게 강간당해 임신을 하게 되어 당국의 주목을 받았다. 유타주 법률은 오로지 우생학적, 치료적 단종수술만 요구했다. 대법관 일라이어스 핸슨 Elias Hansen이 썼듯 유타주 법률은 형법의 의도가 없었다. 더욱이 법원은 월턴이 저지른 행위의 유전 가능성도, 상습성도 입증되지 않았으며, 단종수술이 월턴의 건강이나 안녕을 증진하지 않을 것이라고 판결했다.[43] 우생학 논문이 한창 쏟아져 나오고 있던 당시 상황을 고려하면, 데이비스의 변호사가 소도미의 선천성에 대해 더욱 철저한 논리를 제시하는 것도 어렵지는 않았을 것이다. 만약 그랬다면 이 사건은 대단히 다른 방향으로 진행됐을지도 모른다.

     2부 | 퀴어 해부: 100년의 진단, 해부, 그리고 정치 전략

법원이 월턴에게 관용을 베풀긴 했지만 우생학자들의 참여에 대해서는 묵인하거나 용인했는데, 우생학자들을 의료 활동가이자 이민 쟁점 자문가로서 환영했던 미 의회를 비롯해 당대의 다른 사법 및 입법 기관들과 같은 입장을 취한 것이었다. 사실 소도미 및 여타의 '성범죄'에 대한 조치 대부분은 주 차원에서 고안되고 시행됐지만, 연방 정부 역시 그 사안에 관여했다. 1917년 이민귀화법은 '도덕적 타락 행위'와 관련된 범죄를 인정했거나 그 범죄 때문에 유죄판결을 받았던 이민 예정자의 입국을 거부했다.[44]

의료, 사법, 입법 기관들이 단종수술을 추진한 것이 인간의 유동적인(혹은 강요된) 섹슈얼리티 때문에 동성애자들이 생식을 할 수 있게 돼 '성범죄자'의 번식을 초래할 수 있다고 정말로 믿었기 때문인지, 아니면 사회경제적으로 취약한 사람들을 공격하는 우생학적, 도덕적 운동을 그저 정당화하기 위한 수단이었는지 여부는 불분명하다. 물론, '치료' 문헌은 [엄격하고 타협 없는] 안전한 처벌을 배제하거나 그것에 심각한 이의 제기를 하지는 않았다. 완전한 처벌을 새로운 방식으로 다시 구성했을 뿐이다. 투옥의 장소가 바뀐 것이다. 이제 '치료의 필요성'이 그 이전의 더 엄격했던 양형 관행을 상쇄할 수 있으므로, 판사들은 교도소 수감이나 병원 수용 기간을 연장하거나 단축하는 데 더욱 큰 융통성을 발휘했다.

푸코가 쓰길, "이처럼 형사 사법은 자기 자신 외의 다른 어떤 것을 끊임없이 참조함으로써만, 즉 비사법적 체계 안에 부단히 다시 새겨짐으로써만 기능하고 정당화된다".[45] 의학이라고 받아들여지는 것과 같은 초사법적 요소들을 흡수함으로써 사법부 및 입법부는 관용까지는 아니더라도 연민으로, 또 지난 세기 전환기 특유의 모습이자 오늘날까지도 지속되는 '사랑의 매'라는 외현으로 허울만 꾸민 채 스스로를 재창조할 수 있었다. 이런 재구성은 성소수자의 목록을 만드는 일과 동시에 이뤄졌으며, 그 결과 성소수자는 계속해서 징벌적 조치를 적용받게 됐다.

이 모든 일이 한창 벌어지고 있을 당시, 면죄부를 발부했던 바로 그 과학을 이용하려는 움직임이 나란히 일어났다. 주변에서 동성애에 대한 과학 이론이 반동적으로 활용되고 있다는 것을 알아채지 못한 것 같은 일부 동성애자 및 선의의 협력자들—특히 마그누스 히르슈펠트와 해블록 엘리스—은 생물학적 인과론에서 해방의 가능성을 발견했다.

1992년 랜디 실츠Randy Shilts(《그리고 악단은 연주를 계속했다And the Band Played On》의 저자)는 《뉴스위크》와의 인터뷰에서 동성애의 유전적 근원이 발견되면 "동성애자인 것은 왼손잡이와 같은 의미로 축소될 것이며, 사실 그게 전부다"라고 말했다.[1] 아닌 게 아니라 과학자들이 게이 및 레즈비언은 왼손잡이라는 것을 열심히 입증해 왔다는 사실에 비춰볼 때, 이는 흥미로운 은유였다. 맥매스터대 연구진은 레즈비언이 이성애자 여성보다 왼손잡이일 가능성이 두 배 높으며, 아마도 불규칙한 호르몬 수치 때문에 생성된 어떤 "비정형적 뇌조직"이 그 원인일 것이라고 주장한다.[2] 또 다른 연구는 게이 남성이 이성애자 남성보다 지문 융선이 더 많지는 않지만, 왼쪽 비대칭[즉, 왼손이 오른손보다 지문 융선이 더 많은 것]일 가능성이 더 높다고 밝힌다.[3] 성적 지향에 부여된 중요성이 왼손 선호 수준으로 축소되면 퀴어라는 존재에 따라붙는 오명이 제거될 것이라는 게 실츠의 제안이었다. 섹슈얼리티를 우연한 것으로 규정한 점, 그리고 이는 반박의 여지가 많다는 점, 또한 왼손잡이들이 먼 과거는 물론 최근까지도 어떤 대우를 받았는지 상기시키고 있지 않다는 점은 제쳐두고라도, [동성애자는 왼손잡이임을 주장하는] 연구에 대한 실츠의 반응은 극히 실망스러웠다. 실츠는 경력의 많은 부분을 동성애자 쟁점을 다루는 데 바쳤지만, 그의 발언에서는 지난 100년간 레즈비언 및 게이가 맞닥뜨렸던 유전적 주장이 불러온 결과에 대해 그가 얼마나 무관심했는지가 뚜렷이 드러난다.

엄정하게 말해, 실츠는 콜로라도 법률이니셔티브프로젝트 법무팀이 그랬듯 과학을 시민권의 관문으로 여기는 사람들의 유구한 전통을 이어받았다. 생식을 하지 않는 섹슈얼리티의 의료화 및 조정은 오랫동안 침해가 아니라 잠재적 진보로서 오래된 잘못을 바로잡는 시도로 간주됐다. 그렇게 생각하는 사람 중에는 마그누스 히르슈펠트와 해블록 엘리스도 있었다. 동성애의 의학 모형이 해방 가능성을 가지고 있다는 이 두 사람의 신념은 현 시대에 이와 유사한 충동에 대해 경각심을 일깨우는 역할을 해야 한다.

히르슈펠트는 동성애를 태아 발달 시기에 발생하며 완전한 남성성과 완전한 여성성의 중간에 위치한 것으로 분류했다. 1899년 히르슈펠트는 동성애는 생물학적인 것이므로 "그 성향이 있다는 이유로 누구도 도덕적 비난의 대상이 될 수 없다"고 말했다.[4] 히르슈펠트는 동성애를 범죄화한, 독일의 악명 높은 형법 제175조175 StGB 폐지 투쟁에 동참한 많은 의사 및 사상가 중 한 명이었다. 하지만 독일 의회 내 형법 제175조 옹호자들 역시 생물학이 자기편이라고 큰소리치면서, 동성애가 자연적인 것이라면 "자연은 동성애가 생식 및 종의 보전에 봉사하도록 했을 것"이라고 주장했다.[5]

히르슈펠트는 좋은 뜻에서 과학 이론의 구원적 힘에 노력을 쏟았지만, 이는 궁극적으로 다른 게이 남성들에게 엄중한 위협을 가했다. 귄터 슈미트Gunter Schmidt가 지적했듯, "히르슈펠트의 이론은 특정 편견에 맞서려다 다른 편견에 기회를 줬다. 그 이론은 의학 연구 및 기술 분야가 더욱 발전함에 따라 점점 더 위험해졌다".[6] 히르슈펠트는 치료를 자신의 의제로 다루지 않았지만 외과수술에 반대하지는 않았다. 빈 출신 해부학자이자 초창기 내분비학자인 오이겐 슈타이나흐Eugen Steinach는 1916년, 한 외과의와 팀을 이뤄 대략 12명의 남성으로 구성된 실험군에 동성애 '치료'를 실시했다. 슈타이나흐 팀의 동성애자 피험자들은 서세수술을 받은 다음, 잠복고환이 제거된 이성애자 남성의 고환 조직을 이식받았다. 의사들은 새로이 이성애자로 거듭난 환자들이 (의사 자신들의 예상대로) 결혼 및 생식을 할 수 있도록 [양쪽 고환을 다 제거하는] 양측 거세가 아니라 [한쪽 고환만 제거하는] 단측 거세를 택했다.[7] 몇몇 경우, 과잉 (이성애) 성욕이나 비행 때문에 거세수술을 받은 남성들에게서 기증 조직을 입수했으므로, 의료 사법적 복합 관념은 수요와 공급을 동시에 충족시킬 수 있었다. 의사들이 외과적 대공세에 너무 열성적이었던 나머지 어느 남성은 결핵에 걸린 기증자에게서 조직을 받기까지 했다. 전해진 바에 따르면 히르슈펠트는 슈타이나흐의 주소를 적어두고, 심지어 그 수술을 하는 의사들에게 환자 한두 명을 소개시키기도 하는 등 자신이 수술을 지지했다는 내용을 일기에 남겼다고 한다.[8] 몇 년 뒤 히르슈펠트는 한 의사가 게이 남성에게 뇌수술을 제안한다는 소식을 듣고 이렇게 밝혔다. "저들이 동성애를 관장하는 뇌 중추를 발견하길 바란다. 우리가 동성애자를 올바른 시각에서 바라보게 될 때만이, 비로소 그런 뇌수술은 굳이 하지 않아도 된다는 것을 확신할 수 있을 것이다."[9]

히르슈펠트가 한 작업의 의도를 부인할 수는 없다. 히르슈펠트는 동성애자 권리의 투사—그 점은 틀림없다—, 사회주의자, 여성 권리 옹호자였다(히틀러는 히르슈펠트를 "세계에서 가장 위험한 유대인"이라고 불렀다). 하지만 히르슈펠트가 생물학 모형을 수용했다는 사실은 동성애자에 관해 널리 퍼지고 있었으며 점점 더 대중화됐던 관념, 가장 주요하게는 신체적 일탈과 관련된 관념에 여전히 동의했음을 의미한다. 마찬가지로 엘리스는 동성애를 열생학적, 병리적인 것으로 보는 견해를 문제 삼지 않은 채—사실상 조장하면서—레즈비언 및 게이를 옹호하려고 노력했다. 엘리스는 동성애 관련 의학 문헌 상당수에 영어권 독자의 관심을 유도했다는 평가를 받는다.[10]

엘리스의 저서 《성적 전도Sexual Inversion》는 엘리스가 집필한 《성 심리학 연구Studies in the Psychology of Sex》의 2권이었다. 엘리스는

'전도'를 "타고난 체질적 이상에 의해 동성에게 향하도록 역전된 성 본능"으로 정의하면서, 단지 상황에 따라 달라질 수 있는, 더 보편적인 '동성애'와는 구별된다고 했다. 후자는 행동과 관련이 있는 것으로, 반드시 본능을 나타내는 것은 아니었다. 전도는 그야말로 "살아 숨 쉬는 자연 곳곳에서 볼 수 있는 그런 이상 중 하나"였다. 엘리스는 오스카 와일드를 "지적 호기심 및 미적 관심을 발휘함으로써 이성애자가 동성애자로 변한 것으로 보이는" 사례로 분류했다. 그런 경우는 드물다고 엘리스는 말했다.[11]

유전론은 엘리스가 동성애를 구성하고 제시하는 데 의미심장한 역할을 했다. 엘리스는 전도 그 자체는 아니더라도 전도 **성향**이 선천적이거나 적어도 태아 발달 시기에 발생한다고 생각했다. 엘리스는 미국과 영국의 '성도착자' 100명의 가족에 대해 보고하면서 다음과 같이 썼다.

28건의 사례에서 병적 상태 또는 이상—기이한 행동, 알코올의 존중, 신경쇠약, 정신이상, 아니면 신경계 질환—이 일정 수준으로 자주 발견된다. 이는 한쪽 가족 또는 양쪽 가족에서, 전도와 더불어 또는 전도와는 별개로 나타난다. 어떤 경우 전도된 자녀는 매우 건강한 혈통이 완전히 병든 혈통과 결합해서 나온 결과물이다. 다른 경우에는 양쪽 가족에 다 경미한 정도의 이상이 발견된다.[12]

엘리스는 이런 입장을 표명함으로써 당대 우생학자 대열에 확고하게 자리매김했다. "병력病歷XX"라고 불린, 어느 "대단히 급진적인 사례"에 대한 엘리스의 보고 또한 같은 입장을 취했다. 엘리스에 따르면, 사례 속 남자의 동성애는 모계 혈통 쪽의 결함에서 비롯됐다. 우생학적 논리 제시, 동성애자 아동에 대한 고정관념 전파, 어머니에게 책임 뒤집어씌우기. 엘리스는 단번에 이세 가지를 해냈다.

> 남자의 부친 및 부계 측 가족은 정력적이고 건강하며 자식을 많이 뒀다. 모계 측 가족을 추적해보면, 소모성 질환, 정신이상, 기이한 행동이 발견된다. 남자는 대가족의 일원으로 가족 구성원 중 일부는 유아기 및 출생 당시 사망했지만, 다른 구성원들은 정상이다. 남자 자신은 허약하면서 극도로 신경이 과민한 아이였고, 야경증 및 몽유병, 지나친 수줍음 및 종교적 불안에 시달렸다.[13]

엘리스는 가족에 초점을 맞췄기 때문에 성도착자의 결혼에는 반대 입장을 취했다. 육체적으로나 정신적으로 바람직하지 못한 자손을 낳지 않도록 동성애자의 결혼을 법적으로 금지할 것을 촉구한 아우구스트 포렐August Forel만큼은 아니지만,[14] 생식의 우생학적 위험에 대해 엘리스는 분명 우려했다. "태어날지도 모를 자손을 위해" 성도착자는 결혼해선 안 된다고 엘리스는 경고했다. "그렇게 태어난 아이들이 꽤 잘 자라나는 경우도 종종 있는 일이긴 하지만, 많은 경우 그 아이들은 신경증적이며 부실한 혈통의 일원임을 스스로 여실히 보여준다." '치료'는 피상적인 것으로 판명될 수도 있으므로 위험했다. 엘리스는 의사에게 결혼을 권유받은 어느 게이 남성의 사례를 들었다. 그 남성은 의사의 권유대로 결혼을 했는데, 상대 여성은 아주 튼튼하고 건강했으며,

남성 자신도 도착만 제외하면 건강했으나 자녀들은 참담하다는 것이 결국 밝혀졌다. 첫째 아이는 간질 환자로서 거의 치우에 가까웠고 강한 동성애 충동을 가지고 있었다. 둘째 아이와 셋째 아이는 완전히 백치였다. 막내는 유아기에 경기를 일으켜 사망했다.[15]

엘리스는 게이 및 레즈비언에게 치료와 결혼을 강요하는 사람들을 저지하고자 전략적으로 우생학적 수사를 활용한 것인지도 모른다. 그럼에도 우생학에 대한 엘리스의 헌신은 확고했으며, 그는 우생학의 충실한 옹호자 중 한 명이었다. 엘리스의 뒤를 이은 많은 사람은 어떤 동기에서든 비슷한 전술을 활용했다. 1935년 의사 제임스 P. 윈스코James P. Winsco는 《성과학지》 지면에 관용을 촉구하는 글을 발표했다. "이제 자세를 똑바로 잡고 앉아 우리에게 필요한 것은 더 많은 자녀가 아니라 더 나은 자녀라는 사실에 주의를 기울일 때가 됐다. 동성애자의 결혼과 그에 따른 불운한 성관계는 동성애자 본인과 같은 유형을 더 많이 발생시킨다. 나는 그런 결합이 실패작이라고 생각하지 않을 수 없다."[16]

우생학적 수사에 대한 엘리스의 집착은 섹슈얼리티 쟁점을

넘어서는 것이었지만, 외과수술을 위한 하나의 근거로서 의학 모형을 사용하는 사람들과 엘리스는 다르다는 점에 유의해야 한다. 의사들이 치료로서의 거세수술을 처방하고 일부 게이 남성이 적극적으로 거세를 시도하던 시대에, 엘리스는 수술 뒤 육체적, 정서적으로 견디기 힘든 예후에 시달리는 남성들의 사례를 여럿 언급하며 거세수술 관행을 규탄했다. "성적 전도는 성기에만 국한된 병이 아니다. …… 성인기 신체의 거세가 정신까지 거세할 것이라고 기대할 수는 없다."[17]

그렇다고 해서 엘리스가 동성애자의 온전한 성적 권리를 지지했다는 뜻은 아니다. 엘리스가 동성애자에 대한 사회적 배척을 규탄했다는 점은—이 때문에 많은 사람은 그를 그가 속한 집단에서도 더욱 계몽된 사람 중 하나로 여겼다—엘리스가 '[성적] 자제'를 옹호하며 성도착자의 암묵적 비정상성을 믿었다는 점 때문에 더욱 복잡해진다.

성도착자는 자기의 비정상적 집착의 희생자일 뿐만 아니라, 사회적 적대감의 희생자이기도 하다. 우리는 이 두 원인에서 비롯한 성도착자의 고통을 구별하려고 노력해야 한다. 내가 제기한 사례들, 그리고 내가 아는 성도착자들의 정신병력을 검토한 결과 나는 이렇게 말하고 싶다. 성도착자를 건강하고 절제하며 자존심을 지닌 사람으로 만들 수 있다면, 그를 정상인 흉내만 내는 허약한 모조품으로 바꾸는 것보다 더 나은 일을 한 것이라고.[18]

엘리스는 게이 및 레즈비언을 보호하려는 열망 그리고 법적, 사회적 탄압을 종식하자는 요구를 공공연하게 드러냈으며, 이는 틀림없이 진심이었다. 그럼에도 이런 우생학적 온정주의에 내재된 모순들을 결코 충분히 해결하지는 못했다.

엘리스와 히르슈펠트의 패착은 동성애란 식별 가능하고 설명 가능한 근원이 있어야 한다고 스스로 믿은 데 있었다. 이 두 사람은 호모포비아라는 말조차 없었던 시절, 어떤 인과론 모형이든 닥치는 대로 흡수하고 이용해먹는 그 적대감의 능력을 과소평가했다. 또한 같은 시기 과학이 관심을 보인 다른 주변화되고 병리화된 집단들, 즉 이민자, 아프리카계 미국인, 빈곤 여성이 어떤 대가를 치르고 있는지 고려하지 못했다. 그러므로 레즈비언 및 인종화된 게이가 위기에 봉착했으며, 그 상황이 점점 더 심각해지고 있다는 사실을 인식하지 못했다.

해머와 러베이의 연구 결과를 취재한 《뉴스위크》 기자는 레즈비언이 "그 연구에 대해 더 신중한 태도를 보였다"라고 보도했다. 기자는 이 망설임의 원인이 '게이 유전자' 찾기에 **왜** 그토록 집착하는지와 관련된 의문, 인과론 연구에는 재원을 지원하고 에이즈 및 유방암 연구는 재원 부족 상태로 내버려두는 언구비 배분에 대한 분노, 그도 아니면 기시감과 같은 당혹스러운 감정 때문이 아니라 레즈비언의 존재를 "대부분의 연구에서 눈 씻고 봐도 찾을 수 없"기 때문이라고 생각했다. 그 기사는 레즈비언이 누락된 것에 대해 "사회의 본질적인 성차별의 일환"이라고 말한 람다 법률소송및교육지원기금[일명 람다 리걸Lambda Legal]의 페니 퍼킨스 Penny Perkins,[1] 그리고 "난 이런 의문이 들었다. 게이 남자{의 시상하부} 가 더 작다면, 다이크dyke는 어떨까? 이성애자 남자와 크기가 똑같나?”라고 발언한 레즈비언 잡지 《드뇌브Deneuve》(현 《커브Curve》)의 프랜시스 스티븐스Frances Stevens의 말[2]을 인용했다.

해머와 러베이의 작업은 열외로 하더라도, 동성애의 근본 원인을 알아내겠다며 혈안이 된 의료계가 레즈비언의 두뇌에 대해 간과한 적은 없었다. 1913년 파울 네케Paul Näcke는 레즈비언에게 남성의 리비도 중추가 있다고 상정했다. 여성, 남성 할 것 없이 모든 동성애자에 대한 뇌 검사를 옹호한 네케는 뇌에 어떤 해부학적 “동성애 중추”가 존재한다는 이론을 제시했다.[3] 1921년 영국 의회의 본회의장 논의에서는 레즈비언이 “뇌 이상”의 피해자라는 발언이 나왔다.[4]

《뉴스위크》가 기사를 낸 지 불과 몇 달 만에, 심리학자 J. 마이클 베일리와 정신과의 리처드 C. 필러드는 미국심리학회에 유전자가 여성 동성애 발달에 상당한 영향을 미친다는 ‘증거’를 제시했다.[5] 쌍둥이 115쌍과 입양 자매 32쌍에 대한 인터뷰(1991년 베일리와 필러드 이인조가 미 국립보건원 산하 국립정신건강연구소의 보조금에서 부분적으로 자금을 조달해 수행한, 게이 남성 쌍둥이에 대한 인터뷰와 동일한 방식으로 진행됐다)가 그 연구의 근거였다.[6] 베일리, 필러드 및 그 동료들은 일란성 쌍둥이 발단자proband* 중 거의 절반의 경우, 두 자매가 다 레즈비언이거나 바이섹슈얼이라고 주장했다.[7] 베일리에 따르면 유전자는 태아 뇌의 “성적 지향 중추” 발달에

---

* 발단자는 유전학적으로 문제가 된 형질의 혈통을 발견하는 계기가 된 개체를 말한다. 특정 질환이나 유전적 특성을 가진 최초의 환자를 가리키며, 그 사람을 기준으로 다른 가족 구성원들이 어떻게 영향을 받을 수 있는지 연구하는 데 중요한 역할을 한다.

 2부 | 퀴어 해부: 100년의 진단, 해부, 그리고 정치 전략

영향을 미칠 수 있었다.[8]

베일리가 여성 동성애의 원인을 뇌에서 찾은 것보다 더 의미심장한 점은 이성애자 남성을 "남성화하는" 유전자가 동성애자 여성을 "남성화"할 수 있다고 시사한 것이다.[9] '남성적'이라는 형용사masculine가 '남성화하다'라는 동사masculinize로 변형된 데서 드러나는 것은 개개의 것을 하나로 합쳐 전체화하는 고정관념이 얼마만큼 과학적 전제로 작동하느냐(이 경우, 레즈비언은 유사 남성이고 남성성은 여성에게 끌리는 것과 동일하다는 전제)뿐만이 아니다. 젠더가 자연법칙을 따르며 생물학적으로 정해져 있다는 관념을 연구자들이 얼마나 집요하게 고집하느냐 또한 잘 드러난다. 1998년 미국정신의학회는 미국심리학회의 선례를 따라, 레즈비언, 게이, 바이섹슈얼을 정신 질환자로 묘사하는 데 반대한다고 선언했다. 하지만 젠더 정체성 장애Gender Identity Disorder**는 미국정신의학회가 편찬하는 《정신 질환 진단 및 통계 편람》 제4판DSM-4에 여전히 등재돼 있으며, 아동기 젠더 비순응 진단은 '전통적인' 젠더 역할을 당연하게 받아들이지 못하는 어린아이들을 계속 병리화하고 있다. 우익단체인 전미동성애연구치료협회National Association for Research and Therapy of Homosexuality[현 치료적선택및과학적진정성을위한연합

** 개인이 출생 시 지정된 성별과 스스로가 가진 젠더 정체성이 일치하지 않아 겪는 고통을 말한다. 1980~1990년대에는 정신 질환의 하나로 분류됐으나, 이것이 젠더 정체성을 병리화하고 당사자를 낙인찍는다는 비판을 받았다. 2013년 《정신 질환 진단 및 통계 편람》 제5판DSM-5이 발간되면서, '장애'라는 관점에서 벗어나 당사자의 심리적 고통에 초점을 맞춘 '젠더 디스포리아gender dysphoria' 또는 '젠더 불쾌감'이라는 용어로 대체됐다.

Alliance for Therapeutic Choice and Scientific Integrity]의 심리학자 조지프 니콜로시[Joseph Nicolosi]는 "자신의 남성성을 부정하는" 세 살배기 두 아이를 포함해 "전前-동성애자" 남자아이 25명을 치료하고 있다고 주장한다.[10] 니콜로시의 접근법이 극단적임은 분명하지만, 니콜로시보다 더 주류에 속하면서 어린이 및 청소년의 젠더 정체성 장애를 확증하고 치료할 용의가 있는 의사가 부족하지는 않다.

베일리와 필러드의 1991년, 1992년 연구는 피험자들에게 아동기 젠더 비순응에 대해 회고적 평가를 실시했다. 피험자들은 어린 시절 '여성적, 남성적 활동들'에 관심이 있었느냐는 질문을 받았다. 각 응답자는 자신의 생물학적 성별을 편안하게 여겼는가? 남자들은 어렸을 때 운동에 관심이 있었나? 여자들은 어린 시절 남자아이가 되고 싶어 했나? 그렇다고 대답했다면, 쉽게 말해 남자가 되는 것의 **유리한 점**을 일찌감치 인식하고 그렇게 되기를 동경했다는 암시일 수도 있었다. 이는 연구자들이 그 가능성을 인정한다 하더라도 실제로 통제하기는 어려운 변수이다.[11] 베일리와 필러드가 쓰길, 아동기 젠더 비순응은 동성애에 대한 유전적 부하[또는 유전자 부하]*와는 무관했다. 하지만 하나의 개념으로서의 아동기 젠더 비순응을 폐기하거나 문제 삼는 것을 원하지 않는 베일리와 필러드는 쌍둥이 둘 다 동성애자일 경우 그

---

* 개체의 염색체나 집단의 유전자 속에 개체나 집단의 생존에 위협이 되거나 유해한 유전자가 있어서 생기는 부담을 뜻한다. 개체군 내에서 돌연변이 또는 불리한 유전자가 얼마나 많이 축적돼 있는지를 보여주는 지표로, 해당 개체군이 환경 변화에 적응하는 능력에 영향을 미칠 수 있다.

들의 "아동기 젠더 비순응 정도"가 비슷할 것이라고 진술했다.[12] 하지만 변하지 않는 사실이 있다. 젠더 순응이, 또 젠더 그 자체가 사회적으로 구성된 개념인 한, 젠더 비순응을 유전적인 것으로 간주할 수는 없다는 사실 말이다.

아동기 젠더 비순응에 대한 베일리와 필러드의 확신은 그들의 작업에서 가장 불온한 측면일지도 모른다. 왜냐하면 특정 시대마다 그 시대의 결정에 따라 대중 사이에서 어떤 방식으로 이러쿵저러쿵 표현됐든, 젠더 비순응이라는 명칭은 늘 여성 일반, 그리고 특히 레즈비언을 위태롭게 만들었기 때문이다. 무엇보다 과학자들이 성적 '일탈' 및 젠더 '일탈'의 생물학적 뿌리를 상세하게 밝히려 노력한 19세기 말에서 20세기 초에는 더욱 그랬다. 그 결과물인 논문 및 치료법들에 레즈비언이 점점 더 취약해진 것은 의사와 이후 정신과의들이 정신이상, 섹슈얼리티, 여성의 해부학적 구조 간에 그은 연결선들과 밀접한 관련이 있었다. 대부분의 경우, 눈에 보이는 해부학적 차이에 대해 입증하려는 노력이 일탈 주장들을 구체화했고, 그리하여 폭력적인 의료 개입을 정당화했다. 더욱이 젠더 역할에 대한 의학적 판단들은 인종 및 계급에 바탕을 두고서 동성애를 구성해내는 작업에서 도움을 받았다(그 반대도 마찬가지였다).

서머빌은 동성애에 대한 과학 탐구 및 견해들이 인종에 관한 선행 연구 및 동시대 연구들에 의존했으며, 후자가 전자를 부채질했다고 말한다. "인종 및 젠더 담론들은 하나가 다른 하나의 버팀목이 되는 동시에, 종종 서로 경쟁하기도 하고 포개지기도 하면서 동성애에 관한 새로운 모형들을 직조했다.”[13] 여성 동성애에 대한 지난 100년간의 ‘치료’ 문헌을 살펴볼 때 두드러지는 것은 여성, 퀴어, 유색인을 두고 하나를 다른 하나의 은유적 표현으로 사용한다는 점이다. 이러한 상호 연관성 때문에 의사들은 하나가 다른 하나를 강화하는 ‘과학적’ 비유들이라는 무기고에 기대어 레즈비언을 비난하고, 젠더 역할을 떠받들며, 인종주의를 고무할 수 있었다.

1931년 베를린 출신 신경과의인 알베르트 몰Albert Moll은 여성에게서 나타나는 성적 전도의 원인을 지목하며 이렇게 말했다. “[그 원인은] 유전성 신경병이다. …… 게다가 성적 전도 외에도 주기성 정신이상 및 히스테리 간질과 같은 다른 질환도 있다는 것이 자주 발견된다.”[14] 이 무렵에 이르렀을 때 미 의료 당국은 여성의 섹슈얼리티와 ‘정신이상’ 간의 연관성에 상당한 관심을 기울이고 있었다. 문제는 신체의 어느 부위를 탓할 것이냐, 따라서 치료할 것이냐였다. 제니퍼 테리Jennifer Terry가 썼듯, 이 시기에 정신의 영역과 신체의 생물학적 영역 간의 구획은 분명하지 않았다. 오히려 초창기 성과학자들은 지적, 생물학적, 신체적, 도덕적 특성들을 “서로를 깊이 반영하며 한 개인의 몸에 내재된 것”으로 개념화했다.[15]

리드스턴은 소뇌를 중요하게 생각했다. 《사회의 질병》에서 리드스턴은 [소뇌를] 사용하지 않는 것이 여성 대뇌 조직의 “생리적 위축”을 초래했다는 자신의 믿음을 강력히 주장했다. 보기 드물게 강한 의지를 지닌 여성은 "불행히도 대체로 사내다운 경향과 범죄 성향을 가진 타락자"라고 리드스턴은 주장했다. 리드스턴에 따르면, 남성이 여성보다 성 충동이 더 강한 것은 소뇌 및 대뇌엽이 더 많이 발달해서였다. "소뇌가 많이 발달한 여성은 남성에 가까운 성욕을 가지고 있다." 1889년 한 강연에서 리드스턴은 "실제로 목 뒤쪽에 지짐술을 적용할 것을 권고하는" 한 동료의 연구를 인용했다.[16]

그[동료]는 이런 치료의 근거로 소뇌의 신경섬유 또는 그 부근의 신경절 일부가 과도하게 자극을 받음으로써 병이 발생한다는 이론을 제시하면서, 수포를 만드는 것도 동일한 효용이 있음을 시사한다. 목덜미에 건식 부항을 하는 것도 유용하다.[17]

리드스턴은 소뇌에 초점을 맞췄지만, 그렇다고 해서 자위와 "세이터라이어시스", 그리고 "님포마니아"(둘 다 여성 동성애를 가리키는 일종의 유행어)를 비롯한 갖가지 "여성의 성적 과잉"에 대한 치료로서 "성기 자극 제거"에 반대했다는 뜻은 아니다. 리드스턴은 "난소적출술"과 음핵절제술 둘 다 정당하다고 인정했다.[18]

이는 드문 치료 과정이 아니었다. 1899년《오리피스 수술 저널》에 실린 한 사설에서 C. A. 와이릭C. A. Weirick(정신이상 판정을 받은 여성의—생식 및 여타—기관을 모두 검사할 필요성이 있다고 생각한 인물)은 난소가 "증기기관의 속도 조절기와 매우 유사한 능력을 발휘하며, 알려지지 않은 방식으로 신경의 힘 및 에너지를 조절하는

것 같다”라고 썼다.[19]

F. E. 대니얼은 1893년 판사와 외과의 간의 동맹에 관한 평론을 발표하면서, 여성의 “히스테리 간질”(히스테리)에 대한 치료법으로 난소적출술을 지지하는 연구를 인용했다.[20] E. H. 프랫은 다른 의견이었다. “정신이상이 있는 여성의 경우 난소 및 난관이 어느 정도 질병에 걸린 상태임을 인정한다 하더라도, 이 기관들에서 발견되는 병변은 그 자체로 단지 결과일 뿐이며, 원래 문제는 **더 아래쪽의** 말단 신경섬유에 있다는 사실 또한 인식해야 한다. …… 오리피스 수술은 정신이상이 있는 여성에게 만병통치약임이 틀림없으며, 심지어 가장 심각하고 비관적인 사례들조차도 열에 아홉은 반드시 치료될 것이다.”[21] 또 다른 필자는 음핵이 “여성의 신경을 갉아먹는 근원”이라고 밝혔다.[22]

자위가 정신이상을 일으키며 남자아이보다 여자아이 사이에 더 흔하다는 생각에 많은 사람이 동의했다.[23] 와이릭은 “자위를 지나치게 자주 하는 것”은 유전 때문이라고 했다. “이는 주로 부모가 자기 성기를 음탕하게 사용했기 때문이라고 우리는 생각한다. 오로지 번식을 목적으로 성교에 탐닉하는 사람들의 자손 중에는 자위하는 사람이 거의 없을 것이다.”[24] 그리하여 와이릭은 일탈적이지 않은 자손을 약속하는 대가로 성인들의 성행위를 인질로 잡고 자위/동성애의 근원을 설명하면서 돌멩이 하나로 두 가지 이데올로기를 잡을 수 있었다.

이런 기록을 읽다보면 당혹스러울 수 있는데, 여성 및 여자아이의 성생활에 대한 논의에서 자위와 동성애 간의 경계가 명확하게 기술돼 있지 않기 때문이다. 자위는 생식을 하지 않는 성을 가리키는 하나의 보편적인 용어로 사용됐기 때문에, 다양한 의학 문헌에서 정확히 어떤 성적 위반 행위가 비난의 대상이 되고 있는지 확인하는 것이 어렵기도 하고, 또 불가능한 경우도 많다.[25] 의사들이 "두 여자아이 간에 실행될" 수 있는 그런 "고독한 악행"에 대해, 아니면 여자아이 한 명이 다른 한 명에게서 자위를 배우는 것에 대해 서술한 경우에서처럼, 여성 동성애에 대한 암시가 분명할 때도 종종 있다. 하지만 어느 쪽이든 처벌은 무시무시할 수 있었다. 당시 분위기를 고려하면, 19세기 의학적 투사들이 마구잡이식으로 자행한 가장 침습적인 외과수술 및 잔혹한 신체 훼손의 대상으로 여성이 지목된 것도 새삼스럽지 않다.

1899년 《오리피스 수술 저널》 3월호에서 의사 줄리아 홈스 스미스 Julia Holmes Smith는 "자위를 한 죄"를 지은 한 19세 환자에 대해 보고했다. 스미스가 말한 것이 여성 동성애를 가리키는지 여부와는 무관하게도(이는 모호하다), 스미스가 의사로서 동료들과 나란히 취한 행동을 보면 어떤 대가를 치르더라도 여성의 섹슈얼리티를 통제하고 교정하겠다는 강박과 맹렬함이 드러난다.

가능하다면 원인을 제거하는 것이 최선이며, 자위가 문제 요인임이 명백하므로 외과수술이 필요하다고 판단했다.
…… 완전한 확장술 및 긁어냄술이 이뤄졌다. 질 벽의 너덜너덜한 조각들은 모조리 잘라내고, 음핵은 벗겨내며, 조직은 제자리에 꿰매 분비샘은 방해받지 않도록 했다.

스미스는 자신의 보고서에 〈세 가지 실망스러운 사례Three Disappointing Cases〉라는 제목을 붙였는데, 어떤 수술도 원하는 효과를 내지 못했기 때문이었다. 비극적이게도, 홈스의 첫 '실패'—환자 측의 의도적 저항을 나타내는 것일 수 있다—가 그다음 시도를 막진 못했다. 한 여자아이와 관련된 두 번째 사례에 대한 기술을 살펴보면, 레즈비언 관계에 대한 암시가 더 짙게 나타나 있다.

이 여자아이는 어린 나이에 기숙학교에 보내졌고, 학교 친구에게서 성기에 손장난하는 법을 배웠으며, 17세에는 자위를 한 것으로 확인됐다. ……

…… 우리{스미스와 또 다른 의사}는 음부를 확장하고 음핵을 벗겨내는 수술을 하기로 결정했다. …… 여자아이는 수술 뒤 2주째부터 요양원에 있었다.

…… 현재 그 여자아이의 담당 외과의가 음핵 및 모든 발기 조직을 제거하고, 부식제를 환부에 도포해 그 부위들이 계속 쓰리고 아프도록 만들어 환자가 자위를 하는 것을 방지하고 있다는 소식을 들었다.[26]

스미스는 여자아이들에게 닥친 결과에 대해 거의 개의치 않았으며, 두 수술에 대해서 전혀 후회하지 않았다. 스미스가 개탄한 것은 그 수술들의 비효율성이었다.

치료에 병행된 것—동시에 치료 정당화의 핵심—은 눈으로 뚜렷이 구별되는 레즈비언 체형의 발명이었다. 의사든 비전문가든 똑같이 레즈비언은 온갖 기괴한 신체적 특성을 가지고 있다고 생각했다. 엘리스는 《성적 전도》에서 그런 주장 다수에 신빙성을 부여했다. "병력 XXXVII"에 대한 서술을 살펴보면 "M양"은 네 살 때 입, 코, 귀가 "비정상적으로 컸다"고 엘리스는 언급했다. 또한 전도된 여성의 "몸털 분포는 남자 같다"며, 그 예로 어느 레즈비언은 "윗입술 부위가 눈에 띄게 거무스름하고, …… 발가락과 발과 다리에 털이 있고, …… 젖꼭지 주변에도 털이 약간 있으며" 음모가 굵다고 주장했다. 수십 년 뒤 있을 레즈비언 및 게이 대상 호르몬 실험을 예고하기라도 하듯, 엘리스는 위와 같은 이상은 "내분비물의 비정상적 균형"이 전도의 원인일 수 있다는 점을 함축한다고 상정했다.[27]

엘리스는 전도된 여성은 근육이 더 탄탄하며, 연성 결합조직이 비교적 발달돼 있지 않다고 썼다. 성기는 "열 살 여자아이처럼 어린애 같은 단계"에 머물렀다. 엘리스는 동료들 중 일부와 의견을 달리하고 히르슈펠트와 폰 크라프트-에빙의 견해에 동의하며 "음핵이 큰 여성들이 …… 남성적 유형인 경우는 드물어 보인다"고 밝혔다. 그렇긴 해도, [음핵이 큰 여성의 경우] 그 음핵은 "깊숙이 덮여 있고", 자궁은 작으며, 처녀막은 두꺼운 경향이 있었다. 레즈비언은 "명확히 남성적인 유형의 후두"를 가지고 있다고 주장한 연구자들의 저작을 엘리스는 인용했다. 레즈비언은 이성애자 여성과는 다른 음조를 가지고 있는데, 이는 "해부학적 변형"에서 비롯된 차이였다. 이와 관련된 견해에서 엘리스는 전도된 여성은 휘파람 불기 선수라고 밝혔다.[28] 휘파람을 불 수 있느냐 하는 문제는 엘리스의 책에 여러 번 등장하는데, 레즈비언은 매우 능숙한 반면 "꽤 많은 수"의 게이는 끔찍하리만큼 못한다고 했다.[29]

지금도 그렇듯 당시에도 차이에 관한 담론들은 하나가 다른 하나에 크게 의지했다. 엘리스가 자기 이론을 공식화하고, 다른 사람들의 가정에 대해 보고하고 있었을 당시에는 골상학, 범죄 인류학, 두개골학이 지지세를 얻고 있었다.[30] 두개골 크기 및 형태, 얼굴 생김새 등은 동성애 성향을 포함해 범죄 성향을 나타내는 타당한 지표로 간주됐다. 1884년 《디트로이트 랜싯Detroit Lancet》에 실린 한 기사에서 '법 정신의학' 교수인 제임스 키어넌James Kiernan은 그 자신의 주장으로 얼굴 및 두개골이 비대칭인 한 레즈비언 환자에 대해 서술했다. 키어넌은 그 여성을 냉수 좌욕과 "지적 훈련 과정"으로 치료했지만, 그 여성의 "부계 측 조상 중 신경증 환자가 있었다"라고 진술하며 우생학적 원인을 떨쳐버리지는 않았다.[31] 1892년 앨리스 미첼Alice Mitchell의 사례에 대해 엘리스는 상세히 이야기했다. 크로스드레싱cross-dressing을 하고[즉, 자신의 성별이 아닌 성별의 복장으로 꾸미고] 남자 이름을 쓴 미첼은 다른 여자와 결혼하려는 계획을 좌절시킨 자신의 여자 형제를 살해했다. 미첼은 안면 "비대칭이 뚜렷했고" 외모가 "나이에 비해 젊어 보였다"라고 엘리스는 조심스럽게 지적했다.[32]

그 이후의 저자들은 외음부 측정, 유두 분류, '성기 소견' 목록 작성 등 자기가 근거 자료로 간주한 것들을 직접 언급했다. 의사 로버트 라투 디킨슨은 1941년에 발표한 연구 〈동성애의 부인과학The Gynecology of Homosexuality〉을 위해 방대한 측정을 수행했다. 디킨슨의 사례 연구는 관음증이라 할 수 있을 정도로 앞 사람들이 기록한 대부분의 사례 연구보다 훨씬 더 구체적이다. 거의 모든 사례에서 여성의 젖꼭지가 납작한지 "정상"인지, 자극을 받으면 젖꼭지가 하나만 꼿꼿해지는지 둘 다 꼿꼿해지는지 여부에 대해 언급한다.[33]

많은 의학 문헌에서는 젠더 순응적 레즈비언, 젠더 위반적 레즈비언을 구별해 그 신체적 특성을 여성에게 부여했다. 1935년 우생학 출판사에서 출간된 모리스 치데클Maurice Chideckel의 책에서는 "남자 역할을 하는" 레즈비언은 월경이 중단된다는 일부 심리학자의 주장에 힘을 실었다. 이런 "전환 증상"은 남자가 되고 싶은 것으로 추정되는 어떤 욕망이 육체적으로 발현된 것이었다. "자궁은 단지 그 자궁의 주인과 보조를 맞출 뿐이다."[34] 그런 주장은 커플 중 한쪽에게 다른 한쪽보다 더 퀴어하다는 꼬리표를 붙이는 노릇을 했다. 이 경우, 월경주기가 짧은 것은 진정한 여성성으로 이어지는 또 하나의 가느다란 연결고리기 상실됐다는 신호였다. 어떤 연구자들은 심지어 '어싱스러운' 여성은 레즈비언으로 생각하지도 않았다. 의료 기록이나 신문 기사 모두 "커플 중 '여성스러운' 쪽은 특별할 것이 없다고 생각하는 경향이 있었는데, 마치 그 여성이 관습적인 아내 역할을 하는 한 그 여성의 '남편'이 또 다른 여성이라는 사실은 중요하지 않다는 투였다"라고 촌시는 지적한다.[35] 여성스러운 여성은 레즈비언이 아니라 레즈비언의 사냥감이었다. 아우구스트 포렐의 1908년 작《성의 문제The Sexual Question》 영역본에서는 남자 행세를 하다가 "어느 평범한 여자아이"와 약혼하게 된 한 여자의 이야기를 들려준다.

> 얼마 지나지 않아 그 여자는 정체가 들통나 체포돼 정신 의료 시설로 보내졌고, 그곳에서 강제로 여성복을 착용해야 했다. 하지만 그 여자에게 속아 넘어간 어린 여자는 자신의 '연인'을 잊지 못해 면회를 갔고, 사람들이 다 보는 앞에서 '연인'에게 안겼다. …… 나는 그 어린 여자를 한쪽으로 데려가, 그 여자를 속인 가짜 '젊은이'에게 계속 관심을 가지는 것을 보고 있는 게 경악스럽다고 말했다. 그 어린 여자는 정말 여성스러운 대답을 내놓았다. "아, 아시다시피 의사 선생님, 전 그이를 사랑해요, 어쩔 도리가 없답니다!" …… 바로 이렇게 해서 한 평범한 여자가 성도착자에게 체계적으로 유혹을 당하고, 그 성도착자를 미친 듯 사랑하게 되며, 그 성도착자와 수년간 성적 과잉을 저지르면서도 스스로는 병적인 상태에 빠지지 않는 것이다.[36]

'펨femme'과 '부치butch'가 통상적인 표현이 되기 수년 전, 의학 문헌은 여성의 성적 정상성에서 중심이 되는 지점을 설정했다. '속아 넘어간 여자'(포렐은 아마 순진하게도 그렇다고 믿었을 것이다)는 병적인 상태에 빠지지 않았을 뿐만 아니라 '정상'이었다. 심지어 의사를 당혹스럽게 한 그 여자의 대답도 '진정 여성스러운' 것이었다. 젠더 이상에 부합하면 다른 여자에게 성적으로 끌린다는 낙인을 상쇄시킬 수 있었는데, 특히 여성성의 중심점에서 너무

많이 벗어나 있지 않은 경우 더욱 그랬다.[37]

과학은 그처럼 병리적인 것과 상황적인 것을 갈라 나누는 명칭들을 고수했다. G. 되르너G. Dörner가 1968년 쥐의 동성애에 관해 작성한 보고서는 교미할 때 수컷을 올라탄 암컷, 암컷 아래에 자세를 취한 수컷만 동성애적이라고 규정했다. 웬들 리케츠는 "이는 생식에 바탕을 둔 모형이며, 말할 필요도 없이 동물실험의 경우 생식과 관련된 '적절한' 역할에서 가장 현저하게 벗어난 동물이 동성애적인 존재로 간주된다"라고 논평했다.[38]

'지배적' 레즈비언과 '소극적' 레즈비언을 정량적으로 측정하려는 시도는 뮤리얼 퍼킨스Muriel Perkins의 연구에서도 계속됐다. 퍼킨스는 표준적인 이성애자 여성의 체형이라는 개념을 바탕으로 1974년에서 1976년 사이 백인 레즈비언 241명을 인터뷰하고, 체중을 쟀으며, 신체를 측정했다. 퍼킨스는 레즈비언이 대조군보다 "통계적으로 엉덩이가 더 좁고, 팔다리 둘레가 더 크고, 피하지방이 더 적으며, 근육이 더 많다"라는 결론을 내렸다. 더욱 중요하게도, "정신성적으로psychosexually 지배적인 집단"이 "정신성적으로 중산적, 소극적인 집단"보다 키가 훨씬 더 크고, 더 근육질이고, 어깨가 더 벌어졌으며, 팔다리 둘레가 더 크고, 엉덩이가 더 좁다고 퍼킨스는 주장했다. 지배적이라고 확인된 여성(여성 스스로의 판단인지 퍼킨스의 판단인지는 불분명하다)은 더 육중한 반면, "소극적인 동성애자 여성의 평균 비만도는 대조군의 …… 평균에 가장 근접했다".[39]

레즈비언의 해부학적 구조에 대한 평가들은 '펨'과 '부치'를 나누었을 뿐 아니라 인종 경계선에 따른 엄격한 계층화에 기대면서 동시에 그것을 조장해왔다. 이 두 가지 기준은 하나가 다른 하나로부터 크게 차용하고 있는, 생물학적 차이라는 지배적 구성물로 자주 병합됐다. 동성애자는 '원시 인종' 구성원과 마찬가지로 진화가 덜 된, 과거의 사람과 비슷한 존재로 그려졌다. 이는 동성애자의 몸이 마땅히 그래야 할 만큼 성적으로 선명하게 구별되지 않는다는 주장에서 잘 드러난다.[40] 이 시기 의학 문헌을 보면 이미 레즈비언 일반, 특히 흑인 레즈비언에게 남성화된 해부학적 구조가 있다고 생각했다는 것을 알 수 있다. 1921년 P. M. 리히텐슈타인P. M. Lichtenstein은 "비정상적으로 돌출된 음핵"은 거의 항상 레즈비언, 특히 "유색인 여성"에게서 나타난다고 썼다.[41] 의사들은 남성성 및 여성성에 대한 자신들의 관념을 인종이 서로 다른 커플에게 손쉽게 투영했다. 게다가 누가 공격자이고 누가 먹잇감이냐에 대한 인종주의적 환상을 흔쾌히 받아들이는 데서 그치지 않았다.

1930년대에 존스홉킨스대학교 의학부에서 초기 경력을 쌓던 모리스 치데클은 백인 레즈비언이 "유색인 '남편'을 둔 스스로를 영웅적이라고 생각하기까지 한다"라고 썼다. 치데클의 책 중 〈시설 생활에 익숙해진 동성애자〉라는 장에는 아프리카계 미국인과 백인인 두 여자가 감옥의 간이침대에 누워 있는 모습을 그린 그림이 등장한다. 백인 여성은 긴 머리에 두 눈을 감은 채 하이힐을 신은 다리를 꼬고서 축 늘어져 있다. 흑인 여성은 짧게 깎은 머리에 두 눈은 가늘게 뜬 채 연인의 헐벗은 가슴을 음흉하게 바라보고 있다. 또한 맨발에 다리와 등은 조각상처럼 매끈하며 옷 너머로 근육이 꿈틀거린다. 그런 흑인 여성은 "사내다운", "동물적인" 정욕의 화신이자, 치데클의 눈에는 포식적인 가해자다.[42]

치데클은 유색인 여성 간 레즈비언 관계에 대해서는 논하지 않았는데, 아마 그 어느 쪽도 '구원하겠다는' 강한 열망이 없었기 때문일 것이다. 결국 백인 동성애자는 일단 치료만 되면 계속 국가에 대한 우생학적, 생식적 의무를 수행하라는 요청을 받을 수 있었다. 그 자손이 똑같이 변태성욕에 물들지 않을 것이라고 믿는 한 말이다. 치데클은 여성 동성애를 혐오한 만큼이나("환상에 사로잡혀 있으며 대부분 지독하게 불운한 여성들이 부자연스러운 것을 터무니없이 갈망한다") 인종과 계급의 경계를 넘는 연애 및 성적 관계를 특별히 증오했다. 치데클은 그런 결합의 원인을 "후각, 코, 성기" 간의 연관성에 돌리면서, 시설에 수용된 백인 여성이 비백인 여성에게 성적으로 끌리는 것은 "도덕적 정력이 낮거나 후각에 병리가 있기 때문"이라고 말했다.[43] 하지만 이런 견해를 레즈비언 커플에만 국한하지는 않았다.

어째서 백인 여성이 니그로와 결혼하는가? 왜 젊고 교양 있는 여성이 집시와 눈이 맞아 함께 달아나는가? 부유하고 세련된 여성이 정신적으로나 문화적으로나 이상적인 짝이 될 남성을 포기하고 트럭 기사, 택시 기사, 아니면 부친의 운전사와 결혼하려고 도망치는 이유가 뭘까? …… 후각신경이 …… 비정상이므로 냄새 그 자체가 왜곡돼 잘못된 방향을 향하기 때문이다.

후각은 성기와 밀접한 관련이 있다.[44]

치데클은 단순히 말에 그치지 않았다. 그는 푸에르토리코인 남자와 사랑에 빠진 한 부유한 백인 여성에게 편도선 및 아데노이드 제거술을 받도록 설득했다. 치데클의 진단 및 치료 규정은 사적 관계에서의 계급 간, 인종 간 친교에 대한 더욱 거대한 문화적 불안감의 산물이었다. 서머빌은 짐크로법하의 미국에서 "인종 간 욕망"은 "선천적, 비정상적 대상 선택의 한 유형으로" 인식됐다고 썼다.[45]

인종 및 계급에 바탕을 둔 교리는 동성애에 대한 입증과 '진단'을 점점 더 늘려갔으며, 지배적 사회가 그 자신에 대해 작동시키는 통념을 따르도록 맞춤화됐다. 그런 허구 중 하나는 부자와 빈자, 백인과 인종화된 사람은 '악행'에 관한 한 공통된 충동을 가지고 있지 않다는 것이었다. 알베르트 몰은 성적 전도가 "사회 상류층"에서 더 흔하다고 생각한 반면, 엘리스는 "하위 인종"이 그렇듯 유럽의 "하위 계층"도 동성애에 대해 어느 정도는 반감이 덜하다는 게 밝혀졌음을 주장하기 위해 은유를 끌어왔다. "이 경우 민속학 분야의 다른 많은 문제들과 마찬가지로, 문명사회에 속했으나 교육받지 못한 자는 야만인과 연결돼 있음을 알 수 있다."[46] 이런 진술은 가난한 사람 및 비백인 각각을 모욕당하는 집단과 연결함으로써, 말하자면 그 둘을 서로 연결함으로써 양쪽 다 욕되게 하는 데 그치지 않았다. 소득 수준이 낮으며 백인으로 추정되는 유럽인을 과학적 인종주의자들이 이미 우생학적으로

(따라서 사회, 경제, 정치적으로) 뒤떨어졌다고 여긴 비서구인과 동일시함으로써 계급을 유전적으로 설명하려는 시도에 더욱 힘을 실어주기도 한 것이다.

말 그대로 성적 행위의 지도 그리기를 시도한 저자들도 있었다. 엘리스는 트리버디즘을 발칸반도 남부 슬라브인 여성의 특성으로 간주했다.[47] 1886년 타르노프스키_{Tarnowsky}라는 러시아인 저술가는 아르메니아가 패더래스티의 발상지이며 이후 그 밖의 아시아 및 중동 지역으로 퍼져나간 것이라고 공공연하게 말했다.[48] 몰은 이에 완전히 동의하지는 않았지만, 트리버디즘 및 그 밖의 관련 관행들이 아랍 세계에 만연한 반면 "모든 문명국가에서는 이런 본능이 아직 숨겨져 있다"고 생각하긴 했다.[49] 악행이 그렇듯 자제도 인종에 따라 결정되는 것이었다. 따뜻한 기후대에서는 동성애자가 원래 있어야 할 비율보다 더 많다는 생각에 공감했던 폴 모로는 1887년 따뜻한 기후대의 거주민이 추운 지역의 거주민보다 성욕이 더 강하므로 동성애에 굴복할 가능성이 더 높다고 말했다.[50] 몇 년 뒤, 제임스 포스터 스콧은 이를 지지하는 견해를 내놓았다.

기후, 인종, 체질의 활력, 유전, 사회 환경은 성의 적극적 발현이 가장 먼저 시작되는 생애 기간에 현저한 영향을 미친다. 따라서 성의 적극적 발현은 추운 나라와 가난한 계층보다는 따뜻한 나라와 호화로운 생활을 하는 사회계층에서 더 일찍 일어난다.[51]

대중의 인종주의적 상상 속에서 열대기후와 아이들의 성적 개방성, 음탕함, 과도한 성행위 간의 연관성은 그다음 세기까지도 지속됐다.[52] 1935년 의사 글렌 워즈워스Glen Wadsworth는 진보적 출판물임을 자처하는 《성과학지》의 지면에서 독자를 질책하며 이렇게 썼다. "원시 인종 사이에서 자위는 단지 개인이 거치는 성교육의 한 단계일 뿐이다." 즉, "어린 야만인은 배우고 …… 그러다가 흥미를 잃는" 반면, "문명화된" 아이들은 부모가 나서서 그들의 성적인 탐구를 금지하는 바람에 스트레스를 받아 병이 난다는 것이다.[53] 또 다른 익명의 기고자는 다음과 같이 썼다.

열기와 습기가 극심한 곳에서는 식물이 지나치게 발육하고 일찌감치 무르익듯 인간도 이와 똑같은 특성을 보이는 것 같다. 열대지방에 서식하는 인종의 성욕이 눈에 띄게 증가한다는 것은 이미 잘 알려진 사실이다. 열기는 이런 기능의 발달에 중요한 역할을 한다. 이는 이 지역에 나태하고 비활동적인 생활이 널리 퍼져 있는 데에 기인한 것이다. 이것이 원인인지, 아니면 열기가 생식샘의 기능을 자극해 분비물이 증가해서인지는 아직 밝혀지지 않았다.[54]

유럽 및 미국의 저자들이 자기들 내부에서 인종적 외부자로 그려진 사람들에게 기울인 관심은 이보다 더했으면 더했지 결코 덜하지 않았다. 유대인 남성을 탈남성화하는 식의 묘사가 넘쳐났지만, 유대인 사이애는 동성애가 드물다고 규정한 문헌들도

2부 | 퀴어 해부: 100년의 진단, 해부, 그리고 정치 전략

많았다.[55] 심지어 치데클조차 20년 전 외국인 혐오적인 논문들에서 통용됐던, 정신이상에 관한 통계를 되풀이하며 마지못해 동의했다. "미국의 정신 의료 시설에 그토록 많은 수용자를 공급해주는 유대인 인종이 변태성욕에는 사실상 면역이 돼 있다는 사실은 주목할 만하다. 성매매를 제외하면, 유대인 동성애자 여성, 사디스트, 마조히스트, 님포마니악을 마주칠 일은 거의 없다."[56] 스콧 또한 유대인에게는 성병 및 (스콧이 1898년 자신의 저서 초판을 출간할 당시 여전히 동성애의 의미를 포괄했던 용어인) 자위가 거의 없다고 쓰면서, 유대인을 "오늘날까지도 '세계를 깜짝 놀라게 하는' 할례받은 민족"이라고 불렀다.[57] 오리피스 수술을 만병통치약으로 삼았던 사고방식을 고려하면, 스콧 등이 어떻게 해서 이런 결론에 이르렀는지 파악하기는 어렵지 않다. 아닌 게 아니라 이보다 몇 년 전 《오리피스 수술 저널》의 한 필자는 성경의 언약을 새롭게 구상하기까지 했다.

만약 모세가 유대인에게 포피 제거는 물론 음핵 덮개 질단노 명령했었다면, 유대인은 틀림없이 지금쯤 이런 형태를 명확하게 보여주는 특성들을 지니고 있었을 것이다. 즉, 포피 및 음핵 덮개는 유대인의 자연 발생적 형질에서 완전히 뿌리 뽑혀 그 형태 자체가 사라졌을 테고, 오늘날 유대인은 그것들이 없는 채로 태어났을 것이다. 듣자 하니 지금도 포피가 없는 유대인 남자아이들을 드물지 않게 볼 수 있다고 한다.[58]

물론 그런 아이들을 보게 되는 이유는 유대교 전통에 따라 유대인 남자아이들이 생후 8일째에 할례를 받기 때문이다. 진화와 유대인의 해부학적 구조에 대한 위 필자의 창의적 개작은 유대인 및 여타의 인종화된 소수집단과 관련된 생물학적 환상의 기나긴 항목 중 또 하나에 불과했다.

스콧 등이 발부한 면죄부에도 불구하고 동성애와 유대인의 차이에 관한 담론들은 연결돼 있었다. 샌더 길먼Sander Gilman이 지적했듯 유대인과 동성애자, 둘 다를 향한 의료화와 사회학적 분류는 역사상 동시에 출현했다. 카로이 마리아 케르베니가 특정 '질병'에 대한 임상 용어로서 '동성애homosexuality'를 고안한 것과 같은 시기, 빌헬름 마르Wilhelm Marr는 '반유대주의anti-Semitism'라는 용어를 떠올렸다. 길먼에 따르면, '반유대주의'라는 용어의 목적은 "유대인 혐오에 대한 새로운 과학 담론을 만들어내는 것이었다. …… 이 용어는 유대인의 차이에 대한 담론의 표식으로서만 유효성을 지닌다"[59]

유대인이면서 동성애자인 사람은 존재하지 않는다는 주장은 히르슈펠트의 대중적 명성에 정면으로 반하는 것이었다. 하지만 이렇게 주장하는 사람들조차 유대인에게는 동성애자와 나란히 국가를 약화시킨 최소한의 과실이 있다고 봤다. 결국 우생학과 국가주의는 서로 떼려야 뗄 수 없게 얽힌 채 하나가 다른 하나를 든든하게 떠받쳤다. 조지 모스가 쓰길, 19세기 독일에서는 이 두 집단 모두 우생학적 억지 해석의 대상이 됐다. 요컨대 동성애자는 노동자 및 군인의 아버지가 되기를 거부한다, 유대인은 독일 여성에게 욕정을 품는다, 그리하여 타락한 독일 여성은 영원히 건강하지 못한 아이들을 낳을 것이다, 등이 그것이었다. 게다가 유대인은 아리아인을 약하게 만들고 파괴하려는 음모의 일환인 산아제한을 발명했다는 비난도 받았다. 역사적으로 당시 출생률 하락에 대한 두려움이 어느 정도였는지를 고려하면, 이런 비난은 심각한 수준이었음을 모스는 강조한다. 범죄란 범죄는 모조리, 병리학적 행동도 몽땅 다 유대인 탓이었던 시대에, 유대인이 선천적으로나 유전적으로 동성애자로 낙인찍히지 않을 수 있었던 유일한 이유를 모스는 이렇게 추정한다. 아마도 유대인의 가정생활이 눈에 띄게 보편적으로 인정받았고, 이런 이미지는 상상력 넘치는 의사 등이 지어낸 동성애자의 세계와는 어울리지 않았기 때문이라는 것이다. 그럼에도 경멸당하는 사람들이 일정하게 통합되어 서로에 대한 경멸을 강화하는 일이 차츰차츰 전개됐고, 이에 상응하는 은유가 등장했다. 1930년 독일 의회가 게이 남성에 대해 거세를 요구하는 법안을 고려하고 있을 때, 동성애자에게는 '유대인 역병'이라는 낙인이 찍혔다.[60]

우생학 프로젝트 추진 과정에서 볼 수 있는 은유의 활용은 퀴어에 대한 저술 및 실험에서 극명하게 나타난다. 그것이 한층 더 뚜렷하게 드러나는 경우는 저술 및 실험의 대상이 여성 그리고/또는 인종적 외부자일 때였다. 독일 의회 논의에서 알 수 있듯 어떤 경우에는 타락 및 성적 타락—백인, 아리아인, 아니면 앵글로색슨계 유럽 및 미국 혈통에서 일탈한 모든 유전자군에서는 기정사실로 간주되는—에 대한 단순한 암시만으로도 그 둘[즉, 여성과 인종적 외부자]을 연결하기에 충분했다. 성적 대상으로 선택된 사람이 둘 중 어느 쪽이냐와는 무관하게 말이다. 낸시 라이스 스테판Nancy Leys Stepan이 시사하듯, 은유는 일반적으로 별개의 서로 다른 두 존재를 "서로 간의 인지적, 정서적 관계" 속으로 끌어온다. 유사성을 구성해내는 비유는 새로운 지식을 구성해내기도 한다. 은유는 더는 묘사의 대리자가 아니며, 과학적 사실로 탈바꿈한다고 스테판은 쓴다. 은유의 힘은 "그 은유 속에서 기존에는 하나의 대상에만 연관됐던 특징들이 다른 대상에도 적용되도록 함축적 의미들의 **체계**를 하나로 엮는" 능력에 있다.[61] 양쪽 대상이 다 주변화되거나 혐오의 대상이 되거나 아니면 유전적, 생물학적, 그리고/또는 해부학적 결함이 있다고 간주될 경우 이러한 과정은 더욱 가속화된다.

당대 다른 지배적 담론들, 그중 특히 과학적 인종주의가 의사들에게 힘을 실어줄 수 있었던 것은 은유를 통해서였다. 의사들은 열렬히 외과술을 실행하려고 했으며/하거나 관찰의 신뢰성을 확립하려고 했다. 레즈비언의 '남성화된 성욕', 유대인 남성의 사내답지 못함, 흑인 레즈비언의 과잉 남성성hypermasculinity[또는 초남성성]에 대한 견해들은 전부 경멸당하는 이들을 서로서로 연결하는 고리들을 강화하는 역할을 했다. 또한 이와 똑같이 치명적이게도, 특정 성향, 표현, 행위를 특정하게 젠더화되거나 인종화된 집단들의 자연스러운 영역으로 분류하는 작업을 정당화했다. 이런 맥락에서 보면 성소수자 사이에서 아동기 젠더 비순응 정도를 평가하는 것은 은유와 직유가 과학 방정식의 인수로 포함

돼온 역사적 흐름 속에서 또 하나의 단계에 해당할 뿐이다.[62]

레즈비언을 다루는 방식은 일련의 의학적 언명에 의존했다. 이 의학적 언명은 젠더화된 성 규범에서 벗어난 것은 뭐가 됐든 비정상이라고 표시하고 구분했을 뿐만 아니라, 성적 '일탈' 및 식별 가능한 신체 이상으로 발현되는 것이자 그에 의존하는 것으로서 여성의 광기를 구성해냈다. 19세기 말에서 20세기 초 레즈비언에 대한 논문들에서 유전적 특성, 해부학적 구조, 정신이상 사이에 이어진 선들을 눈으로 따라가노라면, 다가올 세기 내내 퀴어를 위험에 빠뜨리게 될, 생물학과 정신의학의 통합 및 강화라는 전조가 어른거리기 시작한다.

11장

동성애와 생체/정신 병합: 인과론의 가산적 모형

병리학이란 새로운 조건에서 작용하는 생리학일 뿐이다.

—해블록 엘리스, 《성적 전도》

통설에 따르면, 프로이트 이후 우생학적이면서 생물학을 바탕으로 한 여타의 동성애 관련 이론들은 정신분석학적 설명에 자리를 내줬다. 정신의학 및 심리학이 게이 및 레즈비언에게 얼마나 위험하고 때로는 치명적이었는지를 고려하더라도, 퀴어가 맞서 싸워야 했던 틀이 그것뿐이었다면 오히려 다행이었을 것이다.[1] 생물학적 설명이 죄와 악행이라는 수사를 사라지게 하지 못한 것처럼, 정신분석학적 설명은 유전론이나 진화론을 몰아내지 못했다. 생물학이 어떤 성향을 상세하게 기술할 수는 있었지만, 그렇다고 해서 고통을 겪고 있는 당사자가 자제력을 발휘하지 않아도 된다는 뜻은 아니었다. 성적 소외자는 또 다른 인과론이 등장할 때마다 다시금 새롭게 낙인찍혔다. 때로는 정서 발달 모형과 유전 모형이 경쟁하며 정당성을 주장하기도 했다. 지난 70년간 그 둘은 자주 협력해왔다. 동성애를 타고난(생물학적인, 유전적인, 태아 발달 시기에 발생한, 신체에 뿌리를 둔) 것으로 특징짓는 방식은 후천적(환경적, 심리적, 정신의학적) 모형의 부상에도 불구하고 퇴색하지 않았다. 오히려 이 모형들은 하나가 다른 하나를 더욱 튼튼하게 보강해 요새화했다.

생물학 담론과 심리치료 담론의 통합은 심지어 정신과 진단조차 의학적 맹공격을 명령할 수 있음을 의미했다. 그 의학적 맹공이란 요컨대 (화학적이거나 충격을 가하는) 혐오 요법, 호르몬의 급격한 변화, 정신외과술(전두엽절제술), 아니면 뭐가 됐든 이런 것들의 조합을 말한다. 오리피스 수술에 대한 기록이 그렇듯 이런 의료 개입의 기록을 살펴보노라면 고통이 느껴질 정도다. 다른 시대에도 마찬가지였지만 치료는 때로 레즈비언 및 게이가 적극적으로 받으려고 하기도 했고—배척과 적의로 가득한 분위기 때문에 필사적이 돼 공모할 수밖에 없어서—, 때로는 저항할 능력이 가장 없는 사람들—어린아이, 투옥된 사람, 수용된 사람—에게 억지로 떠안겨지기도 했다. 앞서 나온 가설들(동성애는 일탈이다)과 똑같은 전제를 바탕으로 동성애에 대한 정신의학 및 생물학 논문들이 병합돼 형성된 가설들은 퀴어를 향한 적대감 및 신체적 위해를 없애는 데 아무런 도움이 되지 않았다. 1970년대 동성애자 권리운동이 한창 가시화되고 있을 때 등장한 의학 모형들조차 그 운동에 도움이 되지 않았다. 그 의학 모형들은 도리어 끔찍한 피해를 낳았다.

생체/정신 병합은 모든 인과론의 가산적 성격을 대표적으로 보여준다. 예나 지금이나 인과론 중에서 상호 배타적인 것은 아무것도 없다. 예컨대 딘 해머는 동성애에 대한 유전적, 정신의학적 설명을 통합했다. 《욕망의 과학》에서 해머는 다음과 같이 썼다.

> 동성애자 피험자의 성적 지향은 대부분의 경우 사춘기 훨씬 전에 뚜렷이 드러났고, 심리학자 및 정신과의들도 이런 관찰 결과를 잘 알고 있었다. 심리학자 및 정신과의들은 대부분 성적 지향이 생애 첫 6년 이내에 확립된다고 생각한다. 성적 지향이 한 사람의 심리 구조에 깊이 배어든 구성 요소임을 보여주는 이런 초기 징후는 …… 어떤 유전 소인素因이 존재한다는 생각과 일맥상통한다.[2]

해머는 징벌적 법률 대응이 게이 및 레즈비언에 대한 잘못된 의학 정보를 탐욕스럽게 흡수했던 것과 거의 같은 방식으로 동성애에 대한 정신의학적 도해圖解를 통합했다. 해머의 작업은 정신분석가 및 의사들이 인간 섹슈얼리티에 대해 저마다 가지고 있는 가정들 사이의 거리를 협상하던 1930년대로 뒷걸음질을 치는 것이다.

프로이트 자신도 그 벌어진 틈을 메웠다. 그린버그는 프로이트가 신경학 및 정신의학에 관한 19세기의 저술을 광범위하게 참고했다고 전한다. 프로이트는 〈한 미국인 어머니에게 보내는 편지 Letter to an American Mother〉에서 동성애가 병이 아니라고 말했다. 동성애를 유전적 퇴화의 징후라고 단언하는 것은 거부했지만, 동성애의 형성에 어떤 체질적 요소가 있을 수 있다고 생각하기는 했다. 동성애에 대한 정신분석학적 관점은 태아 발달 시기에 발생하는 **소인**이 후천적 경향과 결합하여 전도를 일으킨다는 주장을 받아들일 만큼 충분히 탄력적이었다. 1930년, 동성애자에 대한 처벌을 "극심한 인권침해"라고 규탄하는 내용으로 공표된 한 성명서에 프로이트는 서명했다.[3] 그럼에도 게이 및 레즈비언 그리고 그 어머니들은 수세대에 걸쳐 프로이트주의의 해석을 따라 섹슈얼리티 발달을 이해하는 정신의학계에 의해 육체를 지배당하고 감정이 찢겨졌다.

1933년 출간을 시작한 《성과학지》는 인과론의 스펙트럼 전반에 걸친 논문들을 흡수할 준비가 돼 있었다. 1934년 3월호에서 의사 조지 레이크 George Lake 는 동성애가 **정신적** "기형"이라고 썼지만, 레이크가 사용한 비유는 모조리 **신체**장애와 관련이 있었다. 성도착자는 "청각장애, 시각장애, 혹은 신체 기형으로 태어난 사람들만큼이나 자신의 몸 상태에 대해 책임이 없다"[4]고 본 것이다. 커밋 리드너 Kermit Reidner 가 쓴 〈동성애자 치료법? Cure for Homosexuals?〉과 같은 기사들은 선천적 동성애, 후천적 동성애 가능성을 고려하면서 후자가 치료에 더 적합하다고 했다. "정상성"은 적절한 젠더 역할 훈련을 통해서 획득될 수도 있다고 리드너는 지적했다.[5]

저널 편집자도 그 쟁점에 끼어들어 심리적, 생물학적, 도덕적 공격을 어떻게든 하나로 통합 및 강화했다. "동성애는 흔히 어떤 체질적인 것이 바탕이 된 **정신병질**psychopathy이다. 동성애자는 공공연하게 반사회적 태도를 보이며, 반사회적 개인들은 도덕적 정력이 부족하다."[6] 《성과학지》에 이 주제로 글을 쓴 거의 모든 기고자가 동성애는 어떤 식으로든 일탈이라고 생각했다는 사실에도 불구하고, 그 저널은 동성애자에 대해 극히 계몽된 태도를 지니고 있다고 자처했다. 1940년 게재된 한 기사는 사회의 태도 전환을 촉구했다. 기사에서는 후천적, 선천적 동성애를 구별하면서 게이 및 레즈비언 투옥에 반대하는 주장을 펼쳤다. "태어날 때부터 몸에 배어 있던 것을 형벌로 몰아내지는 못할 것이다."[7] 현대 정신의학이 동성애에 대해 노골적으로 우생학적인 모형보다는 더 계몽된 대안을 제시한 게 맞든 아니든, 게이 및 레즈비언에 대한 의료계의 학대를 막진 못했다. 어떤 진단을 받고 치료를 당하느냐에 따라 [정신의학적 모형과 우생학적 모형이라는] 두 체계는 나란히 공존하기도, 이중의 위험으로 작용하기도 했다.

알베르트 몰이 지적으로 진화해가는 모습을 보면 인과 패러다임의 가산석 성격과 '성 본능'에 관한 자명한 이치들의 유연성을 확인할 수 있다. 몰은 경력의 상당 부분을 타락한 유전에 집중했지만, 후천적 성향을 인정하긴 했다. 1936년에 이르러 몰은 관점을 크게 바꿔 동성애는 부적절한 성적 경험으로 획득되며, 극소수의 사례만이 선천적이라고 말했다. 그럼에도 유전인자의 가능성을 결코 완전히 포기하지는 않았다.[8]

모든 우생학자들이 그렇듯, 몰은 인간이 선택교배를 통해 스스로의 진화를 통제해야 한다는 믿음을 고수했다. 몰은 "건강한 개인의 역할은 남은 생애 동안 종을 영속시키는 것"이라고 밝히면서, "종 번식에 기여할 능력이 없는 자는 모두 병에 걸린 것으로 간주해야 한다"는 결론을 내렸다. 건강한 개인과는 대조적으로 유레이니스트Uranist*는 해부학적 구조가 엉망이며(작은 발, "잘 발달된" 음모, "남자아이의 크기만큼도 자라지 못하거나" 그렇지 않으면 "비정상적으로 긴 음경"), 자신의 생식 의무를 게을리 한 죄가 있었다.[9]

몰은 대단히 노련하게 후천적-선천적 지형을 가로질렀으며 당대에는 흔했던 생각, 즉 획득형질이 다음 세대에 대물림될 수 있다는 믿음에 동의함으로써 이처럼 서로 모순될 수 있는 설명들을 조화시켰다. "내 생각에 조상에게서 획득한, 동성에 대한 병적 욕망은 자손에게 유전된다"라고 몰은 썼다. 동성애자 및 (오늘날 바이섹슈얼로 통칭되는) "정신 성적 허마프로다이트hermaphrodite[즉, 자웅동체]"의 부모 간 나이 차이가 너무 큰 것이나 근친혼 역시 우생학적 근본 원인일 수 있다고 몰은 가정했다. "내가 아는 근친혼의 여러 사례를 보면, 유레이니스트인 자녀의 아버지는 완전한 의미의 색정광으로서 여성들과 놀아나는 것으로 명성이 자자

---

* 호모섹슈얼, 게이, 레즈비언이라는 용어들이 통용되기 전, 동성애를 묘사하는 데는 여러 표현이 사용됐다. 1864년 독일의 변호사 카를 울리히스는 천상계의 또는 영적인 사랑을 나타내는 그리스 여신 우라니아Urania에 착안해 우라니무스Uranismus라는 표현을 사용했다. 여기서 차용해 영어로 '유레이니즘Uranism'은 남성 동성애, '유레이니스트Uranist', '유레이니언Uranian', '어닝Urning'은 동성애자 남성을 가리키는 데 사용됐다.

했다." 몰이 보기에 유전적 퇴화가 모습을 드러낼 수 있는 방식은 얼마든지 있었다. "왜 어떤 사람한테서는 간질이 나타나고 어떤 사람한테서는 성적 전도가 발현되는지 우리는 알지 못한다. 감기에 걸린 두 사람 중 한 명은 카타르[점막 염증]만 생기는데 다른 한 명은 류마티스 관절염이 생기는지 그 이유를 알 수 없는 것과 마찬가지다." 몰은 심지어 당시 떠돌던 또 다른 이론, 즉 동성애가 어떻게든 간질과 관련이 있다는 주장을 잠깐 고민해보기도 했다.[10]

동성애를 후천적인(따라서 억누를 수 있는) 것으로 규정하는 것은 뭐가 됐든 법적, 형사적 처벌을 정당화하는 데 용이하다는 걸 몰은 인식하고 있었다.[11] 이는 몰의 이데올로기적 성장에 꽤 영향을 미쳤을 것이다. 하지만 몰은 여전히 "이런 도착이 존재할 때 공정한 관찰자는 그 행위를 범죄적인 것이 아니라 병적인 것으로 간주해야 한다"라고 촉구했다.[12] 이는 동성애에 대해 생물학을 바탕으로 한 모형이 관용을 지향하는 경향이 있다는 생각에 신빙성을 부여할 수도 있지만, 몰은 동성애의 서천성을 굳게 믿을 내소자도 의료 개입을 옹호했다. 더욱이 [몰이 언급한] 전문용어 및 치료법은 정신의학의 흔적을 암시하지만, 진단은 명확히 우생학에 뿌리를 둔 것이었다. 몰은 대부분의 전문가가 그 주제에 관해 만장일치라고 주장했다. 요컨대 선천적, 후천적 전도의 뿌리는 동일하다는 것이다.

그것들은 중추신경계의 과도한 긴장 때문에 발생한 신경증이나 정신이상으로 규정할 수 있다. …… 결과적으로 부모에게 히스테리와 같은 가벼운 형태의 중추신경계 퇴화가 있는 경우 자녀에게서 심각한 정신적 문제가 발견될 수 있다.

후천적이든 선천적이든 도착과 관련된 성적 전도를 보여주는 모든 사례에서 유전적 부하의 역할이 대단히 크다는 점은 틀림없다.[13]

이런 논리야말로 본질적으로 가산적인 설명들이 지닌 탁월함이었다. 유전 그 자체는 '치료될' 수 없지만, 타고난 성향이나 문제가 있는 혈통은 후천적 도착을 유발할 토대가 될 수 있다는 것이다. 그리고 그 도착은 후천적인 것인 만큼, 되돌릴 수도 있다고 했다.

몰이 택한 치료법은 '연상 요법association-therapy', 즉 지향을 점진적으로 원상 복귀시키는 프로그램 같은 것이었다(비록 엘리스는 몰이 "최면술의 위대한 권위자로서 동성애에 최면술을 적용한 경험이 풍부하다"라고 평했지만 말이다). 남자아이에게 성적으로 끌리는 게이 남성은 몰이 보기에 가장 고무적인 사례였다. 그런 게이 남성은 '정상 섹슈얼리티'에 가장 가까운 동성애 충동을 가지고 있는데, 왜냐하면 "사내아이는 여자와 비슷하고, 따라서 사내아이에게 성적으로 끌리게 만드는 유기적 뒤틀림은 문제가 덜 심각하기 때문"이라고 몰은 추론했다. 거의 모든 경우, 유레이니스트는 어떤 다리를 건너가기만 하면 이성애자가 될 수 있다는 식이었다. 올바른 길을 찾아가기만 하면 남자는 "사내아이 같은 여자"를 사랑하

게 될 수도 있었다.[14]

신체적이고 유전적인 영역과 정신적인 영역 간의 경계는 관통할 수 있는 것이었고, 이는 몰로 하여금 동성애의 기원 및 징후를 생물학에서 찾을 수 있게 해줬다. 하지만 동성애 근절로 가는 길은 정신 영역에 놓여 있었다. 뉴욕대학교 정신과의 루이스 맥스Louis Max는 동성애 및 그 치료에 대해 거꾸로 된 접근법을 취했다. 몰이 집필한 《성 본능의 도착Perversions of the Sex Instinct》이 미국에서 출간된 지 4년 뒤인 1935년 9월 6일 미국심리학회 회의에서 맥스는 〈조건반응 기법으로 동성애적 고착 끊기Breaking Up a Homosexual Fixation by the Conditional Reaction Technique〉라는 논문을 발표했다. '문제'의 근원은 심리적인 것일 수 있지만 치료는 아주, 아주 신체적인 것이었다. 의사 맥스가 동료들에게 이야기한 내용은 게이 및 레즈비언에 대한 혐오 요법, 즉 전기충격요법 사용이 문서로 기록된 최초의 사례였다.

충격 강도가 낮은 경우에는 효과가 거의 없었다 하지만 인긴 피험자에게 일반적으로 사용되는 것보다 강도를 현저히 높인 다른 연구들에서는 각각의 실험 기간 이후 며칠 동안 자극에 대한 감정적 반응의 강도가 확실히 줄었다.[15]

그로부터 60여 년이 지난 시점에 전기충격요법은 다양한 '장애'에 대해 하나의 실행 가능한 치료법으로서 다시 한번 정당성을 획득하고 있다. 레즈비언, 게이, 바이섹슈얼, 트랜스젠더 청소년이 충격요법을 사용하는 기관에 계속 수용되는 사실을 본다면 정신의학 및 생물학 논문들이 서로 독자적으로 작용하지 않는다는 것은 고통스러울 정도로 자명하다.

정신의학적, 생리학적 치료 패러다임의 통합을 비롯해 동성애에 대한 과학적 접근 방식의 역사는 사회적 적대감에 짓눌린 퀴어가 종종 우리[퀴어] 스스로를 병리화하는 데 협력했다는 절망스러운 진실을 들춰낸다. 1930년대와 1940년대에는 의료 담론과 정신성 담론의 결합이 너무나 만연하고 대단히 교활해졌기 때문에 공공연한 강압이 그다지 필요하지도 않았다. 저명한 시인이자 작가, 활동가인 폴리 머리Pauli Murray는 자기가 레즈비언이 된 원인 및 그 치료법을 찾으려고 상당한 시간과 노력과 지성을 쏟았다. 머리의 사적 기록들이 그려 보이는 여정은 동성애에 대한 가산적 접근법이 얼마나 팽배했는지를 전형적으로 보여준다.

머리가 의사들과의 만남에 대해 남긴 메모들을 읽어나가다 보면 마치 고문을 당하는 것처럼 몹시 고통스럽다. 가장 박식하고 정치적으로 깨어 있는 레즈비언 및 게이가 어쩌다 의학 '전문 지식'을 기꺼이 따르게 됐는지를 매우 명확하게 보여준다는 점이 그 이유 중 하나일 것이다. 머리는 1985년 사망하기 전까지 성인기 대부분을 민권운동에 몸담았다. 그는 하워드대학교, 헌터대학교, 예일대학교에 다녔고, 1930년대에는 공공사업진흥청에서 가르치는 일을 했으며, 스페인난민을돕기위한흑인민중위원회Negro People's Committee to Aid Spanish Refugees 사무국장을 맡기도 했다. 1939년부터 엘리너 루스벨트와 서신을 주고받았으며, 이는 루스

벨트가 1962년 사망할 때까지 지속됐다. 1949년에는 자유당의 공천 후보로 뉴욕시 의회에 출마했으며, 인두세 반대, 성평등헌법수정안Equal Rights Amendment, ERA 옹호 활동을 펼쳤다. 그럼에도, 시민권을 박탈당한 사람들의 주변화에 반대하는 정치 활동을 했던 머리조차 동성애에 대한 의학적 판단들을 자명한 사실로 받아들였다.

한때 일부 게이 남성이 거세를 받는 방안을 적극적으로 모색했듯, 머리의 동시대인 중에는 호르몬 이론을 망라하는 의학 모형에 기꺼이 동의하는 것 외에 더는 선택지가 없는 것이나 마찬가지라고 믿는 사람들이 있었다. 머리가 1937년 뉴욕 아미티빌 롱아일랜드요양원에서 가졌던 한 만남에서 의사들(그중 최소한 명은 정신과의였다)에게 던진 질문의 범위와 그에 따른 답변을 보면, 당시 정신생물학적psychobiological 수사 및 어림짐작이 얼마만큼 널리 퍼져 있었는지를 잘 알 수 있다. 요컨대 이런 식이었다. 머리는 모친에게 집착했나? 다른 사람들은 정서적 불화를 느낄 때 그것을 억누를 수 있는 듯한데 왜 머리는 그러지 못할까? 의사들은 신경 질환 때문이라고 했다. 혹시 머리의 생식기 중 하나는 사실상 구조적으로 남성의 생식기에 해당하는 게 아닐까? 의사들은 그럴 가능성은 없다고 했다. 머리는 자신이 남성의 성적 제안을 뿌리치는 이유가 무엇인지 궁금해했다. 오늘날의 용어로 표현하자면 이렇다. 머리의 성 본능은 왜 전도됐을까? 즉, 어째서 머리는 바지를 선호하고 남자가 하는 것을 하고 싶어 하며 사내들 속에 끼고 싶어 했을까? 어째서 여자들, 즉 머리 자신이 좋아하는 여자들한테서만은 조종을 당해도 참을 수 있었을까? 의사들은 어느 모로 보나 선천적인 것이라고 했다.[16]

머리는 동성애에 대한 진정한 해결책은 실험과학에 있다고 썼는데, 이는 호르몬요법을 의미하는 것이었다. 다음날의 기록에서 알 수 있듯, 머리는 검증되지도, 보증되지도 않은 '연구'에 기꺼이 참여했다. 머리는 의사 루스 폭스Ruth Fox에게 남성호르몬 실험을 할 용의가 있는지 물었다. 폭스는 머리의 부조화가 분비샘, 뇌, 아니면 다른 신체 부위에서 비롯됐다고 생각하는가? 여기서 답을 얻지 못하면 어디로 가야 답을 구할 수 있느냐고 머리는 질문했다. 어떤 분야의 과학, 병원, (국내외) 의료 기관이 제대로 장비를 갖추고 있으며, 적극적으로 실험에 참여하고 있는가? 마지막으로, 머리는 눈에 보이지 않는 남성 성기가 있을 가능성으로 되돌아갔다. 수도허마프로다이티즘pseudohermaphroditism[또는 가성자웅동체증, 거짓남녀중간몸증]*이 문제였던 걸까?[17]

2년 뒤 폴리 머리는 호르몬 '치료'에 대해 적극적으로 문의하고 있었다. 1939년 11월 뉴욕의 두 신문인 《월드 텔레그램》과 《암스테르담 뉴스》는 테스토스테론의 순수 결정질로 이뤄진 합성 정제를 갈비뼈 사이에 피하 이식한 젊은 남성 4명의 이야기

---

* 가성자웅동체증 또는 거짓남녀중간몸증은 유전적 성별을 결정하는 염색체의 핵형과 실제 외관으로 표현되는 성별을 결정하는 생식샘이 불일치하는 것을 말한다. 가성자웅동체증 남성의 경우 성염색체가 XY이고 난소와 자궁이 없는데 외부 생식기는 여성형이다. 가성자웅동체증 여성의 경우 성염색체가 XX이고 난소와 자궁이 내재해 있지만 외부 생식기는 남성형이거나 불분명하다.

를 1면 머리기사로 내보냈다. 《월드 텔레그램》은 이런 표제를 뽑았다. "몸에 심어진 알약, 유약하고 사내답지 못한 청년들을 강인하고 정력 넘치는 남자로 탈바꿈시켜." 보도에 따르면 그 정제는 "새된 목소리에 남성적인 기운이라고는 찾아볼 수 없는 비참한 청년들을 정상적인 남자로 변모시켰다".[18] 《암스테르담 뉴스》는 이런 "성 정제"가 "사내답지 못한 남자를 강인하고 정력 넘치는 정상적인 남자로 탈바꿈시키는 비법이며, 인류에 지대한 영향과 효능을 가져오도록 고안된 하나의 과학적 성취"라고 큰소리쳤다.[19] 머리는 두 기사를 모두 스크랩했고, 만약 실험적 치료법이 이미 이런 단계에 있다면 자신에게도 어떤 조치를 취할 수 있을 것이라고 쓴 메모와 함께 《월드 텔레그램》 기사 사본을 의사 리처즈에게 보냈다. 이 연구를 수행한 의사 조지프 아이덜스버그Joseph Eidelsberg와 연락을 취하게 해달라고 리처즈를 채근한 것이다.[20]

1940년 머리는 자신이 겪고 있는 불안 상태의 증상 및 부작용을 간략하게 작성한 문서에서 조급함, 두려움, 초조함을 언급했다. 머리가 당한 일을 생각하면 이는 별로 새삼스럽지 않다. 1938년 1월, 한 신경과 클리닉의 검사에서 머리의 기초대사량 및 '여성'호르몬 수치가 모두 정상으로 판명됐다. 머리의 '남성'호르몬 수치는 낮은 것으로 보고됐다. 이듬해에는 호르몬 수치 측정이 더 많이 이뤄졌는데, 그 장소는 뉴욕병원이었다. 의사 쇼어는 머리의 알몸 사진을 촬영했다. 머리의 체격은 균형이 잡혀 있고 사내아이 같은 느낌이 확연했지만, 특별히 남성적이진 않았다(복근이 약간 주목을 끌긴 했다). 의사 쇼어 혹은 아마도 의사 찰스 리처드슨Charles Richardson은 정신과 치료를 권했겠지만, 머리는 만약 동성애의 원인이 육체적인 것이 아니라면 자신이 직접 치료법을 다룰 수 있어야 한다고 생각했다. 머리는 여전히 스스로의 상태를 종양이나 잠복고환 때문일 것이라고 추측했고, 신체적, 정서적 혼란이 자신에게 난소 한 개와 남성 생식기 한 개가 있기 때문일지도 모른다고 잠시 생각하기도 했다. 그해 말인 1939년 11월 머리는 전문의 수련 병원의 내분비과 클리닉을 방문했다. 머리는 그곳에서 남성호르몬 관련 연구가 이뤄지고 있다는 정보를 알아냈고, 의료진이 남성적인 성인 여자나 여자아이를 대상으로 어떤 실험을 했는지 알고 싶어 했다. 의료진이 머리에게 남성호르몬요법을 시험할 의향이 있었을까? 그 병원의 의사는 여성호르몬 사용을 제안했지만, 머리는 치료를 받으러 병원에 다시 가진 않았다. 전미소작농주간National Sharecroppers Week 사무국장으로 일을 시작한 것도 그 부분적인 이유였다. 하지만 머리의 꺼림칙함은 더욱 깊어졌다. 남성이 되고 싶은 갈망이 너무 강렬해 차마 호르몬요법을 받을 용기가 나지 않았다고 머리는 썼다. 결국 머리는 틀에 박힌, 규범적인 여성으로서의 삶에 적응할 마음이 없었다.[21]

머리가 언급한 호르몬요법은 생물학 담론과 정신의학 담론이 융합된 산물, 심리학자, 의사, 연구자들을 만족시킬 수 있는 이중의 공세였다. 미국에서 호르몬요법은 1930년대 말에서

   2부 | 퀴어 해부: 100년의 진단, 해부, 그리고 정치 전략

1940년대에 본격적으로 시작됐으며, 가장 무시무시한 가산적 치료법의 하나로서 건재함을 자랑한다. 내분비학(호르몬, 분비샘 및 이와 관련된 장애에 대한 연구)이 스스로 틈새시장을 개척하고 있었고, 당시 분위기도 인간에 대한 호르몬 실험을 수용하기에 딱 맞았다. 1939년 익명의 한 필자는 《성과학지》 지면에서, '선천적인' 성적 전도는 치료가 불가능하지만 그 근본 원인은 불가사의가 아니라고 밝혔다. "성도착자가 그렇게 된 까닭은 인격의 원천 중 하나, 즉 태어날 때부터 가지고 있는 분비샘 관련 자질에 어떤 결함이 있기 때문이다."[22] 또 다른 기고자는 "어떤 사람들한테는 여성**호르몬**을 파괴해 그들을 남성에 가깝게 만드는 반면, 다른 사람들한테는 {남성}호르몬을 파괴해 그들을 여성에 가깝게 만드는, 아직 발견되지 않은 어떤 힘"을 묘사했다. 그 기고자는 이 힘을 "X력"이라 명명하면서, 그것이 제대로 작용하지 못할 때도 종종 있다고 설명했다. X력이 제대로 작용하지 못하면 남성의 몸 안에 있는 여성호르몬이 파괴되지 않으며 남성호르몬 형성이 지연돼 결과적으로 동성애자가 된다는 것이다.[23] 이런 시외 설명을 모는 사람이 납득한 것은 아니었다. 《성과학지》 편집자는 호르몬을 주입해 성적 지향을 바꾸려 하는 것은 "공산주의자 후보에게 투표하지 않게 만들려고 약물을 주는 것이나 마찬가지"라고 썼다.[24] 하지만 편집자의 회의적 태도에도 불구하고—사랑하는 여성의 남편을 살해한 혐의로 재판받고 있는—캐슬린 레이섬 _{Kathleen Latham}의 사연이 〈내분비범죄Endocrimes〉라는 제목으로 게재되는 것을 막진 못했다.[25]

호르몬 이론은 오래된 생물학 모형에 새 생명을 불어넣었다. 1935년 4월 《성과학지》는 이제 막 자신의 본모습을 받아들이려는 듯 보이는 한 18세 게이 남성의 편지를 실었다. 그는 "내가 정상이고 대다수가 비정상이라면?" 하고 의심했다. "내 양심의 명령에 따라 삶을 영위하며, 어떤 '정상적인' 삶이라고 하는 것을 온전하고도 자유롭게 향유하는" 편이 더 현명하지 않겠느냐고 남자는 질문했다. 하지만 《성과학지》의 자칭 개방성은 낡은 금기에서 급진적으로 이탈할 때는 적용되지 않다가 그 금기를 거침없이 재주장할 때에만 적용됐다. 'D. L.'[위에서 말한 18세 게이 남성]은 편집자한테서 이런 답변을 받았다. "**《성과학지》**는 비정상적인 것을 인간 행위의 한 형태로서 두둔할 생각이 없습니다. …… 개인은 생물학적으로 올바른 성생활을 영위함으로써만 가장 큰 만족감을 얻을 수 있습니다." 편집자는 이어, 많은 경우 동성애는 "그렇게 살겠다는 단순한 마음가짐 때문이 아니라 분비샘에서 분비되는 물질이 바뀌었기 때문"에 발생한다고 설명했다.[26]

의사들이 호르몬 치료제로 방향을 전환한 것은 게이 및 레즈비언에게 잘 알려지지 않은 불확실한 시대가 도래했다는 것을 뜻했다. 웬들 리케츠는 'A. D.'라고 불린 한 46세 아프리카계 미국인 남성이 어떤 화학요법을 당했는지 들려줬다. 1939년 10월부터 1940년 4월까지 6개월에 걸쳐 A. D.에게는 총 일곱 가지 물질이 투여됐다. "스틸베스트롤 경구 투약, 테스토스테론 피하 이식, 임신한 암말의 혈청에서 추출한 생식샘 자극 호르몬 주입—나중에 뇌하수체 생식샘 자극 호르몬으로 대체된다—, 다른 호르몬들에 대한 수용성을 높이기 위한 건조 갑상선제 사용, 테스토스테론 프로피오네이트, 에스트로겐 제제인 에메닌, 에스트리올 주입."[27] A. D.는 메스꺼움 때문에 힘들었지만 의사들은 약물을 계속 투여했다. 6개월이 다 됐을 때 의사들은 A. D.의 행동이 변하지 않았음을 인정할 수밖에 없었다. A. D.는 성기 크기를 제외하고는 여전히 남성 표준에 도달하지 못했다. A. D.는 처음에 성기가 극도로 크다고 묘사됐는데, 이는 아마도 그런 보고서들에 만연한 인종주의적 고정관념이 반영된 것일 터이다. A. D.에게 마구잡이로 시행된 실험은 동성애자가 과학 연구에 얼마나 시달렸느냐는 맥락에서만 이해되어서는 안 되며, 인종에 따라 실험 대상을 선택하던 시대의 상징으로도 봐야 한다. 화학적 폭주의 빗장이 풀렸던 그 당시는 악명 높은 터스키기 매독 실험이 7년간 진행 중이던 때이기도 했다.[28]

의사들은 치료 실패의 원인에 대해 A. D.의 "동성애가—35년이라는—장기간에 걸쳐 일어나 인격 구조가 조기에 바뀌어 자기 호르몬 인자가 이미 효력을 상당히 잃었기" 때문이라는 결론을 내렸다.[29] 이리한 견해를 통해 의사들은 A. D.가 자신이 동성애자라는 것에서 느끼는 저항감이나 수용성을 이해할 수 있는 가능성을 원천 봉쇄하고, 효능이 없는 호르몬요법에 대한 책임에서 벗어났으며, 발달심리학과 생물학적 호르몬 작용 간의 유대까지도 돈독히 할 수 있었다.

많은 연구자는 호르몬의 급격한 변화가 정신 치료 요법보다 우월하지는 않더라도 최소한 정신 치료 요법을 보완한다고 가정했다. 전자는 성욕 그 자체를 표적으로 삼고, 후자는 동성애의 신경증에만 관여한다는 것이다. 1940년대에 많은 연구자가 이런 방법으로는 성적 지향을 거의, 혹은 전혀 변화시킬 수 없다는 것(일부 경우에는 오히려 성적 활동이 증가하기도 했다)을 목격했음에도 불구하고 의사들은 이후로도 40년간 계속 환자의 호르몬 수치를 조작했다.[30] 의료계가 내놓은 불필요한 선택지들이 뒤죽박죽인 상태에서 호르몬 치료는 외과적 거세보다 좀 더 인도주의적인 대응으로 간주됐다. 이는 수년 전 단종수술이 그렇게 여겨졌던 것과 꼭 같았다. 1950년대 중반 《영국 의학 저널》의 한 필자는 52세 게이 남성의 성욕을 억제하기 위해 외과적 거세보다 호르몬 치료를 권하면서, 생식을 하지 않는 섹슈얼리티보다는 무감각한 섹슈얼리티가 낫다고 옹호했다.[31] 마찬가지로 의사 찰스 베리Charles Bery와 클리퍼드 앨런Clifford Allen은 화학적 거세에 대해 다음과 같은 지침을 정했다.

화학적 거세는 심리치료의 가망이 없는, 50세 이상의 남자한테만 허용된다. 이런 이들에게는 화학적 거세를 이용해 성욕을 파괴하고 정신적 평화를 줄 수 있다. 하지만 그렇다 하더라도 이들이 유혹의 길에 빠질 수 있는 직업 생활을 계속하도록 허용해선 안 된다.[32]

베리와 앨런은 몇몇 동료가 권장한 대로 게이 남성에게 테

　2부 | 퀴어 해부: 100년의 진단, 해부, 그리고 정치 전략

스토스테론을 주입하면 "환자의 충동을 잘못된 방향으로 증폭시켜" 결국 "그를 더욱더 동성애자로 만들 수 있다!"라고 경고했다. 화학적 거세도 가볍게 다룰 일이 아니었다. "여성호르몬을 주입해 '화학적 거세'를 하는 것은 절망감의 표현이다. 이는 환자를 정상인으로 만들겠다는 희망을 포기했다는 뜻이다."[33]

심리학적, 생물학적, 또는 호르몬에 바탕을 둔 접근법 중 어느 것도 규범으로서의 이성애/질병으로서의 동성애 패러다임에 이의를 제기하지 않았기 때문에, 의학적 맹공격들은 한꺼번에 수행되기 일쑤였다. 동성애자인 환자에게 어떤 의사들이 호르몬 주사를 놓고 있는 동안, 다른 의사들은 엘에스디LSD-25[마약류로 규제되고 있는 강력한 환각제]를 투여하거나 최면 및 맥스가 시행한 혐오 요법의 변형들을 실시했다. 랠프 블레어Ralph Blair가 들려준 1953년의 한 연구에서는, 게이 남성 피험자 25명이 에메틴(항균제의 하나로, 독성 때문에 더는 거의 사용되지 않는다)이 함유된 커피나 차를 음용했다. 10분 뒤 이 피험자들은 에메틴, 에페드린(기관지 확장제로서 천식 치료에 사용되며 심박수를 증가시킨다), 필로카르핀(녹내징 지료에 사용되며 폐부종, 저혈압, 발한, 구토, 경련, 그리고 심장 바동 둔화를 유발한나), 그리고 아포모르핀(마약류로서 호흡을 억제하며 메스꺼움과 구토를 유발한다)으로 이뤄진 주사를 맞았다. 메스꺼움과 구토가 시작된 피험자들에게 갖가지 모습을 한, 알몸의 남자들이 나오는 슬라이드를 틀어 보여줬다. 그런 뒤 피험자들이 테스토스테론 50mg 용량의 효능을 체감하는 동안에는 여성들이 등장하는 '도발적인' 영화들을 상영해 보게 했다. 이 순환 과정을 열 번

반복했지만 연구진이 그토록 필사적으로 찾고 있던 효과는 거의 나타나지 않았다.[34] 혐오 요법의 다른 돌연변이들도 시도됐다. 어떤 경우에는 아포모르핀 주사의 효능을 높이기 위해 환자가 주사를 맞을 때 브랜디를 마시게 하기도 하고, 환자 자신의 병력이 녹음된 테이프를 듣게 하기도 했다.[35] 메스꺼움 유발이 전기충격요법을 대체했다는 뜻은 아니다. 전기충격요법은 계속됐고, 《영국 의학 저널》에 보고된 바와 같이 법원 명령으로 이뤄지는 일도 종종 있었다.[36]

1960년대와 1970년대에 이르러 성소수자 공동체의 가시성은 점점 더 높아졌지만 '과학 탐구' 과정도, 퀴어에게는 본질적으로 '치료할 수 있는' 어떤 것이 있다는 지배적 시각도 바뀌지 않았다. 오랜 세월에 걸쳐 서서히 형성돼온 급진적 흐름에 마침내 불을 지폈다고 평가받는 스톤월 항쟁조차 연구자들이 자기 연구의 필수 전제, 즉 퀴어는 생물학적으로든 유전적으로든 호르몬과 관련해서든 어딘가 오염됐다는 가정을 재고하게 하지는 못했다. 시민권 쟁취를 위한 퀴어 공동체의 격렬한 투쟁이 심화하던 시대에도 정신생물학적 가설들은 동성애자 해방이라는 목표를 진전시키는 데 아무런 도움이 되지 않았다. 이 사실은 오늘날 너무나 많은 시민권 전략가들에게 주목을 받지 못한다. 지나고 나서 보니 두드러지는 점은 1969년 이후 그리고 동성애자 권리운동이 대중화, 조직화, 가속화된 1970년대 내내 동성애에 대한 연구 및 '치료'가 훨씬 더 반동적인 입장을 취했다는 것이다. 1940년대와 1950년대에 의사들의 행위에는 킨제이 보고서 이후

   2부 | 퀴어 해부: 100년의 진단, 해부, 그리고 정치 전략

의 공황 상태, 그리고 냉전 시대 정부의 게이 및 레즈비언 숙청이라는 배경이 있었다.[37]* 1970년대에 의사들의 행위는 동성애뿐만 아니라 대중운동 전반을 거스르는 것이었다.

1971년 M. 시드니 말고리스M. Sydney Margolese는 오스카 재니거Oscar Janiger, 리처드 그린과 공동으로 일련의 연구물 두 편을 발표했다. 이 의사들은 이성애 남성의 경우, 소변에 존재하는 테스토스테론의 대사산물인 안드로스테론의 수치(A)가 또 다른 대사산물인 에티오콜라놀론의 수치(E)보다 높다며 E의 양이 A의 양을 초과하면 문제의 남자는 게이일 가능성이 높다고 주장했다. 말고리스에 따르면, 에티오콜라놀론 과잉은 원인 인자가 아니라 동성애자 남성과 이성애자 남성 간의 어떤 생화학적 차이를 나타내는 한 지표였다. "나는 하마터면 동성애는 유전이라고 말할 뻔했어요. …… 우리는 매우 의욕적인 동성애자라는 점**만 제외하면 건강한 사람 가운데** E 수치가 A 수치를 초과하지 않는 사람은 아무도 보지 못했어요".(강조는 저자) 이런 견해는 생물학/유전을 바탕으로 한 이론을 다시금 각인시키며, 동성애가 긴깅 하시

---

* 킨제이 보고서는 미국의 동물학자 앨프리드 킨제이Alfred Kinsey가 인간의 성행위에 관해 공동 집필해 1948년, 1953년 각각 출간한 두 권의 책을 말한다. 당시까지만 해도 금기시되던 동성애, 양성애, 혼전 성관계, 혼외 성관계, 여성의 성 등을 직접적으로 다뤄 논란을 불러일으켰으며, 1960년대 성 혁명의 기폭제 역할을 했다는 평가를 받는다. 1950년대 냉전기 미국 정부가 연방 공직에 있던 동성애자들을 대규모로 해고한 사건을 가리켜 라벤더 공포Lavender Scare라고 하는데, 이는 매카시즘 및 2차 적색공포와 더불어 반공 광풍에 기여했다. 동성애자는 조종을 당하기 더 쉬워 국가안보를 위협하고 공산주의에 동조한다는 주장하에 수천 명의 연방 직원이 강제로 해고되고, 동성애자에 대한 연방 고용이 금지됐으며, 억압적이고 탄압적인 정책이 확대됐다.

못한 상태의 징후라는 관념을 굳건히 했다. 동성애자 남성과 건강하지 못한 이성애자 남성 간에 등가성이 도출됨에 따라 다시 한번 은유가 작동하기 시작했다. 말고리스는 자기 연구가 어떤 의의를 지니는지, 특히 '치료' 가능성에 대해 이렇게 말했다. "글쎄요, 그건 아직 먼 미래의 일이에요. 하지만 우리가 이번 결과를 확실히 입증할 수 있다면, 분명 그 가능성을 앞당기는 데 도움이 될 거예요."[38]

말고리스의 연구 및 그에 대한 《로스앤젤레스타임스》의 편향된 보도는 작지만 중대한 항의 시위를 촉발했다. 이는 성소수자 공동체가 의학 모형에 대해 아무런 이의 제기도 하지 않았던 적은 없었음을 일깨워주는 중요한 사실이다. 시위자들은 "《로스앤젤레스타임스》는 치료와 예방이 필요하다", "정상화를 막아라"라고 쓰인 피켓을 들었다. 주최자 중 한 명인 돈 킬헤프너Don Kilhefner는 《애드버켓Advocate》에 다음과 같이 말했다.

우리가 반대하는 것은 이런 연구에 수반되는 가치판단입니다. 저들은 E 호르몬이 있는 사람은 어떻게든 치료를 받거나 혹은 존재하지 못하도록 해야 하는 반면, A 호르몬이 있는 사람은 존재를 인정한다는 기본 가정에서 출발합니다. ……
저들은 심지어 태아에게서 E 호르몬을 특정함으로써 동성애자가 태어나는 것을 …… 막을 수 있을지도 모릅니다. …… 행간을 잘 읽어보면, 지금 여기서 이야기되는 것은 바로 정교한 형태의 제노사이드를 위한 토대라고 할 수 있습니다.[39]

킬헤프너의 두려움은 결코 터무니없거나 과장된 것이 아니었다. 그 몇 달 전, 유전학의 세계적 권위자인 H. B. 글래스^{H. B. Glass}는 미국과학진흥회에 "몽고증^{mongolism}* 및 성적 일탈과 같은 통제 불가능한 결함"을 인류에게서 제거하기 위해 국가에 의한 강제 임신 중지가 필요할 것이라고 말했다. "훨씬 더 규제된 인간 사회"가 필요할 것이라고 덧붙이면서 말이다.[40] 이전의 우생학적 맹공격이 그랬듯 이번 공격도 장애인을 향한, 아무런 제지를 받지 않는 폭력적인 비인간화가 바탕이 됐다. 장애인은 무가치하다는 주장이 일단 확립되면, 그 범주를 확대하거나 이를 레즈비언 및 게이를 포함한 그 밖의 달갑지 않은 사람들에 대한 은유로 사용하는 것은 간단한 일이다.

동성애가 1973년 미국정신의학회의 정서장애 목록에서 삭제되고 《정신 질환 진단 및 통계 편람》 제3판^{DSM-III}에서 '성적 지향 장애'로 격하된 것은 아마도 레즈비언 및 게이의 유전적 결함 그리고/또는 호르몬 결함에 대한 집요한 주장 때문이었을 것이다. 이는 퀴어를 여전히 일탈이라는 영역에 그대로 두는 조지였다. 표결은 결코 만장일치는 아니었다. 미국정신의학회 회원의 37퍼센트가 이런 조치에 반대표를 던졌고, 정신과의 2500명을 대상으로 한 조사에서는 70퍼센트가 재분류에 찬성하지 않는 것으로 나타났다.[41]

---

* 다운증후군 이전의 용어다. 1960년대에 들어와 유전학자들이 이런 인종차별적 용어를 폐지할 것을 주장하고, 또 특히 몽고 정부가 항의하면서 1965년 세계보건기구가 용어 폐기를 결정했다. 하지만 그 뒤 15년이 지나서까지도 미국에서 흔히 사용됐다.

하지만 미국정신의학회의 이런 형식뿐인 조치가 정신과의 및 심리학자들이 퀴어 환자에게 마구잡이로 저지르는 학대 행위들을 줄이진 못했다. 특히 이 기간에 형사 사법제도의 올가미에 걸려든 사람들은 국가와 의료계 간 100년 묵은 동반자 관계가 지닌 끈질긴 생명력을 직접 체험했다. 1972년 《게이 선샤인 Gay Sunshine》은 캘리포니아 아타스카데로주립병원에서 교도소 수감자들을 대상으로 동성애 치료를 위한 전두엽절제술이 4000건 넘게 시행됐다고 보도했다. 기사에 따르면, 뇌수술을 위해 동성애자인 수감자들을 바카빌에서 샌프란시스코의 캘리포니아대학교 부속병원으로 이송하려는 추가 계획이 진행 중이었다.[42] 1975년 상원의원 샘 어빈 Sam Ervin 이 이끄는 소위원회는 교도소를 비롯해 여타 연방 정부가 재정을 지원하는 프로젝트들이 내부적으로 [수감자 및 수용자의] 헌법상의 권리를 준수하고 있는지를 3년간 조사한 결과를 발표했다. 아타스카데로주립병원 측이 동성애자인 수감자에게 혐오 요법을 받게 했다는 사실이 밝혀졌다. 어빈의 소위원회는 또한 미 보건교육복지부*가 동성애 예방에 중점을 둔 '아동기 젠더 문제'에 관한 캘리포니아대학교 로스앤젤레스의 연구는 물론, "다양한 조건화 기법, 혐오 요법, 체계적 둔감화"를 활용한 십 대 및 성인 동성애자에 대한 미시시피대학교의 연구에도 재정을 지원하고 있었다는 사실을 알아냈다.[43]

---

* 미 보건교육복지부는 미 정부의 내각급 부서로서 1953년에서 1979년까지 존재했다. 1979년 이 부서에서 별도로 교육부가 만들어졌고, 보건교육복지부는 보건복지부로 개칭됐다.

그럼에도 동성애자 공동체 내부에는 변함없이 생물학 이론을 반기는 사람들이 있었다. 어쨌든 당시는 어니타 브라이언트Anita Bryant가 '우리 아이들을 지켜라Save Our Children'라는 캠페인을 펼치던 시대였다.[44] 게이 및 레즈비언의 양육권을 부정하고, 교직 등에 종사하지 못하게 하는 등의 수단으로 사회화 논리가 활용되고 있었다. 이런 상황에서 유전 가설들은 방어 수단이 될지도 몰랐다. 만약 동성애가 선천적이거나 태아 발달 시기에 발생하고, 또 전염성이 없다면, 애초에 생물학적으로 동성애 성향이 있는 경우가 아닌 한 아무도 '오염될' 위험이 없기 때문이다.

게이 심리학자 노먼 C. 머피Norman C. Murphy는 신속한 미봉책이라는, 그리 새롭지 않은 과학의 공약에 유난히 수용적이었다. 1978년 《애드버켓》에 쓴 장문의 글의 머리말에서 머피와 공저자던 젠글Dean Gengle은 실제로 "대대적인 정신생물학적 순응"에 대해 경고했다. 그런데 글이 전개됨에 따라 머피는 만약 시행될 경우 궁극적으로는 그러한 순응으로 이어질 조치들에 대해 덜 비판적인 태도를 취했다.[45]

머피는 '크로스젠더', 즉 '뉴로젠더neurogender'**가 '형태적/신체적/생식기적 젠너'와 차이가 있는 사람들에게 관심이 있었다. 머피에 따르면, 게이 및 레즈비언은 "성별이 교차되는 뇌 분화"를

** 크로스젠더는 일반적으로 성별의 경계를 뛰어넘는 어떤 것을 가리키는 말로, 성별 규범을 넘어서는 패션, 역할, 또는 행동을 설명할 때 쓰이곤 한다. 뉴로젠더는 성 정체성을 개인의 뇌와 신경 체계에서 비롯된 경험으로 보는 관점이다. 성 정체성이 뇌의 신경학적 특성과 연결돼 있다는 주장과 관련이 있다.

겪었다.[46] 머피는 성별 및 젠더의 연속체상에서 동성애자의 위치를 모색했던 카펜터와 히르슈펠트를 상기시키면서 다음과 같이 썼다.

> 행동 집단 및 유전 집단들을 살펴볼 때, 성적인 두뇌 발달은 연속체의 형태를 띠며 이것이 전형적으로 남성적이거나 전형적으로 여성적인 성적 그리고/또는 젠더적 행동이 발현하는 데 영향을 미친다는 점은 부정하기 어렵다.[47]

머피가 "여성과 관련된 게임 및 장난감"을 사내아이가 선택하는 것, 성인 남자가 남자에게 성적으로 끌리는 것, 그리고 "안드로겐에 대한 둔감성" 간의 상관관계를 강조할 때, 그는 베일리와 필러드를 앞지른 것이다. 머피는 음핵이 비대한 여자아이들에게 시행된 외과 치료 및 호르몬 치료를 언급했다. "음경{원문 그대로임}이 온전한 상태로 남아 있는 자는 '남성'으로 양육되며 성인기에 '이성애' 성향을 드러낸다. 성기를 절단하고 호르몬 치료도 받는―또한 질을 만드는 외과수술을 받은―자는 '여성'으로 양육되며 역시 '이성애적' 행동을 보인다."[48] 여기서 정체성은 전적으로 해부학적 구조, 즉 어린아이들이 강제로 받아들여야 했던 외과적으로 만들어진 해부학적 구조를 기초로 구성됐다. 의학은 생물학적 성별뿐만 아니라 성적 지향까지도 선택하려 했다. 자녀 양육이 외과적 명령을 뒷받침하는 수단으로 동원됨에 따라 본성 대 양육 논쟁은 단일 체제로 수렴됐다.

물론 젠더 정체성, 생물학적 성별, 성적 대상 선택을 하나로 합친 것은 머피가 최초도, 마지막도 아니었다. 머피가 다른 사람들과 차별화되는 지점은 그가 활용한 플랫폼이다. 더욱 세련된 의학 용어의 덕을 보긴 했지만, 머피는 1800년대의 광적인 동성애 혐오 의사들의 주장을 1970년대 동성애자 언론에서 되풀이하고 있었다. 머피는 레즈비언은 이성애자 여성에 비해 "테스토스테론 과잉"일 뿐만 아니라 "양성성 척도로 측정할 때 남성에 더 가까우며", "키와 어깨 너비가 더 크고 원래보다 나이가 더 들어 보인다"라고 이야기했다. 당연히 게이 남성은 [이성애자 남성에 비해] 테스토스테론 수치가 더 낮다고 주장했다. 게다가 게이 및 레즈비언의 안드로겐 수치 차이는 "**자궁 내에서** 결정적으로 시상하부의 성적 분화가 일어난 기간"에 나타났다. 가장 중요하게도, 머피는 인터뷰 진행자에게 동성애는 "유전처럼 보이는데 ……유전 **그 자체는** 조작될 수 없다"고 말하며 유전적 연결고리를 폐기하지 않고 지켜냈다. 그러나 "차이를 만들어내는 근원인 유전적 특성"은 어쩔 수 없더라도 호르몬 수치는 조절할 수 있는 것이 있나.[19]

미피는 과학으로 이성애 중심적인 미국의 눈에 비친 퀴어의 이미지를 바꿀 수 있다고 믿었으며, 이러한 신뢰에 흔들림이 없었던 것 같다. 머피는 "신경학적 관점에서 볼 때, 대부분의 동성애자는 강간이나 살인에 가담하지 않을 게 분명하다"라고 주장하기까지 했다. 머피가 말하고 있는 대상은 게이 남성이었는데, 연구진은 게이 남성이 "남성호르몬을 과도하게 주입해 남성화시킨_{androgenized} 이성애자"보다 덜 공격적일 것이 확실하다고 밝혔다.[50] 머피는 모범 소수자로서의 퀴어를 옹호했는데, 이는 40년도 더 전에 의사 조지 레이크가 성도착자는 "강인하고 균형 잡힌 성격"의 소유자로 "성범죄"를 거의 저지르지 않으며 자제력과 사회적 책임감이 있다고 평가했던 것을 연상시킨다.[51] 머피의 동시대인들은 동성애가 과학적 관점에서 정당화될 만한 점들이 있다는 생각을 하기도 했다. 존 커시John Kirsch, 제임스 로드먼James Rodman, E. O. 윌슨이 1970년대 중반에 쓴 글들에 따르면, 동성애가 대대로 지속된다는 것은 동성애가 진화적 관점에서 인류라는 종에 틀림없이 어떤 긍정적인 기능, 즉 아마도 인구과잉을 상쇄시키는 기능을 한다는 것을 의미했다. 동성애는 이타주의의 유전인자가 발현된 것일 수도 있다고 윌슨은 말했다. "불임 계급으로서" 게이 및 레즈비언은 자녀가 있는 친족을 돕고 지원함으로써 뿔뿔이 흩어져 있는 형제자매, 사촌 등의 자손 사이에 게이/이타주의 유전자가 살아남도록 책임진다는 것이다.[52]

머피는 해당 분야 연구를 촉진하기 위해 "방사선 조사 호르몬을 사용한 저방출 단층촬영으로 뇌의 섹슈얼리티 지도를 작성할 것"을 권장했다. 머피 자신은 결코 "동성애 혐오적 세상에 받아들여지기 위해" 수술이나 혐오 요법을 받지도, 다른 사람을 위해서나 그 사람에 대해서 그런 선택을 하거나 거부함으로써 외부의 교묘한 조종에 힘을 보태지도 않을 것이라고 밝혔다. 그럼에도 머피는 태아가 발육하는 4~5개월간 성호르몬을 변화시킴으로써 성적 지향에 선제적 영향을 줄 수 있다고 생각했다. 머피

    2부 | 퀴어 해부: 100년의 진단, 해부, 그리고 정치 전략

는 G. 되르너의 쥐 연구를 인용했다.[53]

1960년대에 베를린 실험내분비학연구소Institut für Experimentelle Endokrinologie에서 일하던 되르너는 암컷 쥐의 안드로겐 수치를 실험하고 있었다.[54] 1970년대 중반, 되르너는 동성애를 "선천대사이상[또는 선천대사장애]"로 분류하면서 이는 임신부에게 스테로이드호르몬을 주입함으로써 예방될 수 있다고 시사했다.[55] 1980년 되르너는 남성 동성애의 원인을 산전 스트레스 탓으로 돌렸다.

동독 6개 지역에서 성병 전문의들에 의해 등록된 동성애자 남성 865명 중에는 스트레스가 심했던 전시 및 전후 초기에 출생한 사람이 월등히 많았다. 이러한 조사 결과는 산전(혹은 주산기[분만 전후의 기간])에 스트레스를 유발하는 사건들이 동성애의 유전적 병인일 수 있음을 암시한다.[56]

되르너의 연구 대상이었던 남성들은 1932년에서 1953년 사이에 태어났지만, 되르너는 그 남성들을 조사한 날짜는 특별히 기록하지 않았다. 그 남성들이 조사를 받은 시기의 연령은 물론 치료를 받은 해의 사회 정치적 분위기 전반은 그들이 의사에게 커밍아웃을 하고 의료 기록에 동성애자로 기재될 것이냐는 결정을 내리는 데 큰 영향을 미쳤을 터이다. 이러한 조사 결과가 놀라운 까닭은 "최근 몇 년간 성병 전문의들에 의해 등록된 사람들 중 이 결정적 기간에 출생한 이성애자 남성의 수가 그처럼 증가했다는 사실은 발견되지 않았기 때문"이라고 되르너는 말했다. 당연히 이 남성들은 서로 다른 클리닉을 방문했을 것이다. 의사들은 자기 자신의 편견에 따라 일하고 있었으므로, 이성애자 남성보다는 동성애자 남성에게 더 재빠르게 성병 진단을 내렸을 수도 있고, 아니면 순전히 이성애자 남성은 환자로 등록하지 않음으로써 진찰을 원하는 동성애자 남성의 상대적 숫자를 고의적으로든 무의식적으로든 부풀렸을 수도 있다. 되르너는 보고서에서 이러한 가능성 중 어느 것도 인정하지 않았다. 대신 되르너는 다음과 같은 결론을 내렸다.

> 대단히 중요하게도, 동성애자 남성이 출생하는 상대빈도가 전시 및 전후 초기에 가장 높았다는 점은, 전시 혹은 전후 초기에 폭격 등의 사건으로 유발된 산전 스트레스와 태아의 뇌에서 발생하는 성적 분화 사이에 연관이 있을 가능성을 시사한다.[57]

이는 산전 관리가 제대로 이뤄졌다면 이 여성 중 아무도 동성애자인 자손을 낳지 않았을 것이라고 암시하는 말처럼 들린다. 해머가 환상에 불과한 '게이 유전자'를 엑스염색체 상에서 찾았듯, 되르너의 이론은 '부재하는 아버지와 고압적인 어머니'라는 동성애 모형에 일종의 생화학적 추론을 제공했다. 이 여성들이 더 강인하고 더 침착했다면 좋았을 텐데, 라고 말이다.[58]

권터 슈미트에 따르면 되르너는 자신의 작업이 기형 생리학, 즉 기형 및 신체 손상에 관한 연구를 발전시키는 것이라고 여겼다. 다시 말해, 자신이 자연의 어떤 중대한 기능장애를 특정해 바로잡으려고 노력하고 있다고 믿었던 것이다. 태아의 호르몬 수치 진단법을 연구실에서 개발한 되르너는 자신의 연구 결과가 "예방의학의 초석"이 될 것이라고 생각했다.[59] 다수의 동성애 '치료' 문헌에 기여한 많은 사람이 그랬듯, 되르너는 윤리에 대해서나 임신 중 호르몬 주입으로 여성과 태아에게 실제로 초래되는 피해에 대해서는 일절 언급하지 않았다.

온갖 생물학, 정신의학 논문들이 통합되고 강화되는 과정을 분석해나가다보면 명확해지는 것이 있다. 과학에 대해 아무도, 아무런 이의 제기도 하지 않을 때 과학이 그 자신을 먹고 자라나는 방식 말이다. 한때 엘리스가 몰을 높이 평가하기도, 머피가 말고리스와 되르너의 연구를 모두 무비판적으로 전하기도 했듯, 이후 딘 해머는 리처드 그린의 연구를 인용했고, 또 필러드와 베일리의 쌍둥이 연구 덕분에 '게이 유전자'에 대한 자신의 탐색이 타당하고 그럴듯한 프로젝트임을 확인할 수 있었다고 말했다.[60]

머피는 《애드버켓》에 쓴 기사 말미에서 "현대 과학은 모든 정신생물학적 소수자의 해방을 가리키고 있다"라고 밝혔다.[61] 하지만 모든 우생학 캠페인의 공약이 그렇듯, 그토록 매력적으로 다가왔던 것은 소수자**의** 해방이 아니라 소수자**로부터의** 해방이라는 가능성이었다.

12장

에이즈, 백래시, 그리고 해방적 생물학주의라는 신화

1970년대에 전투적인 동성애자 권리운동이 벌어지는 동안 과학 가설조차 동성애 혐오를 불식시키지 못했다고 한다면, 에이즈 위기 동안 퀴어를 다른 사람과는 뚜렷이 구별되는 정신생물학적 유형으로 지정한 것은 성소수자 공동체에 재앙이 아닐 수 없었다. 미국에서 에이즈에 대한 초기 반응 그리고 미국인에게 에이즈가 설명된 방식은 그 시점까지 이뤄져온, 퀴어라는 사회적 구성이 논리적으로 확장한 결과였다. 동성애에 대한 의학 패러다임은 새로운 정보를 수용했지만, 그 정보에 의해 진지하게 도전을 받진 않았다.

에이즈가 의학 용어로 편입되고 대중이 쓰는 단어가 되기 전, 신문은 어떤 낯선 '게이 암'에 대해 보도했다. 일반적으로 암은 최초 발병 시 사상자 수가 가장 많았던 인구통계학적 집단이 아니라 암이 침범한 신체 부위를 따서—폐암, 유방암, 자궁경부암 등—명명된다. 더욱 중요한 사실은 암에 걸릴 위험은 유전일 수 있어도 암 그 자체는 전염되지 않는다는 점이다. 정치, 사회, 문화적으로 연결돼 있을 수 있지만 유전적으로는 그렇지 않은 어느 공동체 또는 인구통계학적 집단의 구성원들을 겨냥해 '게이 암'이라고 진단하는 것은, 퀴어가 이성애자에게는 알려지지 않은 어떤 특정 신체 이상을 공유한다는 가정이 작동할 때만 가능한 일이었다. 이런 관점에서, '게이 암'을 대체한 '게이 관련 면역결핍증gay-related immune deficiency, GRID'(이하 그리드)(1982년 미 질병통제예방센터가 에이즈로 최종 공표할 때까지 쓰이던 말이다) 역시 그다지 진보적이라고 볼 수는 없었다. 동성애를 생물학적으로 다룬 연구 공동체 내부와 그보다 더 넓은 문화 내부에 존재하는 이데올로기적 선례들은 '게이 암'과 '그리드'라는 명백히 비과학적인 꼬리표들이 합리적이고 정확한 말인 양 들리게 만들었으며, 이후 수년간 이어질 에이즈 수사의 기조를 결정했다.

에이즈 연구 및 서비스에 대한 재정 지원이 턱없이 부족했던 당시에도 생명을 구하는 것과는 아무런 관련이 없는, 베일리와 필러드, 해머, 러베이가 수행한 작업과 유사한 연구들에는 자금이 조달되고 있었다. 쌍둥이 조사, 유전자 지도 작성, 부검에 재정이 지원되고 정당성이 부여된 것은 에이즈 위기임에도 그랬던 게 아니라 에이즈 위기이기 때문에 그런 것임이 명백해졌다. 20년이 넘도록 죽음과 쇠약과 인명 손실을 겪은 끝에, 이 과학자들이 에이즈가 아니라 에이즈를 둘러싼 주류 담론에 대응하고 있었다는 사실이 분명해졌다. 게이들이 '에이즈를 자초'했다고, 에이즈는 성적 방종에서 비롯했다는 주장들과 더불어 에이즈는 신이 정한 것이다, 라는 말이나 동성애 혐오적인 일반 대중이 볼 때 에이즈는 자연선택, 즉 진화론적 부적자를 지구상에서 제거하기 위해 고안된 소극적 우생학 비슷한 것이다와 같은 말들이 나돌았다. 심지어 에이즈가 인구과잉의 대가를 치르는 자연의 방식일 수도 있다는 의견도 있었다.[1] 간단히 말해, 에이즈에 대해 초기에 동성애자 공동체 바깥에서 이뤄진 정치, 과학, 사회문화적 (비)대응들은 상당 부분 우생학적 담론으로 해석하는 것이 논리적이다.

《성 그리고 병원균: 에이즈의 정치학 Sex and Germs: The Politics of AIDS》에서 신디 패튼 Cindy Patton 은 "질병이 대규모로 맹공격해올 것이라는, 미해결된 상태로 남아 있는 공포에 불을 지피는 것, 그런 뒤 이해할 수 없는 '발견들'로 독자를 진정시키며 병원균을 막아설 한층 더 큰 방벽을 두르는 것, 그게 바로 질병에 대한 보도가 그 자신의 시장을 창출하는 방식이다"[2]라고 썼다. 이성애자와 동성애자 간의 진화론적 또는 유전적 차이를 강조하는 것은(시상하부 크기 차이 혹은 동성애 유전인자라는 '발견') HIV가 게이 남성 사이에서 처음 나타났던 나라의 대다수 이성애자 인구를 안심시켜주었다. 에이즈가 제한된 '성적 악당' 부류와 연관돼 있다는 생각은 분명 정상상태라는 그리고 거짓된 보호라는 감각을 조장한다. 이제는 해부학적 이상에 대한 주장들까지 나오면서 거리감이 훨씬 더 생겨났다.

에이즈와 타자를 주제로 한 글들은 많이 있다. 그 타자가 게이 남성이든, 아프리카계 미국인 여성이든, 성 노동자든 아니면 헤로인 사용자든 말이다. 리처드 골드스타인Richard Goldstein은 차이와 '일탈'에 의해 불리어나온 공포가 에이즈에 의해 수면 위로 떠올라 '하이퍼리얼hyperreal[또는 과도 현실, 파생 현실]'이 됐음을 관찰했다. 그리고 공포는 누가 '위험하고' 누가 '안전한지'를 구별하는 데 유용한 것으로 간주되기 때문에 사회는 이 히스테리에 직면하기를 훨씬 더 꺼리게 됐다고 쓴다.[3] 경계를 획정해야 한다는 이 욕구는 동성애에 대한 유전론, 즉 사회적 범주를 생물학적 숙명으로 받드는 연구가 사람들에게 수용되는 현상을 부분적으로 설명해준다. 결국 그러한 연구는 본질적 차이 및 거리감을 강조하는 방향으로 흐르게 되고, 이는 그 연구를 망쳐놓는다. 동성애의 뿌리를 밝히려는 노력은 퀴어를 가려내고, 생물학적으로 불변하는 상상된 차이를 강조하며, 우리[퀴어]의 정치사회적 취약성을 높이는 또 다른 방법일 뿐이다.

에이즈 확산 초기에 의료계 및 매체에서 나온 서사들은 동성애자를 생물학적으로 특징짓는 경향이 뚜렷했다. 에이즈 활동가들은 자신들이 하는 일의 특성상 이러한 경향과 싸웠고, 또 상당히 성공을 거뒀다. 가장 중요하게도, 활동가들은 과학계의 제도화된 동성애 혐오, 그리고 그러한 편견이 연구 및 사회정책에 미치는 영향을 낱낱이 까발렸다. 하지만 이러한 지식이 모든 성소수자 권리 옹호자로 하여금 잘못된 의학 모형을 거부하도록 이끌진 못했다. [잘못된 의학 모형에 대해] 공동체 내부에는 분명 예나 지금이나 강하게 이의를 제기하는 이들이 있다. 하지만 전반적으로 공동체의 대변자들은 작금의 연구를 정치적으로 이용하는 것이 어떤 위험을 야기할지에 관한 퀴어 관점의 비평을 구축하지 못했고, 중간자로서 전달하는 역할도 제대로 하지 못했다.

1993년 12월 12일 H. 제프리 베일리스H. Jeffrey Bayless 판사는 콜로라도주 수정헌법 제2조가 위헌이라고 판결했다(미 대법원은 이 판결을 확정했다). 베일리스는 '본성 대 양육' 쟁점은 사건과 무관하다고 밝히면서도, "신뢰할 만한 증거가 우세하다는 것은 성적 지향을 이루는 생물학적 혹은 유전적 '구성 요소'가 있음을 암시한다"라고 쓰긴 했다.[4] 이런 부류의 선언이 법적 판례의 무게를 지닐 수는 없지만, 어쨌든 그것이 판사석에서 공표됐다는 사실은 대단히 불온하다. 더욱 우려스러운 것은 동성애자 권리 옹호자들이 고안한 법적 전략에 의해 베일리스가 이러한 발언을 할 기회를 얻었다는 사실이다.

동성애를 생물학에 고정시키는 것을 바탕으로 한 시민권 및 인권 투쟁은 궁극적으로 성소수자 공동체에 해를 끼친다. 그리한 전술이 모든 주변화된 집단에 얼마나 위험한지, 과학 가설이 얼마나 자주 징치, 사회, 경제적 현상 유지를 옹호하는 역할을 하는지 역사는 똑똑히 보여준다. 19세기 말 의사들은 경제, 도시화, 이민 등 현대사회의 위험에 대한 불안감이 증가함에 따라 성'도착'을 우생학 및 범죄와 연결하고, 의학적 '치료'와 법제화된 처벌 간의 연결을 굳건히 했다. 마찬가지로 1990년대는 러베이와 위텔슨과 해머의 목소리들이 도래해 동성애 혐오적인 국가[미국]를

향해 퀴어는 가장 기본적인 단계에서부터 정말로 그들[미국인]과
는 다른 사람들이라는 메시지를 전파했다. 퀴어운동이 한창 가
시화되고 전국에서 반동성애 법안 및 주민투표가 급증하던 시기
에 등장한 메시지였다.

지금으로부터 10년 뒤 연구자들은 입장을 완전히 바꿔 동
성애가 순전히 환경적 원인에서 비롯됐다고 단언할지도 모른
다. 이는 처음 있는 일도 아닐 것이다. 생물학적 불변성이라는 개
념에 묶인 정치 전략은 아무리 좋게 보더라도 위태로울 뿐이다.
비록 [동성애에 대한 생물학적] 연구가 유효하더라도, 퀴어(퀴어뿐만
은 아니다)가 생물학에 시민권의 중재자이자 유일한 수호자로서
의 특권을 부여하기에는 너무 많은 위험이 따른다.《성 전쟁: 성
적 이의 제기와 정치문화Sex Wars: Sexual Dissent and Political Culture》의 공저
자인 리사 더건Lisa Duggan은 대안 모형을 제시한다. 더건은 게이 및
레즈비언의 정치적 목표를 위해서는 종교적 관용 담론이 더 나
은 비유로 작용할 것이라고 제안한다.

누가 우리 집단의 '구성원'이냐 아니냐를 명시할 필요가 없는
전략이 있어야 한다. 성욕을 종교에 비유하자면, 성욕은 자연적
이거나 고정돼 있거나 몰역사적인 것이 아니며, '생활양식상의
선택'이라는 말이 암시하듯 하찮거나 천박한 것도 아니라고 볼
수 있다. 사람들은 종교를 생물학적이거나 고정된 것이 아니라
고 이해한다. …… 그렇지만 동시에 깊은 헌신이라고 받아들이
기도 한다. 그러한 헌신은 강요된 개종에 강하게 저항하는 것이

　2부 | 퀴어 해부: 100년의 진단, 해부, 그리고 정치 전략

며, 또한 표현의 자유 및 정치적 보호를 보장받을 가치가 있다고 간주된다.[5]

더건이 이 나라의 종교적 관용의 정도를 실제보다 더 좋게 과장한 것인지도 모른다. '관용' 그 자체는—다수의 변덕에 따라 부여되고 철회되는—제한된 목표이며, 분명 개인이 종교를 구하는 방식은 자신의 섹슈얼리티에 다다르는 방식과는 매우 다르다. 그럼에도 유전적 숙명론을 주장해야만 정치적 형평을 추구할 수 있다는 가정에 더건은 효과적으로 이의를 제기한다. 유전 연구가 해방의 관문이라는 주장을 반박하기 위해서는 이런 유형의 이의 제기가 필요하다.

마그누스 히르슈펠트, 해블록 엘리스, 카를 울리히스는 모두 과학 분석이 성소수자를 위한 법적, 사회적 구제와 긴밀하게 협력한다고 믿었다. 원래 모든 것은 지나고 나서야 깨닫는 법이니, 아마도 그들은 자신들의 낙관주의에 대해 용서받을 수 있을 것이다. 그렇다면 현시대 연구자 및 전략가들은 지난 100년간 복격돼온 모든 것을 자신들의 노력과 어떻게 조화시킬 수 있을까? 반대 증기가 한 세기 동안 계속해서 나오고 있음에도 많은 사람은 구원자로서의 과학 패러다임을 여전히 고수한다. 죄에 근거를 둔 것이든 유전이나 호르몬이나 정신에 바탕을 둔 것이든, 모든 인과론의 가산적 성격은 무시한 채 말이다.

19세기 말과 20세기 초, 동성애에 대한 유전적 구성론의 등장은 교회에 바탕을 둔 비난(혹은 한 18세기 영국의 문헌에서 알 수 있 듯, 차 마시기와 '이탈리아 오페라의 치명적 영향' 탓이라는 설명)보다는 좀 더 진보적인 접근법처럼 보였을 수도 있다.[6] 하지만 이들은 연속 선상에 있고, 동일한 전제에서 작동하며, 동일한 개입의 요구를 가지고 있었다. 질병의 이데올로기는 죄악의 이데올로기를 밀어 내지 않았다. 동성애는 타고난 본성이라는 이론 및 이에 따른 치 료는 도덕성을 바탕으로 한 구조를 배척하기는커녕 강화했고, 종종 훨씬 더 심각한 결과를 초래했다.

결국 어떤 병리가 퀴어에게 부여되느냐는 중요하지 않다. 그것이 심리학적이든 진화론적이든 도덕적이든 유전적이든 말 이다. 심리학, 정신의학, 새롭고 향상된 생물학 담론들은 선형적 이지 않으며 하나가 다른 하나로 대체되지 않는다. 모두가 같은 기반 위에 놓여 있으며 무기로 휘둘렸을 때 하나가 다른 하나의 자리를 빼앗을 것이라고 생각하는 건 비현실적이다. 새로운 '발 견들'은 동성애 혐오를 누그러뜨리지도, 지난날의 과오를 바로잡 지도, 심지어 다른 과학자들의 검토에 당당히 응하지도 않는다. 이들은 순전히 인과론의 망 안으로 포섭된다. 그리고 아무것도 대체하지 않는다. 소도미처벌법은 15개 주에서 명문화된 상태로 남아 있다. 충격요법은 아직도 퀴어, 특히 퀴어 청소년에게 시행 되고 있다. 동성애자는 계속 강간범, 아동 성추행범과 똑같은 취 급을 받는데, 1990년대 중반 몬태나주에서 이 셋을 모두 당국에 등록하도록 하는 방안이 나온 것을 보면 잘 알 수 있다. 생물학주 의를 수용함으로써 얻을 수 있는 최선은 유전적 프로그램화 과정이 불운한 10퍼센트의 인구에게 저주를 내렸다고 믿음으로써 마음이 누그러진 사람들이 베푸는 알량한 연민이다. 하지만 연민은 해방이 아니다. 본성 대 양육 논리에서 과감히 손을 뗄 경우에만, 우리 공동체 안팎에서 이뤄지는 우생학 담론의 부활을 전적으로 거부할 경우에만 우리는 궁극적으로 승리할 수 있다.

유전 논리에 의존함으로써 초래되는 정치적 결과는 엄중하다. 생물학적으로 결정된 섹슈얼리티 혹은 지능이나 생활 기회life chances*나 그 밖의 무엇에 대한 강조는 단지 우리의 주의를 다른 곳으로 돌리는 데서 끝나지 않는다. 이는 주변화된 집단을 탈정치화하는 효과가 있다. 잘못된 의학 모형들도 우리를 꼼짝달싹 못 하게 한다. 만약 실험실의 연구가 우리의 정치사회적 미래를 결정하는 핵심 요인이라면, 현상 유지를 소리 높여 반대할 이유가 있겠는가? 토니 쿠슈너Tony Kushner의 말을 바꿔 표현하자면, 여기서 중요한 것은 퀴어 공동체가 역사의 주체가 될 것이냐, 아니면 우연한 사건이 될 것이냐를 선택하는 일이다.[7]

타이밍이 전부라는 말이 있다. 과학이 뒷받침된 정치적 백래시는 주변화된 집단의 평등 요구가 가시화할수록 무성해진다. 지금 한바탕 세상을 뒤흔들고 있는 생물학 결정론의 등장은 정치적 성과를 되돌리려는 시도와 딱 들어맞는다. 이제는 '동성애

---

* 1920년대에 독일 사회학자 막스 베버가 도입한 사회학 이론으로, 각 개인이 삶의 질을 향상시킬 기회를 말한다. 즉, 집단이나 계급에 속하는 전형적인 구성원이 어떤 사회에 바랄 수 있는 물질적 차원의 이익이나 불이익이다. 이 이론에 따르면, 생활 기회는 개인의 사회경제적 지위와 중요한 상관관계가 있다.

자 의제'니 '동성애자에게만 해당하는 특별한 권리'니 하는 말들이 들린다. 하지만 작금의 상황에는 더 광범위한 배경이 있다. 우생학은 히드라를 닮은 전략이자 이데올로기다. 촉수 한쪽은 국가주의와 얽혀 있고, 또 다른 촉수는 개혁 지향 자유주의를 향해 있으며, 그 밖의 촉수들은 노골적인 동성애 혐오, 인종주의, 여성혐오, 백인우월주의를 향해 뻗어 있다. 다중 정체성과 공동의 악마화는 다음 사실을 내포했다. 즉, 우생학이 레즈비언, 게이, 바이섹슈얼, 트랜스젠더에게 불러온 결과는 그것이 이민자, 유색인, 빈곤층에게 초래한 결과와 이제껏 늘 그래왔듯 지금도 떼려야 뗄 수 없는 사이라는 것. 자유주의적 결정론자들은 "성적 지향을 다시 생물학화"[8]하려는 최근의 이 시도를 반기지만, 이들이 느끼는 황홀감은 동성애를 예방하거나 동성애 혐오를 제거하겠다는 기술의 약속에만 머물지 않는다. 이는 과학만으로 불평등과 빈곤을 재빨리 해결할 수 있으리라는 더 크고 더 장기적인 희망의 일부인 것이다.

3부 단종수술과 그 너머: 테크노픽스라는 자유주의적 호소

우리의 가장 위대한 도시들을 찾아 외국에서 온 친구들이여, 여러분은 복잡한 신호 체계가 우리 거리와 대로의 혼잡한 교통을 통제하고 있다는 것을 알아차렸을 것입니다. 이런 체계를 통해 보행자는 어느 정도 안전을 보장받습니다. 미국 도시들의 혼잡스러움 때문에 시내 거리와 전국 도로의 교통을 규제하는 체계가 필요하게 된 반면, 한 국가로서의 미국은 생물학적 교통과 인종적 도로의 문제에는 눈을 뜨기를 거부합니다. 생물학적으로 이 나라는 무모하고도 부주의하게 폭주하고 있어 대충돌을 피할 수 없습니다. 국가적 파멸을 막기에는 너무 늦은 걸까요?

—마거릿 생어, 6차 국제신맬서스주의 및 산아제한대회 환영사

1996년 가을, 미네소타대학교 재학생 4명이 캠퍼스 도서관에 게시된 마거릿 생어의 포스터를 제거해달라고 요구했다. 그들은 모두 공화당 학생 당원이었는데, 자신들이 포스터 게시(그리고 미네소타대학교 학생들에게 "마거릿 생어를 본받으라Be Like Margaret Sanger"라고 독려하는 학생회관의 산아제한 관련 자료)에 이의를 제기하는 것은 플랜드패런트후드Planned Parenthood[마거릿 생어가 설립한 단체] 창립자의 산아제한 활동과는 무관하다고 주장했다. 3학년인 톰 그로매키Tom Gromacki는 "우리는 대학이 생어의 인종주의적인 견해를 미화해서는 안 된다고 생각했습니다"라고 진술했다.[1] 생어가 우생학 이데올로기 및 실천을 장려하고, 종종 대단히 적극적으로 수용한 것에 대한 언급이었다.

생어는 '자발적 모성' 그리고 성과 생식의 분리에 기여했고,

그래서 흔히 주류 페미니스트를 비롯한 자유주의자들은 산아제한과 재생산권 및 자유의 연관성을 역사를 되짚어 생어에게 투영해왔다. 하지만 생어가 맺은 관계들에는 더 큰 문제가 있었다. 생어는 우생학자들의 지지를 구하고, '부적자'로 간주된 사람에 대한 경제적으로 강제된 단종수술을 옹호하고, 가난한 여성에 대한 의학 실험을 지지하고, 클래런스 갬블과 협업하고(갬블은 푸에르토리코, 미 남부 등에서 열성적으로 단종수술 프로그램을 확립했다), 해리 로플린 등의 연구를 출판했으며, 우생학 논문이라고밖에 표현할 수 없는 글들을 직접 집필했다.

그럼에도 생어의 이름과 유산은 엄격하게 보호받는다. 학계는 생어 자신이 글로 써서 남긴 흔적들로부터 생어를 구출하려는 시도를 계속했고, 생어에 대한 책임 추궁을 어물쩍 넘어가기 일쑤였다. 생어가 계속 영웅이자 등불로 여겨지는 이유는 본질적으로 우익 프로젝트로 간주돼온 것과 자유주의가 공모한 지점들에 주목하지 않겠다는 끈질긴 거부 탓이 크다. 우익 우생학 프로젝트를 철저히 검토하는 것으로 우리의 과제를 한정하고 싶은 유혹이 있을 수 있지만, 이 맹공격에 대한 자유주의적 추동을 잘 따져보는 일도 무시할 수는 없다. 자유주의적 선동에 대해 어물쩍 넘어가는 것은 그런 일들의 결과인 역사 수정주의에 의해 위태로움을 느끼지 않는 사람들에게만 가능한 선택지다.

자유주의 철학도 제도적 편견과 부당함에 대한 비판을 포괄할 수는 있다. 하지만 이는, 예컨대 피임제 사용과 같이 개인이 선택하고 책임을 행사함으로써 이런 제도적 편견과 부당함이 상쇄될 수 있다는 믿음에 여전히 근거를 두고 있다. 이런 맥락에서 선택에 대한 강조는 지극히 협소한 관념에 불과하며, 인종주의, 경제적 격차, 그 밖의 구조적 불평등이라는 더 큰 쟁점들에 대한 분석을 사전에 배제하는 것이다. 더욱이 자유주의 전통에는 허점이 있다. 요컨대 선택은 '합리적인' 사람만을 위한 것이다. '비합리적인' 사람, 즉 자기 자신의 최대 이익을 위해 행동할 능력이 없는 것으로 간주되는 사람(역사적 시기에 따라 여성, 청소년, 가난한 사람, 식민지인, 노예를 포함)은 **행동을 당함**으로써 자신의 이익을 추구할 수 있다고 본다. 재니스 레이먼드_{Janice Raymond}는 이를 "이타주의의 알리바이"라고 명명했다.[2] 자유주의자들에게 생어가 호소력을 발휘한 이유도 그가 산아제한을 빈곤에 대한 임시방편 중하나로 옹호했다는 데 있었다.

사회적 구제로서 산아제한(일련의 생식 테크놀로지) 및 인구 조절(그런 테크놀로지를 어떤 지정된 인구통계학적 집단에 대해 외부에서 적용하는 것)이라는 개념은 1930년대와 1940년대의 공공 구호 담론, 1960년대와 1970년대의 '빈곤의 문화' 논쟁, 그리고 직금의 노플란트/데포-프로베라 복지 지형에 이르기까지 집요히게 지속돼왔다. 전 세계 기아 문제를 인구 조절로 막을 수 있다거나, 의사의 처방이 필요한 피임제를 복지 수급 여성에게 투여함으로써 경제적 격차를 해소할 수 있다거나, 장애인에 대한 제도화된 장애물들이 산전 검사 덕분에 중요하지 않게 될 것이라는 신념은 모두 오랫동안 지속돼온 테크노픽스라는 자유주의적 호소를 잘 보여준다. 여기서 작동하고 있는 'fix'[손쉽거나 잠정적인 해결책]는 더 깊이 있고 실질적이며 구조적인 변화가 아닌, 빠르고 고통이 없다고들 하는 대안으로서의 테크놀로지(이 경우 생식 테크놀로지)에 대한 자유주의적 'fixation'[집착, 고착, 강박관념], 그리고 그런 조치들이 가난한 사람의 삶을 'fix'[고치다, 바로잡다]할 것이라는 믿음, 둘 다를 가리킨다.[3]

데이비드 테오 골드버그David Theo Goldberg가 밝혔듯, 불의가 판을 치는 세상에서 합리적 개혁으로 체화된 이성이 왜곡된 사회 체제를 모조리 바로잡을 것이라는 관념은 자유주의 특유의 것이다.[4] 하지만 자유주의는 그러한 개혁을 추동하는 이데올로기적 근본은 건드리지 않고 따져 묻지도 않은 채 그대로 둔다. 그래서 많은 자유주의자가 단종수술, 노플란트, 데포-프로베라를 '빈곤의 악순환을 끊을' 장치라고 진심으로 믿었고, 계속 그렇게 믿는다. 자유주의 이데올로기는 조직적 문제(일방적 자원 분배, 제도화된 인종주의, 능력주의[또는 비장애중심주의] 등)에 대해 개인적 해결책(예컨대 복지 수급자라면 자녀 수 줄이기)을 강조한다. 그 결과 단종수술 남용, 인권침해, 고압적인 인구 조절 프로그램과 같은 유사한 방법을 지지할 때의 우파를 연상하게 하는, 목적이 수단을 정당화하는 접근법으로 이어졌다. 로버트 블랭크는 기술적 미봉책의 지지자들이 대부분 노골적으로 우생학적인 발언은 피하는 반면 다음과 같은 이유들을 끌어와 자신들의 의제를 더욱 입맛에 맞게, 즉 겉보기에 정치, 인종, 계급 중립적인 언어로 표현한다고 지적한다. "(1) 사회나 가족의 부담 경감 (2) 미래 세대를 위한 혜택 마련 (3) 사회적 책무 (4) 비용 억제 (5) 개인의 건강 (6) 건전한 심신을 유지할 개인의 권리 (7) 대상자의 이익 최대화 (8) 비용 효과성."[5]

과학이, 심지어 단순한 과학적 추측이 합의를 이끌어내는 기능을 종종 해왔다는 것은 엄연한 현실이다. 반동주의자와 개혁주의자, 국가주의자와 좌파, 보수주의자와 페미니스트의 간극은 우리가 생각하는 것만큼 그리 깊진 않았다. 로런 그레이엄Loren Graham이 지적했듯, 우생학과 보수와 파시스트 정서 사이의 "자연스러운 동맹"은 "논리적 수순이 아니었고 …… 1920년대 초반에는 많은 급진적 사회 비평가들도 [그러한 동맹을] 인식하지 못했다".[6] 일부 집단 내에서는 아직도 마찬가지다. 자유주의가 우생학 담론에 동의한 바 있다는 아돌프 리드의 진단은 여기서도 유용하다. 리드는 《종형 곡선》이 정당성을 부여받은 것에 관해 자유주의자들이 찰스 머리를 규탄하지 않은 것, 머리가 논의의 조건을 정하도록 허용한 것을 두고 맹비난했다. 자유주의자와 머리 같은 반동주의자는 속으로는 인종주의, 가난한 사람에 대한 공포와 혐오, 적의에 찬 희생양 만들기, 그리고 자본주의에 대한 헌신과 충성을 공유한다는 점에서 똑같다고 리드는 밝혔다. 리드에 따르면 머리는 유전적 퇴화를, 자유주의자는 결핍된 문화를 탓한다는 것이 유일한 차이점이다.[7] 미네소타대학교 4인방의 동기는 투명했지만(학생회장 헬렌 핀Helen Phin은 그들이 산아제한까지 모조리 반대한다고 전했다), 그들은 자유주의자들이 감히 나서기를 주저했던 곳으로 성급히 달려들었을 뿐이었다.

생어를 가장 악랄한 우생학자의 대표 격이 아니라, 우생학자 같은 부류와 개혁 지향적인 산아제한 옹호자들 사이의 가교적 인물로 바라보는 것이 중요하다. 생어표 우생학은 그것이 등장할 당시 의료 및 공공 정책의 맥락 속에서 검토돼야 한다. 이것이 매우 중요한 이유는 생어와 그 추종자들의 위치 설정 때문만은 아니다. 그보다는, 생어의 잘못에만 집중할 경우 더욱 노골적인 인종주의 및 여성 혐오를 통해 우생학적 명분을 조장하는 사람들의 위세와 이력을 흐리게 할 위험이 있기 때문이다. 초기 우생 단종수술운동은 생어 자신이 펼친 비자발적 인구 조절 캠페인의 선구자 역할을 했을 뿐만 아니라 동시대에 일어났다는 점에서 가장 중요하다. 생어를 우생학자가 아니라 단지 그 시대의 산물, 불행하지만 이해할 수 있는 동맹을 맺은 사람으로 그리면서 생어의 무고함을 밝히는 역사적 해석에 대한 반박으로 넘어가기에 앞서 20세기 초 우생학의 맹공격, 특히 강제 단종수술에 대해 간략하게 살펴볼 필요가 있다. 생어의 무고함에 대한 주장은 대부분 생어의 인종주의를 부정하고 계급 및 장애에 대한 생어의 인식에 주의를 기울이지 않는 태도에 바탕을 두고 있다.

생어 그리고 그의 이데올로기를 공유하는 집단은 수년에 걸쳐 우생학적 수사를 인구 조절이라는, 더욱 입맛에 맞는 언어로 개조하는 작업을 했다.[8] 초기 우생학은 사회가 어떤 여성들에게서 어떤 아이들이 태어나느냐에 지대한 관심이 있다고 주장했고, 이러한 주장은 2차 세계대전 이후 수십 년간 더욱 공고해졌다. 요컨대, 미국 안팎에서 빈곤 구제책으로서 테크노픽스에 대한 지속적인 투자가 이뤄지고, 지역 전체를 대상으로 단종수술

    3부 | 단종수술과 그 너머: 테크노픽스라는 자유주의적 호소

캠페인이 실시되며, 이에 따라 반동적 입법 및 복지 정책이 쏟아져 나왔던 것이다. 우생학 정책의 핵심(이자 생어의 주된 동기)인 계급적 편견이 전면에 등장했다. 그렇다고 해서 계급, 특히 복지 의존도가 인종보다 더 큰 결정 요인이었다는 뜻은 아니다. 오히려 경제적 합리성에 대한 소환, 빈곤층에 대한 거침없는 중상모략 때문에 우생학은 정체를 드러내지도 않은 채 제멋대로 날뛰었다. 여기서 계급을 강조하는 것은 생어 등은 절대 공개적으로 인종 비하 발언을 한 적이 없으므로 우생학자가 아니라는 주장을 반박하기 위해서, 그리고 저도 모르게 온갖 제도적 망(예컨대 구호, 메디케이드, 복지)에 걸려든 저소득층 여성의 취약성을 부각하기 위해서다. 가난한 사람을 공격하는 것이 유색인을 대놓고 인종주의적으로 공격하는 것보다는 더 점잖고 더 실행 가능한 일처럼 보였을지도 모르지만, [어느 쪽을 공격하든] 궁극적으로는 동일한 여성이 표적이었다.

2차 세계대전 이후 우생학자들은 홀로코스트 이후의 정서에 마지못해 고개 숙였을 뿐이며—늘 그런 것은 아니지만—대외적으로는 인종을 덜 강조하면서도 동시에 [홀로코스트와] 똑같이 인종에 바탕을 둔 관행을 유지했다. 이 기간 동안 남부에서 클래런스 갬블이 기울인 노력 덕분에 단종수술이 복지 개혁의 범위로 들어갈 수 있었다고 평가한 역사가가 최소 한 명은 있다. 갬블과 생어가 확립한 플랫폼의 끈질긴 생명력 및 유산은 이후 수십 년에 걸쳐 다른 남부 지역의 아프리카계 미국인 여성 및 여자아이, 인디언보건서비스Indian Health Service 시설의 아메리카 토착민 여성 및 여자아이, 로스앤젤레스카운티 의료센터의 멕시코계 미국인 여성에 대한 조직적인 단종수술 남용에서 분명히 드러난다. 이러한 캠페인들이 자유주의적 의제에서 나왔다고 말하기는 어렵지만, 많은 주류 페미니스트는 보수주의자와 손잡고 이 관행을 억제하려는 시도에 대항했다. 최근에는 노플란트 및 데포-프로베라가 불만족스러운 형사 사법제도, 복지 비용 지출, 십 대 임신에 대한 치료법으로 묘사됐다. 유전자 검사와 최첨단의 인간 유전체 프로젝트는 장애인은 잡초 뽑듯 솎아내야 한다는, 아무런 의심도 받지 않는 우생학자들의 가정을 이행하겠노라고 약속한다. 그러한 '치료법'에 대한 자유주의적 지지는 일찍이 가난하고 '결함이 있는' 사람들에게 단종수술을 해야 한다고 했던 목소리를 메아리치듯 따라 한다.

이 역사를 따라가자면 귓가에 반복되는 울림이 있다. 우생학과 테크노픽스에 대한 자유주의의 열렬한 지지가 한곳으로 수렴했다는 점, 그 결과로 등장한 만병통치약의 희생양이 될 사람을 결정하는 데 계급(복지 수급 지위 포함), 인종, 젠더가 핵심 요인으로 작용했다는 점이 바로 그것이다. 생어 시대의 우생학적 성좌에서 인종, 계급, 젠더는 오늘날 못지않게 지배적이었고, 가난한 어머니를 향한 온정주의 및 중상모략은 (실제적인 것이든 잠재적인 것이든 모두) 늘 있었던 일이었다. 그럼에도 그 사이 수십 년간 이러한 편견들이 입법, 복지 정책, 사법적 해석에 갈수록 더 많이 반영됐다. 페미니즘 관점의 의료 서비스 옹호자와 반인종주의 활동가 및 전 공동체가 이에 저항해왔지만, 주류 페미니스트를 포함한 자유주의자들은 보수주의자들과 단결해 그러한 이의 제기를 물리치기 일쑤였다.

이런 이야기를 하는 목적은 역사적으로 우생학자 및 인구 조절론자들이 산아제한에 매료됐음을 지적함으로써 산아제한의 평판을 떨어뜨리기 위함이 아니라, 이러한 상호 끌어당김의 반향이 오랫동안 지속됐음을 힘주어 말하기 위함이다. 이 초창기의 유대 관계는 갈수록 경제 논리에 따른 피임 '인센티브'를 옹호했고, 이는 공공 정책이 가난한 유색인 여성의 몸을 점점 더 침략해 들어가는 것을 허용했다. 스티븐 스타인버그_{Stephen Steinberg}가 썼듯, 자유주의자들이 적은 아니지만,

적은 이른바 자유주의자에 기대어 인종주의에 더 친절하고 온화한 표정을 짓고, 억압받는 사람의 분노를 가라앉히고, 변화가 임박했다는 거짓된 희망을 품게 하고, 완전한 해방에 대한 요구를 누그러뜨리고, 시위운동의 관심을 딴 데로 돌리며 …… 변화를 가져올 수 있는 힘 있는 기관들이 져야 할 책임을 바로 그 기관들에 의해 무력화된 개인들에게 전가한다.[9]

우생학 캠페인이 주로 이민 반대자, 강성 백인우월주의자, 그리고 여성, 퀴어, 장애인에 대해 혐오와 온정주의적 태도로 일관했던 의사들에 의해 추진됐다는 건 틀림없는 사실이다. 그들의 노력은 자세히 기록돼 있으며, 자유주의가 그들의 의제 일부를 묵인했다는 사실만으로 그러한 노력들이 은폐되거나 용서받

을 수는 없다. 그럼에도 그 이데올로기적 공모를 이해하는 것은 필수적이다. 그 공모가 있었기에 우생학적 처방은 합법성, 심지어 자비로움인 양 겉만 그럴듯하게 꾸민 채, 어쩌면 더 짧게 끝났을 수도 있었을 특정 공공 정책의 시효를 훨씬 더 길게 연장시켰기 때문이다.

미국 내 '부적자'에 대한 비자발적 우생 단종수술 캠페인에 대해 논하다보면 다음 몇 가지 역학 관계가 모습을 드러낸다. 첫째는 제한적 이민, 인종간혼합금지법, 외과 수술을 포함한 다양한 수단을 통해 백인종을 '개량하고 수호하는' 것을 기초로 한 '인종 위생' 이데올로기다. 의사 B. A 우언스 어데어B. A. Owens Adair는 1922년, 단종수술을 "생명의 강이 정화될 수 있는 유일한 방법"이라고 썼다. 다음으로, 수감자 및 시설 수용자뿐만 아니라 불필요한 자식을 낳음으로써 국가에 부담을 지운 죄를 범했다고 선고된 사람들에게도 징벌적 조치로서 단종수술을 사용한 것이다. 처벌의 이면에는 온정주의와 가난한 대중, 특히 가난한 유색인 대중이 스스로 생식력을 조절한다는 것은 신뢰할 수 없다는 확신이 있다. 마지막으로, 우생학 논문 및 법원 판결, 양쪽 모두의 언어에서 알 수 있듯 저소득층 여성의 도덕성과 섹슈얼리티에 대한 불길하고도 맹렬한 집착이 존재한다.

'명백한 부적자'에 대한 단종수술 요구는 20세기 들어 한층 강력해지고 있었지만, 그것이 그 시대 사회학자, 의사, 과학자, 국회의원들 사이에서 처음 나온 것은 아니었다. 미국에서 이런 부류의 제안이 최초로 발표된 사례는 1887년 신시내티요양원 관리자가 시설 수감자들을 겨냥해 작성한 글이었다.[1] 6년 뒤, 게이 남성에게 거세를 권장했던 텍사스주 출신 의사 F. E. 대니얼은 '인종 개량 목적'으로 단종수술을 제안했다.[2] 1897년 미시간주 의회는 미국 최초의 우생단종법안을 고려했으나 통과시키지는 못했다. 그 영예는 1907년 인디애나주에 돌아갔다.[3] 이후 수년, 수십 년간 우생 단종수술 지지자들은 자신들의 수사를 벼리고 또 벼려 공공 정책으로 발전시켰다. 우생학자들은 각 주에서 자신들의 제안이 통과돼 법률로 제정되는 것을, 자신들이 만든 프로그램의 합헌성이 1927년 미 대법원의 벅 대 벨 사건 판결로 최종 확정되는 것을 지켜봤다. 1907년부터 2차 세계대전이 끝나기까지 미국에서 최소 7만 명이 단종수술을 받은 것으로 알려져 있다.[4]

강제 단종수술을 지지한 많은 사람은 인종적 혹은 계급적 편견이 동기였다는 것을 부인했다. 미 의회에서 '우생학 전문가'로 지명된 해리 로플린은 "열등한 국적이 아니라 열등한 가계 혈통"이 자신의 관심사라고 주장했다. 하지만 로플린이 1924년 존슨-리드법 통과를 위해 적극적으로 로비한 점, 이민자를 맹비난한 점을 고려하면 이는 미심쩍은 주장이었다. "우리가 생각하는 부모됨의 신체적, 정신적, 도덕적 자질에 대한 기준이 어느 한 인종에 다른 인종보다 더 심한 타격을 준다고 하더라도, …… 겉으로는 인종차별처럼 보일 수는 있겠지만 실제로는 그렇지 않은 법을 기꺼이 시행해야 한다. 왜냐하면 모든 인종, 심지어 가장 저질 인종 내에서도 타고난 장점을 통해 우리의 허용 기준에 부합할 수 있는 개인들이 일부 있기 때문이다"라고 로플린은 설명했다.[5] 로플린은 적자의 생식을 장려하고 "유전적으로 퇴화한 자의 부모가 될 사람들"의 결혼 및 재생산을 불허하는 것이 "국가가 할 일"이라고 생각했다. 강제 단종법은 "유전적 퇴화의 가장 명백한 사례들"만을 겨냥해 서서히 시행돼야 한다고 로플린은 밝혔다. 하지만 시간이 흘러 "행정기관 및 법원에 더 많은 경험이 쌓이고, 또 주 정부들이 단종수술을 활용해 퇴화를 방지하는 일에 더욱 자신감을 갖게 됨에 따라 기준은 상향될 수 있으며, 퇴화한 인구 집단 내에서 단종수술을 통해 재생산을 하지 못하게 될 사람은 훨씬 더 많아질 것"[6]이었다.

로플린은 자신이 무슨 말을 하는지 알고 있었다. 1932년이 되자 30개 주에서 단종법을 명문화했다. 비록 일부는 논쟁을 거쳐 다시 작성되긴 했지만, 27개 주에서 저마다 명문화된 법률이 1970년대까지도 존속했다.[7] 불법 단종수술이 중범죄인 곳은 유타주뿐이었다. 이러한 법률 다수에 근거해 다양한 교정 기관 및 정신 의료 시설 의사들이 제출한 청원을 검토하기 위한 우생학 위원회가 소집되었다. 일반적으로 이러한 위원회는 교도소 수감자, 주립 및 카운티 병원 환자, 전과자, 그리고 연계된 의사에게 정신 질환 판정을 받은 채 '자유롭게 돌아다니는' 사람에 대한 단종수술 시행 예정 사례만 청취했다. 위원들은 기관과의 연계 없이 의사가 개인적으로 수행한 수술은 검토하거나 기록하지 않았다. 청원하는 의사 자신도 심사위원 중 한 명인 경우가 대부분이었다. 위원회는 수술을 받을 가능성이 있는 사람의 의견을 청취하기로 돼 있었으나, 단종수술 의견 청취에서 무료 법률 상담을 제공한 주는 단 9개 주뿐이었다. 이들 중 남부에 속한 주는 한 곳도 없었다.[8]

버지니아주는 노스캐롤라이나주와 앨라배마주에 이어 남부에서 세 번째로 강제 단종법을 통과시켰다(1924). 버지니아주 법률은 미 대법원의 판결을 받은 최초의 사례였다. 벅 대 벨 사건의 원고, 캐리 벅은 젊은 백인 여성으로 앨버말리카운티에서 양부모 손에 자랐다. 벅이 후견인의 조카에게 강간당해 임신하자, 그 가족은 벅이 부도덕하다는 이유로 벅을 정신 의료 시설에 입원시켰다. 강간당한 것이 부도덕의 지표로 받아들여지듯, 부도덕은 정신장애의 지표로 받아들여졌다. 지방법원에서 "부도덕하고 성매매를 저지르며 거짓된 일생을 산" 여성으로 묘사된 벅의 생모 역시 정신 의료 시설에 수용됐다.[9] 벅은 1924년 버지니아주 법률의 시험 사례가 됐는데, 이 법은 "유전병처럼 재발하는 정신 이상, 백치, 치우, 정신박약, 또는 간질을 앓고 있는" 수용자의 단종수술을 규정했다.[10] 미 대법원이 8 대 1의 의견으로 주 정부가 단종수술을 할 권리를 확정하면서 벅이 "사회 부적응자인 자녀의 부모가 될 가능성이 있다"라고 판결한 사실은 오늘날까지도 악명이 높다. 대법관 올리버 웬들 홈스는 단종수술을 통해 "[단종수술을 받지 않을 경우] 갇혀 있어야만 할 자들을 사회로 돌려보낼 수 있고, 그리하여 그 밖의 사람들을 정신 의료 시설에 수용할 수 있으므로 모두를 위한 평등에 더욱 가까워질 것"이라고 말하기까지 했다.[11] 이 판결은 법원에서 뒤집힌 적이 없다.[12]

벅 대 벨 사건 판결은 여성을 단종수술의 주된 후보자로 지정하려는 의도적이고 단호한 노력의 일환이었다. 우생학자이자 《유전학 저널》 편집자인 폴 포프노이가 창립 이사로 활동하기도 했던 인간개량재단Human Betterment Foundation[13]이 추린 자료에 따르면, 1928년에서 1932년 사이 단종수술에 급격한 변화가 있었다. 1927년 말, 미국에서 합법적으로 단종수술을 받은 사람 중 53퍼센트는 남성이었다. 하지만 이후 5년간 이 비율은 33퍼센트로 떨어졌다. 수술이 자발적으로 이뤄질 가능성이 훨씬 더 낮았던 시설에서는 단종수술을 받은 여성 및 여자아이의 비율이 47퍼센트에서 67퍼센트로 올라갔다.[14] 이 수치가 의미하는 것은 이 시점에 이르러 여성을 여성 자신에게 있는 재생산 기관의 인질이자 국민 유전자군의 실질적 단속자로서 우생학적으로 구성해내는 것이 신체 차원에서 실현됐다는 사실이다. 첫 번째 범주화[여성을 여성 자신에게 있는 재생산 기관의 인질로서 우생학적으로 구성해내는 것] 때문에 특히 19세기 말 여성 및 여자아이들은 '오리피스 수술'에 취약한 상태로 남겨졌다. 오리피스 수술에는 음핵절제술 및 자궁적출술이 포함됐으며, 간질, 우울증, 폐결핵, 습진, 류머티즘, 고관절 부상, 말더듬증, 두통, 실신, '난폭한 기질', 신장 질환, 정신이상, '백치', 그리고 물론 자위와 '히스테리'를 예방하고 치료한다는 것이 그 명분이었다.[15] 두 번째 범주화[여성을 국민 유전자군의 실질적 단속자로서 우생학적으로 구성해내는 것]에 대해 보자면, 로플린과 그 동료들은 여성을 우생학적이거나 아니면 열생학적인 자손 생산자로 지명했다.

> 나라의 타락한 혈통이 타락한 여성의 수에 크게 좌우된다는 주장은 논박의 여지가 없다. 인류의 하층 종족 내 타락한 여성은 자연적 능력을 다할 때까지 생식한다. 만약 여성 중 타락한 구성원의 생식이 불가능해지면, 이 상황의 우생학적 요건은 충족될 것이다.[16]

로플린은 우생 단종수술을 옹호했지만, 새로이 부상하는 산아제한운동의 많은 참가자는 여기에서 공동의 대의를 알아봤다. 그 출현 시기를 고려할 때, 산아제한과 우생학이 서로를 알아보고, 또 복잡하게 얽히고설키게 된 것은—각각의 지지자들은 때로는 동맹을 맺고 때로는 불화했다—어쩔 수 없는 일이었을지도 모른다. 비록 우생학자들은 '적자' 커플이 피임을 한다는 발상에 움찔했지만, 또 생어는 우생학자들이 '적자'라면 국민이나 시민의 의무로서 재생산을 해야 한다고 끊임없이 호소하는 것에 개탄했지만, 각각의 지지층 모두 과학이 사회의 관리자라는 생각에는 아무런 이의 제기도 하지 않았다. 이런 신념은 사실상 정치 스펙트럼 전반에 걸쳐 있는 개인들 간에 합의를 이끌어내는 역할을

했다.[17]

1924년 생어가 발행한 《산아제한 평론》의 한 기고자는 '산아제한 우생학'을 가리켜 신이 내린 "성스러운 명령"이라고 표명했다.[18] 이 주장이 의미심장한 것은 '하느님은 우리 편'이라는 친숙한 후렴구가 달려 있기 때문만이 아니라 '산아제한'과 '우생학'을 한마디 섬뜩한 말로 융합했기 때문이다. 더욱이 여타의 우생학 프로젝트들에서도 그랬듯, 과학의 '이성'이 종교에 바탕을 둔 명령을 전복하기는커녕 뒷받침했기 때문이다.

생어는 이즈음 이미 '산아제한의 우생학적 가치'에 대한 글을 집필했다. 생어가 활용한 수사, 생어가 걸어온 정치 노선, 생어가 계속 받고 있는 찬사에 대해 살펴보는 것은 과학적 인종주의를 통해 '청결한' 국민 유전자군을 추구한 우생학자들, 그리고 나름의 인종주의를 통해 뿌리 깊은 사회경제적 불평등에 대한 신속한 미봉책을 모색한 자유주의자들 사이의 끝나지 않은 합의를 설명하는 데 매우 유용하다.

마거릿 생어가 우생학에 적극 참여했다는 것은 모두가 아는 사실이다. 린다 고든, 앤절라 데이비스 등은 생어의 이상화된 이미지에 이의를 제기하고 생어의 동기를 문제 삼았다.[1] 많은 페미니스트와 여성 중심 의료 서비스 옹호자는 생어가 일찍이 우생학과 협력함으로써 초래된 후유증을 폭로하는 데 중요한 역할을 했지만, 제대로 이의 제기를 하지 못한 사람도 많았다. 일부는 적대적인 국회의원 및 임신 중지 권리 반대 로비스트들이 산아제한의 정치사를 알게 될까 두려워서, 다른 사람들은 젠더 평등[또는 젠더 공평], 자기 결정권, 그리고 경제적, 개인적 부자유를 바로잡는다는 명분하에 행해졌다고 여겨지는 생어의 업적에 대한 존중에서 그러했다. 이런 존중은 일종의 대단히 자유주의적인 충동인데, 골드버그가 지적했듯 자유주의자들은 "제도적 개선이 사람들의 자유를 신장하고, 표현의 자유를 위한 공간을 열어젖히거나 넓히는 데 기여하는 정도에 따라" 진보를 평가하기 때문이다.[2] 표면적으로 생어는 '선택권'[즉, 임신 중지 권리]과 개인 우위를 확립하는 데 공헌했고, 이것이 자유주의자들이 말하는 그런 '열어젖힘'을 의미하는 것은 맞다. 하지만 자유주의에 내재한 계몽주의적 뿌리를 따르자면, '선택권'이란 결코 보편적인 것이 아니었다. 찰스 밀스가 쓰길, "하위 인간들"은 "상이하며 열등한 권리 및 자유의 체계"를 부여받았던 것이다.[3]

1994년과 1992년에 각각 책을 출간한 캐럴 R. 매캔과 엘런 체슬러는 생어와 당대 우생학자들의 동맹에 대해 비슷한 설명을 내놓았다. 매캔은 《미국 산아제한 정치, 1916-1945》에서 생어와 "우생학의 연관성은 문제가 있다"라고 인식하면서도, 그런 관계가 초창기 산아제한운동, 특히 교회에 바탕을 둔 반대 세력 및 전문 지식을 내세운 의료계의 침략에 맞서는 이중의 투쟁에서 유리했다고 주장한다. 매캔이 쓰길, 우생학자들은 "유전적 능력, 생식력, 임신 소모[임신 중 발생하는, 태아 및 신생아에게 불리한 결과를 초래하는 모든 경우], 실제 생식률, 출생률"에 대해 말했다. 그러한 전문용어 덕택에 생어와 그 추종자들은 "상스럽지 않게 피임을 논의할 언어"를 가질 수 있었고, "생어를 따르는 사람들은 이러한 성 중립적 언어를 사용해 산아제한을 그저 또 하나의 공중보건 및 복지 쟁점으로 정당화했다".[4] 《용맹한 여성: 마거릿 생어와 미국 산아제한운동》의 저자인 체슬러도 비슷한 결론을 내렸다. "우생학자들은 명시적으로 성적인 주제를 수용 가능한 과학 담론의 경계 안으로 들여온 장본인이었다."[5] 이는 틀림없는 사실이긴 하지만, 섹슈얼리티 영역에서 우생학자들이 권한을 쥔 데 따른 대가는 어마어마했다. 매캔은 "진화론적 사회사상"의 유용성을 언급하면서, 생어가 나아가 산아제한을 반대하는 가톨릭교회에 대한 보루로써 우생학자들에게 충성을 다했다고 밝혔다.[6] 체슬러가 쓰길,

> 생어는 자신에 대한 종교적 보수주의자들의 공격을 무디게 하려고 의도적으로 우생학 성향 학자 및 과학자들의 힘에 구애를 보냈다. …… 생어 자신이 당대 우생학 열풍에 사로잡혀 있었고, 썩 칭찬할 만하지 않은 해석의 여지가 있는 언어를 이따금 사용했다는 것은 부인할 수 없지만 말이다.[7]

이런 관점에서 바라본 생어는 약삭빠르게 우생학운동가 및 선동가들을 불러모으는 사람이자 저도 모르게 그 사람들의 [우생학] 선전을 재연하는 사람이다. 생어가 당대 우생학 열풍에 휩쓸렸다는 주장(체슬러는 다른 대목에서 우생학을 "인기 절정의 대유행"이리고 지칭한다)[8]은 우생학 교리에 저항할 지적 정교함과 용기가 생어에게는 없었고, 생어는 지나치게 외부에 휘둘렸으며, 산아제한 보급에 대한 반동적 공세에 맞서 다른 대응을 조직화할 능력이 없었다고 말하는 것이나 마찬가지다.

매캔 또한 생어가 의사들의 회의적 태도를 불식하기 위해 우생학자들을 이용했다고 주장하면서, 의사들이 산아제한론자

들에게 퍼부은 "아마추어적이라는 비난"에 대항하려고 우생학자들의 정당성을 끌어와 이용했다고 말했다. "우생학자들은 의학헤게모니에 맞서는 강력한 동맹이었다"라고 매캔은 쓴다. "우생학자들이 산아제한운동의 주장에 가져온 통계학적 전문 지식 및과학적 정당성은 의료계의 조롱에 대한 귀중한 균형추임이 판명됐다."[9] 하지만 생어가 우생학자들에게서 빌려온 '통계학적 전문지식'에는, 결함이 있어서 궁극적으로는 신뢰성이 없는 아이큐검사 결과들이 포함됐다. 이 아이큐 검사를 실시한 사람이 바로로버트 M. 여키스와 루이스 터먼이었고, 이 두 사람은 모두 생어의 1922년 작 《문명의 중심축 The Pivot of Civilization》에서 인용됐다. "비네-시몽 지능검사는 …… 무분별한 다산 능력 때문에 세상에 태어난 아이들이 어떤 유형의 정신적 소양을 갖게 되는지에 관한실증적 통계자료를 제시한다."[10]

또한 매캔에 따르면 생어에게는 의료계가 산아제한을 강탈할 것이라는 두려움, 그리고 전문 지식을 내세운 침략을 막아내야 할 필요성이라는 동기가 있었다. 하지만 이러한 주장들에 상반되게도, 생어는 의사들이 산아제한을 공개적으로 지지해주는대가로 피임 처방 및 보급을 의사의 권한으로 제한할 법률 제정을 옹호했다. 다른 사람들은 그러한 조치가 클리닉이나 의료 서비스에 접근하지 못하는 여성들에게 걸림돌이 될 수 있다는 점을 들어 그 움직임에 반대했다.[11] 1937년 미국의사협회가 마침내산아제한에 대한 지지를 약속하고, "의사와 환자 사이 사생활 보호가 이뤄지는 가운데 여성들이 피임 지원을 받을 권리"를 확인

     3부 | 단종수술과 그 너머: 테크노픽스라는 자유주의적 호소

하면서 생어에게는 보상이 이뤄졌다.[12] 이를 얻어내기 위해 생어는 앞선 100년을 통틀어 가장 위협적인 계급 및 장애 기반 우생학 교리 일부를 창안하기도, 자신의 동료들이 마구잡이로 시행한 인종 기반 외과적 실험을 지지하기도 했던 것이다.

1924년의 제한적 국적기원법이 통과된 지 채 1년도 안 된 1925년 4월, 생어는 6차 국제신맬서스주의 및 산아제한대회 참석자들에게 다음과 같은 환영사를 했다.

미국은 외국인에게 문을 걸어 잠그고, 또 다른 나라에 비하면 이 땅에 오는 방문객을 덜 우호적으로 받아들이긴 하지만, 우리 자신의 국경 내에서 바람직하지 못한 이방인**과 토박이**가 급격히 불어나는 것을 어떻게든 막으려는 시도는 전혀 하지 않습니다. 오히려 그 반대입니다. 미 정부는 백치, 결함이 있는 자, 병자, 정신박약자, 범죄자 계급이 무서우리만큼 빠르게 번식하도록 일부러 부추기고, 심지어 반드시 그렇게 하게끔 법으로 정하기까지 하니까요.[13]

매캔은 플랜드패런트후드의 이 창립자가 '인종 악화'의 심각성(그러므로 '사실')에 대한 우생학자들의 주장은 받아들였지만, 인종 악화의 근본 원인이라고 우생학자들이 내세운 것에는 동의하지 않았다고 주장했다. 하지만 위와 같이 생어가 직접 한 말은 매캔의 주장과 대립된다. "생어가 사용한 표현은 생물학 결정론적인 것이 아니었다. 생어는 인종 쇠퇴의 원인을 경제적 환경결정론 및 관습적 섹슈얼리티에서 찾았다."[14] 비록 생어가 생물학 결정론의 수사를 결코 사용한 적이 없다는 것이 사실이라 하더라도, 생어가 추구한 '경제적 환경결정론'에 가장 크게 타격을 입은 사람이 누구인지는 의심할 여지가 없다. 당시 상황에서 생어는 산아제한이 경제적 불평등 및 여타의 죄악을 바로잡을 만병통치약이라 믿었으므로, 1922년 이렇게 단언하기에 이른다. "우리는 교육의 필요성이 막대하다는 것을 인식하면서도, **타고난 건강 상태와 특성**의 필요성이 그보다 더 막대하다는 것은 인식하지 못한다."[15]

생어는 아동노동부터 세계대전까지 모든 것의 원인을 번식을 억제하지 않고 내버려둔 탓으로 돌렸다.[16] 우생학적 고려 사항과 '해결책'이 다른 모든 구체책을 압도했다. 생어는 해블록 엘리스를 인용해 이렇게 말했다. "아이들을 교육하는 일과 아이들이 건강한 상태로 잘 태어나도록 하는 일 중에 선택해야 한다면 ······ 교육을 포기하는 편이 더 나을 것이다."[17] '발생장애'가 최우선이라는 믿음, 부적절한 번식을 통해 사회 및 인종이 쇠약해진다는 믿음, 그리고 정부 개입에 대한 열망은 우생학을 규정하는 특징이었다. 생어가 제시한 유전성 범죄자 목록(은 물론 생어가 그러한 사람들을 묘사하는 데 사용한 언어)은 해리 로플린 등 당대 우생학계 유명인사들이 말한 것과 똑같았다.

현대의 연구들은 정신이상, 간질, 범죄성, 성매매, 빈곤, 정신적 결함이 모두 유기적으로 밀접하게 관련돼 있으며, 전 지역사회에서 가장 지능이 낮고 완전히 퇴화한 계층이 가장 왕성하게 생식한다는 사실을 밝히고 있다. 어느 한 세대에서 정신박약이 나타나면, 이는 다음 세대에서 빈곤이나 정신이상이 된다. 정신박약자들이 자신들과 같은 유형을 재생산하는 것을 막지 않는 한 정말로 …… 미래 세대는 정신박약의 위험에 빠질 것이다. 이 비상사태에 대처하는 것은 모든 주, 전 지역사회의 즉각적이고 절대적인 의무다.[18]

생어가 스스로를 우생학자로 정체화했다는 말을 하려는 것은 아니다. 생어는 산아제한을 우생학의 궁극적 결실로 선전할 때도 있었지만, 자신을 우생학자라고 보고 지지하는 사람들과 바로 그 이유로 비방하는 사람, 양쪽 모두의 목표와 자신의 목표 사이에는 거리를 두었다. 생어가 우생학에 대해 주요하게 반대한 것은 우생학의 인종주의나 장애인을 향한 적의나 가난한 사람에 대한 병리화 때문이 아니었다. 생어가 비난한 것은 바로 '적자'는 인종과 국가에 봉사하기 위해 가족 구성원 수를 불려야 한다는 '적극적 우생학'이었다.[19] 하지만 생어는 '부적지' 시이의 생식을 방지하는 '소극적 우생학'은 엄청나게 가치가 있다고 봤다.[20] "인종을 유지시키는 데 가장 적합하지 않은 자들이 수적으로 가장 빠르게 늘고 있다"고 생어는 썼다.[21]

정신박약자, 정신적 결함이 있는 자, 가난에 찌든 자는 생식력이 왕성하다. 이런 열등한 계층의 사례를, 비록 부모로서 생식력은 그보다 약하지만 교육받고 부유한 계층 출신인 육체적, 정신적 적자가 열심히 따라 해 대등해져야 할 어떤 것으로 추켜세워서는 안 된다. 오히려 오늘날 가장 시급한 문제는 육체적, 정신적 결함이 있는 자들의 과도한 생식력을 어떻게 제한하고 억제하느냐다.[22]

비록 생어는 '요람 경쟁'에 반대하긴 했지만, 그 반대는 변덕스러웠다. 1921년, 생어는 〈산아제한 선전의 우생학적 가치The Eugenic Value of Birth Control Propaganda〉라는 글에서 '적자'와 '부적자' 간의 "출생률 격차"가 "작금의 문명에 대한 가장 큰 위협"이라고 밝혔다.[23] '부적자'가 자식을 낳는 것을 그만두게 하려는 목적뿐만 아니라, '적자'가 자식을 더 많이 낳도록 하려는 목적의 금전적 인센티브를 생어가 최소 한 번은 옹호했다는 증거가 있다. 1938년 생어는 한 기자에게, 미국 출생률이 감소하면서 미국인보다 외국인이 더 빨리 번식해 "미국인을 넘어서며 결국 완전히 없애버릴 것"이 걱정된다면, "훌륭한 혈통의 미국 젊은이들이 결혼하고 가족을 꾸리는 데 충분한 기반을 마련해줄 장려금을 통해 그러한 토박이의 출생률을 높여야 하고, 또 높일 수 있다"고 말했다.[24]

이런 제안들을 했음에도 불구하고 1910년대 및 1920년대에 생어와 산아제한운동은 '인종 자살' 위협을 충분히 다루지 않는다는 이유로 일부 우생학자들에게 맹비난을 받았다.[25] 폴 포프노이는 산아제한이 '출생률 격차'와 맞물려 '인종 악화'를 가져올 것이라고 믿었다. 산아제한론자들이 '적자'가 자식을 더 많이 낳

   3부 | 단종수술과 그 너머: 테크노픽스라는 자유주의적 호소

는 것을 지지할 때만 우생학자들은 산아제한운동을 지지할 터였다.[26] 매캔은 찰스 대븐포트(동물학자, 유전학자, 미국우생학위원회 부위원장)가 1925년 미국산아제한연맹American Birth Control League으로부터 회의를 주재해달라는 초청을 거절했으며, 매디슨 그랜트(저서 《위대한 인종의 소멸》로 세계적으로 명성을 떨치며 미국 이민법의 기틀을 잡는 데 중요한 역할을 함)가 생어의 노력에 전적으로 반대했음을 지적한다.[27] 1930년 그랜트는 인류학자이자 《유럽사의 인종적 요소들The Racial Elements of European History》의 저자인 한스 F. K. 귄터Hans F. K. Günther에게서 한 통의 편지를 받는다. 편지에서 귄터는 북미 여성단체들이 이민 및 북유럽계 인종의 보존에 대해 취하는 입장을 어떻게 생각하느냐고 묻는다. 북미 여성단체들은 가족 제한의 심각한 위험성을 파악하고 있는가? 이것이 귄터의 의문이었다. "실제로 산아제한은 아직 출생 문제에서 선별적 차별화를 하지 않는 것으로 보이며, 따라서 북유럽계 인종의 질적 저하에 기여하고 있습니다."[28] 그 밖의 우생학자들도 미국산아제한연맹의 자체 저널인 《산아제한 평론》 지면에서 비슷한 두려움을 표명했다. 앨버트 E. 위검Albert E. Wiggam은 《산아제한 평론》 기고자 다수의 우려를 거듭 반복해 표현하며 다음과 같이 썼다.

우리 인종의 미래 전체에 관한 문제가 다음 질문에 달려 있다. 더 유능하고 더 정력적인 인구층이 자식을 더욱 사랑하며, 양육의 부담을 더욱 기꺼이 감수하는가? 분명한 것은, 지금껏 공동체 내에서도 이처럼 더 유능한 계층이 거의 전적으로 산아제한을 활용해왔다는 점이다. 이 사람들은 자신보다 자식이 더 나은 조건에서 세상을 살아가길, 자식의 삶을 위해 이 세상이 더 좋은 곳이 되길 소망한다. 이 사람들이 **산아제한을 활용하도록**, 그래서 적절하게 돌보고 교육하고 세상에 발을 내딛게 해줄 수 있을 만큼으로만 자식 수를 제한하도록 **이끄는 것은** 바로 그 신중함, 통찰력, 자식을 위한 긴 안목의 사랑과 같은 **고결한 도덕적 특성**인 것이다. 하지만 풍부한 천부적 재능을 타고 나지 못한 자들은 산아제한을 보류해왔다. ……

…… 산아제한이 보편적이지 않을 때, 그것은 지능과 인격은 떨어뜨리고 무능력과 빈곤은 끌어올리는 역할을 한다.[29]

위검의 말은 설득력이 있었다. 멜러에 따르면 위검은 당대 가장 유명한 대중 과학 작가 중 한 명이었다. 위검은 우생학연구회의 집행위원회 위원이자, 미국우생학회 이사회 이사 및 자문위원회(는 물론, 카운티 박람회에서 '적자 가족 경진대회' 조직을 담당하는 대중교육위원회) 위원이기도 했다. 위검의 칼럼은 《뉴욕 포스트》 및 다른 여러 신문에 1935년부터 게재되기 시작했고, 전국으로 배포됐다.[30] 위검은 매디슨 그랜트와는 달리 유보적인 태도를 가지고 있었기 때문에 애써 산아제한에 반대하지는 않았다. 오히려 "이 위대한 진화의 힘을 전 인류가 마음껏 이용할 수 있게 하는 것이 우리의 가장 큰 도덕적 특권, 가장 종교적인 의무, 가장 고귀한 애국적 사명"이라고 위검은 생각했다. 위검은 산아제한이 소극적 우생학을 보완한다고 강조하며 보편적 산아제한의 필요성을 힘주어 말했지만, 적극적 우생학에도 계속 충실했다.

만약 그것{산아제한}이 유능하고 통찰력이 있으며 자격을 갖춘 사람들 사이에는 확대되고, 어리석고 꿈도 야망도 없으며 자격 없는 사람들 사이에는 보류당하면, 이런 하층 계급이 곧 상층 계급보다 더 빨리 번식할 것이고, 우리 문명은 폐허로 변할 것이다. 보편적 산아제한을 시행하면, 총명한 자와 우둔한 자 사이에 세상이 이제껏 경험한 것 중 가장 극적인 경쟁이 일어날 것이다. 죽음의 전쟁이 아니라 탄생의 전쟁이, 어떤 상서로운 전쟁이 말이다. …… 그렇지만 어쨌든 전체 인종의 운명이 걸린 전쟁인 것이다.

이것이야말로 우생학의 진정한 의미다. 자연적인 과정 그리고 인간이 지고의 감정으로 내린 결정에 따라, 지금 세상을 가득 메우고 있는 자들보다 더 뛰어나고 더 강인하며 더 행복한 피조물들이 탄생하는 것 말이다. 미래에 펼쳐질 '장기적 현실'을 들여다볼 때, 산아제한은 반드시 …… 선하고 고결하며 지적인 자가 악하고 어리석으며 무능력한 자보다 더 빨리 번식하도록 하여 마침내 그들이, 오직 그들만이 세상을 물려받는 결과를 가져올 것이다.[31]

생어 자신은 우생학과 산아제한이 양립할 수 있을 뿐만 아니라 분리될 수 없다는 점을 끊임없이 확신시킴으로써 우생학계 비판가들에게 대응했다. 생어는 《산아제한 평론》 독자에게 "산아제한 캠페인은 단순히 우생학적 가치가 있는 게 아니라, 우생학의 최종 목표와 실질적으로 동일한 이상을 추구한다"라고 알렸다.[32] 이어서 그 두 운동 간의 유사점을 끌어내고는, 자신의 우생학계 형제들에게 촉구했다. 당신들도 스스로의 정당성을 확보하기 위해 투쟁했던 것을 떠올려보라고 말이다.

몇 년 전만 해도 우생학의 인종 재생 프로그램이 어리석음과 무지라는 잔인한 조롱의 대상이 됐던 것을 우생학자들은 기억할 것이다. 오늘날 다방면의 지성인들은 우생학이야말로 인종, 정치, 사회문제를 해결할 가장 적절하고 철두철미한 수단이라고 제안한다. 가장 비타협적이며 두려움을 모르는 스승 및 과학자들이 인류에 대한 이 위대한 생물학적 해석에 힘을 실어줬다. 전쟁은 우생학의 필요성을 역설했다.
산아제한이라는 교리는 지금 조롱, 편견, 오해라는 단계를 지나고 있다. 몇 년 전, 문명과 자유의 이 신무기는 부도덕하고 파괴적이며 저속하다는 비난을 받았다. 비난은 점차 줄어들고, 이해가 오해를 대신하고 있다. 산아제한의 우생학적, 문명적 가치는 계몽된 지성인에게 명확해지고 있다.[33]

생어는 자신들의 복음을 전파하려는 우생학자들의 열망에 호소했다. 피임 정보에 대한 광범위한 수요는 "오늘날 대중 스스로가 갱생이라는 신성한 불꽃을 가지고 있다"는 신호였다. 그러므로 생어는 이렇게 호소했다. "용감하고 계몽된 사람들이 ……

그 불꽃을 일으키고, 이 강렬한 관심을 바탕으로 우생학에 대한 철저한 교육을 지도해야 한다. 따라서 산아제한 선전은 우생학 교육자들에게 일종의 진입문 역할을 한다."[34] 생어는 이 주장을 《문명의 중심축》에서 되풀이하면서 산아제한은 "정말로 가장 위대하고 진정으로 우생학적인 수단으로서, 우생학 프로그램의 일환으로 산아제한을 채택한다면 우생학이라는 과학에 즉각 구체적이고 현실적인 힘을 부여할 것"이라고 말했다. 더욱이 "우생학자들의 가장 명쾌한 사고와 통찰력은" (여기서 생어는 해블록 엘리스, 윌리엄 베이트슨William Bateson, 레너드 다윈Leonard Darwin을 호명한다) 산아제한을 "인종 건강"의 필수 요소로 받아들인다고 썼다.[35] 요컨대 우생학이 이론이라면, 산아제한은 실천이 될 터였다.《산아제한 평론》은 생어가 편집장으로 재임한 동안이나 임기가 끝난 이후로도 논의의 장이 될 테고 말이다.

《산아제한 평론》은 "미국산아제한연맹의 공식 기관지"가 됐다(비록 연맹 창립보다 앞서 나왔지만 말이다). 벳시 하트만이 지적하길, 1917년에 이르면 그 저널을 누가 장악하느냐를 두고 생어와 대립했던 급진주의자들이 산아제한운동을 떠나고, "우생학지들이 그 자리를 채우게 됐다".[36] 고든에 따르면, 불화의 원인은 단일 쟁점만을 호소하는 생어의 접근법 그리고 생어가 보인 사회적, 성적 보수주의에서 찾을 수 있었다. 그렇다고 해서 모든 급진주의자가 우생학의 덫을 성공적으로 피해갔다는 뜻은 아니다. 일부는 우생학 강령에 이의를 제기했지만, 다른 사람들은 그렇지 않았다. 덧붙이자면, 그 당시나 지금이나 많은 좌파는 마거릿 생

어를 **모두가 인정하는** 선구자로 그리는 데 반대하며, 대신 자유
연애 옹호자, 워블리Wobblies[전 세계적 급진 노동조합인 세계산업노동자
연맹Industrial Workers of the World 회원을 일컫는 말] 등 생어에게 결여된 계
급 분석을 명료하게 밝힌 사람들의 지도력 및 활동을 더 강조했
다. 고든은 "만약 산아제한에 대해 사회주의 정당 및 페미니스트
의 지지를 다 함께 이끌어내는 지도자가 있었다 하더라도, 그 사
람이 생어는 아니었을 것"이라고 간결하게 표현했다.[37] 결과적
으로 《산아제한 평론》 기고자 명단에는 C. C. 리틀C. C. Little과 해
리 로플린 같은 우생학 권위자들이 이름을 올렸다.[38] 리틀은 미
국우생학회 회장, 미국산아제한연맹 이사, 국제신맬서스주의연
맹 회장, 하버드대학교 유전학 및 암 연구 분야 연구원이자 부학
장, 그리고 이후 미시간대학교 총장을 역임했다. 로플린은 미 의
회에서 '우생학 전문가'로서의 책무를 맡은 것 외에도 우생학기
록사무소Eugenics Record Office 소장이자 (찰스 대븐포트와 함께) 《우생학
소식》 공동 편집자였다.[39] 《산아제한 평론》은 레너드 다윈의 《우
생학적 개혁Eugenic Reform》과 《우생학이란 무엇인가What Is Eugenics》에
대한 호평은 물론, 미국산아제한연맹 이사인 로스롭 스토더드의
《백색 세상의 우월주의에 대항하는 유색 물결의 부상》에 대해
해블록 엘리스가 긍정적으로 보도한 글도 실었다.[40] 신맬서스주
의 연례회의와 같은 우생학 모임의 글들을 다시 싣기도 했다. 물
론 생어와 《산아제한 평론》은 한 몸이 아니었고, 생어는 틀림없
이 자신이 동의하지 않는 글도 일부 수록했다. 하지만 생어가 우
생학적인 글만이 아니라 명시적으로 인종주의적인 글도 발행하

기로 결정했다는 점은 그런 글들을 옹호하는 것이 수용 가능한 사회정책 담론의 범위를 넘어선다고 생각하지 않았음을 암시한다. 생어 스스로도 우생학에 영향받은 글들을 집필했음을 고려하면, 위 저술들을 산아제한 논쟁 영역 내부로 받아들인 것도 놀랍지 않다.

린다 고든은 생어가 단지 방향을 잘못 잡은 사람, 약간 둔감한 사람, 대체로 마지못해 우생학계의 지지를 구한 사람이라는 해석에 이의를 제기했다. 고든이 전하길, 1925년 생어는 우생학계 지지자들의 요청에 따라 자신의 클리닉 환자들의 국적, 종교, 유전형질, 직업, 노조 가입 여부를 기록하기 시작했다. 1929년, 생어는 하버드대학교의 에드워드 이스트Edward East한테서 다음과 같은 요청을 받았다.

> 민감한 문제일 것이라고 생각은 하지만, 만약 당신의 임상 기록이 …… 환자가 인종적으로 어느 정도까지 혼합됐는지를 보여준다면 과학 관점에서는 대단히 흥미로운 일이 될 것입니다. 어쩌면 당황스러운 질문을 하지 않더라두 그 환자가 대략 흑인인지 물라토인지 콰드룬인지 등을 판단할 수 있을 것 같은데요.[41]

바로 이런 사고방식, 요컨대 '블러드퀀텀'에 대한 집착, 인종 간 결합에 대한 백인의 공포, 그리고 인간의 행위 및 생식을 인종과 연관시킬 필요성은 우생학적 신념 체계의 핵심에 자리 잡고 있는 것이었다. 생어는 "우리 클리닉에 오는 유색인 환자들이 이

미 거리낌 없이 이야기하고 있기" 때문에 이스트가 원하는 정보를 입수하는 데 별 어려움이 없을 것이라고 답변했다. 매캔은 생어가 인종 및 국적을 기록하고 보관한 사실과 그 영향에 대해 다음과 같이 지적했다.

> 이런 관행을 통해 [생어의] 클리닉은 인종 간 출생률 격차에 관한 하나의 자료 제공원이 될 수 있었다. 이처럼 클리닉의 기록 보관 체계를 개조함에 따라, 우생학적 틀을 가진 인종적 사고방식이 미국 피임 보급 체계의 중심에 자리 잡았다.[42]

생어의 지휘하에 이런 유형의 활동이 수행됐다는 것은 생어에게 인종주의 혐의가 없음을 입증하려는 사람들에게 상당한 난제가 됐다. 생어 "자신은 결코 인종주의자가 아니었지만 편견이 극심한 사회 속에서 살았고, 그 편견을—그것이 특히나 생어 자신의 운동을 지지하는 사람들 사이에서 명백히 드러났을 때—명확히 부인하지 못한 것은 그 뒤로도 계속 생어를 괴롭혔다"라고 체슬러는 주장했다.[43] 이런 유형의 책임 부인은 산아제한운동이 특정한 이데올로기의 단일체였다는 점을 암시하는 듯한데, 이는 자유연애 옹호자, 흑인 언론 및 다양한 아프리카계 미국인 단체가 산아제한 의제들을 제안하고 이 의제들이 각축을 벌이는 등 서로 의견을 달리했던 역사를 지워버린다. 그처럼 생어를 생어 자신의 인종주의에서 구출하려는 시도들 내에는 모순이 존재한다. 생어가 현실 정치를 위해 은밀하게 우생학계 권력의 환심을

    3부 | 단종수술과 그 너머: 테크노픽스라는 자유주의적 호소

샀다고 보면서 동시에 순진하고도 무비판적으로 과학적 인종주의를 소비했다고 그럴 수는 없다.

생어가 특정 에스닉 집단을 경제적, 사회적, 지적 결함과 노골적으로 연관시켜 발언한 기록이 없다는 이유만으로 우생학자라는 꼬리표를 피해갈 수는 없다. 국내외 할 것 없이 생어의 캠페인 중 몇 가지는 인종 특정적인 의도를 가지고 있었다. 더욱이 산아제한과 과학적 인종주의가 수렴된 결과의 희생양은 특정인, 즉 도시 및 시골 빈곤층이었다. 그 도시 및 시골 빈곤층을 이루고 있는 사람들이 누구인지를 얼핏 보기만 해도, 생어의 작업은 재생산권보다는 우생학 관행과 더 관련이 있는, 에스닉/인종적 집착에 뚜렷이 영향을 받았음이 드러난다.

생어를 우생학자 범주에서 해방시키고자 한다면, 탐구의 한 축인 계급을 완전히 배제해야만 할 것이다. 하지만 경제 여건과 출생률 간에 삼중의 연결고리를 구축한 우생학자들의 마음속에서 계급 지위는 늘 최우선이었다. 첫째, 우생학자들은 빈곤이 유전이리고 주장했다. 둘째, 개인적이거나 전 지구적인 갈등이 빈곤층의 '과도한' 번식 탓이라는 신맬서스주의를 설파했는데, 이는 다양한 지점의 정치 스펙트럼에서 여전히 지지자들을 끌어모으고 있는 패러다임이다. 셋째, 개인 및 국가의 돈이 장애인을 돌보는 데 '낭비된다'고 강조하면서 사회 내 생식력이 왕성한 빈곤층이 초래하는 재정 고갈을 끊임없이 언급했다. 1925년 생어는 '출생률 격차'에 관한 논문을 《산아제한 평론》에 실었다. 이는 레이먼드 펄Raymond Pearl이 6차 국제신맬서스주의 및 산아제한대회에서 처음 발표한 것으로, 생식과 직업적/사회경제적 지위 간의 명시적이고 통계적으로 뒷받침되며 인식적인 연결고리를 이야기한다는 점에서 호소력이 있었다.

> 잉글랜드 및 웨일스에서 서로 다른 직업에 종사하는 거주자의 상대적 출생률에 대한 최근 수치를 보자면, 남편이 직업이 있고 55세 이하일 때 결혼한 부부 100쌍당 자녀 수는 다음과 같다. 교사 95명, 비국교도 성직자 96명, 영국 국교회 성직자 101명, 내과의 및 외과의 103명, 작가 및 편집자 104명, 경찰 153명, 우체부 159명, 배달부 207명, 항만 노동자 231명, 바텐더 234명, 광부 258명, 일반 노동자 438명.[44]

계급과 유전을 결합시키려는 노력은 대부분 (고용 상태든 실직 상태든) 가난한 사람과 '부적자'는 동일하다는 절대적인 등식에 의존했다. 가난한 사람은 장애가 있다는 주장은 우생학 정책을 위한 경제 논리에서 끊임없이 상기됐다.[45] 수년에 걸쳐 《산아제한 평론》은 빈곤층과 장애인을 신체적으로는 아니더라도 공공지출과 연관시키는 논문들을 연이어 꾸준히 게재했다. 펄은 계속해서 다음과 같이 말했다.

> 인류의 우생학적 이익을 위해서는 인류 가운데 부적자 및 결함이 있는 자의 높은 출생률을 줄이고, 사실상 완전히 없애는 것이 바람직하다. 마찬가지로, 세계 인구의 위협적인 압박을 해결

하기 위해서는 가난한 자의 출생률을 떨어뜨리는 것이 바람직하다. 비록 그들이 모든 면에서 생물학적으로 건강한 적자이더라도 말이다.[46]

존 C. 듀발John C. Duvall이 쓴 〈우생학의 목적The Purpose of Eugenics〉이 1924년 12월 《산아제한 평론》에 게재됐다. 듀발은 첫머리에서 "인간의 대범람"은 "원천적으로 저지될" 수 있으며, 질병, 범죄, 빈곤 그리고 "유전성 빈곤 상태"는 우생학 원칙을 적용함으로써(즉, "퇴화한 계층의 번식을 불가능하게 만들어" 그들을 완전히 없애는 데 집중함으로써) 근절할 수 있다고 표명했다. 그런 뒤 듀발의 강조점은 인류의 고통을 완화하는 것에서 치료 감호 등 공공 지출에 소요되는 막대한 돈을 보전하는 것으로 옮겨갔다가 다시 '인종 개량' 쟁점으로 돌아온다.

따라서 지금 유전적 부적격자를 돌보고 관리하는 데 소요되는 막대한 비용은 인류의 가장 바람직한 구성원들이 직극적 우생학 계획을 수행하도록 장려하는 데 활용될 수 있다. 이런 계획의 골자는, 비록 완벽하지는 않더라도 인종 개량이라는 궁극의 목적을 이루기 위해 정신적, 도덕적, 육체적 적자가 혼인 및 재생산을 하도록 권장하는 것이다.[47]

1925년 필자를 밝히지 않은 한편의 글이 《산아제한 평론》 7월호에 실렸다. 〈한 보조금 수급 가정의 이야기, 혹은 지구를 부적자로 가득 채우는 방법The Story of a Subsidized Family, or How to Populate the Earth with the Unfit〉은 우생학의 일반적인 주제 몇 가지를 한데 모아놓은 글이었다. 이 글에서 [보조금 수급] 가정은 우생학적 악당들의 집합체로서, "정신박약이 있고"(장애인), "다수의 기관"에 의존하며(빈곤층), 부모가 이민자(재외국인)로 묘사됐다. 이 글의 필자는 우생학적 정보를 바탕으로 한 혼인 금지 조치('부적자' 간의 혼외 출산으로 이어질 뿐임)와 치료 감호(너무 비싸고 '비실용적임')에 반대하는 주장을 폈다. 해결책은 "산아제한을, 혹은 특별히 필요한 경우 우생 단종수술을 시행함으로써 생명의 흐름을 원천적으로 차단하는 것"에 있었다.[48]

생어와 《산아제한 평론》 직원들의 마음속에서 장애인은 점점 더 비용이 많이 드는 존재가 돼가고 있었다. 《산아제한 평론》에 가난한 여성들—장애인도 있었고 아픈 사람도 있었다—이 보내온 편지들은 기독교적인 분위기가 확연한 다음 제목하에 한데 묶여 게재됐다. 〈무익한 아이들: 이 육신들이 불멸의 영혼을 위한 사원에 적합한가?Unprofitable Children: Are These Bodies Fit Temples for Immortal Souls?〉

결함이 있는 자, 정신박약자, 정신이상자, 범죄자를 먹여 살리는 데 매년 수백만 달러의 세금이 징수돼 지출된다. 이는 생계비를 버는 모든 사람이 단지 자기 자신과 가족을 먹여 살려야 할 뿐만 아니라 이처럼 돈이 많이 드는 사회 구성원들을 떠받치는 것도 도와야 한다는 뜻이다.[49]

1925년 생어는 신맬서스주의 대회 참석자들에게 "우리 주 정부 및 연방 정부와 자선단체가 이런 계층들을 돌보고 부양하며 **영속시키는 데** 수십 억 달러가 소모됩니다"라고 말했다.[50]

우리 문명의 근본 자체를 위협하며 불어나고 있는 노둔한 종족을 먹여 살리기 위해서 미국 국민은 세금을—그것도 아주 무겁게—부과당합니다. 미국 총소득의 **4분의 1** 이상이 정신 의료 시설, 감옥 및 그 밖에도 결함이 있는 자, 병자, 비행 청소년을 돌보는 기관의 유지에 지출됩니다.[51]

생어는 상황을 바로잡기 위해서 경제적으로 강제된 단종수술을 촉구했다.

아무리 친절을 베푼다 하더라도 결코 이 세상에 태어나지 말았어야 했을 자들을 보살피고 먹여 살리는 데 지금도 수백만 달러가 지출되고 있습니다. 이를 부적자인 부모에 대한 일종이 장려금으로 전환하여 그들이 더는 자식을 낳지 않을 때 그 장려금을 **지급하고** 또 그들이 생식 능력을 통제하는 동안에도 계속해서 지급하면 이는 수익성 좋은 투자일 뿐만 아니라 미국 문명을 구원하는 일이 될 것입니다. 보상이든 뇌물이든 아니면 뭐라고 부르든 간에 그러한 제도를 통해 명백한 부적자의 재생산을 막는 것이 가능하다면, 우리는 오늘날 적자의 진보를 방해하고 있는 사회경제적 부담을 줄이고, 또 미국 민주주의를 가장 위협하는 문제들 중 하나를 해결하기 위한 합리적인 첫걸음을 떼는 것입니다. 지금 시작해도 늦지 않습니다.[52]

대공황이 시작되자 빈곤층과 장애인에 대한 정부 지출을 우려하는 목소리는 더 거세졌고, 경제적 관점의 산아제한 의무화에 대한 요구가 등장했다. 1930년대 중반에 이르자 "구호 대상 아기들은 일종의 공공의 불명예가 돼버렸다"라고 고든은 썼다. 구호 수급자들은 오로지 (고작 주당 1.15달러) 늘어난 수당을 받으려는 목적으로 자식을 더 낳는다는 비난을 받았다. 이런 비난은 세월이 흘러도 퇴색하지 않았다. 한 보험사는 미 연방긴급구호청이 출생률을 올리고 있는 원흉이라고 주장했다. "국민 세금이 빈곤층을 먹여 살리는 데뿐만 아니라 빈곤층을 더 많이 생산하는 데 쓰이고 있었다는 것은 《타임》에서 《산아제한 평론》에 이르기까지 다양한 출판물에서 제기된 암묵적 비난이었다"라고 고든은 전했다.[53] 확실히 이 시대의 우생학은 부분적으로 뉴딜 정책 지지에 대한 대응이었다. 생어는 "생식 본능이 우리 사회구조 전반에 무분별한 폭동을 일으키도록 허용되는 한 …… 안전을 위한 원대한 계획은 결국 무책임한 사회계층의 영속을 위한 보조금으로 변질될 수 있다"는 사실을 루스벨트 행정부가 인정하려 하지 않는다고 비난했다.[54] 이런 점에서 생어는 클래런스 갬블이 이데올로기적으로 자신과 동류임을 알아봤다. 갬블은 하버드대학교 의과대학 출신으로, 펜실베이니아주 산아제한연맹 회장이자 (프록터앤갬블과 아이보리 비누 하면 떠오르는 그) 갬블의 상속인이었다.[55]

   3부 | 단종수술과 그 너머: 테크노픽스라는 자유주의적 호소

생어와 갬블의 만남은 전 세계 가난한 여성들에게 오래도록 재앙과 같은 결과를 초래하게 될 터였다.

생어가 그랬듯, 클래런스 갬블은 경제적 궁핍에 대한 해결책으로서 의료 개입을 촉진하기 위해 대공황의 절박한 상황을 이용해먹었다. 갬블은 1935년 기금 모금 중 잠재적 기부자들에게 "1달러, 1달러가 수백 배로 늘어나 다음 세대가 지불해야 할 부채 부담을 줄일 것입니다. 우리 자식 세대는 작금의 공공 구호라는, 사람을 불구로 만드는 환경에서 태어나 자라나고 있는 자들까지도 돌봐야 할 테니까요"라고 큰소리쳤다. 그 전해, 갬블은 펜실베이니아주 구호 수급 가정에서 6만 4000명의 아기가 태어났고, 이들이 첫 생일을 맞기도 전에 펜실베이니아주 납세자들이 1000만 달러의 비용을 부담한 것으로 추산했다. 이들은 (갬블의 다섯 자녀와는 달리) "그 누구도 원한 적이 있다고 도저히 말할 수 없는" 아기들이었다. 펜실베이니아주 산아제한연맹이 내놓은 한 소책자에 따르면, 이 6민 4000명의 부모들이 "10달러 상당의 피임 상담"을 받았다면 납세자가 지불하는 비용을 절약할 수 있었을 것이다.[56]

갬블은 단종수술을 비롯한 대규모 산아제한이 빈곤을 불식할 것이라고 굳게 믿었다.[57] 갬블은 수년간 인도, 일본, 남아프리카, 파키스탄, 이집트, 이스라엘, 실론(현 스리랑카), 푸에르토리코, [1959년 미국 주州 지위를 획득하기 이전의] 미국령 하와이, 그리고 미국 내에서 왕성하게 활동했다. 1936년 갬블은 미국산아제한연맹

과 부인과 전문의 로버트 라투 디킨슨이 지원하는 3개년 연구의
일환으로 웨스트버지니아주 로건카운티에 한 사회복지사를 파
견했다. 그곳에서는 오소제약의 도움으로 애팔래치아 여성 1345
명에게 피임용 젤[질 내 삽입하는 젤 형태의 살정제]이 배급됐다.[58] 여
기서 중요한 것은 갬블과 미국산아제한연맹이 가난한 여성들을
실험 쥐로 이용하는 데 아무런 거리낌이 없었다는 점, 이 여성들
은 (미국친구봉사위원회American Friends Service Committee가 후원하는) 한 공중
보건 프로젝트에 등록돼 있어 손쉽게 식별될 수 있었고 언제든
접근 가능한 상태였다는 점, 그리고 피임 테크놀로지가 이 나라
의 가장 열악한 지역 중 하나를 경제적 황폐화에서 구해낼 것이
라는 믿음이 기저에 깔려 있었다는 점이다.

그 이듬해에 갬블은 패서디나에서 생어에게 편지를 보내,
의사 나디나 카비노키Nadina Kavinoky에 대해 이야기했다. 카비노키
는 카운티의 부족한 재정 지원으로 산아제한 클리닉 운영에 어
려움이 생겼을 때 자신의 학생들을 시켜 멕시코계 미국인 구호
수급자들에게 피임법을 가르치게 했다. 하지만 이는 빈곤 여성
이 피임에 접근할 권리의 문제라기보다는 갬블이 빈곤 여성에게
접근할 권리의 문제라고 하는 편이 더 맞았다. 앞서 로건카운티
의 여성들과 마찬가지로, 로스앤젤레스 구호 수급 여성들은 갬
블의 실험을 위한 표적이 됐다. 갬블은 생어에게, 카비노키가 그
도시[패서디나]의 멕시코인 및 멕시코계 미국인 동네에서 '거품-
분말-스펀지-장비 일체'를 시험하는 데 관심이 있다고 알렸다.
간호사 한 명이 (갬블이 카비노키에게 보여줬던 피임제 샘플의) 2~3주

분량을 제공받으면, 카비노키가 간호사의 일을 감독하고, 카운티 보건소에서 [피실험자에 대한] 추적 검사를 하며 염증 반응을 확인한다는 것이었다. 갬블의 관점에서 이는 그 피임 목적의 고안물을 면밀히 연구하고, 그것이 성공할 경우 캘리포니아주 남부 전역에 홍보할 이상적인 기회였다.[59] 갬블은 이 계획을 실현시키기 위해 피임제 샘플 외에도 150달러를 기부했다. 연구의 피험자들을 모집하고 이용할 수 있었던 것은 그들이 공중 보건 의료에 의존했기 때문이다. 피험자들은 계급적 지위와 인종적 정체성 때문에 온전한 시민에 이르지 못하는 존재로 그려졌고, 이는 그들을 접근할 수 있고 소모해도 되는 상태로 만들었다. 이때쯤 이와 똑같은 논리로 갬블은 또 다른 인구통계학적 집단을 지목했다. 바로 푸에르토리코 여성들이었다.

일찍이 1928년, 산아제한운동 내부의 우생학자들은 푸에르토리코의 인구 조절을 위해 로비를 벌이고 있었다. 《산아제한 평론》에 실린 〈산아제한이 이로운 열 가지 이유Ten Good Reasons for Birth Control〉 중 "네 번째 이유—문명 보존Reason IX—The Preservation of Civilization" 대목에는 다음과 같이 쓰여 있다.

포르토{원문 그대로임}리코[원래 '푸에르토Puerto'가 맞지만, 원문에 '포르토Porto'로 표기돼 있음] 빈곤층 사이에 '가족'과 '집'은 이 단어들이 일반적으로 사용될 때의 의미와는 다르다. 가난의 정도가 너무 심해서 한 가족이 조그만 방 한 칸밖에 가질 수 없을 때, 또 그 방에 가구도 없다시피 할—아마도 수면용 해먹 한 개나 형편

없는 침대 한 개가 있을 뿐 의자도 편의를 위한 다른 물건도 전혀 없을—때, '집'이란 가족이 다 같이 바닥에 드러누워 잠을 자는 어떤 자리일 뿐이다. 사생활은 존재하지 않는다. 삶은 거리에서 사는 것이다. 오직 남다른 친절함과 순결한 본성을 지닌 민족만이, 추악함이 그런 상황을 지배하지 않도록 할 수 있는 것이다.[60]

《산아제한 평론》편집자들은 산아제한[즉, 피임]을 여성의 주권을 신장하기 위한 자유로운 선택지로서가 아니라, 오히려 외부에서 부과해야 할 인구 조절 장치로서 이야기하고 있었다. 그리고 이 경우에 그 외부는 식민 지배 당국이었다. 벳시 하트만이 지적했듯, 섬나라의 빈곤을 주시하는 미국 관리들은 푸에르토리코 경제를 훼손시킨 자신들의 책임에 대해서는 눈을 감았다. [푸에르토리코는] 1898년 미국의 침략 이후 페소화의 가치가 평가절하되고 미국 제당업계의 이익을 위해 목장주 및 농장주들이 퇴거당함에 따라, 1925년까지 인구의 70퍼센트가 땅을 잃었다. 인구의 2퍼센트가 토지의 80퍼센트를 소유했지만,[61] 미국 관리들은 푸에르토리코의 문제를 '인구압' 탓으로 돌렸다. 허버트 후버가 미국아동보건협회American Child Health Association에 임명한 사람들은 푸에르토리코 어린이는 원래 있어야 할 수보다 17만 4650명 더 많다고 생각했다.[62] 1936년 푸에르토리코긴급구호청Puerto Rico Emergency Relief Administration은 가톨릭교회의 압력에 굴복해 자체 피임 프로그램을 중단했다. 그런 뒤, 대통령 프랭클린 D. 루스벨트가 만든 푸에르토리코재건청 Puerto Rico Reconstruction Administration은 산아
제한 클리닉 역할을 위한 공간을 만들었다.[63] 갬블 자신이 데리고
온 현장 연구자들이 이곳의 직원으로 배치됐고, 갬블은 예컨대
1938년 초 생어에게 그 전해에 개소한 15개의 클리닉에 대해 써
보내는 등 계속 진행 상황을 알렸다. 생어는 며칠 뒤 이렇게 답했
다. "당신이 그곳에서 한 일을 생각하면, 푸에르토리코는 당신의
자랑거리임이 분명해요."[64]

갬블은 클리닉을 단종수술 참가자 모집 센터 및 제약사들을
위한 실험장으로 활용했다. 1976년 미 보건교육복지부는 푸에르
토리코에서 가임기 여성의 37.4퍼센트가 단종수술을 받았다고
보고했다. 클래런스 갬블은 그러한 성과를 확보하는 데 도움을
줬던 것이다. 1939년 갬블은 푸에르토리코 의사들이 최신 단종
수술 기법을 배우러 뉴욕으로 출장을 갈 수 있도록 재정을 지원
하기 시작했다.[65] 1946년 갬블은 자신의 현장 연구자 중 한 명한
테서 다음과 같은 보고를 받았다.

> 여성의 생존 자녀 수가 3명일 경우 단종수술을 실시하는 것이
> 병원 방침입니다. 그 분{원장 대행}이 개인적으로 할 때는 2명이
> 어도 충분합니다. …… (합병증이 없는) 다분만부{분만 횟수가 두 번
> 이상인 여성}가 단종수술을 받지 않으려고 할 경우, 그 여성은 입
> 원시키지 않는 것이 병원의 비공식 방침이지요.[66]

강제 단종수술은 갬블의 푸에르토리코 계획을 이루는 한 요

소에 불과했다. 로건카운티 계획에 오소제약이 참여했을 때 그랬듯, 갬블은 자신의 클리닉에 접근하려고 서로 앞다투어 더 높은 금액을 제시하는 제약사들로부터 기부금을 확보할 수 있었다.[67] 그 이후 벌어진 일은 아마도 산아제한 테크놀로지 역사상 가장 악명 높은 의료 권력 남용 사례 중 하나일 것이다. 그것은 바로 푸에르토리코의 가난한 여성들을 대상으로 훗날 '경구피임약'으로 알려지게 될 것을 실험한 사건이었다. 당시 '그 알약'은 상당히 실험적인 약물이었고, 복용량에 대한 통제도 없이 투여됐다.

갬블은 1950년대에 경구 프로게스테론 실험에 참여했다. 1954년 생어는 갬블에게 편지를 보내, 의사 그레고리 핑커스 Gregory Pincus의 푸에르토리코행에 대해 이야기했다. 2년 뒤, 핑커스는 의사 존 록 John Rock과 함께 '그 알약'에 대한 예비 조사 결과를 발표하게 된다. 하지만 1954년 편지에서 생어는 갬블에게, 핑커스가 먼저 프로게스테론 주사를 놓을 것이며, "100~200명의 여성을 대상으로 시험할" 준비를 하고 있다고 알렸다.[68] 갬블은 플랜드패런트후드 산하에서 일하지 않았으며, 그가 쓴 바에 따르면 단체에서 퇴출당한 상태였다. 그럼에도 갬블은 푸에르토리코 프로젝트를 진행하는 내내 연맹 회장인 생어와 계속 좋은 관계를 유지했다.[69] 갬블은 생어에게 자금 조달 성공 및 경구 프로게스테론 실험 확대 소식을 계속 알렸으며, 1957년에는 실험 결과를 검증하고 더 퍼뜨리기 위해 현장의 다른 의사와 함께 섬의 또 다른 지역에 새로운 센터를 개설할 계획도 써 보냈다.[70]

생어는 갬블의 푸에르토리코행에 대해 기쁘게 생각한다고 쓰면서, 핑커스의 작업에 대한 갬블의 의견을 구했다. 갬블은 핑커스의 경구피임약 실험이 잘 진행되고 있다고 보고했다. 그때까지 7개월간 이 약을 복용하고 있던 약 100명의 여성 중 피임 실패 사례는 보고되지 않았다.[71] 실험 참가자들 사이에서는 두통, 어지러움, 메스꺼움을 호소하는 경우가 있었지만, 갬블은 이를 "우연의 일치"라고 일축했다.[72] 갬블은 약물이 여성의 몸에 미치는 부정적 영향에도 아랑곳하지 않고 우마카오 회중선교병원의 의사 감독하에 새로운 장소에서 '그 알약'을 배포하기 시작했다. 갬블이 생어에게 득시글한 빈민굴이라고 묘사한 적 있는 곳이었다.[73]

다음 몇 년간 갬블은 생어에게 푸에르토리코의 '농촌 프로젝트'에 대한 최신 정보를 지속적으로 전했다. 생어에게 편지를 발송하는 동시에 주요 기부자들에게도 농촌 지역 및 산후안의 공영주택단지를 찾아다니는 간호사와 사회복지사들의 노고에 대해 계속 알렸다. 갬블은 이 현장 요원들을 "귀하의 점령군"이라고 지칭했다.[74] 이 말장난에는 갬블이 인정하는 것보다 더 많은 진실이 담겨 있었다. 푸에르토리코를 제약 실험이 가능한 장소로 만든 것은 결국 미국의 식민주의였던 것이다.

갬블이 푸에르토리코에서 한 노력이—마치 선택권이나 자율성이 허락되는 양 겉만 그럴듯하게 꾸며 덫으로 놓았을 뿐 실제로는 강압적이고 외부로부터 부과되며 우생학에 바탕을 둔—인구 조절에 해당한다는 점에는 의심의 여지가 없다. 반면, 미국 국경 내에서 이뤄진 이와 유사한 캠페인들을 인구 조절이라고 명명하는 것에 대해서는 20세기 피임 역사를 기술하거나 비평하는 문헌 모두 전반적으로 거부감이 있었다. 푸에르토리코에서의 일에 적극적으로 관여하기 시작한 때인 1939년, 갬블은 생어 및 (미국산아제한연맹의 후신인) 미국산아제한연합Birth Control Federation of America, BCFA과 힘을 모아 '니그로 프로젝트'를 출범했다. 갬블은 프로젝트 제안서에서 특히 "부주의하고" "파멸적인" 자손 생산자임이 판명된 흑인 사이의 출생률을 낮춤으로써 남부의 빈곤이 해결될 수 있다고 주장했다.[75] 여기서 (처음에는 노예제, 그다음에는 시민권 박탈 및 폭력을 정당화하는 데 이용된) 우생학적 노력은 고삐 풀린 (그러므로 열생학적인) 섹슈얼리티와 지적 무능력이라는 구조에 바탕을 두었다. 하지만 제시 로드리케Jessie Rodrique가 썼듯, 이런 노력에 맞선 저항 활동이 오랫동안 활발하게 일어나기도 했다. 흑인 언론이 그 생생한 증거다. 갬블이 남부 흑인을 표적으로 삼았을 무렵,《샌프란시스코 스폭스먼San Francisco Spokesman》은 아프리카계 미국인 여성 회원들에게 단종수술 반대운동에 적극적으로 참여할 것을 촉구했다(1934).[76] 1935년《피츠버그 쿠리어Pittsburgh Courier》는 조지아주에서 "정신박약자 및 구제불능의 범죄자"에 대한 단종수술 허용 법안을 통과시킨 것을 두고 이렇게 경고했다. "이 법이 조지아주에서 흑인 농노를 때려잡는 또 하나의 유효한 곤봉이라는 것이 밝혀지면, 남부의 다른 주들도 곧 뒤따라 그런 법률을 제정할 것이다."[77]

　3부 | 단종수술과 그 너머: 테크노픽스라는 자유주의적 호소

조지아주 인구의 거의 절반이 니그로다. 이들 다수가 구호에 의존하거나 실업 상태인 것은 그들 자신의 잘못이 아니다. 먹을 것도 잘 곳도 없는 사람들은 범죄 성향으로 기울기 매우 쉽다. …… 그런 사람들은 모조리 단종수술의 후보자가 될 것이며, 유례없이 악랄한 경제적 착취 체계의 희생자로 처벌받을 것이다.[78]

W. E. B. 듀보이스W. E. B. Du Bois를 비롯한 편집진은 주마다 속속 법제화되고 있는 "이른바 개혁"의 위험성에 대해 독자에게 지속적으로 주의를 환기시켰다. "바로 지금 우리가 주의 깊게 지켜봐야 할 것은 이른바 우생학적 '단종수술'이다. …… 마치 과학에 바탕을 둔 조치인 양 그럴듯하게 꾸미고 있지만, 실제는 그렇지 않다. …… 이 범죄의 부담은 당연히 유색인에게 돌아갈 것이다. 우리에게는 법률과 법정을 감시 감독하고 이 관습의 확산을 막을 의무가 있다."[79]

이런 경계심은 정확히 갬블이 우려한 것이었다. 생어의 비서인 플로렌스 로즈Florence Rose에게 보낸 한 편지에서 갬블은 노스캐롤라이나주 및 사우스캐롤라이나주의 흑인 지역사회는 '니그로 프로젝트'를 자신들을 몰살시키려는 계획으로 바라볼 수도 있다고 썼다. 그런 의혹을 해소하기 위해 이 프로젝트가 흑인들에 의해 운영되는 **것처럼 보여야 한다**고 갬블은 제안했다. 편지 여백에는 생어나 로즈로 추정되는 누군가가, "현재 계획에 통합됨"이라고 휘갈겨 썼다. 갬블은 일종의 '부흥회'를 이끌 설교자를 요청했고, 생어 또한 같은 생각이었다. 갬블의 편지와 같은 날짜에 작성된 한 편지에서 생어는 "지금 맹렬히 활동하고 있는 유색인 목사 및 유색인 의료인"이 뉴욕으로 건너와, 생어 자신의 클리닉 및 미국산아제한연합에서 "산아제한은 **물론 인구 조절** 개념을 충분히 흡수할 만큼" 연수를 받은 다음 남부로 가서 "설교를 하고, 하고, 또 하기"를 바란다고 알렸다.[80]

갬블은 남부에도 자신의 흔적을 남길 터였지만, 이는 단순히 산아제한을 옹호하기 위해서가 아니었다. 1940년대에 이 의사는 남부 및 중서부 곳곳에 20개 이상의 단종수술 클리닉을 설립했다. 푸에르토리코가 그랬듯 노스캐롤라이나주도 갬블의 우생학적 소명을 견뎌야 했다. 1945년 갬블은 오렌지카운티의 아동을 대상으로 한 지능검사에 재정을 지원했다. 필립 라일리Philip Reilly에 따르면 갬블은 [노스캐롤라이나주] 인구의 3퍼센트가 "정신적 결함이 있음"을 암시하는 조사 결과를 이용해 주 정부의 단종수술 프로그램 연장을 위한 로비를 벌였다.[81] 그해 말 노스캐롤라이나주 우생학위원회는 오렌지카운티에서 누가 단종수술을 받아야 하는지를 결정할 임무를 맡을 사회학자 한 명을 (갬블의 돈으로) 고용한다는 제안을 승인했다. 1947년 갬블은 생어에게, 그들 [즉, 노스캐롤라이나주 우생학위원회]이 주 내부의 '정신박약자' 및 '정신이상자' 사이에 단종수술을 활성화하려고 힘쓰고 있다고 썼다. 노스캐롤라이나주가 실험 대상으로 채택된 까닭은 부분적으로는 가톨릭교도 주민의 비율이 낮기 때문이라고 갬블은 설명했다. 진척은 느리지만 양호하다고 갬블은 보고했다.[82] 사실 갬블의 진행 상황에서 느린 것은 아무것도 없었다. 노스캐롤라이나주는 1949년에 249건의 단종수술을 시행했고, 이는 캘리포니아주에 이어 두 번째로 많은 수치였다.[83]

한편, 생어는 점점 더 단종수술을 수용하는 목소리를 내고 있었다. 이런 입장의 기저에는 인구과잉에 대한 신맬서스주의적 확신, 그리고 빈곤층이 재정 부담을 강요한다는 믿음이 합쳐져 있었다. 생어에 따르면 "인구수의 팽창"은 "인간 생명의 광범위한 평가절하"로 이어진다.[84] 1950년에 '앨버트와메리라스커재단Albert and Mary Lasker Foundation의 플랜드패런트후드 상'을 수상한 생어는(메리 라스커도 '니그로 프로젝트'에 재정을 지원했다) 미국가족계획연맹Planned Parenthood Federation of America의 30차 연례 오찬에 모인 사람들에게 다음과 같이 말했다.

통계를 들먹이며 여러분의 귀를 괴롭히려는 건 아니지만, 한 가지 사항, 한 가지 사실은 반복해서 말씀드리는 게 좋겠습니다. …… 현재 인류는 23억 4472만 7000명을 돌파했으니, 그민큼의 목숨이 먹고살아야 합니다. 이 수천, 수백만, 수십억 명이 매년 무시무시한 속도로 폭증하고 있음을 잊지 말도록 합시다. 아프리카, 아시아, 라틴아메리카를 이루고 있는 것은 10억 명 이상의 비참하고 가난하며 까막눈에다가 노예나 마찬가지인 노동자들입니다. 그들이 그렇게 불리든 아니든 간에 말이지요. 10억 명의 굶주린 남녀가 만성적 기근을 벗어나지 못하는 지역에 있으면서도 생존과 영속을 위한 맹목적인 몸부림 속에서 스스

로를 재생산하고 있는 것입니다.[85]

생어처럼 지구의 남쪽과 동쪽을 하나로 싸잡아 이미지화하는 것은 분명 유례없는 일은 아니었다. 생어가 정부의 "눈물 많고 인정이 넘치는 사치"를 콕 집어 지적하면서 20세기 초 "열등한 혈통"의 이민을 허용했던 "헤픈 감상주의"에 대한 우생학자들의 질책을 메아리치듯 똑같이 따라 한 것도 특별한 일이 아니었다. 생어는 미국이 이 "바글바글한 대륙들에" "수십 억 달러를 쏟아부었다"며 나무랐다.[86] 국내에 대해서는 (가장 위태롭고 학대받는 사람들이 나머지 인구에게 가장 큰 위험을 초래한다는, 우생학적 수사의 모범을 다시 한번 활용하면서) 장애인에 대한 단종수술 요구를 새로이 강조했다.

이 불운한 자들이 단종수술을 받을 수 있도록 시설을 제공하고, 더 나아가 단종수술을 받은 뒤로도 보호해주는 것은 정부의 의무가 돼야 합니다. 지역사회를 위험에 빠뜨릴 생식을 하는 커플들에게 보조금을 연금으로 지급하는 규정을 마련해야 합니다. 그들이 자신들의 이익뿐만 아니라 사회의 이익, 또 무엇보다도 자식의 이익을 위해서 정상 가족을 꾸리는 것이 거부당할 때, 사회는 그들이 제대로 보호받고 있음을 눈으로 확인할 수 있을 것입니다. 이것이 단지 가난한 자들의 단종수술을 조장하는 뇌물이라 생각하는 사람이 있다면, 그 사람은 인간의 본성에 대해 잘못 알고 있는 것입니다.[87]

라스커상 수상 오찬 직후 갬블은 생어에게 편지를 보내 생어의 연설에 대해 칭찬하고, 자신이 준비 중인 단종수술 관련 소책자에 일부 인용해도 되는지를 물었다. 이미 연설문 사본을 갬블에게 보낸 생어는 긍정적으로 답신하며 자신의 핵심 전제를 강조했다.

> 내가 말하고 싶은 요점은 …… 전염성 질병이 있는 커플이 단종수술에 동의할 경우 미 정부가 평생 연금을 지불하는 것이 하나의 훌륭한 투자가 될 것이라는 점이었어요. 말하자면, 러시아, 히틀러 치하의 독일, 무솔리니 치하의 이탈리아 등 전쟁광들은 모두 생식의 질에 관계없이 사람들이 아이를 낳도록 장려하고 있지만, 우리 정부는 열생학적 인구가 아예 생식하지 않도록 돈을 주는 것이지요. 우리의 계획으로 고통을 겪는 수백만 아이는 물론이고 부모까지도 몇 년 이내에 구원받을 것이므로, 이 불행한 자들을 시설에 수용하는 것보다도 훨씬 저렴한 투자가 될 거예요.[88]

하지만 생어는 단종수술을 "육체적, 정신적 부적자"에게만 제한하고 싶지는 않았다. "양육할 수 있다고 생각하는 만큼 자식을 많이 낳은 커플", 그리고 "성기를 만지는 것은 사악한 일이라고 어릴 때부터 너무 엄격하게 교육을 받아 결코 혐오감을 극복하지 못한 여성"도 후보에 올랐다. "이 모두에게 단종수술은 상식적인 절차다. 정신적, 육체적 부적자만큼이나 이 자들도 분명 그것을 받을 자격이 있다."[89]

생어는 장애 및 계급에 따른 단종수술을 공개적으로 지지했고, 이는 인간개량재단에 참여하는 중에도 변함이 없었다.[90] 1950년 12월 갬블은 생어에게, 이듬해 2월에 있을 인간개량재단 대회에서 틀 수 있도록 단종수술 장려 연설을 녹음해달라고 요청했다. 갬블은 생어의 '연금 지급 계획'을 칭찬하면서, "정신박약이 있는" 부모 밑에서 태어날지도 모르는 운 나쁜 아이들에 대한 보호에 특별히 중점을 둘 것을 요구했다. 심장 질환이나 신장 질환을 앓고 있는 사람들을 위한 '치료적' 단종수술의 가치를 언급할 수도 있겠다고 갬블은 넌지시 내비쳤다.[91] 생어는 이에 동의했고, 생어의 연설 녹음은 디모인에서 열린 대회에서 재생됐다.

정신이상자, 정신박약자, 정신적 결함이 있는 자를 대대로 시설에 수용하는 것은 우리 국가 경제의 잔인하고도 낭비적인 제도입니다. …… 시설들은 과밀 상태이고, 돌봄이 절실히 필요하지만 공간 부족 때문에 제외된 사람들이 대기자 명단을 채우고 있습니다. 무수히 많은 사람이 이처럼 미국 방방곡곡의 시설들에 수용돼 있습니다. 이 자들이 단종수술을 받아 불임이 되면 그들의 활기와 능력은 시설 바깥세상에서 쓰일 수 있습니다.[92]

생어는 인간개량재단대회 참가자들에게 단종수술은 '정신적 부적자'뿐만 아니라 다음과 같은 사람들에게도 처방돼야 한다고 말했다.

유전성 심장 결함 혹은 심장, 폐, 신장 손상 때문에 임신이 위험한 경우에도 단종수술이 처방돼야 합니다. 또한, 유전성 시각 손상 및 여타 질병들처럼 무고한 자식들에게 위험이 대물림될 수 있음을 예비 부모에게 알려야 하는 경우도 마찬가지입니다. 단종수술은 의료 자문가의 조언 및 권고를 받아야 합니다. 우리 사회는 오늘날 공중 보건 분야의 우리 공무원들이 디프테리아, 홍역, 천연두 등의 전염병으로부터 우리를 보호하듯 유전병으로부터도 우리를 지켜줄 것이라고 기대할 권리가 있습니다.[93]

인간개량재단은 이후로도 수년간 계속 생어의 뒤를 따라다녔다. 아이린 헤들리 아르메스Irene Headley Armes와 루스 프로스카우어 스미스Ruth Proskauer Smith가 각각 사무총장으로 재임하던 시기에도 모두 생어에게 조언을 구했다. 스미스는 1960년 생어에게 보낸 편지에서 "엑스레이 치료 남용"에 의한 단종이 "인도에서 실행 가능성이 대단히 높을 것"이라는 말을 어떤 의사한테서 들었다며 이에 대한 의견을 구했다. 스미스는 이어 "잠시 시간을 내시어 동봉된 자료를 살펴보시기를 바랍니다. 저희는 오랫동안 귀하에게 인간개량재단에 관심을 가져주실 것을 요청했고, 인간개량재단은 가족계획연맹과 점점 더 긴밀하게 협력하고 있습니다"라고 썼다.[94] 1961년 생어는 스미스의 또 다른 요청에 응답하며 인간개량재단의 후원자로 등재되면 "기쁘고 영광스러울 것"이라고 썼다.[95] 그리하여 인간개량재단 이사회 이사장인 의사 H. 커티스 우드 주니어H. Curtis Wood Jr.가 이듬해 2월에 기금 모금 서한을 발송했을 때, 생어의 이름이 서한 용지 윗머리에 등장했다. 우드는 기부 희망자들에게 "올해 세계는 5억 명의 **새로운** 인류를 얻었습니다" 그리고 "2차 세계대전 이래로 미국은 인도보다 빠른 속도로 인구 증가를 경험하고 있습니다"라고 말했다. 인구 조절론자들에게 인도는 걷잡을 수 없는 생식력의 상징 **그 자체였다.**[96]

생어와 그 지지자들이 우드의 수사에 대단히 수용적이었음은 의심의 여지가 없다. 하지만 생어는 그러한 담론을 잘 받아들이는 정도를 넘어서 그것의 핵심 설계자였으며, 반동주의자와 개혁주의자 (그리고 나중에는 자유주의자) 간의 간극을 메워 우생학에 대한 지지를 끌어모으는 데 매우 중대한 역할을 했다. 이는 아마도 생어가 이 분야에 남긴 불후의 공헌일 것이다. 전 생애와 유산을 살펴볼 때, 생어의 작업은 번번이 산아제한을 권리와 자유의 영역이 아니라 신맬서스주의의 영역에 뒀다. 차별적인 견해들과 그것이 초래한 관행들에도 불구하고, 생어는 자신의 입장을 자선적이고 실용적이며 "저들 자신의 이익을 위한" 자비심으로 포장했다.

체슬러가 그랬듯, 매캔은 생어와 그 지지자들에게 인종주의자라는 꼬리표를 다는 것에 반대하며, 그 대신 생어와 그 추종자들이 아프리카계 미국인 지역사회와 맺은 관계의 특징을 "인종적 모성주의"라고 설명하기로 마음먹었다.[97] 생어의 추종자들이 그러한 모성주의를 드러낸 것은 맞지만, 이를 인종주의적 관행으로 인식하지 못하는 것은 매캔의 오류다. 체슬러와 매캔은 생어가 주로 전문성이라는 정당성, 그리고 더 넓은 지지 기반을 획득하기 위한 수단으로서 우생학을 붙들었다는 주장을 굽히지 않는다. 이러한 주장은 우생학자 일반의 지지를 얻으려는 생어의 몇몇 노력 그리고 특히 생어와 (넉넉한 주머니를 가진) 갬블의 관계를 설명해줄 수도 있지만, 생어가 《산아제한 평론》 및 그 밖의 지면에서 우생학 이데올로기를 옹호하고 장려한 것은 그에게 더 큰 죄가 있다는 것을 시사한다.[98] '정신박약자들의 위험성'에 대한 경고, '타고난 기질'에 대한 믿음, 우생학과 산아제한은 불가분의 관계라는 선언(비록 산아제한이 '인종 악화'로 이어질 것을 우려한 우생학자들로부터 빈축을 샀음에도), 《산아제한 평론》 지면을 통해 과학적 인종주의자들에게 마련해준 설교단, 기껏해야 '적극적 우생학'에 대한 변덕스러운 반대, 장애인에 대한 경멸, (미국 국내외 할 것 없이 말 그대로 계급에 바탕을 둔) 인구 조절에 대한 촉구, 푸에르토리코와 노스캐롤라이나주 및 사우스캐롤라이나주에서 갬블이 벌인 운동에 대한 관여, 경제적으로 강제된 단종수술에 대한 지속적 헌신. 이 모든 행보 때문에 생어는 미국 우생학자들의 대열에 확고하게 자리매김하는 것이다.

생어의 정치적 정체성은 파악하기 어렵고 어느 정도 시기를 타긴 하지만(많은 사람은 생어가 시간이 지남에 따라 점점 더 보수적으로 변했다고 주장한다), 단종수술에 대한 헌신만큼은 깨지지 않았다. 더욱이 우생학 담론에 대한 생어의 끌림과 참여는 방정식의 일부일 뿐이며, 아마도 더 작은 부분일 것이다. 이와 똑같이 인상적인 것은 생어에 대한 우생학자들의 끌림(갬블은 그중 가장 열렬한 사람으로, 1952년, 1955년, 1960년에 생어가 노벨상 후보로 지명되도록 열성적으로 로비했다),[99] 그리고 오늘날까지도 이어져온 생어표 철학의 끈질긴 생명력이다. 우생학을 바탕으로 한 산아제한을 통해 '문명을 구하고', 비용 지출을 줄이며, 심지어 민주주의를 보호하라는 생어의 무시무시하고 과장된 명령은 이후 등장한 '빈곤의 문화'라는 규정, 그리고 복지 및 연방 재정 적자에 대한 작금의 경고를 떠올리게 한다. 생어는 파시즘 치하의 유럽에서 벌어졌던 우생학 캠페인들에 대한 폭로에도 아랑곳하지 않고 생애 마지막 10년까지도(1966년 사망) 우생 단종수술 '연금'을 옹호했다. 산아제한, 우생 단종수술, 인구 조절 간에 연결고리가 구축됐다. 또한 전후 표적 집단들이 전전 '부적자들'과 놀라울 만큼 닮아 보이는 것도 부분적으로는 생어와 그 동료들이 기틀을 마련한 덕분이었다.

16장

신체적 후유증:
인종주의, 우생학,
그리고 2차 세계대전 이후
자유주의적 공범들

2차 세계대전 이후 수년, 수십 년간 우생학을 바탕으로 한 산아제한과 계급적 지위 간의 이데올로기적 연관성이 확고해졌다. 단종수술이 복지 정책의 장 내부에 배치됐고, 그럼으로써 발생하는 신체적 후유증은 갈수록 유색인 여성 및 여자아이들에게 떠안겨졌다. 동의를 얻지 않은 난관결찰술 및 자궁적출술―입법사들이 발의하고 개별 의사들이 실행하며 종종 법원이 지지했다―이 경제적 고려에 따라 합리화되는 경우가 빈번했다. 빈곤 아동이 줄어들면 개별 가정은 그만큼 경제적 여유가 생기고 나랏돈을 상당히 아낄 수 있다는 논리였다. 그렇다고 해서 공공연하게 젠더나 인종에 따라 단종수술 후보자를 선별하는 것을 배제했다는 뜻은 절대 아니다. 이제부터 자세히 이야기하겠지만 아프리카계 미국인, 멕시코계 미국인, 아메리카 토착민 여성에 대한 맹공격은 과학적 인종주의의 끈질긴 생명력, 그리고 그것이 의료 및 복지 정책 영역에 침입함으로써 나타난 결과를 고스란히 보여준다. 이러한 캠페인들에 대한 저항은 (전국에서 여성 및 여자아이들이 직접 제기하거나 그들을 대신해 제기된) 법적 소송, 그리고 연방 차원의 단종수술 지침을 마련하기 위해 (페미니스트들을 포함한) 활동가들이 벌인 투쟁의 형태로 나타났다. 자유주의자들(좀 더 주류적인 페미니스트들을 포함해)의 반응은 이와는 극명하게 대조된다. 그들은 여전히 일종의 생식 테크노픽스라는 전망에 사로잡힌 채, 또 여성들 간 취약성에는 차이가 있다는 사실을 간과한 채 규제에 반대했으며, 구조적으로 만들어지고 지속되는 불의를 개별적 치료책으로 바로잡을 수 있다는 자유주의의 신념을 계속 고수했다.

뉘른베르크 국제군사재판이 열리고 나치 우생학의 전모가 까발려지면서 미국 우생학자들이 에스닉 혹은 인종적 논의보다는 경제적 논의에만 전적으로 의존해 대열을 접거나 완전히 재편성했다는 잘못된 인식이 줄곧 있었다. 인종에 바탕을 둔 우생학을 아주 희미하게라도 연상시키는 것은 뭐가 됐든 너무 불쾌하므로, 가장 보수적이고 가장 반동적이며 가장 우월주의적인 생각을 하는 사람들을 제외한 사람은 모조리 그로부터 거리를 뒀다는 것이 일반적인 통념이었다. 이는 어느 정도는 맞는 말이다. 나치즘이 아마도 일부 우생학 광신자들을 잠시 멈춰 세우긴 했을 것이고, 틀림없이 일부는 우생학의 명분을 포기했다. 하지만 다른 사람들에게는 나치 우생학이라는 너무 극단적인 척도에 비추어 미국이 제안하는 인종이나 계급이나 장애를 기준으로 한 단종수술은 비교적 억제돼 있고, 따라서 썩 좋지는 않더라도 웬만큼 괜찮은 것으로 보였다. '부적자'를 완전히 없애버린다기보다는 '돕는다'라는 식의 수사를 감안하면 특히 그랬다. 그럼에도 과학적 인종주의와 이에 상응하는 관행들이 새로운 옹호자들을 찾아냄에 따라 공공연하게 파시스트적인 각본들이 계속 전개됐다. 대일 승전 기념일[또는 2차 세계대전 종전 기념일]을 불과 5개월 앞둔 1945년 3월, 노동계 주간지 《뉴 리더》는 일본계 미국인 억류자들에게 단종수술을 실시하자는 하원의원 제드 존슨 Jed Johnson 의 제안에 대해 다음과 같이 보도했다.

생각건대 우리 하원은 국민의 냉철한 판단을 대표하는 남녀로 구성돼 있으며, 그런 하원의 임무는 국민 의지에 부합하는 꾸준하고 건설적인 영향력을 발휘해 이 나라를 이끌어가는 것이다. 제드 존슨(민주당, 오클라호마주) 의원은 이 하원의 일원이다. 필시 자신을 뽑아준 유권자들을 대변하고 있는 하원의원 존슨이 강제 이주 수용소의 일본계 미국인들을 장기적으로 처리하기 위한 구체적인 입법에 의회가 착수할 것을 제안했다. 존슨이 제안한 것은 그 일본계 미국인들이 미국 내 자신의 집으로 돌아가는 걸 허용하는 것도, 그들을 일본으로 돌려보내는{원문 그대로임!} 것도 아니다. 존슨은 이보다 더 앞을 내다볼 만큼 철두철미하다. "부적자를 모조리 단종시키기 위한 지출승인법을 제정해야 한다"고 제안한 것이다.

그처럼 악랄한 어리석음의 비극은 이 발언이 신뢰성 떨어지는 어떤 광신자가 아니라{원문 그대로임} …… 미 의회의 일원에게서 나왔다는 데 있다. 이에 대한 책임은 존슨을 하원에 입성시킨 국민에게 직접적으로 돌아간다. 이 나라의 국민이 자기 자신과 동료 시민을 위해 정의로운 민주 정권을 반드시 세워야 할 의무를 진지하게 받아들이지 않을 때, 그들은 결국 …… 파시스트와 바보들에게 길을 활짝 터주게 될 것이다.[1]

물론 제드 존슨은 어디까지나 한 사람에 불과했다. 더 거대한 위협은 바로 개별 의사, 판사, 공중 보건 관리자들의 집합체에서 비롯될 것이었다. 그럼에도 존슨의 발언은 나치의 잔혹 행위에 대한 폭로가 수면 위로 드러남에 따라 우생학자 및 단종수술 옹호자들이 행동을 자제했다는, 근거 없는 믿음을 불식시키는 시발점이다. 1981년 전시민간인강제이주및억류에관한위원회 Commission on Wartime Relocation and Internment of Civilians 청문회에서 앨리스 타나베 네히라 Alice Tanabe Nehira가 한 증언도 그런 주장들의 입지를 더욱 약화시킨다. 행정명령 9066호에 따라 11만 명이 넘는 일본계 미국인과 함께 체포된 네히라의 어머니는 1943년 튤리레이크에 억류돼 있던 동안 저도 모르게 단종수술을 받았다.[2]

독일의 일명 유전건강법[또는 강제 단종법]이 제정된 지 10년이 지난 1944년, 호놀룰루 퀸스병원 의료 책임자인 닐스 P. 라르센 Nils P. Larsen은 하와이 여성의 분만 후 단종수술에 대해 보고했다. 라르센은 그레펜베르크 링 Gräfenberg Ring(자궁내피임장치*의 한 유형)과

  3부 | 단종수술과 그 너머: 테크노픽스라는 자유주의적 호소

스펀지 및 거품 분말은 "일관되고 적절한 사용을 위해 어느 정도의 지능이 요구되는데, 대규모 농장 여성의 지능은 이에 못 미치는 것으로 보이기" 때문에 효과가 없음을 알게 됐다고 보고했다. 분만 후 단종수술을 포함한 단종수술은 "다른 방법은 실패했거나, 아니면 **실패할 것이라고 의사가 예상할 만한 사유가 충분한** 어머니들에게 사용됐다".[3] 퀸스병원의 여성 및 여자아이들은(비록 라르센은 남성들에게도 단종수술을 했지만) 가난한 사람, 특히 가난한 유색인은 스스로의 생식력을 조절할 능력이 없다는 일종의 온정주의적 믿음 때문에 수술 대상이 됐다. 라르센은 환자가 판단해야 할 것을 자신이 대신 판단하고, 환자 주도 피임은 실패한다는 가정에 따라 행동했다. 아무런 정보를 주지 않고 시행되는 단종수술의 표준 절차라는 것은 그때껏 그런 식이었고, 그 뒤로도 계속 그럴 터였다. 이러한 작업 방식은 '성숙한 능력'을 가지고 있다고 판단되는 사람들에게만 개인의 자유를 보장하는, 특정한 자유주의 패러다임에 따라 용납되고 심지어 의무화됐다.[4] 가난한 사람과 인종화된 사람은 '성숙한 능력'을 가지고 있다고 여겨지지 않았다.

빈곤, 온정주의, 과학적 인종주의: 남부에서의 우생 단종수술

전후 몇 년간 노스캐롤라이나주에서 펼쳐졌던 일은 당대 역사에 대한 무관심의 극치를 보여준다. 이는 단종수술 그리고 공공 구호나 복지 사이에 새롭게 형성되고 있는 관계를 보여주는 전형적인 사례였다.

전쟁이 끝나고 4년 뒤, 갬블은 생어에게 한 독일인 사회학 교사를 소개하는 편지를 써 보냈다. 그 교사는 갬블이 독일의 한 의학 저널에 투고할 수 있도록 단종수술에 관한 갬블 자신의 논문을 번역하는 데 동의했다. 갬블이 말하길 이 교사에 따르면, 나치 치하에서 단종수술이 '임의로' 이뤄졌던 관행 때문에 그 주제가 금기시됐으며, 독일 의사들은 너무 두려워서 이제 그 주제를 다루는 글은 쓰지 못한다고 했다. 갬블이 생어에게 1949년에 보낸 이 편지에는 곧 모습을 드러낼 노스캐롤라이나주 남녀 단종수술에 관한 각본도 등장한다.[5] 그 각본을 쓴 사람은 갬블이 영국에서 미국으로 데려온 정신보건 분야 사회복지사인 모야 우드사이드Moya Woodside였다.

우드사이드가 미국의 단종수술 프로그램에 관해 작성한 보고서는 앞서의 편지가 쓰인 이듬해에 나왔다. 우드사이드는 이 보고서에서 미국 법률은 '독일의 실험'과는 닮은 데가 전혀 없다고 주장했으며, 민주주의 국가들은 "보편적 동의 없이는 개인의 자유가 축소될 수 없다는 것을 자명하게 여긴다"고 서술했다. '보편적 동의'가 나치 독일의, 또 짐크로법하 미 남부의 희생자들을 포함해 시민권을 박탈당한 집단들에 초래한 위험을 우드사이드는 인식하지 못했다. 우드사이드는 "그 주제[즉, 단종수술]에 관해 강한 감정을 가지고 있고 …… 단종수술 청원에 절대로 서명하지 않을" 유대인 의사들, 또 "단종수술이 미 남부에서 '백인우월주의' 교리의 보조 수단으로 사용될 것이라고 두려워할 수도 있는" 흑인들 사이의 불안은 일축했다.[6] 아프리카계 미국인이 연구의 피험자로서 이용 가능한 존재가 된 것은 우선은 노예제, 그다음은 빈곤 때문이었다. 이처럼 의학계에서 아프리카계 미국인을 이미 오래전부터 실험에 사용해온 그 유구한 역사를 우드사이드는 용케도 못 보고 넘어갔던 것이다.[7] 우드사이드는 또한 지난 300년간 백인 의사들이 인종과 지능에 관해 밝힌 견해들을 더 밀고 나아가는 데 성공함으로써 스스로도 그 의사들의 대열에 확고하게 자리매김했다.

의사 새뮤얼 A. 카트라이트Samuel A. Cartwright는 아마도 미국 남북전쟁 전 과학적 인종주의 지지자로서는 가장 잘 알려진 사람일 것이다. 카트라이트는 노예제를 생물학적으로 승인하려는 노력의 일환으로 뼈 길이, 모발 질감, 내장의 색상, 질병 저항력을 측정했다.[8] 19세기 사회다윈주의자들은 아프리카계 미국인이 결핵 및 매독을 앓고 있고 일반적으로 의료적 도움이 미치지 않는 곳에 있다고 믿었으므로 절멸하는 것이 당연하다고 여겼다.[9] 20세기 초 우생학자들은 좀 더 주도적인 접근법을 선호했다. 《피부양자, 결함자, 범법자로서의 미국 니그로The American Negro as a Dependent, Defective, and Delinquent》를 집필한 찰스 매코드Charles McCord는 흑인 '부적자’에 대한 ‘거세’를 촉구했다. 1914년 매코드는 미국에는 “정신박약자이며 정신적 결함이 있는 니그로”가 3만 명에 달한다고 단언했다. 또한 ‘정신박약자들’은 ‘정상 인구’보다 두 배나 빠르게 증식한다고 말했다. 이 책에서 매코드는 역력히 공황에 빠져 우왕좌왕하고 있는 것처럼 보인다. “니그로 사이에서 정신박약자들의 번식은 그들 자신의 본능과 신체 능력의 한계에 의해서만 제한된다는 것을 알고 보니 …… 그 문제는 실로 중요해 보인다.” 매코드는 흑인 여성을 특히 경멸했고, 흑인 여성의 무려 90퍼센트가 “정숙하지 않다”고 공공연하게 말했다.[10] 시카고대학교 의과대학 교수로서 일찍이 ‘변태성욕’의 위험성에 대해 강의했던 G. 프랭크 리드스턴은 “남부 니그로의 경우 뚜렷한 원형 회귀를 동반한 …… 육체적, 도덕적 타락이 확실하게 보이는데 …… [그런 타락은] 특히 성적 성향 방면에서 분명하게 나타난다”라고 썼다.[11]

그렇다면 과학적 인종주의 검증 및 유통, 그리고 그에 수반되는 외과수술 및 실험이라는 유산하에서 아프리카계 미국인이 강제 단종수술의 표적이 되는 것은 불가피한 일이었다. 전체 인구에서 흑인이 차지하는 비율에 비례해서 보자면, 흑인 남성의 단종수술 비율은 백인 남성의 단종수술 비율의 2.5배라고 우드사이드 자신도 보고했다. 우드사이드는 이러한 격차가 “백인 관리들의 차별적 의도가 아닌 특정한 선별 요인”에 기인한다고 설명했다. 다른 경우에도 그랬듯 시설 수용자들은 강제 단종수술을 받을 위험이 가장 높았는데, 1946년 노스캐롤라이나주 시설 수용 환자의 약 3분의 1은 흑인이었다. 우드사이드에게는 아프리카계 미국인 남성이 시설에 수용되고 또 단종수술 대상자로 선택되는 비율이 지나치게 높은 것이 편견의 지표로 읽히지 않았다. 그보다는 "훌륭한 수술 시설" 그리고 수술에 관심이 있는 병원(특히 골즈버러에 자리한, 니그로를 대상으로 한 주립병원) 의료진의 성과로 이해됐다.[12]

우드사이드가 작성한 보고서의 특징은 아프리카계 미국인 여성의 섹슈얼리티를 극도로 강조한다는 점이다. 이 사회복지사는 아프리카계 미국인 여성의 섹슈얼리티를 백인 여성의 섹슈얼리티와는 확연히 구별되는 단일한 구성개념으로 바라봤다. 우드사이드는 "일부 저소득층 니그로 집단 사이에서 나타나는, 전통적인 백인의 성 관습에 대한 무관심"을 우려했다. 우드사이드는 결코 이유를 완전히 밝히지 않은 채 "오르가슴 능력에 대한 수치를 인종적으로 분류했으며", "니그로의 섹슈얼리티에 대한 백인의 고정관념은 어느 정도 합리적인 근거가 있을 수 있다"는 결론을 내렸다.[13] 우드사이드는 흑인의 이른바 부도덕함과 '정신박약' 문제뿐 아니라 공공 지출에도 관심이 있었다. 우드사이드가 쓰길, 증거에 따르면

정신적 결함의 비율은 …… 니그로 사이에서 더 높다. 혼외자를 둔 경우가 많은, 정신박약이 있는 니그로 여성은 보건 및 복지 기관들이 반복해서 부닥치는 친숙한 골칫덩어리임이 틀림없다.[14]

이 사회복지사는 결혼하지 않은 어머니 혹은 사실혼 관계의 부모에게서 태어난 흑인 아동의 수에 엄청난 의미를 부여했다. 14명의 자녀 중 다섯을 출생 시 혹은 영유아 시기에 잃은 어느 여성은 14명 전부 살아남기를 바랐다며 "그 아이들의 존재는 모두 큰 기쁨"이라고 말한 것으로 전해졌다. 우드사이드는 이 여성에 대해 "이런 유형의 니그로에게 자녀 수는 우려할 만한 문제가 아니다. 그들은 더 높은 생활수준을 달성할 동기부여 및 기회가 결여돼 있어 좀처럼 장기적인 목표를 구상하지 않으며, 뭐가 닥치든 감수하며 하루하루 살아가는 데 만족하기 때문이다"라고 썼다.[15]

죽은 자식을 그리워하는 이 여성에 대한 우드사이드의 해석은 노스캐롤라이나주 단종수술 캠페인과 그 밖의 전후 단종수술 운동의 가장 두드러진 특징 중 하나를 잘 보여준다. 사회경제적 고려는 우생학자, 신맬서스주의자, 그 밖의 인구 조절론자들의 입에 오랫동안 오르내렸다. 노스캐롤라이나주에서는 외래환자의 단종수술을 위해 복지국, 그리고 시 및 카운티 보건 당국 간의 '의뢰'가 흔하게 이뤄졌다. "그들은 또한 정신상태가 정상인 자들에게도 의학적 근거에 따라 단종수술을 …… 적극적으로 주선할 수 있으며, 그 경우 사회경제적 요인들이 자주 고려된다."[16] 단종수술이 국고나 개별 가정의 비용을 절감시켜주는 혜택으로 합리화됐든 아니든, 보조금을 지급받는 의료 서비스에 의존하는 가난한 사람들에게 억지로 떠안겨질 때 그것은 징벌적 성격을 띠었다. '의뢰'는 그다지 정확한 말이 아닌데, 단종수술의 표적이 된 개인들에게 이런 절차를 거부할 선택권이 있음을 내포하기 때문이다. 강제 수술 그리고/또는 보건 당국의 강압을 의무화하는 주 법률로 인해 그러한 선택권은 점차 희미해졌다. 단종수술은 일반적으로 영유아 및 산모 관리 기간, 피임, 예방접종 방문 중에 끈질기게 권유됐는데 이는 모두 주로 여성이 활용하는 서비스들이었다. 우드사이드가 직접 설명한 바에 따르면, 보고서 집필 당시 미국에서 시행된 단종수술 5건 중 3건은 여성에게 이뤄졌다. 노스캐롤라이나주에서는 5건 중 4건 꼴이었다.[17]

우드사이드는 자식을 더 낳고 싶어 하는 한 소작농의 소망에 대해 경멸에 찬 기록을 남겼다. 1947년, 한 간호사가 단종수술 서류를 들고 'X씨'의 집을 찾았다. 'X씨 부인'은 처음에는 동의했지만, 며칠 뒤 아직 단종수술을 받을 준비가 안 됐으며 딸을 하나 더 낳고 싶다고 말했다. 우드사이드는 이 가족에 대한 메모에서 "하루살이처럼 살아가는 시골 사람들은 다 똑같다. …… 단종수술은 희망이 보이지 않는 일인 것 같다"라고 개탄했다.[18]

하지만 우드사이드가 생식 계획의 결함이라고 밝힌 것은 필시 여러 가지 요인 탓일 수 있었다. 여성 자신의 몸과 가족에 대해 권위를 행사하려고 작정한 주 및 카운티 기관들의 전지전능해 보이는 연결망에 여성이 저항했다는 점도 그중 하나다. 아프리카계 미국인 여성 사이에는 여성 스스로가 생식력 조절을 통제해온 유구한 전통이 있다는 점 또한 우드사이드의 인식에서는 보이지 않는다. 종종 이 역사를 증언하는 유일한 텍스트는 여성들이 취한 조치를 못마땅해하는 글들에서 찾을 수 있는데, 그러한 조치는 행사할 수 있는 선택지가 빈곤한 상황에 대한 대응으로 여성들이 택한 것이었다. 예컨대 1887년 피스크대학교의 유진 해리스Eugene Harris는 '니그로의 부도덕성'을 비난했다. 해리스는 조산 및 사산에 대한 논의에서 여성이 직접 유도하는 임신 중지에 대해 고뇌했다. "약국 소유주이기도 한, 내슈빌보건위원회의 한 관계자가 내게 말하길, 어떤 범죄 목적을 염두에 두고 자신의 약국에서 약을 찾는 유색인 여성이 얼마나 많은지 깜짝 놀랐다고 한다."[19]

모야 우드사이드는 "희망이 보이지 않는다"라고 밝혔지만, 노스캐롤라이나주에서 우드사이드가 클래런스 갬블과 공동으로 펼친 노력이 아무런 보람도 없었던 것은 아니었다. 필립 라일리는 갬블에 대해 단종수술을 복지 개혁의 영역으로 옮긴 공로를 인정한다. 이 펜실베이니아주 출신 의사는 "단종수술의 중점을 주 차원의 제도에서 각 카운티의 복지 수급 명부로 바꿈으로써" 불과 3년 만에 우생 단종수술 건수를 두 배로 늘렸다.[20]

1950년대에 노스캐롤라이나주 주의회는 주 내 홀어머니에게서 태어난 아프리카계 미국인 아기의 20퍼센트에 대해 세심한 주의를 기울이고 있었다. 주 정부의 복지 비용 상승 문제를 해결할 만병통치약으로 두 가지 법안이 제출됐다. 첫 번째는 혼외 출산을 해당 여성이 정신박약자라는 증거에 포함하도록 노스캐롤라이나주의 기존 단종법을 수정하는 것이었다. 이 법안의 본문에서는 혼인하지 않은 어머니를 "성적 비행을 저지르는 자"로 규정했다. 이 법안의 우생학적 의도는 명백했다. 주 상원의원 루서 해밀턴Luther Hamilton은 "사생아 종족 번식"에 대한 견제가 될 것이라고 말하며 이 법안을 높이 평가했다. 두 번째는 입증 책임을 그러한 개별 여성들에게 물으려는 것이었다. "세 번째 혼외자가 태어나면, 우생학위원회는 …… 단종수술을 지시해서는 **안 되는** 이유를 아이의 어머니가 직접 제시하도록 명령해야 한다."[21]

이 법안들은 부결됐지만 이를 발의한 의원들이 단종수술과 복지 간에 연관성을 확립했다는 점은 아무리 강조해도 지나치지 않다. 모든 단종수술 절차가 우생학위원회를 거치는 것은 아니었고, 의사들은 통과되지도 않은 법률을 따르려는 마음이 너무 컸다. 그런 의사들에게 희생당하는 사람은 결국 아프리카계 미국인 여성들로 수렴되었다. 1929년에서 1940년 사이 노스캐롤라이나주 우생학위원회를 거쳐 단종수술 승인을 받은 후보자의 78퍼센트가 여성이었고, 그중 21퍼센트가 아프리카계 미국인이었다. 1964년이 되자 아프리카계 미국인은 주 내에서 단종수술을 받은 전체 여성의 65퍼센트를 차지했다.[22]

이러한 성과를 확보하는 데 이바지한 노스캐롤라이나주 의료 서비스 제공자들의 공식, 비공식 정책은 광범위한 영향을 미쳤다. 1970년대에 하워드대학교 의과대학의 한 인턴은 기자에게 다음과 같이 말했다.

내가 하워드에 있을 때 한 여성 응급 환자가 들어왔는데 자녀가 한 명도 없다고 하기에 그 이유를 물었어요. 자신은 노스캐롤라이나주의 한 마을 출신인데, 그 마을에서는 복지 수급자인 어머니를 둔 딸들은 15세가 되면 모조리 단종수술을 시킨다고 하더군요. 그 여성도 같은 일을 겪었던 거예요.

이 인턴의 친구도 비슷한 경험이 있었다.

나도 그런 경우를 몇 번 봤어요. 그 사람들은 대부분 그 지역, 즉 노스캐롤라이나주와 사우스캐롤라이나주 출신이었어요. 그 지역에서는 복지 수급자인 어머니를 둔 여자아이들에게 정기적으로 단종수술을 하고 있었어요.[23]

말할 필요도 없겠지만 이러한 관행도, 이를 부추긴 대중적, 직업적 정서도 노스캐롤라이나주 및 사우스캐롤라이나주에 국한되지는 않았다. 1960년대 중반 실시된 한 갤럽 여론조사에서는 유자녀가정지원 수급자에 대해 "정직하지 못하고 게으르며 주도성이 결여돼 있다"는 견해가 지배적임이 드러났다. 응답자의 27퍼센트는 유자녀가정지원 수급자에 대한 단종수술에 찬성했다.[24] 의료 전문가들도 같은 의견이었다. 1972년 조사에 따르면 산부인과의의 94퍼센트가 자식이 셋 이상인 홀어머니가 단종수술을 거부할 경우 복지 수급을 보류하는 데 찬성했다.[25] 의료 제공자로서뿐만 아니라 환자 옹호자로서도 미화된 의사는 국가가 개입해 단종수술을 강요하도록 하는 데 실상 일반 대중보다 더 적극적이었다. 게다가 일반 대중과 달리, 의사는 자신이 치료하는 여성에게 자신의 의지를 행사할 수단과 기회가 있었다. 의사 자신들의 논리에 따르자면, 의사들은 언제나 유자녀가정지원 수급자의 대다수를 차지해온 백인 여성을 자신들의 표적으로 삼았어야 했다. 단종수술을 받아들이도록 강요당한 백인 저소득층 빈곤 여성이 있었음은 부인할 수 없지만, 징벌적 단종수술을 위한 가장 체계적인 캠페인은 미 남부 안팎의 유색인 여성 및 여자아이들을 대상으로 벌어졌다. 여기엔 아프리카계 미국인 여성만 있는 게 아니다. 1965년 뉴욕시에서 단종수술을 받은 여성의 95퍼센트는 푸에르토리코인이었다.[26] 1980년대 초에 이르면 코네티컷주 하트퍼드 내 가임기 푸에르토리코 여성의 절반이 단종수술을 받았다.[27] 이 시기 그토록 많은 여성을 위험에 빠뜨린 인종주의와 복지 수급 지위의 합일을 이해하고자 한다면 몇 가지 사례만 살펴보면 된다.

1965년 나이얼 루스 콕스Nial Ruth Cox는 노스캐롤라이나주 뉴번 워싱턴카운티병원에서 단종수술을 받았다. 콕스의 '동의'는 콕스 가족에게 복지수당 지급을 보류하겠다고 협박한, 콕스의 사례별 사회복지사가 갈취한 것이었다. 담당 의사는 콕스에게 이 조치가 일시적인 것이라고 확언했다. 콕스의 의사가 콕스를 "정신적 결함이 있는 18세 니그로 여자아이"로 분류함으로써 노스캐롤라이나주 단종법에 따라 수술 대상이 되도록 했다는 사실이 나중에 밝혀졌다. 하지만 캐리 벅과 똑같이 나이얼 루스 콕스는 한 번도 심사를 받은 적이 없었다. 법원에 제출한 준비서면에서 콕스의 변호인단은 콕스가 심리학자, 정신과의, 아니면 어떤 적절한 결정을 내릴 자격이 있는 다른 누구한테서도 진찰이나 검사를 받은 적이 없다고 밝혔다. 아프리카계 미국인의 지적 능력에 대한 인종주의적 판결들, 발달장애인에 대한 단종수술 의무화, 그리고 인종 및 계급에 바탕을 둔 온정주의적 분위기가 합쳐져 콕스는 난관결찰술의 완벽한 후보자로 낙점됐던 것이다.[28] 콕스는 미국시민자유연맹American Civil Liberties Union의 소식지에 자신의 사연을 자세히 이야기했다.

나는 어머니와 8명의 형제자매와 함께 살고 있었어요. 내가 여섯 살이 될 때까지 어머니와 혼인 상태였던 아버지는 돌아가시고 안 계셨지요. 우리 가족은 복지 수급자였지만, 내가 열여덟 살이었기 때문에 수당 지급이 중단된 상태였어요. 온수도 냉수도 나오지 않았고, 양수기로 물을 퍼올리는 수밖에 없었지요. 가스레인지도 냉장고도 전등도 없었고요. 겨울에는 정말 추웠어요. 나는 열일곱 살에 임신했는데, 피임이나 임신 중지에 대해 아무것도 몰랐어요. 사례별 사회복지사는 내 임신 사실을 알고는 어머니에게 우리 가족이 복지수당을 계속 받으려면 내 난관을 묶어야 할 거라고 말했어요. 일시적으로 말이에요. 수술 전에 내게 아무도, 아무것도 설명해주지 않았어요. 나중에 수술이 끝나고 의사를 만나 내가 아기를 낳을 수 있는지 물었어요. 의사는 걱정할 것 없다며 당연히 아이를 다시 가질 수 있다고 말했어요. 이제 와서 보니까 나는 복지 수급 가정 출신이기 때문에 단종수술을 받았던 거예요.[29]

애초에 충분하지도 않은 복지수당을 상실하는 상황에 부닥치는 것 외에도, 메디케이드 수급 여성들은 [단종수술 동의] 서명란에 서명하지 않으면 의료 서비스도 중단될 수 있다는 사실을 알게 됐다. 복지를 들먹이는 의사들은 연방 및 주 기관들과 관련돼 있었으므로 국가의 한층 강화된 정밀 조사를 받기는커녕 그러한 기관들의 비호를 받았고, 그 기관들에 봉사하기 위해 납세자 중 '적격한' 구성원들을 보호할 권한을 부여받았다. 사우스캐롤라이나주의 클로비스 피어스Clovis Pierce도 이 의사들의 대열에 속했다.

1973년 피어스는 사우스캐롤라이나주 에이킨의 유일한 산과의였다. 피어스는 버질 워커Virgil Walker 부인에게 [단종수술] 동의를 보류하면 의료 서비스가 종료될 것이라고 통지한 뒤 단종수술을 시행했다. 워커 부인은 이에 따랐다. 피어스는 출산한 지 하루밖에 되지 않은 셜리 브라운Shirley Brown에게도 똑같은 최후통첩을 보내며 궁지에 몰아넣었다. 동의를 거부한 브라운은 카운티 병원에서 퇴원당했다.[30] 앤절라 데이비스는 피어스가 메디케이드 수급자이면서 자식이 둘 이상인 어머니들에게 단종수술을 하려는 적극적 노력을 굽히지 않았다고 썼다.

피어스의 진료실에서 근무한 한 간호사에 따르면, 피어스는 복지 수급자인 임신부가 피어스에게 와서 출산하길 원하는 경우 "자발적 단종수술에 복종{원문 그대로임}할 것"을 강력히 요구했다. 피어스는 "…… 사람들이 아무 데나 싸지르고 다니며 아기를 낳고 내 세금으로 그 비용을 지불하는 데 지쳤다"면서 정작

자신은 단종수술을 시행한 대가로 약 6만 달러를 국민 세금으로 수령했다.[31]

워커 부인과 브라운은 피어스를 고소했지만, 피어스의 동료 의사들은 세력을 규합해 그를 변호했다. 사우스캐롤라이나주의사협회는 결의안을 통과시키며 "의사가 여성에게, 그 여성을 환자로 받아들이는 조건으로 단종수술 동의를 요구할 것임을 통지하는 일은 전적으로 윤리적이다"라고 선언했다.[32] 의사 커티스 우드는 "피어스의 용기에 감탄했다"고 말했다.[33]

연방 법원에서 피어스는 복지 수급 여성이 자식을 서너 명 이상 낳지 못하게 막는 것이 진정 자신의 방침이었다고 증언했다. 워커 부인은 손해배상을 거부당했다. 법원은 브라운이 시민권을 침해당했다고 결론을 내리긴 했지만, 손해배상액은 모욕적이게도 총 5달러로 산정됐다. 1978년 로스앤젤레스카운티 의료센터를 상대로 한 단종수술 남용 사건의 원고 측 변호사인 앤토니아 허낸데즈Antonia Hernández는 피어스에 대한 판결을 이렇게 논평했다. "배심원의 절반이 흑인으로 구성됐음에도 복지 수급자이면서 혼외자가 있는 여성에 대한 도덕적 편견이 …… 결정적 요인으로 작용했다."[34]

유자녀가정지원/메디케이드와 난관결찰술 간의 연결고리가 늘 그렇게 노골적으로 표현되지는 않았다. 경제적 협박은 종종 암묵적으로 이루어졌지만, 인구 조절 프로그램을 통해 공공지출을 줄여야 한다는 인식은 주 및 카운티 공무원들로 하여금 필요한 정보의 누락과 허위 진술이라는 두 종류의 거짓말을 다 하도록 몰아갔다. 앨라배마주에서 각각 12세, 14세인 메리 앨리스 렐프Mary Alice Relf와 미니 리 렐프Minnie Lee Relf에 대한 단종수술이 이뤄졌을 때는 속임수가 노골적인 협박을 대체했다. 이 시대에 단종수술이 시행된 인구통계학적 집단들의 가장 두드러진 특징 중 하나는 수술 대상자로 지목된 사람들의 인종 및 사회경제적 지위 외에도 극단적으로 낮은 연령대다. 심지어 아직 사춘기가 되기 전인 경우도 많았다. 앞 시대에 미국산부인과학회는 피임 목적의 단종수술에 대해 연령에 근거를 두고 기준을 **제안**한 바 있다. 난관결찰술 고려 대상 여성은 최소 25세이며 생존 자녀가 5명이거나, 30세이며 생존 자녀가 4명이거나, 35세이며 생존 자녀가 3명이어야 한다고 이 기준은 권고했다. 이 실행 불가능한 지침은 1969년 미국산부인과학회에 의해 완전히 폐기됐다.[35]

렐프 자매의 사연은 학자, 페미니스트, 재생산권 및 자유 옹호자, 그리고 반인종주의 활동가들에 의해 기록되고 회고돼왔다. 사연의 시작은 1973년 6월이다. 몽고메리지역사회활동위원회의 가족계획클리닉에 소속된 한 간호사가 렐프 부인과 부인의 가장 어린 두 딸을 차에 태우고는 먼저 의사의 진료실로, 그런 뒤 병원으로 데려갔다. 렐프 부인이 글을 읽을 줄 모른다는 점을 병원은 최대한 악용했다. 병원 직원이 렐프 부인에게 동의서 양식을 내밀면서 두 딸에게 데포-프로베라를 투여할 수 있게 허락을 구하는 것이라고 말했다. 데포-프로베라는 실험 단계에 있었는데도 불구하고 이전에 렐프 부인의 세 딸에게 모두 투여된 적이 있었다.[36] 나중에 렐프 부인은 "어떤 서류에 X 표시를 했어요"라고 증언했다. 사실 그 양식은 단종수술에 대한 면책 동의서였다. 렐프 부인은 집으로 보내졌고, 미니 리('정신지체' 판정을 받음)와 메리 앨리스 둘만 남겨졌다. 그날 밤 아버지가 딸들을 보러 왔을 때는 면회 시간이 끝났다는 말을 듣고 출입을 거부당했다.[37] 다음 날 미니 리는 어머니에게 전화를 걸어 집으로 데려가달라고 했지만 렐프 부인에게는 마땅한 교통수단이 없었다. 이 가족은 덫에 빠진 것이다. 당시에는 이 여자아이들이 곧 외과적 단종수술을 받게 될 것임을 가족 중 누구도 알지 못했다. 아닌 게 아니라 사흘 뒤 딸들이 풀려나와 직접 말할 때까지 어머니는 그 수술에 대해 알지 못했다.

한 복지 공무원에 따르면, 렐프 자매가 난관결찰술의 표적이 된 것은 "남자아이들이 그 자매 주변을 어슬렁거리고 있고", 또 렐프 자매가 피임약을 복용할 "정신적 역량"이 결여돼 있다고 여겨지기 때문이었다.[38] 그해 초 렐프 가족의 첫째 딸인 케이티는 반대 의사를 밝혔음에도 자궁내피임기구를 삽입당했고, 부모는 이 사실을 알지 못했다.[39] 렐프 가족은 클리닉에 어떤 서비스도 요청한 적이 없었다. 데포-프로베라 투여, 자궁내피임기구 삽입, 그리고 결국 단종수술이라는 각 단계마다 클리닉은 렐프 가족에게 공격적으로 접근했다. 렐프 가족은 복지 수급 지위와 그에 따른 면밀한 조사 때문에 이러한 접근을 피할 수 없었던 것이다. 미남부빈곤법률센터Southern Poverty Law Center의 조지프 레빈Joseph Levin은 상원 소위원회에서 이렇게 증언했다. "렐프 가족은 이미 이 지역사회 활동 프로그램에 속해 있었습니다. 이 가족을 프로젝트에 포함한 지역사회 활동 프로그램은 이 가족의 존재를 잘 알고 있었으며 적극적으로 찾아낸 것입니다."[40] 렐프 자매의 지적 바탕에 대한 판단들, 성적 활동에 대한 가정들, 그리고 렐프 가족이 사회 서비스망에 걸려들어 있다는 점이 이 여자아이들을 표적으로 만든 것이다. 렐프 가족은 자원이 부족했기에 탈출이 불가능했다.

구제의 길? 규제, 조사, 판결

미니 리 렐프와 메리 앨리스 렐프에게 단종수술을 시행한 병원은 처음에는 경제기회국 산하에, 그다음은 미 보건교육복지부('빈곤과의 전쟁'을 수행하도록 지정된 기관이었다) 산하에 있었다.[41] 보건교육복지부는 1971년부터 보건 프로그램의 일환으로 단종수술을 포함하기 시작했다. 보건교육복지부 지침에 따르면, 부모나 당사자의 동의는 의무 사항이 아니었다.[42] 렐프 가족을 비롯해 그토록 많은 사람이 점점 더 심각한 위험에 빠진 까닭은 미 보건교육복지부의 가족계획 프로젝트들, 메디케이드, 그리고 유자녀가정지원이 모조리 보건교육복지부의 사회복지및재활서비스국을 통해 재정을 지원받았다는 사실에서 찾을 수 있다.[43] 렐프 가족이 마구잡이로 단종수술을 당할 위험에 처하게 된 것은 다름 아니라 정부의 후원 프로그램에 관련돼 있었기 때문이다. 레빈은 다음과 같이 설명했다.

렐프 가족은 앨라배마주 연금사회보장부에서 월 156달러를 수령합니다. 푸드스탬프 그리고 보조금으로 운영되는 의료 지원도 받습니다. 또 현재로서는 제가 알지 못하는 여타 형태의 원조도 있을 것으로 생각합니다. 다시 말해, 이 가족 구성원 한 명 한 명의 삶은 일종의 현미경 아래에 놓여 있는 것이나 다름없습니다.

주 정부나 연방 정부의 지시에 따라 활동하는 사회복지사가 렐프 가족을 거의 매일 방문했지요.[44]

렐프 부부는 워커 부인과 함께 연방지방법원에 미 보건교육복지부를 상대로 소송을 제기했다. 렐프 대 와인버거Relf v. Weinberger 사건에서 판사 거하드 게젤Gerhard Gesell은 "단종수술을 하지 않는다면 다양하게 지원되는 복지수당이 철회될 것이라는 협박하에 불특정한 수의 가난한 사람들이 단종수술을 받도록 부당하게 강요당한" "반박의 여지가 없는 증거"가 있다고 판결했다. 게젤은 나아가 "가족계획과 우생학 간의 구분선은 모호하다"라는 의견을 밝혔다. 게젤은 연방 정부가 재정을 지원하는 미성년자 단종수술을 금지하고, 협박이나 강압으로부터 환자를 보호할 규정을 마련하라고 명령했다.[45]

미 보건교육복지부는 렐프 사건 소송이 진행되는 동안 규정 초안을 작성하기 시작했다. 그 후 몇 년간 다양한 버전의 규정이 시행됐는데, 어떤 것은 전미복지권기구가 이의를 제기하기도 했고, 또 충분하지 않다는 사유로 게젤이 기각하기도 했다. 최종 승인된 규정은 1978년 가을에 나왔다.[46] 공표된 지침에는 연방 정부가 재정을 지원하는 프로그램 내에서 단종수술 목적의 자궁적출술 금지, 메디케이드나 복지와 관련된 암묵적 혹은 명시적 협박 금지, 자기 의지에 반해 시설에 수용된 사람들에 대한 단종수술 중단이 포함됐다. 분만 중, 임신 중지 직전이나 직후, 또는 환자가 약물이나 알코올을 복용한 상태에서는 환자의 동의를 구할 수 없다. 자발적으로 이뤄지는, 충분한 정보에 입각한 동의는 환자가 선호하는 언어로 표기된 서면 양식을 통해서만 얻을 수 있으며, 이때 선택은 되돌릴 수 없다는 설명이 이뤄져야 하고, 대체 방법이 제시되어야 한다. 동의서 서명과 수술 절차 사이에 30일 이상 기간이 있어야 한다는 규정 또한 마련되었다.[47] 매우 중요하게도, 보건교육복지부는 '치료적' 단종수술과 '피임 목적의' 단종수술 간의 구분을 폐지했다. '치료적'이라는 지정이 규정을 회피하려는 의사들에게 허점을 제공할 수 있다는 우려에서였다. 우생 단종수술 그리고 여타 치료법을 가장해 시행되는 침습적 외과수술이 유구한 역사를 고려하면 신빙성이 있는 우려였다

지시들의 범위는 제한적이었고, 경제기회국 그리고 미 보건교육복지부의 가족계획 프로그램에만 적용됐다. 메디케이드 프로그램은 주마다 상이한 법률하에 독립적으로 운영됐다.[48] 연방 규정을 적절히 집행하려는 정치적 의지는 그야말로 존재하지 않았다. 1975년 퍼블릭시티즌Public Citizen은 한 보고서에서, 미국 내에서 산부인과가 있는 병원 4800곳 중 3600곳이 지침이 발효된 지 9개월 만에 규정을 위반한 것으로 추정했다.[49] 퍼블릭시티즌

은 미국 내에서 가장 규모가 큰 의대부속병원 50곳의 산부인과 책임자들에게 연락을 취했다. 비치료적 단종수술을 시행한 42곳 중, 13개 주에 있는 76퍼센트가 규정을 위반했다. 게다가 7개 주에 있는 33퍼센트는 규정의 존재조차 모르고 있었다. 조사 대상 병원의 최대 31퍼센트는 단종수술을 거부해도 복지수당이 상실되지 않을 것임을 환자에게 통지하지 않았다.[50]

극악무도하고도 노골적으로 인종주의적인 침해 행위 중 일부가 인디언보건서비스 시설들에서 일어났다. 1977년 6월 미 감사원[현 미 정부책임처]은 연방 정부가 재정을 지원하는 인디언보건서비스 병원들이 미 보건교육복지부 지침을 여러 차례 위반했음을 공개하는 보고서를 발표했다. 1973년에서 1976년 사이에 피닉스, 앨버커키, 애버딘, 오클라호마시티와 그 주변부의 아메리카 토착민 여성 3400명에게 단종수술이 이뤄졌다.[51] 이는 어떤 인구통계학적 집단이 됐든 상당한 숫자일 터이지만, 아메리카 토착민은 그 당시 인구의 0.4퍼센트로 상대적 소수였기 때문에 더욱 놀라운 수치가 아닐 수 없었다.[52] 동의서 양식은 연방 규정을 준수하지 않은 채 사용됐다. 게다가 미 감사원은 미성년자 단종수술 중단을 위반한 36건을 자세히 기록했다.[53] 1977년 한 인터뷰에서 사회정의를위한인디언여성연합Indian Women United for Social Justice의 의사 코니 유리Connie Uri는 가임기 아메리카 토착민 여성 중 25퍼센트가 인디언보건서비스에 의해 불임 상태가 된 것으로 추정했다.[54] 오클라호마주 클레어모어 인디언보건서비스 병원의 경우, 신생아가 4명 태어날 때마다 여성이 1명씩 단종수술을 받은 셈이었다.[55] 다른 자료들에서 제시한 수치는 훨씬 더 높았다. 1979년 아메리카토착민연합United Native Americans 회장인 리 브라이트먼Lee Brightman은 가임기 여성의 42퍼센트, 그리고 남성의 10퍼센트에게 단종수술이 이뤄졌다고 추정했다.[56] 이 기간 북부 샤이엔족 의장이었던 앨런 롤런드Alen Rowland는 한 기자에게, 대량 단종수술이란 롤런드 자신이 보기에 "지난 세기 몰살 정책의 연장선에 불과하다"라고 말했다.[57] 미 감사원에는 수천 건에 달하는 단종수술 하나하나마다 건당 수백 달러의 비용이 청구됐으므로, 이런 관행이 아무에게도 감지되지 않았을 가능성은 희박하다. 따라서 이는 적어도 정부 측의 공모가 있었음을 시사한다. 당시 사우스다코타주 상원의원 제임스 아부레즈크James Abourezk의 입법 보좌관이었던 캐서린 해리스 티헤리나Katherine Harris Tijerina는 다음과 같이 말했다.

반드시 어떤 음모가 있어야만 문제가 생기는 것은 아닙니다. 인종주의적이고 성차별적인 태도들은 과도한 단종수술로 그 형태가 바뀌었습니다. 저는 이를 제노사이드라고 생각합니다.[58]

인디언보건서비스의 각본은 제노사이드라는 더 거대한 역사에 쉽게 부합하며, '좀 더 부드러운' 형태의 궁극적 절멸이 될 조짐을 보인다. 의사들의 언어는 이런 두려움에 신빙성을 부여했다. 유리는 이전의 우생학자들을 떠올리게 하는 표현을 쓰는 한 의사에 대해 언급했다. "어떻게 16세 여자아이에게 단종수술을 할 수 있느냐고 물었습니다. 그 여자아이는 이미 자식을 여럿 낳았기 때문에 '오염시키는 자'라는 것이 그의 대답이었지요."[59]

물론, 인디언보건서비스의 의사들을 몰아간 동인이 전부 다 같지는 않았다. 그들이 공유한 것은 자신들이 '빈곤의 문화'에 맞서 일종의 만병통치약을 투여하고 있다는 온정주의와 믿음이었고, 이는 어떠한 행동과 거짓말도 정당화했다. 그 결과는 일화를 통해서도 가늠해볼 수 있다. 예컨대 15세 샤이엔족 여자아이 두 명이 맹장 수술을 위해 인디언보건서비스 병원에 입원한 동안 저도 모르게 난관결찰술을 받았다. 한 16세 여자아이는 분만 후 단종수술을 받았고, 자신이 앞으로 2년간 임신을 할 수 없도록 "고쳐졌다"고 말했다.[60] 또 다른 여성은 단종수술을 하면 두통이 나을 것이라는 말을 들었다고 했다. 부족 판사인 마리 샌체즈^{Marie Sanchez}는 이 마지막 이야기를 한 인터뷰 진행자에게 들려줬다.

> 의사는 그 여성에게 난관결찰술을 권했고, 여성은 그렇게 했어요. 의사의 말을 따른 것이었지요. …… 수술을 했는데도 두통이 재발했어요. 나중에 알고 보니 그 여성은 머리에 종양이 있었던 거예요.[61]

이런 이야기들은 상원의원 아부레즈크가 미 감사원에 대한 조사를 요청하도록 하는 자극제가 됐다. 감사원에 대한 조사 보고서는 여성 및 여자아이들이 수술 동의 외에 선택지가 없다고 믿었을 수도 있다는 점을 인정했지만, 인디언보건서비스 의료진의 협박 전술을 인정하는 데까지는 나아가지 못했다.[62] 보고서의 타당성은 물론 감사원 조사 결과의 공정성은 조사관들이 여성이나 여자아이들 중 단 한 명도 인터뷰하지 않았다는 사실이 알려지면서 손쓸 수 없을 정도로 손상됐다. 한 관계자는 다음과 같이 설명했다.

우리는 환자들이 단종수술 절차에 동의하기 전 적절하게 정보를 제공받았는지 여부를 확인하기 위해 그들을 인터뷰하지는 않았습니다. 최근 발표된 연구에 따르면, 환자들이 **충분한 정보에 입각해** 동의를 하고도 4~6개월이 지나면 기억의 정확도가 매우 낮게 나타났기 때문에 인터뷰를 하는 노력은 생산적이지 않을 것이라고 믿었습니다.[63]

이러한 인터뷰 프로토콜로 보아 결과가 미리 정해져 있었음을 간접적으로 알 수 있으며, 애초 3406건이라는 비자발적 단종수술의 수치가 심각하게 과소 집계됐을 가능성도 제기된다. 마찬가지로, 보고서에 열거된 여타 위반 사항의 건수도 실제보다 축소됐을 수 있다. 관련된 여성들에게 질문을 하지 않기로 한 결정은 그 여성들이 본질적으로 비이성적이라는 가정에 따라 이뤄졌다. 이와는 대조적으로, 연방 규정을 위반한 것으로 보아 분명 조사관들을 오도할 만한 이유가 있었던 집도의들은 신뢰할 만한 정보원으로 간주됐다. 당시 인디언보건서비스 프로그램 운영 담당 부국장이었던 의사 짐 펠젠Jim Felsen은 여성들이 보고한 내용이 의심스럽다고 주장했다.

물론 남용 사례들도 있겠지요. 어떤 의사들은 자기가 마치 신이라도 되는 양 행동하니까요. 하지만 반면에 사후의 회한을 반영한 것에 불과한 이야기를 들을 때도 많아요. 여성들은 자신의 죄책감을 감당할 수 없고, 또 의사에게 들은 내용을 기억하려 하지 않지요.[64]

샌체즈는 "아메리카 토착민 여성은 기억력이 없다, 그러니 자동적으로 신뢰할 수 없다는 즉각적인 가정이 존재하는 듯하다"라고 말했다.[65]

감사원이 조사 결과를 발표한 지 1년 뒤, 캘리포니아주 법원에서 매드리걸 대 퀼리건Madrigal v. Quilligan 사건의 변론이 시작됐다. 멕시코계 미국인 여성 10명이 로스앤젤레스카운티 의료센터를 상대로 제기한 이 소송은 벤치 재판[배심원 재판이 아닌 판사 재판]으로 이뤄졌다.[66] 쟁점이 된 것은 그 이전 10년간 병원에 입원한 여성들에게 강제 단종수술이 이뤄졌다는 점이었다. 1968년에서 1971년 사이, 해당 시설에서 시행된 자궁적출술 건수는 742퍼센트, 난관결찰술은 470퍼센트, 분만 후 난관결찰술은 151퍼센트가 증가했다.[67] 소송을 제기한 여성들은 여러 가지 학대 사항을 보고했다. 예컨대 임신 중지 요청은 단종수술 수락 여부에 달려 있었다. 스페인어 사용자인 여성들에게 제왕 절개에 대한 면책 동의서라면서 영어로 된 동의서 양식이 제공됐다. 분만 직후 또는 임신 중지 직후에 단종수술이 시행됐다. 심지어 명시적인 동의 거부가 있어도 단종수술이 이뤄졌다.[68] 해당 병원을 그만둔 한 의사는 의사 중 20~30퍼센트가 "자신에게 무슨 일이 일어나고 있는지 이해하지 못하거나 자신의 선택권과 관련해 사실적인 정보를 제공받지 못한" 여성들에게 단종수술을 공격적으로 밀어붙인 것으로 추정했다.[69] 신체적 위협도 사용됐다. 한 직원은 다음과 같이 보고했다.

실제 갖가지 형태의 신체적 학대를 통해 분만 중인 여성에게 단종수술 동의를 강요하는 것을 봤어요. 의사와 간호사들이 뺨을 때리는 일들도 있었지요. 진통 중인 여성에게 주사기를 보여주면서 "동의서에 서명하면 이것을 놔주고 고통을 멎게 해주겠다"라고 말하곤 했어요.[70]

과달루페 어코스타Guadalupe Acosta는 진통 중에 의사에게 복부를 주먹으로 가격당했다(의사는 어코스타의 복부를 꽉 눌러 분만을 유도하고 있었다). 아기는 사산됐고, 어코스타는 분만실을 떠나기 전 저도 모르게 단종수술을 당했다.[71] 이 일이 있고 나서 2년 뒤인 1975년 4월 6일, 메리 디아스Mary Diaz는 진통을 하는 상태로 병원에 입원했다. 의사들은 처음에 제왕 절개에 대한 동의를 얻으려고 했지만 디아스는 의식이 뚜렷한 상태에서 이를 거부했다. 서류는 디아스가 마취 상태일 때 다시 들이밀어졌고, 이번에는 디아스도 서명했다. 난관결찰술이 아니라 제왕 절개에 대해 말이다.

난관결찰술은 수락할 수 없다고 말했어요. 받지 않겠다고 계속 말했는데도 의사들은 나를 위해서라고 끈질기게 말하더군요. ……

…… 의사들은 여전히 내가 난관결찰술을 받을 것을 고집했고, 나는 그저 "싫어요, 안 받겠어요"라고 반복하고 있었어요. 진통이 너무 심했고, 이러다가 죽겠구나, 라고 생각했어요. ……

…… 내가 **똑똑히 아는데**, 나는 {단종수술에 동의}하지 않았어요. 왜냐하면 내게 차트를 보여준 간호사가 있었는데, 차트에는 내가 동의했다는 표시가 없었어요. 차트에는 내가 단종수술을 하려는 의사들의 갖은 노력을 거부했다고 적혀 있었어요.[72]

메리 디아스는 공동 원고들이 그랬듯 단종수술을 받은 지 몇 주가 지나도록 그 사실을 알지 못했다. 디아스의 의사는 디아스에게 울지 말라면서 이렇게 말했다. "자식을 더 낳지 않는 게 당신한텐 최선이에요. 멕시코에서는 다들 너무 가난하니까 자식이 없는 게 가장 좋은 거예요."[73]

렐프 자매나 셜리 브라운이나 나이얼 루스 콕스의 가족과는 달리, 매드리걸 대 퀼리건 사건의 여성들은 복지 수급자는 아니었다. 하지만 이 여성들은 공공 의료 지원 대상이었고, 인종 및 당연히 이민자일 것이라고 상정되는 그들의 신분 때문에 눈에 띄는 존재였다. 한 여성은 간호사들이 위압적인 말을 써가며 겁을 줬다고 보고했다. 간호사들이 그 여성과 여성의 자식들이 "납세자들에게 부담을 지우고 있다"며 비난했다는 것이다.[74] 재판이

   3부 | 단종수술과 그 너머: 테크노픽스라는 자유주의적 호소

있고 나서 2년 뒤, 아델라이다 델 카스티요Adelaida Del Castillo는 다음과 같이 썼다.

> 지금 우리는 멕시코인을 공격하는 캠페인이 가속화하는 것을 목격하고 있다. 정부 당국과 대중매체는 고용 시장 포화, 범죄율 증가, 공중 보건 위기에 대한 책임을 멕시코인에게 지운다. 한편 의료계는 독선적이게도, 이 나라의 빈곤층과 에스닉 소수 집단에 대한 단종수술을 합리화하고 실행하는 데 아무런 거리낌이 없다.[75]

법원은 병원에 유리한 판결을 내렸는데, 이는 부분적으로 원고 측이 인권침해 및 의료 윤리를 바탕으로 한 논리를 펼치기보다는 출산에서 멕시코계 미국인 여성 및 멕시코인 여성들이 가지고 있는 문화적 특수성을 전면에 내세운 전략 때문이었을지도 모른다. [캘리포니아주 지방법원 판사] 제시 커티스Jesse Curtis의 그 판결은 여성들이 자신들의 고통스러운 체험에 대해 마땅히 그래야 하는 수준보다 훨씬 더 심하게 격앙돼 있다고 암시했다. 커티스는 **원고들이** 명확하게 의사소통을 할 수 없다는 점을 안타깝게 여긴다고 말했다. 커티스의 발언에서 두드러지는 것은 실제 혹은 상상된 이민자의 취약성, 그리고 비앵글로색슨계 문화의 불완전함에 대한 어떤 본질적인 믿음이다.

> {멕시코계 여성의 문화에 대한} 심오한 연구를 …… 할 시간도 인력

도 없는 대도시의 분주한 병원에서, 직원이 이처럼 **이례적인
문화적 특성**에 대해 알지 못할 것이라는 점은 …… 새삼스럽지
않다.[76]

커티스의 판결에는 이중의 의료 기준에 대한 암묵적 수용도
내포돼 있었다. 카운티 병원에서는 중산층 및 부유층을 대상으
로 한 시설과 동일한 수준의 진료나 존중, 혹은 심지어 정보 제공
조차 기대할 수 없었다. 빈곤층은 중산층 및 부유층이 받는 것과
동등한 대우를 기대해서도, 요구해서도 안 된다. 심지어 수술과
같은 중대 사안이라고 해도 말이다.

매드리걸 사건 패소에도 불구하고 단종수술 남용 반대 활
동가들은 엄청난 영향을 끼쳤다. 기록 작업과 출판 활동으로 비
자발적 단종수술을 대중의 의식에 각인시킨 것이다. 이 침해 행
위들을 100년 묵은 우생학 전통이라는 맥락 안에 놓고 보게 된
것도 이 활동가들이 제도화된 인종, 젠더, 계급적 편견들을 명확
하게 드러냈기 때문이었다. 그중에서도 특히 단종수술남용종식
위원회Committee to End Sterilization Abuse(이 조직의 핵심 구성원은 푸에르토리
코 사회당, 헌법적권리센터Center for Constitutional Rights, 인권의료위원회Medical
Committee for Human Rights와 같은 단체 출신이었다), 사회정의를위한인디언
여성연합, 임신중지권리찬성및단종수술남용반대위원회Committee
for Abortion Rights and against Sterilization Abuse(뉴욕시에 기반을 둔 급진적, 사회주
의적 페미니스트들이 설립했다), 전미흑인페미니스트기구National Black
Feminist Organization, 그리고 전미복지권기구는 단순히 연방 및 지방

정부의 지침을 확보하는 것 이상의 성공을 거뒀다(연방 및 지방 정부의 지침을 확보하는 일은 비록 그것이 단지 개혁 지향적인 시도에 그쳤다 할지라도 그 자체로 중요한 과업이었을 것이다). 이러한 단체를 조직하고 옹호한 이들은 비자발적 단종수술을 더 큰 분석틀 안에 놓고서 '자유 선택'이라는 자유주의적 원리를 문제화했다. 단종수술 남용종식위원회는 남용을 "계급적, 인종적, 에스닉 구분선들을 따라 서비스를 편향시켜 빈곤층의 선택의 자유를 제한하는 것"으로 정의했다.[77]

> 강제 불임은 결코 좋은 일자리, 충분한 식사, 제대로 된 교육, 보육, 의료 서비스, 산모 및 영유아 돌봄, 주택 공급, 의복 제공, 혹은 문화적 정체성을 대신할 수 없다. 우리는 개인이 선호하는 피임법을 선택할 권리를 지지한다. 하지만 사회가 모든 사람이 생활하는 데 기본적으로 필요한 것들을 제공하지 않을 때는 그런 선택의 자유란 있을 수 없다.[78]

활동가들의 노력은 사회 일각에서 공격을 받았다. 자발적단종수술협회Association for Voluntary Sterilization[현 엔젠더헬스EngenderHealth], 플랜드패런트후드 등의 인구 조절 단체들은 애초에 미 보건교육복지부의 지침에 반대했었고, 이는 미국의사협회와 미국산부인과학회도 마찬가지였다. 산부인과의 한 무리가 연방 지침(특히 미성년자 단종수술 금지)을 비롯해 뉴욕시 및 주 규정의 합헌성에 이의를 제기하며 소송을 걸었다. 이 의사들은 개별 미성년자가 충분한 정보에 입각한 동의를 할 수 있을 만큼 성숙한지 여부를 판단하는 것은 의사 자신의 책임이라고 주장했다. 규제 반대자들은 나아가 단종수술 남용에 대한 보고들이 과장됐고, 연령을 기준으로 한 단종수술 승인 거부는 빈곤층에 대한 학대에 해당하며, 심지어 의사 및 병원이 자체 감시 감독을 통해 여성에 대한 강압을 막을 수 있다고 강력히 주장했다. 소송은 결국 취하됐다.[79] 다른 사람들은 정부가 환자 및 소비자의 권리를 침해한다고 경고했는데, 이 마지막 호소는 자본주의적 체제 안에서는 특히 울림이 큰 것이었다.

활동가들이 단종수술 남용을 시정하기 위해 정부에 의지하는 것은 특히 미 보건교육복지부가 져야 할 책임을 고려하면 어느 정도 역설적인 면이 있었다. 그럼에도 규제 촉구는 정부가 여성의 몸에 더 깊이 개입하라는 요청이 아니라, 오히려 정부에 고용된 의사들이 빈곤층의 삶에 개입하고 통제권을 행사하는 것을 저지하라고 요구하는 것이었다. 규제 촉구는 이러한 관점에서 바라봐야 한다. 이는 연방이 온정주의적 개입을 통해 위협을 가할 것이라는 규제 반대자들의 주장과는 상반된다.

규제의 적들 중 일부는 분명 강성 반동주의자들이었지만—규제를 위한 투쟁을 "푸에르토리코 공산주의자의 음모"라고 부른 산과의처럼— 많은 사람이 꼭 그렇지만은 않았다.[80] 새로운 규칙에 대한 반대는 이른바 '자유 선택'과 '접근권'이라는, 자유주의 이데올로기에서 빌려온 수사적 장치에 종종 의존했다. '선택권'에 대한 강조, 그리고 그 선택의 조건들에 대해 캐묻기를 꺼리는 태도는 반규제 논리를 합리적으로 보이게 만들었고, 반규제를 외치는 의료 전문가들의 더욱 실질적인 동기를 감췄다. 1979년 로절린드 페체스키Rosalind Petchesky가 지적했듯, 보호받고 있는 것은 여성의 '접근권'이 아니라 "오히려 의료계의 특권적 자율성, 그리고 가능한 한 편의주의적으로 사람들에게 단종수술 절차를 시행할 수 있는 의료 서비스 제공자들의 '권리'였다".[81]

한편 의료계 외에 다른 도전자도 있었다. 마거릿 생어의 이데올로기적 후계자인 주류 페미니스트 단체들 역시 규제에 반대하고 나선 것이다. 전미복지권기구는 미 보건교육복지부의 초기 규정이 충분하지 않다는 이유로 반대했지만, 전미여성기구National Organization for Women는 너무 지나치다고 불만을 터뜨렸다.[82] 전미여성기구는 특히 30일 경과 의무화를 거부하면서, 이것이 즉시 단종수술을 받길 원하는 여성들의 권리에 대한 침해라고 공표했다.[83] 이러한 반응은 자유주의가 여성 간의 차이를 무화시켜버리는 전형적인 사례였다. 자유주의에 대한 골드버그의 비판을 빌리자면, 전미여성기구는 자신들이 광범위하고 통일된 정체성이라고 인식한 것, 즉 이 경우 젠더에만 관심이 있었다.[84] 반면, 인종 및 계급은 여성이 살면서 경험하는 것들을 결정하는 핵심 요소라기보다는 부수적 요소로 취급됐다. 앨리슨 재거Alison Jaggar가 설명했듯, "자유주의 전통은 개인의 행동에 대해 외부 장애물이 없는 것을 자유라고 여기며, 개인은 자율적인 행위자라고 당연하게 생각한다".[85] 주류 페미니스트들은 자신들이 신봉하는 자율성을 문제화하는 데 실패했다. '외부 장애물'을 부과하는 것(이 경우 연방 지침으로 구체화됨)은 전미여성기구 지지층(주로 백인 중산층 및 부유층 여성)에게는 자기 결정권에 대한 공격으로 인식됐을 수 있지만, 의료 학대를 당할 위험성이 가장 큰 사람들—저소득층 및 빈곤층 유색인 여성과 여자아이들—에게는 최소한 명목상의 보호를 제공했다.[86] 이런 여성들의 자율성은 계급적 지위, 인종주의, 그리고 자신들의 삶에 대해 다양한 수준의 통제권을 행사하는 정부 기관들과의 얽힘 때문에 이미 위축돼 있었다.

골드버그가 지적했듯, 자유주의는 "개인 간 특수한 차이는 그들의 도덕적 가치와 무관하며, 더 나아가 그러한 차이가 개인의 정치적, 법적 지위에 영향을 주어서는 안 된다"라고 주장한다.[87] 자유주의 패러다임 안에서 차이는 초월돼야 하며, 개인주의를 두둔하기 위해 집단 정체성 및 (인종주의의 희생양이 되는 것과 같은) 공유된 경험은 강조되지 않아야 한다. 따라서 자유주의는 "사람들을 범주화하며 개인보다 젠더, 인종, 계급과 같은 사회적 결정을 우위에 두고 특권을 부여하는 담론 및 정치운동에 반대"한다.[88] 전미여성기구는 젠더 연관성에 분명 주의를 기울였지만, 지지층 너머에 있는 여성들의 삶에 인종주의 및 계급주의가 중요하게 작용한다는 사실을 인정하려고 하지 않았다. 자유주의 페미니스트들은 자신들의 사회경제적 지위를 모든 여성에게 적용되는 **오직 하나의** 기준으로 삼았다. 미 보건교육복지부 규정에 대한 전미여성기구의 반대는 단종수술을 **적극적으로 받으려고 하는** 여성과 단종수술의 **표적이 된** 여성이 그 당시든 역사적으로든 그 수술과 관련해 똑같은 위험에 빠져 있으며 똑같은 보호가 필요하다는 믿음, 전자의 불편과 후자가 직면한 위기가 유사하다는 믿음에 기반한 것이었다. 이는 사실상 불평등한 대우의 핵심 원인인 구조적 인종주의 및 경제적 협박을 단순히 "이상理想에서 벗어난 유감스러운 일탈{들}"[89]로 취급하는, 자유주의 담론 내에서만 가능한 논리였다. 이처럼 인종 및 계급 문제에 정면으로 맞서려는 의지의 부재 그리고 산아제한이 빈곤을 일시적으로 완화해줄 것이라는 유구한 믿음(더 크게는 테크노픽스에 대한 몰두를 바탕으로 한 믿음)은 강압적인 인구 조절 전술에 대한 자유주의적 지지와 새로운 위협 앞에서의 침묵으로 이어졌다.

17장

새로운 테크놀로지, 오래된 정치: 노플란트와 그 너머

지난 10년간 새로운 일시적 단종수술법들이 그 이전의 것들과 놀라울 정도로 유사한 역할을 하며 전면에 부상했다. 노플란트와 산뜻하게 복귀한 데포-프로베라는 난관결찰술 및 자궁적출술의 명백한 후계자로 지정됐고, 의학적 기적은 아니더라도 사회경세적 기적을 약속함으로써 자유주의자와 보수주의자들에게 손을 뻗치고 있다.[1] 인구 조절을 국외의 빈곤 퇴치 방안으로 상정하는 체제 안에 데포-프로베라와 노플란트를 통합시키는 것은 미국 내에서 유사한 전제에 기댄 정책들을 지원하는 자유주의적 신념 체계와 일맥상통한다.[2] 이 테크놀로지들은 이전의 것들과 합류해 법정에서, 복지 '개혁' 논쟁에서, 그리고 저소득층 여자아이들의 몸에서 모습을 드러내고 있다.

1979년 《헤이스팅스 센터 보고서Hastings Center Report》의 한 기고자는 이렇게 썼다. "미 보건교육복지부의 새로운 지침하에서 단종수술은 더욱 까다롭게 규제되고 있으므로, 이 사람들{가족계획 전문가, 의료 전문가, 프로그램 관리자}에게는 이제 데포-프로베라가 더 매력적이다."[3] 이 필자가 보건교육복지부 규제의 효력을 과대평가한 건 맞지만, 관리자 및 인구 조절론자 등이 데포-프로베라에 보인 관심을 과장한 것은 아니었다.

여성 보건 의료 서비스 옹호자 및 소비자 보호 단체들의 압박으로 미 식품의약품청은 업존의 데포-프로베라 승인 신청을 20년 넘게 거듭 거부했다. 초창기에 데포-프로베라는 자궁경부암, (특히 젊은 여성들 사이에서) 유방암, 간암은 물론 장기적 불임(한 연구에서는 여성이 마지막으로 주사를 맞은 날로부터 생식력이 회복되기까지는 평균 13개월이 걸리는 것으로 밝혀졌다)과 관련이 있었다.[4] 부작용의 목록은 더 늘어나 골다공증, 자궁내막암, 장기간의 월경 출혈(한 번에 몇 주간 지속되며, 골반염증 질환 발생 위험이 있음), 체중 증가, 자살 충동을 느끼게 할 만큼 심한 우울증, 성욕 상실, 복통, 어지러움, 두통, 탈모, 피로, 신경과민, 메스꺼움, 그리고 모유 수유 중인 영유아에 대한 잠재적 위험 또한 포함됐다.[5]

이처럼 장황하리만치 긴 부작용 목록과 데포-프로베라 승인이 거부돼온 20년의 역사에도 불구하고—1978년 아예 사용 금지가 내려진 것은 말할 것도 없다— 부시 행정부하의 식품의약품청은 1992년 업존의 이 제품을 피임제로 승인했다. 미국가족계획연맹은 박수갈채를 보냈다.[6] 하지만 전미라틴아메리카계여

    3부 | 단종수술과 그 너머: 테크노픽스라는 자유주의적 호소

성보건기구National Latina Health Organization, 전미흑인여성보건프로젝트
National Black Women's Health Project[현 흑인여성보건필수과제Black Women's Health
Imperative], 아메리카토착민여성보건교육자원센터Native American Women's
Health Education Resource Center, 전미여성보건네트워크National Women's Health
Network, 전미아시아계여성보건기구National Asian Women's Health Organization,
여성경제의제프로젝트Women's Economic Agenda Project, 그리고 전미여성
기구의 샌프란시스코 지부는 이 결정에 적극적으로 반대했다.[7]

1970년대와 1980년대 식품의약품청 청문회에서는 데포-프
로베라를 승인하기에 충분할 만큼의 연구가 이뤄지지 않았다는
결정이 내려졌다. 하지만 업존 측에 또다시 신청을 하도록 요청
해 재심사를 개시한 것은 다름 아닌 식품의약품청이었다. 연구
결과에 아무런 변화가 없었음에도 승인이 이뤄졌다. 데포-프로
베라 일시 금지를 촉구한 전미라틴아메리카계여성보건기구의
루스 알바레스 마르티네스Luz Alvarez Martinez는 그 과정을 다음과 같
이 설명했다.

이런 청문회가 진행되는 동안 공동체 전반의 의견을 전달할 수
있는 시간은 매우 제한적입니다. 우리는 약 3분 안에 우리의 사
정을 알려야 하지만, 데포-프로베라 제조사인 업존은 기본적으
로 온종일 그들의 쟁점을 제시할 수 있습니다.[8]

국내외의 주변화된 여성에게—식품의약품청 승인 전후 모
두—데포-프로베라를 사용해온 역사는 외과적 단종수술의 역사

와 닮았다. 데포-프로베라는 자궁내막암이 진행된 여성에게는 사용이 허용됐었기 때문에[9] 의사들은 그것을 이용할 수 있는 상태였다. 데포-프로베라를 피임제로 사용하는 것은 금지돼 있었지만 많은 의사가 그것을 피임제로 투여했다. 발달 지연 여성, 약물의존증 여성, 수감 중인 여성이 모두 표적이 됐다.[10] 인디언보건서비스는 적어도 1987년까지 아메리카 토착민 여성에게 데포-프로베라를 계속 투여했다.[11] 하트만은 아프리카계 미국인 환자 4700명에게 데포-프로베라를 투여한 에머리대학교의 한 연구에 대해 보고한다. 1978년 식품의약품청 점검자들은 연구진이 식품의약품청의 프로토콜을 무시하고, 환자 기록을 부실하게 관리하고, 연구에서 중도 하차한 피험자들의 행방을 알지 못하며, 암 발병 가능성을 판단하기 위한 장기 추적 검사를 시행하지 않은 것에 대해 징계했다.[12] 1990년대 초 관타나모만 미 해군 기지에 억류된, HIV 양성인 아이티 여성들은 데포-프로베라(미국 내 사용이 승인되기 전부터 그곳 여성들에게 사용됐다)와 그보다 더 영구적인 단종수술 중 하나를 선택하도록 의사들에게 강요당했다.[13] 이민 희망자라는 그들의 지위와 그에 따른 데포-프로베라 강제 시행 여부는 그들의 출생지에 따라 결정되었다. 이보다 몇 년 전인 1979년, 당시 식품의약품청장 도널드 케네디Donald Kennedy는 이렇게 말했다. "분명 아직 미국에서 승인을 받기에 적합하지 않은 약물이라 할지라도, 덜 발달된 국가에서는 유익성-위해성 비[해당 약물의 위험과 잠재적 이익의 비율]가 유리하게 나올 수도 있다."[14] 이런 평가를 내린 사람이 케네디 한 명만은 아니었다.

업존은 벨기에 자회사를 통해 데포-프로베라를 수출함으로
써 식품의약품청 규제를 교묘히 빠져나갔다. 1970년대부터 국제
가족계획연맹International Planned Parenthood Federation과 유엔인구활동기
금United Nations Fund for Population Activities[현 유엔인구기금United Nations Population
Fund]—둘 다 부분적으로 미국의 자금으로 재정을 조달했다—은
미국의 지원을 받는 일부 민간 기관과 함께 데포-프로베라를 '덜
발달된 국가들'에 공급하고 있었다. 1979년 데포-프로베라는 세
계보건기구의 승인을 받았으며, 60개국에서 상업적으로 판매됐
다. 전 세계적으로 여성 125만 명이 주사를 맞고 있었다.[15]

데포-프로베라보다 2년 먼저 승인된 노플란트도 비슷한 궤
적을 따랐다. 데포-프로베라와 마찬가지로 노플란트는 골다공
증, 유방암, 자궁경부암과 관련이 있었고,[16] 나온 지 꽤 오래된 약
물이었다. 노플란트는 록펠러대 인구협의회Population Council의 실험
실에서 발명됐고, 1966년부터 개발이 진행됐다.[17] 노플란트는 식
품의약품청의 승인을 받기 훨씬 전부터 해외 여성들을 대상으
로 실험됐다. 1980년대 초, 군사독재 정권하의 브라질은 노플란
트 임상 시험을 실시한 최초의 국가 중 하나가 됐다. 브라질 여성
2000명에게 노플란트 삽입이 시행됐다.[18] 방글라데시 가자리아
여성들은 자신들에게 실험 약물이 주입되고 있다는 사실을 듣지
못했다. 태국 여성들은 '사소한 부작용'만으로는 노플란트를 제
거해줄 수 없다는 통보를 받았다. 도미니카공화국, 인도네시아,
이집트에서 일부 여성들은 노플란트는 5년이 지나면 **반드시** 제
거해야 한다는 설명조차 듣지 못했다.[19] 삽입한 노플란트를 제거

하지 않으면 임신부 사망의 주원인인 자궁외임신을 초래할 수 있다. 의사들은 표적이 된 인구통계학적 집단의 여성에게 삽입한 노플란트를 제거하길 꺼리고 종종 노골적으로 거부했다. 따라서 노플란트는 우생학에 바탕을 두고 이뤄진 난관결찰술과 같은 강제적 인구 조절 장치만큼이나 강요된 것이었다.[20]

세계은행, 미 국제개발처, 유엔인구활동기금은 노플란트의 공격적인 옹호자이자 배급자였다.[21] 인구협의회의 웨인 버딘Wayne Bardin은 노플란트를 삽입하기 위해 탈의할 필요가 없기 때문에 "전통 종교가 존재하며 남편이 옆에 없는 경우 여성이 어떤 보건종사자의 검사도 받을 수 없는 일부 국가의" 여성에게 이상적이라고 말했다.[22] 결과적으로 일부 여성은 노플란트 삽입 전 제대로 검사를 받지 못했다. 방글라데시의 한 취재원은 그곳 의사들이 삽입 전 체중과 혈압을 확인하긴 하지만—노플란트가 개별 여성에게 미치는 위험성을 평가할 두 가지 중요 요소다— 이러한 측정을 기준으로 노플란트 삽입을 받지 **않은** 여성에 대해서는 들어본 적이 전혀 없다고 전했다.[23] 노플란트를 사용할 수 없는 건강 상태에 대한 적절한 사전 검사가 이뤄지지 않으면 합병증 발생 가능성이 커진다. 당뇨, 간질[즉, 뇌전증], 우울증, 고혈압, 고콜레스테롤혈증, 편두통 혹은 담낭 질환이나 신장 질환이 있는 여성에게는 특히 위험하다.[24] 방글라데시에 있는 한 클리닉의 부인과 전문의는 이러한 위험성을 일축했다. "좋은 것을 얻으려면 언제나 대가가 따르는 법이에요. 여성 두어 명이 죽는다 한들 문제될 게 있나요? 그러면 인구가 더 줄어들겠네요."[25]

　　노플란트가 미국 시장에 출시된 직후, 《뉴욕타임스》의 한 사설은 노플란트에 대해 "상대적으로 부작용이 없다"고 단언했다.[26] 샌디에이고 플랜드패런트후드의 의사 캐서린 시헌^{Katherine Sheehan}은 여성의 팔에서 노플란트를 제거하면 거의 즉각 생식력이 회복된다는 잘못된 주장을 했다. 《로스앤젤레스타임스》는 기사 첫머리에서 여성들이 이제 "향후 5년간은 잊어버려도 되는 피임제"를 갖게 됐다며 큰소리쳤다.[27] 하지만 노플란트의 부작용 목록은 길고, 노플란트 삽입을 당한 사람들이 그런 부작용의 존재를 잊어버릴 가능성은 지극히 낮다. 전미라틴아메리카계여성보건기구는 여성들에게 심한 복통, 두통, 감정 기복, 혈중 지질 변화, 여드름 및 삽입 부위 감염에 대해 경고했다.[28] 《의료용 삽입물의 장기적 영향에 관한 저널Journal of Long-Term Effects of Medical Implants》은 삽입 부위에 물집, 딱지, 통증 및 가려움증이 생긴다고 보고했으며, 《피임Contraception》은 부작용으로 탈모와 팔의 통증도 꼽았다. 일부 여성은 두개내압이 상승하는, 특발성 두개내 고혈압을 겪기도 했다.[29] 노플란트가 승인된 지 4년이 채 지나지 않은 시점에 《뉴욕타임스》는 미국 전체 사용자의 약 20퍼센트가 첫 12개월 이내에 캡슐을 제거했다고 보도했다.[30]

　　1994년에 텍사스주 가족계획클리닉 13곳의 의료진을 대상으로 한 설문조사에 따르면, 응답자의 37퍼센트는 노플란트가 난관결찰술보다, 16퍼센트는 자궁내피임기구보다 위험성이 높다고 생각하며, 24퍼센트는 임신 말기 기간이 노플란트 삽입보다도 위험성이 낮다고 생각하는 것으로 나타났다.[31] 하지만 조사에 참여한 직원 중 81퍼센트는 노플란트가 HIV 양성인 여성에게는 훌륭한 피임제라고 말했다. 노플란트가 자가면역 체계를 손상시킬 가능성이 있으며 감염에 대한 보호 기능이 없다는 사실에도 불구하고 말이다.

단종수술운동이 그랬듯 데포-프로베라 및 노플란트 캠페인은 오랫동안 장벽에 부딪혀 환자 주도 피임에 접근할 수 없었던 유색인 여성에게 특별히 위협적이다. 의료 및 공공 정책의 기저에 깔려 있는 인종주의와 계급적 편견은 비자발적 단종수술을 추동했다. 이런 인종주의와 계급적 편견이 허물어지지 않았기 때문에, 이전에는 난관결찰술의 표적이 됐을 여성들이 이제는 노프란트 및 데포-프로베라 대상으로 지목당하고 있다. 1993년에 버지니아주는 노플란트에 대한 주 재정 지원을 승인했다. 당시 전미유색인지위향상협회National Association for the Advancement of Colored People 회장 린다 버드 하든Linda Byrd Harden은 노플란트를 삽입하는 흑인 여성의 수가 지나치게 많다는 것을 고려하면, 그런 재정 지원은 정부가 나서서 바람직하지 못한 사람들에 대해 단종수술을 시행하려는 것으로 해석될 수 있다고 언급했다.[32] 그런데 그런 압박은 이미 작용하고 있다.

마케팅 담당자들은 《에센스Essence》, 《하트 앤 솔Heart and Soul》, 《영 위민스 헬스Young Women's Health》와 같은 잡지들에 광고를 실으며 젊은 아프리카계 미국인 여성들을 직접적으로 공략했다. 모든붉은국가여성Women of All Red Nations의 시카고 지부 공동 창립자이자 여성인구환경위원회Committee on Women, Population, and the Environment 공동 위원장인 앤드리아 스미스Andrea Smith는 여성인구환경위원회의 회의 참석자들에게, 인디언보건서비스가 한때 단종수술을 밀어붙인 것과 같이 이제는 데포-프로베라와 노플란트를 밀어붙이려고 고압적인 전술을 구사하고 있다고 말했다. "인디언보건서비스에 가거나 공공 부조를 받는 아메리카 토착민 여성 중 내가 아는 사람은 전부 다 노플란트 삽입을 하라, 부작용이나 금기 사항도 없다는 말을 들은 것 같아요."[33] 아메리카토착민여성보건교육자원센터의 셰런 애세토이어Charon Asetoyer에 따르면, 인디언보건서비스는 노플란트의 단점에 관한 정보를 제공하지 않을 뿐만 아니라 삽입 전 하게 돼 있는 임신 검사도 실시하지 않는다. 여성이 인디언보건서비스 클리닉에 있는 것만으로도 삽입이나 주사에 동의한 것으로 간주된다고 애세토이어는 말했다. 샤이엔강, 파인리지 및 로즈버드 인디언보호구역에서는 노플란트 제거를 원하는 여성들을 저지하기 위해 인디언보건서비스 직원들이 완력을 쓰는 일도 빈번하다. 어떤 여성들은 여성들 자신의 이익을 최우선으로 여긴나고 주장하는 의료 종사자 및 의사들에게 노골적으로 거부당한다. 하지만 애세토이어가 말하듯 "건강한 여성에게, 그 여성의 건강을 해칠 약물을 주면서 그 여성의 이익을 최우선으로 여긴다고 말하지는 않아요."[34]

인디언보건서비스가 제공하는 의료에 의존할 수밖에 없는 아메리카 토착민 여성들은 의료의 관심이, 비록 공공연히 발화되지는 않더라도 요지부동인 특정 공공 정책 의제에 매여 있다는 사실을 알게 됐다. 노플란트는 인디언보건서비스에 대한 아메리카 토착민 여성들의 의존도를 강화한다. 여성들은 스스로 캡슐을 제거할 수 없으므로 의사들에게 휘둘릴 수밖에 없다. 현재 의료보험 가입률이 가장 저조하고, 또 고용주로부터 의료보험을 보장받을 가능성이 가장 낮은 라틴아메리카계 여성들도 이와 비슷하게 덫에 빠지는 경우가 많다. 루스 알바레스 마르티네스가 들려준 캘리포니아주 오클랜드의 한 사례에서는 여성이 노플란트 삽입으로 부작용을 겪고 있었음에도 카운티 병원에서 제거를 거부당했다. 이 여성은 의료보험이 없었기 때문에 선택의 여지도 없었다.[35]

이 모든 사태에 대응해 재생산권 단체 및 유색인 여성 권리 옹호 단체들이 힘을 합쳤다. 그들은 노플란트 등의 장기 지속성 피임제 제조사들이 자사 제품에 동의서 양식을 포함하도록 할 것을 식품의약품청에 요구했다. 전미흑인여성보건프로젝트는 식품의약품청의 노플란트 승인을 전면 반대했다.[36] 하지만 자유주의 성향의 임신 중지 권리 옹호단체들은 대부분 침묵을 지켰다.

마거릿 생어가 산아제한에 만병통치약이라는 틀을 씌운 채 빈곤 여성이 겪는 제도적 불평등에는 주의를 기울이지 않았듯, 임신 중지 권리를 옹호하는 주류도 거의 전적으로 임신 중지 접근권(과 정도는 덜 하지만 RU-486[미페프리스톤이라는 성분명으로도 알려진 경구 임신 중지 약]), 그리고 기존 산아제한 패러다임에만 집중했다. "임신 중지 권리는 중요하지요"라며 앤드리아 스미스는 말한다. "하지만 '[임신 중지에 대한] 여성의 선택 옹호'가 위험한 피임제들을 선택할 권리를 뜻한다면, 이는 아메리카 토착민 여성을 위한 운동은 아닙니다." 인구 조절 이데올로기에 대한 묵인, 숭배에 가까울 정도로 개인만을 중요시하는 태도 고수, 그리고 스미스가 유색인 여성의 자기 결정권에 대한 공동체의 관심 결여라고 밝힌 것이 합쳐지면서, 자유주의 페미니스트들은 또다시 그릇된 편에 서게 됐다. 스미스는 다음과 같이 이야기한다.

한때 전국 단위의 임신 중지 권리 옹호단체의 주 지부에서 일한 적이 있어요. 우리는 노플란트 및 데포-프로베라와 관련된 '충분한 정보에 입각한 동의' 교육에 관여했어요. 우리는 이 피임제들에 반대하지 않았어요. 단지 부작용 및 주의 사항에 대한 정보를 여성들에게 제공하려고 했을 뿐이지요. 우리는 본부로부터 "활동을 중단하고 그만두라"는 말을 들었어요. 한 번은 또다른 임신 중지 권리 옹호단체의 대표와 나란히 방송에 출연해 달라는 요청을 받은 적이 있어요. 그 단체는 여러 지부 중 오직 한 곳에서만 노플란트를 배포하고 있었는데, 주로 아프리카계 미국인이 거주하는 동네였지요. 그런데 그 단체가 방송 출연을 거절하면서 "노플란트의 정치적 파장에 대해 논의할 준비가 돼 있지 않다"는 이유를 댔어요. 노플란트를 배포할 준비는 돼 있지만 변호할 준비는 돼 있지 않았던 것이지요.[37]

노플란트는 한때 단종수술이 그랬던 것과 거의 같은 방식으로 자유주의자와 보수주의자, 양쪽 모두에게 호소력을 발휘한다. 요컨대 빈곤 및 범죄에 대한 치료책이자 복지 축소의 수단이라는 것이다. 이러한 호소는 주도적 개혁이라는 온갖 피상적인 허울을 둘러쓴 채 현 상황을 털끝만큼도 건드리지 않고 그대로 둔다. 더욱이 한때 단종수술이 거세보다 더 인도주의적인 것으로 받아들여졌듯, 노플란트는 원상태로 되돌릴 수 있다는 점 때문에 단종수술보다 더 자비로운 것인 양 여겨진다. 하지만 노플란트가 사법부, 유자녀가정지원에 대한 입법 논쟁, 그리고 도심의 고등학교를 잠식해 들어간 상황을 살펴보자면 자비로움과는 거리가 멀었다.

사법부: 생식 그리고 처벌

식품의약품청이 노플란트를 승인한 직후인 1990년의 마지막 주, 《워싱턴 포스트》의 한 논평은 독자에게 이렇게 경고했다. "어떤 무지몽매한 판사가 여성에게 노플란트를 삽입하거나 감옥에 가라고 명령하는 순간 윤리적 논쟁이 시작될 게 불 보듯 뻔하다."[38] 신문에 잉크가 채 마르기도 전인 3주 뒤, 캘리포니아주 툴레리카운티에서 하워드 브로드먼 Howard Broadman 판사가 판사봉을 두드렸다. 1991년 1월 2일 브로드먼은 아동학대 혐의에 대해 유죄를 인정한 달린 존슨 Darlene Johnson 에게 노플란트 삽입 3년형을 선고했다. 브로드먼의 판결은 새로운 단종 테크놀로지의 수혜자 선정에서 젠더, 인종, 계급이 두드러진 요소임을 선명하게 보여

  3부 | 단종수술과 그 너머: 테크노픽스라는 자유주의적 호소

줬다.

　존슨은 브로드먼이 제시한 집행유예 조건에 동의했지만, 그 '동의'의 본질은 대단히 의심스럽다. 무엇보다도 존슨은 노플란트를 받아들이거나 주 교도소에 가라는, 일종의 최후통첩을 받은 것이었다. 1988년 당시 주지사였던 공화당의 조지 듀크메지언George Deukmejian이 지명한 브로드먼은 그 전해에도 또 다른 여성에게 비슷한 제안을 했었다. 그 여성이 거부하자 브로드먼은 집행유예를 취소했다.[39] 그다음으로, 존슨은 그런 절차가 무엇을 수반할 것인지에 대해 충분한 정보를 제공받지 못했다. 1991년 초 인구 대부분이 그랬듯, 존슨은 노플란트에 대해 들어본 적이 없었다. 노플란트는 아직 시장에 출시되지도 않았다. '수술'이라는 단어는 원래 판결에서는 언급되지도 않았다.[40] 마지막으로, 존슨은 노플란트가 자신의 당뇨, 심장 질환, 혹은 혈압 문제에 초래할 심각한 합병증에 대해 전혀 알지 못했다.[41]

　캘리포니아주 사법부의 논리대로라면 존슨에 대한 판결은 결코 내려져선 안 되는 것이었다. 1984년 아동을 위험에 빠뜨려 유죄판결을 받은 한 여성과 관련된 사건에서 캘리포니아주 항소법원은 법원이 집행유예 조건으로 피임을 부과할 수 없다고 판결했다. 재판부는 정부의 징벌적 침해로부터 개인의 사생활의 권리를 보호할 필요성을 강조했다(이는 캘리포니아주 헌법에 명시적으로 보장된 권리다).[42] 어떤 사건을 변론할 근거로서 사생활의 권리란 사실 문제가 있다(강간, 가정폭력, 아동학대 등 온갖 만행이 사생활이라는 명목으로 은폐되고 보호받았다). 그렇지만 브로드먼의 선고는 존슨이 자녀에게 끼친 위해를 전혀 완화하지 못했다. 존슨의 죄는 자식을 낳은 것이 아니라 때린 것이었기 때문이다. 그렇다면 브로드먼의 판결은 체벌, 특히 정부가 존슨의 몸을 침해하는 것(불과 7년 전 캘리포니아주 항소법원에서 위헌적 징벌권 행사라고 선고된)이 피고의 생존 자녀를 보호하기 위해 허용된다는, 브로드먼 자신의 허울만 그럴듯한 논리적 근거를 따르더라도 실패한 것이다.[43] 〈60분 60 Minutes〉과 진행한 인터뷰에서 브로드먼은 자신이 존슨의 헌법상의 권리를 침해했다고 인정했다.

> 하지만 판사로서 해야 할 일은 상충하는 헌법상의 권리들의 균형을 맞추는 것입니다. 바로 그것이 이 사건에서 내가 한 일이지요. 나는 자녀들, 즉 존슨이 이미 낳은 자녀들과 **아직 임신되지 않은** 자녀들 모두 헌법상의 권리가 있다고 봤습니다. 나는 그 자녀들의 권리와 존슨의 권리를 비교 대조했고, 그 자녀들의 권리가 우선한다고 판단한 것입니다.[44]

'아직 태어나지 않은 사람'을 보호하기 위해 임신을 차단한다는 것은 오랫동안 인구 조절론자들의 필수 과제였으며, 장애와 출산에 관한 견해들에서 반복적으로 출현했다. 더 일반적인 의미에서 보자면, 이제 '태아의 권리'뿐만 아니라 아직 임신되지 않은 사람의 '권리'까지도 양형의 고려 사항으로 참작하는 사법적 숙의—마치 둘 중 어느 쪽이든 법적 혹은 물질적 실체를 구성한다는 양—는 하나의 섬뜩한 판례를 남겼다.[45] 법원 명령에 따른 출산 강요나 거부, 생활양식 감시 감독, 여타 형태의 징벌적 개입이라는 악몽 같은 각본이 당장 불안하게 어른거린다. 캘리포니아주에는 이미 이런 판례가 있다. 1966년 프랭크 커니^{Frank Kearny} 판사는 벅 대 벨 사건 판결을 메아리처럼 따라 하듯, 집행유예를 조건으로 한 단종수술을 거부한 낸시 허낸데즈^{Nancy Hernandez}에게 징역형을 선고했다. 커니에 따르면 그런 합의 조건은 논리적인 것이었는데, 왜냐하면 허낸데즈는 "부도덕한 생활을 하는 성향"이 있기 때문이었다. 허낸데즈는 자신의 두 아이 중 한 명을 결혼하지 않은 상태에서 출산했다.[46]

브로드먼의 양형 판결에서도 이와 동일한 유형의 젠더 편견이 두드러진다. 존슨은 외과 수술을 강제로 받아들여야 했으며 신체의 완전성을 부정당했다. 이것을 아동 성추행으로 유죄판결을 받은 어떤 남성에게 내려진 처벌과 대조해보라. 브로드먼은 이 피고가 자택 대문에 "들어오지 마시오. 나는 지금 가택 연금 중입니다"라고 쓰인 표지판을 게시하는 조건으로 집에서 형기를 마치는 것을 허용했다.[47] 게다가 일부 비평가들이 지적했듯, 여성의 팔뚝에 노플란트 삽입 흔적이 보인다는 것은 그 여성의 생식 관련 상태가 공개적으로 드러난다는 뜻이다. 《뉴욕타임스》에 노플란트 관련 보도를 실은 테이마 르윈^{Tamar Lewin}은 "다른 피임법들과 달리 노플란트의 존재는 아동학대로 유죄판결을 받은 여성, 에이즈에 걸린 여성, 또는 이미 공공 부조를 받고 있는 여성의 추가 임신을 막지 못해 안달하는 가석방 담당관이나 복지 공무원이 쉽게 감시 감독할 수 있다"[48]고 지적했다.

달린 존슨의 사례에서 인종적 편견이 작용했다는 명확하고도 확실한 증거를 찾는 것은 꽤 어렵다. 존슨은 아프리카계 미국인으로서, 인종차별적인 사법적 관행에 의해 헌법의 보호를 받을 자격이 없는 사람이라 치부된 것일까? 이는 자명한 질문처럼 보였지만, 〈60분〉 인터뷰 내내 브로드먼(이나 이 사례와 관련된 다른 누구)에게 이 질문은 제기되지 않았다. 또한 대부분의 주요 언론 보도에서도 이 질문은 다뤄지지 않았다. 그럼에도 이 사례에서 보이는 친숙한 인종적 권력 역학을 무시하는 것은 불가능하다.

브로드먼의 계급적 편견은 감추기가 더 어려웠다. 브로드먼은 자신의 판결이 달린 존슨의 경제적 지위와 아무런 관련이 없다고 밝혔지만,[49] 애초에 선고 공판에서 존슨에게 복지 수급자 여부를 물었다. "브로드먼은 존슨이 가난한지 부유한지 여부와는 아무런 상관이 없다고 했습니다"라며 존슨의 변호사는 말했다. "브로드먼이 존슨의 경제적 지위에 관심이 없다면, 존슨의 복지 수급 지위가 도대체 무슨 상관이 있습니까?"[50] 단종수술에 대한 사법적 숙의에 계급이 반영된 것은 존슨의 사례가 처음이 아니었다.

1965년 샌타바버라 고등법원은 복지 허위 수급으로 유죄판결을 받은 빅토리아 타피아Victoria Tapia가 단종수술에 동의하자 감형하여 집행유예를 선고했다. 1972년 쿡 대 오리건주Cook v. State of Oregon 사건에서 오리건주 항소법원은 한 17세 여자아이에 대한 단종수술을 지지하는 판결을 내렸다. 그 여자아이가 자녀들을 돌볼 능력이 없어 그 자녀들이 국가로부터 보호 감독을 받게 될 것이라는 근거에서였다.[51] 1990년 자신의 아기를 질식시켜 유죄 판결을 받은 십 대인 트레이시 와일더Tracy Wilder는 석방된 다음 10년간 피임을 한다는 조건으로 플로리다주 법원으로부터 징역 2년에 집행유예를 선고받았다. 미국시민자유연맹의 탤컷 캠프Talcott Camp는 와일더 사건 판결의 계급적 편견을 지적하면서, 이와 대조적인 한 15세 여자아이의 사연을 들려줬다. 코네티컷주에 거주하는 이 여자아이는 자신의 죽은 영아를 자신이 다니는 미스포터사립학교 기숙사 침대 밑에 방치했다. 이 여자아이의 신원은 언론에 결코 공개되지 않았고, 언론은 이 이름을 밝히지 않은 학생의 "시련과 트라우마"를 언급했다. 이 여자아이는 사법제도에 따라 형을 선고받은 게 아니라 잠시 입원했다가 집으로 돌려보내졌다. 캠프는 와일더 사건 판결에서 단종수술을 조건으로 집행유예를 내린 거래에 대해, "집행유예를 조건으로 기본권을 포기할 수는 없습니다"라고 말했다. "명예훼손으로 유죄판결을 받은 자에게 감옥에서 나온 뒤 표현의 자유를 누릴 권리를 포기하라고 요구할 수 없듯 말입니다."[52] 몇 주 뒤 브로드먼은 달린 존슨에게 어떤 형을 선고받았는지에 대해 공개적으로 말하지 말라고 명령했다.

브로드먼이 내린 판결의 적법성 문제는 캘리포니아주에서는 결코 해소되지 못했다(브로드먼은 재판 회피를 했고, 존슨은 집행유예 위반 혐의로 체포됐다).[53] 그럼에도 그 판결은 전국적으로 반향을 불러일으켰다. 워싱턴주에서는 임신 중 코카인을 남용하고 선천성 기형아를 낳아 유죄판결을 받은 여성에게 노플란트를 의무화하려고 의료진이 로비를 벌였다. 한 의사는 포주들이 성매매 여성에게 노플란트를 받아들이도록 강요하는 대가로 여성 1명당 100달러를 지불하는 것을 제안했다. 즉, 그 여성에 대한 고려는 완전히 배제하고 말이다.[54] 성매매 종사 여성이 가장 일관되게 피임하는 사람들 중 하나라는 사실에 비춰보면, 이런 제안에서는 노플란트 정책 논의에 참여하는 일부 의료 전문가들의 처벌적 충동이 드러난다. 콜로라도주 하원의원 빌 저크Bill Jerke는 열흘의 기간을 감형해주는 대가로 수감자의 '자발적' 단종수술을 요구했다. 저크는 중범죄를 저지르는 성향이 유전될 수 있다는 믿음을 무심코 드러내 보이면서, "우리는 장차 범죄율을 낮추는 일에 대해 이야기하고 있는 것입니다"라고 언론에 말했다.[55]

미국기업연구소의 더글러스 베샤로프Douglas Besharov는 이런 제안들이 계급적 편견을 담고 있음을 부인했다. 오히려 그 반대라는 것이다. "어떤 여성이 유죄판결을 받았는데 중산층이 쓰는 제품을 사용할 선택권이 주어진다면 이는 처벌이 더 가벼워졌다는 신호예요. …… 그 여성이 그 제품을 원하지 않으면 감옥행을 선택할 수도 있어요."[56] 하지만 문제의 중산층이라는 집단은 아마도 판사 앞에 서지 않을 것이고, 그들 집단의 머리 위에 감옥에 갈 위험이 드리워지지도 않을 것이다.

형사 사법제도에서 징벌적 노플란트 조치의 남용을 추동한 것은 크게 보아 빈곤을 '바로잡을' 권한을 산아제한에 부여한 것과 같은 논리다. 이 논리의 변주 속에서 노플란트는 범죄를 줄이

 3부 | 단종수술과 그 너머: 테크노픽스라는 자유주의적 호소

는 능력을 부여받았다. 동시에 형벌로서의 노플란트 사용은 사회경제적 지위와 범죄를 하나로 합치는 역할을 했다. 이는 복지 수급자 공격하기라는, 기저에 깔린 경제적 의제를 감춘다. 브로드먼의 판결이 있고 난 직후 그 가면이 벗겨졌다.

인센티브와 삭감: 노플란트와 복지 개혁

미국의 한 도시에서 있었던 일입니다. 많은 동정과 약간의 자선, 그리고 제법 규모 있는 구호를 받는 한 눈먼 부부가 있었습니다. 이들에게는 자식이 6명 있었는데, 모두 앞을 보지 못하는 상태로 태어났습니다. 지극히 불운한 사람들에게 미국인들이 늘 그렇듯, 지역사회는 이들을 불쌍히 여겼습니다. 6명의 어린 생명이 햇살이나 나무나 다른 인간을 절대 볼 수 없는 운명을 지닌 채 세상에 태어났다는 건 대단히 충격적인 일입니다. 마을의 모든 사람이 이 부부와 그 자식들을 안쓰러워했습니다.
그런데 이 부부는 스스로를 불쌍히 여기지는 않았습니다. 이 부부는 일부러 자식을 여섯이나 낳았고, 더 낳을 계획이었습니다. 자식을 낳을 때마다 구호 수표와 장애수당이 늘어나며, 대가족이 돼야만 편하게 살 수 있다는 것을 알았기 때문입니다. ……
이는 극단적인 사례이긴 하지만 이 나라에서 드물지 않게 일어나는 일입니다.[57]

1951년 마거릿 생어가 장황하게 늘어놓은 이 이야기는 작금의 복지 논쟁에도 큰 울림을 자아낸다. 복지와 노플란트를 연관시키려는 최근 시도들이 그렇듯, 생어의 일화는 빈곤 완화의 필요성을 강조함으로써 자유주의자들에게, 또 구호 대상 가구들이 공공 재정을 고갈시킨다는 의혹을 제기함으로써 보수주의자들에게 모두 손을 뻗쳤다. 그러면서 가난한 사람들이 자식을 낳는 주된 동기는 더 큰 금액의 구호나 복지 수표를 받는 것이라는, 이제는 친숙한 비난에 호소하기까지 했다.

언론 사설란은 노플란트가 산아제한이라는 무대에 오른 것을 떠들썩하게 보도했다.《워싱턴 포스트》의 한 논평가는 "새로운 피임제가 자유와 책임을 증진시키다New Contraceptive Advances Freedom, Responsibility"라고 선언했다.《필라델피아 인콰이어러Philadelphia Inquirer》는 노플란트가 아프리카계 미국인의 빈곤 완화에 특히 적합하다고 지체 없이 밝혔다. 거의 한결같이 흑인으로 코드화됐던 '복지 여왕'에 대한 비방이 다시 눈에 띄게 활성화한 시기에 이런 사설이 등장한 건 우연의 일치가 아니었다. 식품의약품청 승인 하루 만에《필라델피아 인콰이어러》가 던진 질문은 이러했다. "빈곤과 노플란트: 피임이 하층민을 줄일 수 있을까?Poverty and Norplant: Can Contraception Reduce the Underclass?" 편집진은 "이 새롭고 안전하며 장기적인 피임제 사용에 동의하는" 여성에게는 "인종을 불문하고 더 많은 혜택을 줘야 한다"고 주장했다. 하지만 그 기사는 시종일관 미국 내 흑인 아동의 50퍼센트 가까이가 가난에 허덕이며 살고 있다는 연구자들의 보고에 집중했다. "가난에 시달리는 흑인 아동이 더 많은 주된 까닭은 자식을 부양할 능력이 가장 부족한 자들이 자식을 제일 많이 낳고 있기 때문이다.” 편집진은 자신들의 관심은 돈을 절약하는 게 아니라 아이들을 구하는 데에 있다고 우겼다.[58]

반면, 캔자스주 하원의원 케리 패트릭Kerry Patrick은 돈을 절약하는 데 관심이 있다는 걸 아주 솔직하게 드러냈다. 1991년 초 달린 존슨이 캘리포니아주에서 형을 선고받은 지 불과 몇 주 뒤, 패트릭은 생어의 단종수술 ‘연금 지급 계획’과 이데올로기적으로 일맥상통하는 법안을 발의했다. 복지 수급 여성에게 (이미 캔자스주에서는 유자녀가정지원 수급자들에게 무료로 제공되는) 노플란트 삽입을 5년간 하는 대가로 500달러를 지급하고, 이에 더해 추적 검사의 대가로 연간 50달러를 추가 지급한다는 것이 그 내용이었다. 조기 제거를 선택한 여성은 받은 돈의 일부를 “반납해야” 한다.[59] 자칭 “임신 중지 권리에 반대하는 공화당원 장로교인”이라는 패트릭은 자신의 논리를 다음과 같이 설명했다.

어떤 쿠키 제조업체는 여러분이 그 업체의 특정 초콜릿칩 쿠키를 구매할 경우 25센트 할인 혜택을 제공합니다. 여러분이 그 제품을 사 먹도록 일종의 인센티브를 쓰는 것입니다. 그러면 여러분이 반응할 만큼의 액수를 제시해야겠지요.[60]

패트릭은 자신의 법안대로라면 아동 1명이 출생해 성인이 될 때까지 주 정부가 지출할 복지 비용인 20만 5000달러를 아

끌 수 있다고 주장했다. 미국시민자유연맹의 딕 커텐바흐Dick
Kurtenbach가 지적했듯, "국가는 특정 계층의 여성이 자식을 낳지 않
기를 바랄 것"이라는 게 그 법안의 메시지였다.[61]

불과 그 몇 주 전 전미여성기구 법률소송및교육지원기금
NOW Legal Defense and Education Fund[현 리걸모멘텀Legal Momentum]* 책임자가 브
로드먼의 선고를 맹비난했던 반면, 전미여성기구와 캔자스주 플
랜드패런트후드는 패트릭의 법안에 "약간의 장점"이 있다고 보
았다. 전미여성기구 위치토 지부장인 콜린 켈리 존스턴Colleen Kelly
Johnston은 똑똑히 말했다. "만약 노플란트 삽입이 자발적이며 주
정부가 비용을 내는 것이라면, 심각한 문제는 없는 것 같습니다.
…… 하지만 노플란트가 단지 복지 수급 여성에게만이 아니라 빈
곤 여성에게까지 확대되는 편이 더 좋을 것 같습니다."[62] 존스턴
의 발언은 생식 테크놀로지에 대한 자유주의의 전통적 시각, 그
리고 자유주의가 말하는 '자유 선택' 교리의 한계를 전형적으로
보여줬다. 합리적 자유 선택에 대한 자유주의적 강조는 심리적,
경제적 형태의 강압을 분석 요인으로 포함하지 않으며, 그 결과
"사람들이 가난하기 때문에 또는 어쩔 수 없어서 한 '선택들'—개
인들이 강요당한다고 느낄 수 있는 선택들—을 자유주의자들은
자유롭게 취해진 것으로 보는 경향이 있다"라고 바버라 카츠 로
스먼Barbara Katz Rothman은 썼다.[63] 자유주의는 자유 선택의 상대적 성

---

* 1970년 미국 최초로 여성을 위해 만들어진 법률소송단체로, 베티 프리단이 공동
창립자였다. 소송 및 교육 활동 등을 통해 성차별 철폐와 젠더 평등을 이루는 것을 목표
로 한다.

격에 대해서는 아무런 단서도 달지 않는다.

패트릭의 법안은 부결됐지만, 1992년 초까지 복지 수급 여성에게 노플란트를 의무화하려는 유사한 법안—총 20개—이 13개 주 의회에서 발의됐다. 텍사스주 하원에서는 노플란트 삽입 수락 대가로 총 500달러(삽입을 받은 데 대해 300달러, 제거를 하지 않는 데 대해 추가로 200달러)를 여성에게 지급하는 예산 수정안이 고려됐다. 루이지애나주에서는 주지사에 출마한 전직 '대마법사 grand wizard'[KKK의 지도자를 일컫는다] 데이비드 듀크David Duke가 노플란트를 삽입한 복지 수급 여성에게 연간 100달러의 특별수당을 제공하는 법안을 발의했다. 위원회에서 무산된 이 법안에 대해 듀크는 "사랑의 매"라고 표현했다. 1994년 코네티컷주 의회 의원들은 유자녀가정지원 수급자가 노플란트 삽입을 할 경우 700달러, 그리고 추가로 연간 200달러를 지급할 것을 제안했다. 바로 그해 플로리다주에서 발의된 한 법안은 노플란트 등의 피임을 하는 빈곤선 125퍼센트 이하의 여성에게 200달러의 특별수당 지급을 제안했다. 남성에게는 400달러기 지급될 예정이었다.[64]

이 법안들은 모두 통과되지 못했지만, 일부는 거의 통과될 뻔했다. 그럼에도 주마다 복지 수급자에 대한 추가 자녀수당을 속속 종료함에 따라, 점점 더 많은 여성이 노플란트 또는 여타 조치를 '자발적으로' 받아들이도록 강요당할 가능성이 있었다. 애리조나주, 네브래스카주, 조지아주, 위스콘신주, 캘리포니아주, 뉴저지주에서 모두 자녀배제정책child exclusion policies[또는 가족상한정책family cap policies]을 통과시켰다. 뉴저지주 가족개발계획은 어머니가 복지수당을 신청한 지 10개월이 넘어 태어난 자녀에 대해서는 수당을 주지 않는다.[65] 캘리포니아주의 자녀 배제 방침은 피임 실패로 태어난 자녀에 대해서만 [해당 방침 적용을] 면제해주는데, 문제의 피임이 노플란트, 자궁내피임기구, 아니면 단종수술—모두 장기적, 반영구적이며 의사가 주도한다—인 경우에만 해당된다.[66]

테레지아 디제너Theresia Degener는《생식 유전공학의 쟁점들 Issues in Reproductive and Genetic Engineering》에서 이렇게 논평했다. "신우생학적 인구 조절 정책은 국가의 강제적 개입이 아니라 아래로부터의 **자발적 우생학**에 점점 더 많이 의지한다. 이제 초점은 고유한 경제사회적 이해관계를 지닌, 주권자적이며 스스로를 책임지는 개인에게 맞춰져 있다."[67] 연방 정부가 수급권을 부여하는 것에서 주 정부가 연방 정부로부터 포괄 보조금을 받아 운영하는 것으로 복지의 방식이 옮겨가고, 또 유자녀가정지원이 빈곤가정 **한시**지원으로 바뀜에 따라, 생식력에 관한 명시적인 정부 지침 혹은 최후통첩은 더는 필요치 않을 것이다. 여성들은 노플란트를 '선택하는' 것 말고는 의지할 곳이 거의 없기 때문이다.

노플란트와 청소년 병리화

식품의약품청이 노플란트에 청신호를 보내기도 전, 어번인스티튜트Urban Institute의 선임 연구원 이저벨 소힐Isabel Sawhill은 모든

여자아이가 사춘기에 접어들자마자 노플란트 삽입을 받아들이
도록 권장해야 한다고 제안했다. 2년 뒤 볼티모어에서는 노플란
트협력단이 시 보건국장에 의해 꾸려졌다. 개업의, 공중 보건 관
리자, 병원 및 민간 재단의 대표들이 "특히 시 당국이 접근하기
힘든 13~18세 여자아이들에게" 노플란트 보급을 촉진하기 위해
모였고, 그다음 달 (임신했거나 이미 자녀를 낳은 여자아이들이 다니는)
파퀸중고등학교 내 클리닉에서 노플란트를 배포하기 시작했다.
1994년에는 다른 시립학교 2곳도 그 뒤를 따랐다.[68]

언론에서는 대체로 볼티모어 계획을 여자아이들의 삶의 기
회를 향상시킬 방안으로 보도했다. 유일한 걸림돌은 노플란트가
'성적 문란'을 조장할 가능성이 있다는 주장이었다. 볼티모어 정
책의 진짜 문제점은 거의 무시됐다. 건강상의 우려도, 청소년 중
특히 저소득층 및 유색인을 겨냥한 암묵적 비방도 중요 쟁점으
로 다뤄진 적이 없었다.[69]

식품의약품청이 승인했다고 해서 노플란트가 실험 단계를
마쳤다는 뜻은 아니다. 특히 젊은 여성에게는 더더욱 말이다. 노
플란트는 청소년을 대상으로 실험을 한 적이 없었지만, 십 대 임
신을 둘러싼 히스테리 때문에 이 사실은 하찮은 것이 돼버렸다.[70]
노플란트에는 데포-프로베라와 동일한 호르몬이 함유돼 있다.
전미여성보건네트워크가 인용한 세 가지 연구(세계보건기구가 발
표한 연구 포함)에 따르면, 수년간 데포-프로베라를 사용한 젊은
여성들 사이에 유방암 발병 위험이 증가했다. 텍사스주의 한 연
구에 따르면, 노플란트를 삽입한 젊은 여성들은 흔히 콘돔 사용

을 중단했다. 볼티모어 노플란트 프로그램이 시작됐을 때 메릴랜드주가 전국적으로 에이즈 발병률이 가장 높은 곳 중 하나였음을 고려하면, 노플란트협력단은 이러한 연구 결과를 엄중하게 살폈어야만 했다. 학교 내 클리닉들이 노플란트 제거를 보장하지 않는다는 사실도 폭로되어 충격을 주었다. 볼티모어 내 학교 최소 1곳에서 사용된 동의서 양식에는 여자아이들이 노플란트를 제거하려면 병원이나 다른 클리닉에 가야 할 수도 있다고 명시돼 있었다.[71]

그럼에도 언론은 볼티모어에서 이뤄지고 있는 "십 대 임신을 향한 대담한 공격"을 치켜세웠다.[72] 대중과 언론의 통념은 오랫동안 십 대 임신율의 지속적 증가가 "빈곤의 악순환을 끊지" 못하게 막는 걸림돌이라고 상정하면서, 추정컨대 '아니오, 싫어요'라고 말하지 못한 여자아이들에게 경제적 불평등에 대한 책임을 전가했다. 사실을 말하자면 성인**과 십 대**의 출산은 모두 지난 50년간 동일한 추세를 보여, 1960년 이래로 꾸준히 **감소해왔다.**[73] 1999년 미 국립보건통계센터는 모든 인종 집단에서 15~17세 인구의 출생률이 40년 만에 최저치를 기록했다고 보고했다.[74] 마이크 메일스Mike Males가 《희생양 세대Scapegoat Generation》에서 썼듯, "십 대의 요동치는 생물학적 요소들이 무모한 십 대의 운명을 결정한다는 견해는 분명 대중매체 및 정치권에 논평을 제공하는 사회 및 보건 과학자들의 주류적 시각으로 남아 있다". 그런 수사에서 '십 대'란 흔히 '소수집단' 그리고/또는 '저소득층 집단' 대신 쓰는 말이라는 점을 메일스는 상기시킨다.[75] 아돌프 리드와 마찬가지로 메일스는 자유주의의 입장 그리고 빈곤층 및 저소득층 여성의 출산은 '열생학적'이라는 찰스 머리의 주장 사이에 강한 유사성이 있음을 포착한다.

오늘날 십 대 모성이라는 말은 저소득층 모성이라는 말 대신 통용된다. 이러한 십 대 모성에 극단적으로 불리한 점이 있다고 말하는 자유주의자들은 머리와 같은 주장을 하고 있지만 머리 만큼 솔직하지는 않다. 부모가 가난한 경우에는 출산하기에 적합한 연령도 건강한 연령도 없으며, 출산으로 '사회비용'이 발생하지 않는 연령이라는 것 자체가 없다.[76]

파퀸중고등학교 교장 로제타 스티스는 한 기자에게, 자신의 학생들이 임신이 가져올 영향에 대해서 생각하려 하지 않는 까닭은 그들이 복지제도에 의존하고 있기 때문이라고 말했다. 기사는 또한 노플란트가 "십 대 임신이 생활 방식이 돼버린 도시들에서 하나의 정책 대안으로 시시를 읽고 있다"고 언급했디.[77] 실제 수치를 보먼 이야기는 달라진디. 1996년 복지개혁법[또는 개인책임및근로기회조정법] 이전, 즉 근로 연계 복지 때문에 수급자들이 복지 수급 자격을 박탈당하고 최저임금 이하의 일자리로 밀려나기 전에 나온 의회의 조사들을 살펴보자. 평균적인 십 대 어머니의 경우 비록 임신 전에도 이십 대에 출산한 평균적인 어머니보다 더 가난하긴 했지만, 유자녀가정지원에 의존한 기간은 성인인 어머니보다 고작 1년 더 길었다. 보고 당시 전체 십 대 어머니의 절반은 복지수당을 받지도 못했고, 받은 사람의 40퍼센트가 1년 이내에, 70퍼센트가 4년 이내에 수급자 명단에서 빠져나갔다.[78] 1993년 메릴랜드주 주지사 윌리엄 도널드 셰이퍼_{William Donald Schaefer}는 '자꾸만 올라가는' 복지 비용을 억제하기 위해 노플란트를 의무화하자는 시정연설을 했지만, 사실 50개 주 및 워싱턴 D.C. 전체에선 복지 비용이 클수록 십 대 싱글맘 비율이 높아지는 게 아니라 오히려 낮아지는 경향을 보였다.[79]

이런 이야기를 하는 목적은 여자아이들이 피임에 접근해선 안 된다거나(볼티모어의 학교들은 노플란트 프로그램 시행 2년 전부터 피임제를 배포해왔었다) 그들에게 임신을 미루도록 권장해선 안 된다고 말하기 위함이 아니다. 그럼에도 여자아이들이 위험하다고 알려진—또한 그 연령대의 집단을 대상으로 연구되지도 않은—방법을 받아들이도록 유도하는 정책을 쓰면서, 그들의 복지 수급 지위에 명시적으로 초점을 맞추고, 또 그와 똑같이 그들의 인종에 극도로 암묵적인 방식으로 집중하는 정책이란 대단히 의심스러운 것이다. 볼티모어의 여자아이들은 이를 예리하게 인식하고 있었던 듯하다. 1994년 봄까지 파퀸중고등학교의 여학생 700명 중 36명만이 노플란트를 삽입했다. 노플란트 이용이 가능했던 다른 시립학교 2곳에서는 추가로 총 2명의 학생이 시술을 받았다.

오클라호마대 보건과학센터 소아과의 로버트 힐_{Robert Hill}과 J. 데니스 포텐베리_{J. Dennis Fortenberry}는 청소년기를 "그 시기에 일어날 수 있는 문제들로 규정되는 발달기"로 구성해내는 것을 비판했다. 힐과 포텐베리는 청소년기를 "본질적으로 병리학적인 상태"
로 보는 관점을 강하게 비판하며 이렇게 쓴다. "청소년기 그 자체
가 이런 광범위한 문제들을 일으키는, 피해갈 수 없는 '위험' 요
인으로 여겨진다. 마치 이런 문제들의 근원이 개인의 생물학적
요소, 성격, 문화적 선호, 정치적 편의주의, 사회적 대책 부재의
복합적 상호작용에서 비롯된 게 아니라 청소년들에게 선천적으
로 내재돼 있다는 양 말이다."[80]

과학이 미국의 청소년을 청소년 그 자신의 기능장애로부터
구해낼 것이라는 발상은 노플란트 관련 지침들을 뛰어넘어서까
지 통용된다. 1999년 주류담배화기단속국은 어느 '위험성평가
사'와 합작 투자에 착수해, 모자이크-2000의 시범 사용을 실시
했다. 학교 관리자들을 위해 설계된 이 컴퓨터 프로그램은 '문제
있는' 학생들을 평가하고 그들의 폭력 가능성에 대해 1부터 10까
지 등급을 매겼다. 미국시민자유연맹은 모자이크-2000을 일종
의 "기술적 반창고"라고 비꼬았다.[81]

테크노픽스는 점점 더 임호회된 방식으로 활용됐고, 자유주
의자들에게 더욱 강력한 호소력을 발휘했다. 자유주의자들은 의
식적이든 아니든 보수주의자들과 합세해 인종, 계급, 젠더(청소
년 여부 및 장애 유무에 의해 더 강화됨)를 우생학 프로젝트의 주요 결
정 요인으로 확립했다. 새로운 테크놀로지는 공공 정책 분야의
'혁신'과 손을 맞잡고 오랫동안 지속되어온 양상을 다시 한번 각
인시켰다. 여성 및 여자아이들이 먼저 하나 이상의 특정 인구통

계학적 집단의 구성원이라는 이유로 병리화된 다음, 의학적으로 위험하고 헌법에 비춰 의심스러운 '치료법'을 받아들이도록 압박을 당하는 일이 바로 그것이다. 노플란트와 데포-프로베라는 주의회가 의무화하고 개별 의사들이 시행하며 사법부가 복지 '개혁'에 필수적인 관행으로 지지했던, 우생 단종수술의 유구한 역사에 딱 들어맞는다. 유일하게 달라진 것은 언어 표현이었다. **인종**이나 **계급**을 입에 올리길 꺼리는 정책 입안자들은 이제 **복지 수급 지위**와 **십 대 임신**을 들먹인다. '정신박약자'와 '부적자'에 대한 **우생** 단종수술은 장애인 여성의 생식력을 단속하기 위한 **유전** 논리로 진화했다.

최초의 단종법이 통과된 이래로 '정신박약자'에 대한 우생학자들의 맹공격이 불러올 파장에 대한 경고가 이어졌다. 우생학 반대자들은 여성 및 유색인이 '정신박약자'로 잘못 지정되는 일이 빈번하다는 걸 지적하고, 장애인에 대한 강제 단종수술을 지지하게 되면 모욕을 당하는 여타의 집단들 사이에 [단종수술] 후보자군이 점점 더 확산될 것이라고 경고했다. 역설적이게도, 신체장애 및 발달장애 여성은 역사적으로 우생학적 공격을 가장 받기 쉬운 집단 중 하나였지만, 이들의 위태로운 위치는 비장애인이지만 다른 측면으로 주변화된 개인 및 집단의 권리에 경종을 울리는 역할 외에 그 이상의 다른 의미로 여겨진 적이 거의 없었다.[1]

로버트 블랭크는 "우생학적 논리를 엄격히 따르는 경우는 더는 거의 없지만 …… 동의 없는 단종수술에 대한 유전적 근거를 옹호하는 일부 사람들은 여전히 존재한다”고 지적한다.[2] ‘우생학’ 대신 ‘유전’이라는 말을 사용함으로써, 장애 여성의 생식력을 감시 감독해 장애아의 출생을 막는 것이 꼭 필요하다는 가정하에 의사, 정책 입안자, 논평가들 사이에서 지속적인 합의가 확보됐다.

장애인에 대한 명예훼손은 애초부터 우생학적 수사의 단골 메뉴였고, 장애인을 없애는 것은 거의 모든 우생학적 법률 제정의 명시적 목표였다. 그런데 최근 여성의 출산 결정을 침해한 다른 사례들에서도 그렇듯, 이 쟁점도 비용 지출과 “자녀의 이익을 최우선으로 한다”라는 말들로 표현돼왔다. 노플란트 출시 직후, 《로스앤젤레스타임스》의 한 칼럼니스트는 다음과 같이 썼다.

노플란트는 모든 사회적 병폐 중 가장 비용이 많이 드는 것, 즉 부모가 원한 적이 없는, 그러면서 때로는 장애가 있는 아동 수천 명이 그들을 돌볼 능력이 없는 부모에게서 태어나는 것을 어느 정도까지는 줄일 수 있는 가능성을 제공한다.
지난 10년간 캘리포니아주는 이런 아이들로 구성된 부대를 떠안았다. 이 아이들이 어떻게 양육될지는 아무도 모른다. 임신 중 코카인을 남용한 어머니에게서 태어난 선천성 기형아의 경우 ‘양육’이란 개념이 적용되는지조차 아무도 알 수 없다.[3]

20세기 초 우생학 논문들에서 그랬듯, 가장 큰 위험에 직면한 사람들이 가장 큰 위협으로, 모든 ‘사회적 병폐’ 중 가장 엄중

한 것으로 구성된다. 가장 강하고 가장 안전하며 위험과 가장 거리가 먼 사람들을 파괴할 태세를 갖춘 어떤 '부대, 군대army'로 형상화되는 것이다. 변호사이자 유전학자인 마저리 쇼Margery Shaw는 심지어 《로스앤젤레스타임스》보다 더 나아갔다. 산전 검사에서 태아에게 "심각한 기형 혹은 정신적 결함"이 감지됐음에도 임신을 유지하기로 결정하는 여성, 그리고 "알면서도 의도적으로 유해한 유전자를 물려주는" 부모는 자식에게 책임을 져야 한다는 것이다. 그런 부모는 사회와 다른 가족 구성원들에게 추가적인 부담을 지우고, 자식에게 고통을 안겨준다고 쇼는 설명했다. "천연두, 소아마비, 홍역이 사실상 근절된 것처럼 근이영양증, 테이·삭스병, 낭성섬유증, 낫적혈구빈혈을 완전히 몰아내겠다는 결단을 사회는 해야 한다."[4] 그런데 천연두, 소아마비, 홍역은 강제 임신 중지 혹은 산아제한 의무화 캠페인들이 아니라 백신으로 억제된 것이다. 더욱이 테이·삭스병이나 낫적혈구빈혈과는 달리, [천연두, 소아마비, 홍역으로] 특정 에스닉 집단이나 인종 집단이 가장 심하게 타격을 입지도 않았다.

임신 중지 권리는 어떤 상황에서두 절대적으로 보장돼야 한다. 동시에 루스 허버드Ruth Hubbard가 말했듯 "여성은 …… 자녀가 만족스럽게 살아갈 수 있도록 사회가 최선을 다할 것이라는 확신 속에서 …… 임신을 종료하지 않을 권리—그리고 그 이상으로 기회—를 …… 보장받아야 한다."[5] 하지만 사회는 그런 의무를 이행하려 하지 않았다. 더욱이 산전 검사를 받는 여성들은 장애아가 이용할 수 있는 지원 서비스나 장애아에게 열려 있는 기회에 대한 정보는 접하지 못하고, 오로지 제약에 관해서만 듣는 것이 일반적이다. 이 여성들에게 조언을 하는 **의료진**은 '불완전한' 자손은 바람직하지 못하다고 상정하는 특정 **의학** 모형을 활용한다. 부모 자신이 장애인이거나 이전부터 장애인 공동체와 관계를 맺은 경우가 아닌 한, 보통은 충분한 지식을 바탕으로 선택을 내리는 데 필요한 모든 정보를 가지고 있지 못하다. 여성들을 더욱 단념하게 만드는 것은, 현재로서는 장애 가능성이 높은 임신을 말기까지 지속하기로 결정할 경우 여성과 여성의 의사가 징벌적인 법적 조치를 받을 수 있다는 점이다. 리사 블럼버그^{Lisa Blumberg}가 쓰길, '현재 살아 있는 어떤 사람이 이 곳에 존재해선 안 된다'는 주장을 바탕으로 한 '잘못된 출생' 및 '잘못된 삶' 소송은 '건강한' 자녀와 관련된 문제에서는 금지됐다. 그런 소송이 '건강한' 자녀들의 자존감에 해를 끼칠 것을 법원이 우려했기 때문이다. "그런데 판사들은 자녀에게 '결함이 있는' 경우는 다른 문제라고 판결했다." 잘못된 출생 및 잘못된 삶 소송 사건들을 보면, 의사가 산전 검사를 권하지 않거나 장애아가 태어날 가능성을 부모에게 알리지 않은 경우 손해배상책임이 있다. 양쪽 유형의 소송 사건들 모두 극히 문제가 많지만, 한 가지 중요한 차이점이 있다. 블럼버그는 다음과 같이 설명한다.

잘못된 출생 사건의 경우, 자녀의 출생으로 피해를 입었다고 주장하는 것은 부모다. 반면 잘못된 삶 사건의 경우, 태어나 존재함으로써 자녀 자신{원문 그대로임}[원문은 child himself, 즉 남성형으로 표기돼 있음]이 피해를 입는다는 전제하에 그 자녀를 '위해' 소송이 제기되고 있다. …… 그러므로 잘못된 출생 소송에는 최소한 일정한 논리라도 있지만, 청각장애, 혈우병, 정신지체 등 다양한 장애를 가진 자녀들과 관련된 잘못된 삶 소송은 법원을 터무니없고 철학적인 추측들에 휘말리게 하며, 이는 무시무시한 결과를 초래한다.

블럼버그가 시사하길, 이제껏 잘못된 삶 소송은 모두 의료 서비스 제공자를 상대로 제기됐지만 "그런 소송에 장애가 있느니 차라리 존재하지 않는 게 더 낫다는 전제가 있다는 것을 고려하면", 법원이 지정한 후견인이 임신 중지를 거부한 여성 혹은 산전 검사를 거절한 부모를 고소할 수도 있다는 점은 충분히 예측 가능하다.[6]

사회는 장애인이 태어나지 않는다는 점을 확실히 하고 싶어 하면서도, 사람들이 장애를 입지 않도록 예방하는 조치를 취하는 것은 꺼린다고 블럼버그는 쓴다. "왜 우리는 초음파 검사에는 다들 그렇게나 많은 돈을 쓰면서, 영유아 및 수유부를 위한 영양 프로그램에는 그토록 지원을 하지 않는 것일까?" 블럼버그는 낭성섬유증 유전자 검사에 기꺼이 재정을 지원하는 것, 그리고 현재 낭성섬유증을 앓고 있는 사람들이 현존하는 새 치료법들에 접근하지 못하게 막는 것, 정부의 이 두 가지 상반된 태도를 대비시킨다.[7] 빈곤, 영양실조, 저체중 출생, 환경 인종주의, 독성 물질에 대한 노출에 관심을 쏟는다면, 장애인을 우생학적 치료의 표적으로 삼지 않아도 장애율을 낮추는 데 큰 효과가 있을 것이다. 하지만 역사적으로 이런 조치들은 기술적 미봉책들만큼 매력적이진 않았다.

임신 후 및 산전 개입이 중심적 위치를 갖게 된 것은 비교적 최근 현상이다. 20세기 대부분은 실제 혹은 상상된 장애인들 사이에 임신을 아예 막는 데 초점이 맞춰졌다. 20세기 초 우생학 법령은 발달 지연자, 정신 질환자, 간질 환자, 신체장애인을 표적으로 삼았다. 1912년 국제우생학대회에서 제안된 '연방차원의실험적법률안'은 모든 연방 병원 '수용자', 그중에서도 "결함이 있는 이민자 및 유전적 결함이 있는 이민자"에 대한 단종수술을 촉구했다.[8] 그해 미시간주 보건위원회 위원장은 장애인에게 단종수술을 하겠다는 자신의 의지를 확고히 하며 다음과 같이 선언했다.

주 정부는 정신이 심약한 자, 정신이상자, 알코올의존자, 범죄자의 생식을 허용하지 않을 것이며, 자손을 불구로 만드는 병을 앓고 있는 자들이 부모가 되는 것을 거부할 것이다. 이 금지 조치는 격리, 단종수술, 혹은 둘 다를 통해 시행될 것이다. …… 주 정부는 **사악한** 자들로부터 **선량한** 시민들을 보호할 권리가 있으며, 방금 언급된, 그리고 법에 명시된 계층의 증식이 해악이라는 사실은 아무도 부인할 수 없다.[9]

오랫동안 제한적 이민 캠페인을 활발히 펼쳐온 미국우생학

   3부 | 단종수술과 그 너머: 테크노픽스라는 자유주의적 호소

회는 장애인 개인 혹은 장애인 친족이 있는 개인이 결혼을 원할 경우 단종수술 그리고/또는 보석금 공탁을 의무화하는 법률 제정을 위해 적극적으로 로비했다.[10] 생어의 《산아제한 평론》은 이런 유형의 사고를 위한 하나의 플랫폼을 제공했다. 1925년 6월호에는 표제에서 알 수 있듯 "우생학과 산아제한"에 관한 논문들이 게재됐다. 저널을 펼치면 6차 국제신맬서스주의 및 산아제한 대회에서 발표된 P. W. 와이팅P. W. Whiting의 〈선별, 우생학의 유일한 길Selection, the Only Way of Eugenics〉이 그대로 실려 있다. 생물학자이자 유전학자인 와이팅은 '부적자'에 대한 단종수술 **그리고** 격리를 제안하면서, 시종일관 '상황적' 동성애에 대한 우려에 주의를 기울였다.

> 노둔한 이들끼리 모여 사는 공동체가 제안됐다. 가입은 전적으로 자발적으로 이뤄져야 하지만, 모두가 단종수술을 받게 될 것이다. 내가 보기에 성별을 분리할 이유는 없는 것 같다. 실제로 성별 분리는 변태성욕 및 성적 불만족을 불러일으키는 경향이 있다. 농사일 등 적절한 작업이 관리 감독하에 수행돼야 하고, 일단 집단 거주가 시작되면 자급자족할 수 있으며, 심지어 생산적일 수도 있다. 아무도 가입을 강요받거나 한번 가입했다고 계속 머무르도록 강요받지 않을 것이다. …… 노둔한 가족 전체가 다 들어올 수도 있으며, 그때마다 계속 이뤄지는 단종수술은 해당 유형을 제거하기 위한 지속적 선별 과정으로 기능할 것이다. 그자들이 집단 거주지를 떠날 경우 그들은 최소한 인종적으로

는 무해할 것이며, 그들의 자리는 인종적으로 무해해질 가능성이 있는 다른 사람들로 채워질 것이다. 이런 유형의 대단히 광범위한 집단 거주지들을 세우는 데는 전함 몇 척 값이면 충분하다.[11]

와이팅이 '자발적' 가입을 요구할 여유가 있었던 것은 아무리 짧은 기간만 거주한다 하더라도 단종수술을 통해 불임 상태가 될 것이기 때문이었다. 수술을 받은 후 '인종적으로 무해해진 자들'이 그들의 자리를 다른 사람들에게 넘겨줄 것이라는 와이팅의 약속은 캐리 벅이 단종수술을 받음으로써 "그 밖의 사람들을 정신 의료 시설에 수용할" 수 있다는 대법관 홈스의 발언보다 앞선 것이다. 와이팅이 말하는 집단 거주지의 목적은 분명 장애인의 삶의 질을 향상시키는 것이 아니라, 장애인이 유전자군을 '오염시킬' 가능성을 무력화하는 것이었다.

마거릿 생어는 신체적, 정신적 부적자로 간주된 사람들이 단종수술이나 여타 피임법을 자발적으로 이용할 수 있게 하는 일에 그다지 의욕을 보이지 않았다. 앞서 언급했듯 생어는 "정신박약자, 정신이상자, 매독 환자"에 대한 단종수술을 오랫동안 옹호했음에도 그런 방식이 "끊임없이 불어나는 부적자의 흐름"에 대처하기에는 역부족이라고 1919년에 썼다.[12] 몇 년 뒤, 생어는 수술 권장 여부에 대한 독자의 문의에 다음과 같이 답했다.

우리는 강인하고 건강한 자에게는 단종수술이 바람직하지 않

    3부 | 단종수술과 그 너머: 테크노픽스라는 자유주의적 호소

다고 생각합니다. 그들이 4~5년쯤 뒤 마음을 바꿔 자식을 낳으려 할 수도 있으니까요. 하지만 남편이나 아내의 조상에게 정신 이상이나 간질의 흔적이 있는 경우에는 단종수술을 하는 것이 바람직합니다.[13]

1928년 《산아제한 평론》의 한 사설은 미국산아제한연맹이 "부적자에 대한 강제{단종}법을 선호할 터인 그 우생학자들{원문 그대로임}[원문에 'eugenists'로 표기돼 있는데, 이는 'eugenicists'보다 드물게 사용되는 형태다]"에 반대한다는 의사를 표명했지만, 생어 개인적으로는 더 강경한 입장을 취했다.[14] "정신박약이 있는 여성의 악명 높은 다산 능력"을 개탄하며 생어는 《문명의 중심축》에서 이렇게 썼다. "유전적으로 정신박약 유형의, 특히 노둔한 계층의 여자아이나 여성은 가임기 동안 모조리 격리돼야 한다." 생어는 같은 유형의 남성도 똑같이 위험하다고 말을 이었다. 이들은 강제 격리만으로는 충분치 않았다.

한두 세대에 걸쳐 격리를 시행한다 하더라도 우리는 문제를 부분적으로만 통제할 수 있을 것이다. …… 우리는 즉각적 단종수술 정책, 즉 정신박약자들이 부모가 되는 것을 절대적으로 금지하는 정책을 선호한다. 나는 이를 일종의 비상조치라고 말하고 싶다.[15]

엘런 체슬러는 생어가 "장애인들도 존중받아야 한다는 점,

어떤 경우에도 개인의 권리가 최상의 가치로 군림하는 것이 진정한 민주주의 사회라는 점을 고려하지 않았다"라고 인정했다. 그럼에도 체슬러는 생어의 의도는 선하다는 틀을 씌웠다. 체슬러가 설명하길, 생어가 강제 산아제한을 선호한 까닭은 "신체적, 정신적 무능력자, 즉 가족 구성원의 수가 더 줄어들수록 이익이라는 것을 스스로는 이해하지 못하는 자들"을 위해서였다는 것이다.[16] 하지만 이런 면죄부는 '정신적 무능력자'가 충분한 정보를 바탕으로 결정을 내리는 것 이상을 할 수 있는 많은 사람을 포괄하는, 광범위한 명칭이라는 사실을 무시해버린다. 게다가 **신체**장애인은 어떻게든 인지적 손상 또한 갖고 있다는 생어의 가정에 대해서도 어물쩍 넘어가버린다.

해가 갈수록 장애인을 견딜 수 없는 존재로 그리는 일이 집요하게 이어졌고, 개입에 대한 요구는 수그러들지 않고 계속됐다. 루스 허버드는 1942년 《미국 정신의학 저널》에 게재된 한 논문을 소개했다. 그 논문 저자인 정신과의 포스터 케네디Foster Kennedy는 "5세 이하의 정신지체아"를 죽이는 것을 옹호했다.[17] 노벨상을 두 차례나 수상하고, '결함이 있는 유전자'를 찾기 위한 혼전 검사를 촉구한 라이너스 폴링Linus Pauling은 1968년에 이렇게 말했다. "나는 낫적혈구빈혈 유전자든 여타 비슷한 유전자든 본인이 가지고 있다는 것을 드러내 보여주는 어떤 기호를 모든 젊은이가 이마에 문신으로 새겨야 한다고 제안한 바 있다." 폴링이 한 것과 같은 제안들은 질병에 한정된 것이며 주변화된 집단들을 지목하려는 의도는 없다고 핑계를 대더라도 낫적혈구빈혈의

3부 | 단종수술과 그 너머: 테크노픽스라는 자유주의적 호소

비율이 아프리카계 미국인 사이에서 지나치게 높다는 점, 따라서 애초부터 극악무도한 제안에 인종주의가 덧칠해졌다는 점은 부인할 수 없다.[18]

1970년대에 들어 단종수술 남용에 대한 인식이 높아졌지만(미 보건교육복지부 지침, 렐프 자매 상원 청문회, 소송들이 있었다) 장애인 및 장애인의 잠재적 부모에 대한 비자발적 단종수술 지지자들을 단념시키진 못했다. 나치 우생학에 대한 인식이 높아졌음에도 폴링이나 케네디가 문신이나 대량 살상을 촉구하는 것을 저지하지 못했듯 말이다. 노스캐롤라이나주 정신지체아동협회 대 노스캐롤라이나주 North Carolina Association for Retarded Children v. State of North Carolina(1976) 사건에서 노스캐롤라이나주 대법원과 3인으로 구성된 연방 지방법원은 자식을 돌볼 능력이 없거나 혹은 "심각한 신체, 정신, 신경 질환 또는 결함"이 있는 자녀를 낳을 가능성이 있는 것으로 간주되는 개인에 대한 강제 단종수술을 지지했다.[19]

로절린드 페체스키는 강제 단종법이 정신지체에 대한 일련의 그릇된 총체적 가정에 의존한다고 썼다. "정신지체는 대부분의 경우 유전적으로 결정된다, …… 가장 **경미한** 정도의 정신지체자도 '일시적 피임법을 관리할 능력이 없다', …… 그리고 정신지체자가 단종수술을 비롯한 피임 계획을 이해하고 이에 자유의사로 동의할 능력은 무시해도 될 만한 정도이거나 아예 존재하지 않는다"라는 것도 그런 가정에 해당한다.[20] 이 마지막 가정 때문에 많은 발달 지연 여성이 제약 실험에 넘겨졌다. 데포-프로베라는 식품의약품청이 피임제로 승인하기 꼬박 20년 전인 1973년,

테네시주의 한 정신지체자 시설에서 투여되고 있었다. 데포-프로베라가 식품의약품청에서 승인을 다시 거부당한 뒤인 1984년, 식품의약품청 조사위원회의 한 위원은 데포-프로베라가 "**인간 피험자**"에게 안전한지는 입증되지 않았지만 **정신지체 여성**과 **약물의존자**에게는 사용할 수 있다고 제안했다.[21]

　'정신박약자'에 대한 비자발적 단종수술에 헌법상의 승인 도장을 찍어준 벅 대 벨 사건 판결은 한 번도 뒤집힌 적이 없다. 이에 대해 루스 맥클린Ruth Macklin과 윌러드 게일린Willard Gaylin은 노골적인 우생학 논리에서 돌봄 부담, 아동 권리, 그리고 발달장애인의 이익에 대한 우선적 고려를 중심으로 한 논쟁으로 옮겨갔기 때문이라고 설명했다. 그리고 그렇게 생겨난 사건들은 1927년 결정에 직접적으로 이의를 제기하는 방식으로 구성되지 않는다.[22] 그러나 심지어 이런 체제 안에서도 우생학 이데올로기는 전면에 등장한다. 페체스키가 썼듯, 발달장애인의 '이익을 최우선으로 고려하는 것'에 진정으로 관심이 있다면 "성 상담, 몸에 대한 인식, 성 통합 활동, 사생활을 가질 수 있는 침실 및 현재로서는 정신지체자 다수가 접근할 수 없는 다른 많은 기본 여건과 관련된 프로그램에 힘을 쏟을" 필요가 있다.[23] 이런 관점에서 보면, 발달장애인의 상황은 캐리 벅의 시대 이래로 바뀐 것이 거의 없다. 그 장애인이 저소득층이나 빈곤층인 경우, 가뜩이나 재정 지원 삭감으로 여타 피임 선택지가 없어진 상황에서 강제 단종수술을 받거나 또는 경제적으로 명령된 의사 주도 피임법을 사용하게 될 위험성이 여전히 높다. 예컨대 노플란트는 모든 주에서 메디케이드가 적용되지만, 그 밖의 피임법들은 그렇지 않다. '최선의 이익'을 추구하는 자유주의자들을 비롯해 장애인이 자식을 낳지 못하도록 외부에서 강제해야 한다고 주장하는 사람들은 또 다른 계층의 사람들에게도 이렇게 말한다. "국가는 여러분이 자식을 낳지 않기를 바랄 것이다"라고.

19장

퀴나크린, 다가오는 공세

노플란트와 데포-프로베라에 뒤이어 퀴나크린이 재빨리 등장했다. 퀴나크린은 1920년대에 말라리아 치료제로 최초 개발됐으나, 지금은 화학적 단종 수단으로 사용되고 있다.[1] 이 글을 쓰는 현재, 전 세계의 어떤 규제 기관도 퀴나크린을 피임제로 승인한 적이 없다. 그럼에도 인도네시아, 인두, 파키스타, 이집트, 크로아티아, 칠레, 방글라데시, 코스타리카, 이란, 베네수엘라, 베트남에서 여성 수만 명이 모두 퀴나크린 삽입을 받았다. 그중 한 베트남 고무 농장에서는 최소 100명의 여성이 자궁내피임기구 검사를 받는 것이라는 말을 들은 다음 저도 모르게 퀴나크린 삽입을 당했다.[2]

자궁 내 퀴나크린 사용은 1960년대부터 실행 가능한 단종 방법으로 간주돼왔지만, 암 발병 연관성을 밝히기 위한 연구는 이뤄지지 않았다(희귀 자궁암인 평활근육종의 사례가 최소 1건 보고되긴 했다). 영장류에 대한 연구에서는 간과 심혈관계에 영향을 미치는 것으로 나타났다. 퀴나크린에 의해 유발된 손상을 되돌리는 것은 불가능하지는 않더라도 쉽지 않다.[3] 퀴나크린 사용의 잠재적 위험성이 너무 큰 나머지 인구 조절 옹호단체 대다수가 평소의 입장을 버리고 퀴나크린 사용에 반대하고 나설 정도다. 하지만 아직도 이 약물을 옹호하는 사람들이 있다.

댈러스에 기반을 둔 릴런드파이크스재단Leland Fikes Foundation이 인구및안보연구센터Center for Research on Population and Security(노스캐롤라이나주 소재)를 통해 퀴나크린 연구에 재정을 지원했다. 릴런드파이크스재단은 1994년 캘리포니아주의 반이민 행동, 즉 주민투표 발의안 187호를 배후에서 추동했던 미국이민개혁연맹의 후원자 역할을 하기도 했다. 퀴나크린 보급을 촉진한 두 주요 인물인 도널드 콜린스Donald Collins와 샐리 엡스타인Sally Epstein은 미국이민개혁연맹 이사회의 이사들이다.[4] 이처럼 단종을 위한 분투와 반이민 로비가 한 지점에서 만나는 건 우생학적 이데올로기 및 노력의 전형적 모습이다. 이는 우연한 일도, 전례 없는 일도 아니다.

9년간(1939~1948) 플랜드패런트후드 부회장을 맡은 헨리 프랫 페어차일드Henry Pratt Fairchild는 우생학과 인구 조절이 세계 평화에 결정적이라는 마거릿 생어의 신념을 공유했다. 페어차일드는 미국우생학회의 반이민 작업에 대단히 적극적으로 임했으며, 한동안 회장을 맡기도 했다. 《산아제한 평론》 이사회 이사이자 기고자인 가이 어빙 버치Guy Irving Burch도 똑같이 강경하게 반이민을 주장했다. 버치 역시 미국우생학회 소속이었고 사무국장으로 활동했으며, 한동안 미국산아제한연맹을 이끌기도 했다.[5] 1929년 《산아제한 평론》에 〈이민 통제 Immigration Control〉라는 버치의 논문이 게재됐는데, 이 글에서 그는 "만약 국적 기원 조항이 폐지되면 정의와 과학은 패배할 것이며, 이 나라의 제도와 이상을 확립한 개척자 혈통도 이곳을 떠나는 편이 나을 것"이라고 경고했다. 버치의 글은 《산아제한 평론》에 게재됐음에도 불구하고 산아제한에 대해서는 딱 한 번 언급할 뿐이다.

> 이 나라에서 인구 증가의 두 가지 근본 원인은 이민과 자연 발생이다. 산아제한을 하려면 이민도 제한해야 하며, 그 마찬가지도 반대다{원문 그대로임}[원래 'vice versa'가 맞지만, 원문에 'visa versa'라고 표기돼 있다]. 두 가지 유형의 인구 조절을 모두 옹호하는 사람들이라면 정의롭고 합리적인 인구정책을 위한 일에 힘을 모아야 한다.[6]

이런 배경에서 보면 콜린스와 엡스타인이 미국이민개혁연맹 회원이자 퀴나크린 행상인으로서 했던 이중의 역할에는 일관성이 있으며, 그들이 1995년 베이징 4차 유엔세계여성회의의 비영리기구 포럼에 등장한 것이나 1996년 워싱턴 D.C. 페미니스트엑스포에 참석한 것에도 역사적 논리가 존재한다.[7] 퀴나크린을 열심히 팔고 다님으로써 자율성과 자기 결정권이라는 페미니스트들의 목표를 전복하고 여성의 신체적 안녕을 훼손하는데도,

콜린스와 엡스타인은 여성의 옹호자인 양 가장해 활동할 수 있었다. 콜린스와 엡스타인에게 문이 열려 있었던 까닭은 자유주의가 유구한 세월 동안 우생학/인구 조절 정책을 추종하고 추진해왔기 때문이다.

미국 우생학의 역사에서 두드러지는 점은 반동주의적 의제와 개혁주의적 의제가 늘 협력한 것은 아니더라도 공통의 목소리를 냈다는 것이다. 논쟁의 여지는 있지만 그럼에도 많은 경우 자유주의는 보수주의, 그리고 심지어 전면적인 파시즘도 이룰 수 없었던 것을 더 밀고 나아갔다. 여성, 가난한 사람, 인종화된 사람, 장애인에 대해서는 자유주의자와 보수주의자, 양쪽 모두 온정주의적인 자세를 취했다. 구조적 불평등을 해결하는 데 양쪽은 모두 실패했다. 양쪽 모두 미국 국내와 '개발도상국'의 인구 조절 프로젝트를 지원했다. 이런 공동의 대의의 기틀을 만들고 조성한 사람이 바로 자유주의 페미니즘이 가장 소중히 여기는 우상 중 한 명인 마거릿 생어다. 물론 생어 혼자서 한 일은 아니었지만 말이다.

생어가 개혁주의자와 반동주의자 사이에서 가교 역할을 한 것, 우생학자 및 과학적 인종주의자들을 설득하기도, 그들에게 설득당하기도 한 것은 기록으로 남아 있는 부정할 수 없는 사실이다. 그런 노력이 초래한 후유증은 복지, 의료 그리고/또는 형사사법제도에 걸려들어 꼼짝달싹 못하거나 그 내부에서도 주변화된 여성 및 여자아이들에 대한 단종수술 의무화 정책에서 절정에 달했다. 복지 수급 지위 및 비용 지출이라는 말들로 표현되는 계급은 감시 감독을 받을 여성을 선별하는 기준이자 인종주의적 동기를 감춰 명시적 인종주의를 피해가는 위장의 수단으로 건재하다. 표적이 된 여성 및 여자아이들, 그들의 지지자들과 협력자들은 소송, 입법, 대중 교육을 통해 우생학 관행들을 규탄했다. 하지만 주류 페미니스트들은 연방 규정에 반대하거나 강제 단종 수술이라는 쟁점을 임신 중지 권리와 동등한 우선순위로 고려하지 않는 방식으로 대응했다. 실제 혹은 상상된 '위기'(범죄, 복지 비용, 십 대 임신, 인구과잉)의 완화 수단으로 시장에 등장한 새로운 생식 테크놀로지들의 여파 속에서도 이런 입장은 크게 바뀌지 않았다. 자유주의는 미국 국내외에서 노플란트 '인센티브'를 지지함으로써, 자유주의 스스로가 찬양하는 바로 그 자기 결정권을 일부 여성들은 포기하라고 요구한다.

우리는 임신 중지 권리 반대자들에게 빌미를 제공할까봐 두려워 침묵하도록 조종당해선 안 된다. 아소카 밴더러지_{Asoka Bandarage}가 설명했듯 "우익 근본주의자들이 임신 중지 및 여성의 재생산에 관한 자유에 반대하는 것에 비하면, 이런 신맬서스주의적 가속계획이라는 입장은 자유주의적인 것처럼, 여성의 재생산 선택권 및 인권을 위한 페미니즘의 투쟁과 일맥상통하는 것처럼" 보일 수도 있다.[8] 마거릿 생어를—생어의 우생학적 성향이 폭로됐음에도 아랑곳하지 않고—영웅적인 페미니스트로 계속 드높이고 경의를 표하는 것은 바로 이런 논리의 산물이다. 이런 찬사에 대해 따져 묻는 것이 우리가 할 일이다.

작금의 정치적 분위기에서 피임법에 대해 면밀히 조사하거나 피임법 제공자의 동기에 의문을 제기하는 건 위험하게 느껴질 수 있다. 이러한 우려는 중상류층 여성의 건강과 관련된 요구를 우선시하는 경향과 맞물려, 알려진 위험뿐 아니라 알려지지 않은 건강상의 위험이 있음에도 불구하고[경구 임신 중지 약물] RU-486을 강력하게 지원하는 결과를 낳았다.[9] 이와 비슷한 사고방식을 따르자면 노플란트나 데포-프로베라를 수용하는 것이 논리적으로 보일지도 모른다. ([앞서 언급된, 학내에서 마거릿 생어의 포스터를 제거해달라고 요구한] 미네소타대학교 공화당원들은 말할 것도 없이) 미국을우려하는여성들 Concerned Women for America 이나 기독교연합 Christian Coalition 과 같은 우익단체들이 솔직하지 못하게도 약자의 수호자를 자처하며 건강상의 위험 및 우생학 부활의 위협을 지적하고 있기 때문이다.[10] 기독교 우파가 반대하는 것은 뭐든 무조건 지지하려는(혹은 그 반대의) 충동은 이번에는 통하지 않을 것이다. 우리에게는 더 섬세한 대응이 필요하다.

개인의 지나친 부는 사회에 해를 끼치고, 바람직하지 않은 시민적 성향은 유전될 수 있다는 점을 고려할 때, 빈곤을 개선하기 위해 각 사회는 냉철한 무정부주의자 2명과 사회주의자 1명을 소집하여 어떤 사람이 지나친 탐욕을 발달시켜 과도한 부를 축적해 공동체의 평화와 복지를 위협하고 있는지를 판정하도록 한다. 만약 그들이 그렇다고 판정할 경우, 그 사람이 자식을 낳는 것을 방지하기 위해 단종수술을 시행할 수 있다. 단, 어떤 경우에도 무정부주의자와 사회주의자는 자문료로 3달러 이상을 받을 수 없다.

—찰스 A. 보스턴Charles A. Boston,
〈범죄자 및 치우에 대한 단종수술을 허가하는 법률에 반대한다
A Protest against Laws Authorizing the Sterilization of Criminals and Imbeciles〉

내가 아직 연구 초기 단계에 있을 때, 한 친구가 내게 단종법을 조롱한 찰스 A. 보스턴의 글을 건넸다. 그 글은 그 이후로 지금까지도 내 책상 앞에 붙어 있다.[1] 내가 우생학과 관련된 이 나라의 과거, 그다지 희망적이지는 않은 그 이야기 속으로 점점 더 깊이 빠져드는 동안 보스턴의 글은 약간의 희극적인 안도감을 선사했다. 나아가 그 글은 불복종의 역사적 연속성을 일깨워주는 역할도 했다. 그런 도전이 불가피하게도 장기간 지속됐다는 사실은 그 자체로 우생학의 집요함에 대한 하나의 경고다.

미국의 우생학을 20세기 초 전성기에 국한하거나 그 구성요소들에 선형적이고 통제하기 쉬운 역사를 부여하고 싶은 유혹이 이는 것도 사실이다. 하지만 사실 우생학에 대한 기록은 선형적이지도, 다루기 쉽지도 않다. 또 단지 역사적이기만 한 것도 아니며, 지금 이 순간에도 계속되고 있다. 솔직히 말해 우생학이라는 용어가 처음 만들어진 이래로 그것이 걸어온 궤적을 보면 기껏해야 언어 표현이 달라졌을 뿐 패러다임은 그대로다. 장애인의 존재를 '통제된 진화controlled evolution'에 따라 지우고 삭제하고 없애야 하며, 그렇게 할 수 있다는 전제는 크게 달라지지 않았다. 이런 전제에 대해 자유주의자와 보수주의자 사이에는 논쟁이 벌어지기보다는 의견 일치가 이뤄지는 것 같다. '게이 유전자' 연구는 계속되며, 이를 위협하는 것은 '게이 병원균'에 대한 선정적 보도들뿐이다. 19세기 롬브로소의 '생래적 범죄인' 개념은 1999년 존 도너휴John Donohue와 스티븐 레빗Steven Levitt이 주장한 '아직 태어나지 않은 범죄인unborn criminal' 이론에 자리를 내줬다. 이 두 경제학자에 따르면, 1990년대의 범죄 감소는 1973년 로 대 웨이드Roe v. Wade 사건 판결이 거둔 성과다. 이 두 사람은 "[1990년대의 범죄 감소는] 장차 범죄를 저지를 위험이 가장 높은 아이들의 어머니들이 임신 중지를 한 비율이 높아졌기 때문인 것으로 보인다"라고 쓴다. 도너휴와 레빗이 확인한 바에 따르면 이 어머니들이란 십대 엄마, 싱글맘, 그리고 아프리카계 미국인 여성이다.[2]

조지 모스는 인종주의를 "시체 청소부 이데올로기",* 사람 간의 차이를 불변의 것으로 상정하는 "격앙된 국가주의"라고 묘사했다.[3] 우생학 역시 시체 청소부 이데올로기다. 우생학은 인종, 젠더, 섹슈얼리티, 계급에 대한 불안을 이용해먹고 강화하며, 이 범주들을 가져와 국가주의, 백인우월주의, 이성애 중심주의에 봉사하게 한다. 이는 처음 있는 일이 아니라 새로운 용어의 탈을 쓴 채 반복되는 일이다. 우생학의 장황함, 과학 및 과학을 참칭하는 자들에게 부여된 용맹함, 중립성, 구원의 힘은 우생학이 그 스스로 다양한 인구통계학적 표적 집단뿐만 아니라 이질적인 정치철학들로까지 뻗어나갈 수 있게 했다. 그 결과 나다닌 동맹들은 언뜻 보기에는 직관에 어긋나는 것처럼 느껴진다. '사회 부적응자'가 가리키는 것이 광범위하다는 점, 자유주의자와 보수주의자 양쪽에 다 호소력이 있다는 점, 겉보기에는 서로 대립적인 정치

---

* 시체 청소부로 옮긴 'scavenger'는 원래 하이에나나 독수리처럼 썩은 고기나 죽은 동물을 먹고 사는 동물을 뜻한다. 인종주의, 인종차별이 'scavenger ideology'라는 표현은 그것들이 기생적이고 기회주의적이며 부패하거나 취약한 사회적 감정이나 구조에 달라붙어 살아가는 이데올로기라는 의미라고 볼 수 있다.

진영들이 객관적 과학을 끌어온다는 점, 그리고 우생학이 폭넓은 운동 및 이데올로기를 흡수하기도, 지지하기도 하는 역할을 한다는 점 때문에 지금 말하는 동맹 관계들은 종잡을 수 없다는 인상을 풍길 수도 있다. 아닌 게 아니라 바로 이 모호함이야말로 우생학과 그 변형들이 그토록 꺾이지 않고 다시 살아날 수 있었던 이유다. 하지만 여전히 공통된 요소들도 찾아볼 수 있다.

그중 가장 실체적인 것은 개인들이 복수의 캠페인에 참여하면서 역동적이고 유기적인 관계를 맺었으며, 그 관계가 계속 자라고 진화했다는 사실이다. 그들의 노력을 살펴보면 우생학적 맹공격들 간의, 우생학과 여타 운동들 간의 관련성이 고스란히 드러난다. 여키스와 터먼이 제공한 잘못된 아이큐 자료를 마거릿 생어가 활용한 것, 1914년 "특정하게 퇴화한 사람들에 대한 강제 단종수술은 …… 사회적 부적자 계층의 격리 그리고 결함이 있는 생식질 보유자에 대한 이민 통제를 보완하는 우생학적 대리자로 설계됐다"라고 해리 로플린이 선언한 것,[4] F. E. 대니얼이 게이 남성을 거세하고 '인종 개량'을 방해하는 다른 장애물들을 단종시키겠다는 열망을 표명한 것, 캘리포니아주 주민투표발의안 187호의 통과 및 퀴나크린 행상에 미국이민개혁연맹이 모두 관여한 것을 보라. 이 모든 것으로 보아 명백히 알 수 있다. 우생학자들은 자신들의 노력이 서로서로에게 기대고 있음을 잘 알고 있었다는 사실 말이다.

비록 이보다는 덜 명시적일지라도 더 항구적인 것이 있다. 우생학 프로젝트 전부는 아니더라도 대부분이 공유하는 이론적 체계가 바로 그것으로, 국가 정체성에 대한 감시 감독, 이미 경멸 그리고/또는 두려움의 대상이 된 집단을 향한 적대감을 강화하는 은유의 활용, 구조적 불평등에 대한 기술적 해결책에 대한 지지를 예로 들 수 있다. 또한, 두드러지는 정도는 서로 다를지언정 모든 우생학적 노력은 생물학적 우월성을 주장하며 미국에서 정치, 사회 그리고/또는 경제적으로 가장 취약한 집단의 시민권 박탈을 정당화하고 심화했다.

반동적 관행들, 신속한 미봉책을 위해 과학에 의지하는 '진보적' 합리성, 의료적 교리와 사법적/입법적 교리의 통합, 모욕을 당하는 집단의 뚜렷한 가시화와 그들에 대한 백래시를 각각의 캠페인에서 볼 수 있었다. 우생학이 극단적인(그리고 그다지 극단적이지는 않은) 우익의 목표에 쓸모가 있다는 것은 자명하다. 우생학이 경제적 아파르트헤이트부터 짐크로법에 이르기까지 모든 것에 대한 생물학적 정당성을 제공했기 때문이다. 반이민 선동가들은 날조할 수 있는 모든 자료를 동원해 앵글로색슨계 지배의 '종식'을 개탄하고 제한, 배제, 국외 추방을 활성화했다. 한 세기가 훌쩍 넘는 기간 동안 이성애 중심의 의료계가 개입해, 실제 퀴어든 퀴어로 의심받는 사람이든 처벌하고 투옥하고 격리하며 실험 대상으로 이용했다. 과학적 인종주의자들은 여성들의 의사에 반해 그들에게 단종수술을 할 수 있는 권한과 수단을 가졌을 뿐 아니라 국가에 유입되기를 원하지 않는 여성들에게 복지와 의료 서비스를 제공하지 않을 능력과 계급적 적개심까지 가지고 있었다.

포퓰리즘, 개혁, 자유주의 정서 역시 우생학을 추동한 장본인들이었다. 그것들이 진심이든 기만이든 상관없이 말이다. 1920년 워드가 증기선 회사 및 고용주들이 '국외 태생의 하이픈으로 연결된 미국인들'을 데려온다고 지적한 것은 친(토박이)노동자 성향 지지자들을 모으고자 했기 때문이다. 우생학은 노동하는 남성의 수호자를 자처했다. 좀 더 개별화된, 구원자로서의 과학이라는 접근 방식을 보자면, 동성애에 대한 의학적 판단들은 흔히 '고통을 겪고 있는 당사자'를 치료해 정상적인 삶을 가능하게 한다는 인류애에 중점을 뒀다. 최근 그런 '자비로운' 충동이 취하는 모양새는 생물학에 임무를 부여하고 개인의 선택 그리고/또는 부모의 실패에 대한 죄책감을 제거하는 것이다. 마지막으로, 난관결찰술이든 노플란트든 퀴나크린이든, 단종수술은 그 수술을 지지하는 자유주의자들에게 십 대 임신의 종말부터 세계 기아 퇴치에 이르기까지 모든 것을 약속한다.

우생학 프로젝트들은 그것이 징벌을 주장하는 보수주의자들에게서 나왔든 테크노픽스를 주장하는 자유주의자들에게서 나왔든 서로 떼려야 뗄 수 없는 관계를 맺으며 부상한다. 제도화된 인종주의, 외국인 혐오, 계급주의, 동성애 혐오에 실질적으로 이의를 제기하는 대신 생물학 결정론이나 기술적 미봉책을 수용하는 것은—그것이 아무리 자유주의에 들어맞는 것처럼 보일지라도— 그것이 약속한 사회적 구제를 이행하지 못했을 뿐 아니라 정치적 소외 및 신체적 맹공격이라는 위협을 초래했다.

우생학 정책을 구성하는 언어적, 물질적 요소들은 법률, 공공 정책, 의료 담론의 상호작용에 의존했으며, 계속 의존하고 있다. 의료 사법적 복합 관념은 미국에서 우생학을 가능하게 하는데 없어서는 안 될, 변하지 않는 요인이었다. 그것이 가장 주요하게, 또 아마도 가장 명확하게 발현되는 때는 사법적 판결이 (특정 '병든' 유전 계통을 저해하거나 중단시키기 위해) 처벌, 치료, 또는 예방으로서의 의료적 절차(단종수술이나 거세)를 명령하는 경우처럼 국가의 직접 개입이 실행되는 때다. 우생학적, 인종적 호소에 크게 의존한 1917년 및 1924년 이민법과 같은 입법적 명령 또한 이 범주에 속할 터이다. 단종수술을 조건으로 한 집행유예 거래, 경제적으로 강제된 노플란트 수용, 그리고 복지 정책의 생식 테크놀로지 흡수도 마찬가지다.

의료 사법적 복합 관념의 두 번째 전선은 우생학 프로젝트를 국가가 승인하는 경우처럼 살짝 더 절제된 방식으로 그 모습을 드러냈다. [우생학] 관련 연구들이 정부 시설(이민국, 주립 혹은 카운티 병원, 연방 연구 프로그램 등)에 수용되는 것, 그런 시설 및 의료진에 대한 인가가 이뤄지는 것, 연방 정부의 재정 지원(나아가 적법성 부여)이 [우생학] 관련 노력들로 확대되는 것이 이에 해당한다.

마지막으로, 조금 역설적이게도 침묵 또한 사법, 입법, 의료의 통합 및 강화를 집행하는 노릇을 한다. 그토록 많은 것을 규제하고 있는 어떤 사회 내에서 [우생학 관련 노력들에 대한] 정부의 개입, 아니면 최소한 관심이라도 찾아볼 수 없다는 것은 충격적인 동시에 의문스럽다. 인디언보건서비스의 대량 단종수술 정책을 중단시키지(혹은 언급조차) 않는 것이나 '아동기 젠더 비순응'에 대한 치료로 전기충격'요법'을 금지하지 않는 것이 그 두드러진 사례들로, 모두 국가가 인권침해에 공모한 것으로 볼 수 있다.

'유사과학도 정치적 결과를 초래한다'

제한주의적 우생학을 형성한 힘들, 요컨대 인종주의, 외국인 혐오, '순수한' 국가적 정수(라는 구성과 그것에 대한) 추구, 인종과 국적의 합체, 그리고 여타 이데올로기들에 봉사하고 그것들을 흡수하는 우생학의 능력은 여전히 존재하며, 명확하게 알아볼 수 있다.[5] 우생학 논리를 채택할 만큼 동조적이거나 기회주의적인 반이민 우생학자들 및 여타 배외주의자들의 로비 노력을 살펴보면 지난 한 세기 동안 입법 과정에 과학이 얼마나 제멋대로 개입해왔는지를 알 수 있다. 이런 개입은 백인우월주의, 국가주의, 외국인 혐오를 단일화하고 정당화하는 담론을 대줌으로써 그것들을 더욱 끈끈하게 연결하는 데 도움이 됐다. 우생학의 방대한 수치를 분석하는 전문가들은 이민자들이 범죄, 질병, 문맹, 도덕적 타락, 정신이상—모조리 나약한 유전의 징후이며 납세자인 시민들에게 막대한 비용을 발생시킨다고 간주되는—성향을 타고난다는 주장을 확립하기 위한 통계를 생산해내는 방식으로 선동을 자극했다. 우생학 전문가라고 지명된 사람이 의회에 서는 일은 더는 없지만, 로플린과 그 동료들이 활용한 수사적 장치 중 많은 것이 존슨-리드법이 통과된 지 70년이 넘도록 계속 언급되고 있다. 이민자는 악인('범죄 아동'의 출생을 가능하게 한 이민법을 비난하는 로버트 드코시 워드의 장황한 열변부터 '국경 개방은 곧 더 많은 시민 살해'라는 캘리포니아주 이민개혁연합의 선언에 이르기까지), 이민자는 오염시키는 자이면서 오염된 자(1936년 림프절페스트에 대한 비난 세례부터 미등록 이주민이 미국에 질병을 퍼뜨린 주범이라는 앨런 넬슨의 작금의 주장에 이르기까지), 이민자는 재정 고갈의 근원(1차 세계대전 이전부터 유럽이 내부의 '빈민'을 미국으로 보내고 있었다고 주장한 것부터 주민투표발의안 187호 캠페인이 진행된 동안 사실에 어긋나게도 이민자를 납세자의 짐으로 호명한 것에 이르기까지)이라는 수사를 떠올려보라. '국가 자살'에 대한 매디슨 그랜트의 경고는 아직도 그의 동포들의 귓가에 울려퍼지고 있다. 우생학은 이민 제한을 국가적 (자기) 방위라고 말한다.

로플린, 그랜트, 워드, 그리고 존슨이 1차 세계대전에 대한 불안, 인종 간 결합, 볼셰비즘, 노동자 '소요'를 이용했듯 오늘날 반이민 로비스트들 역시 반복지 정서, 범죄와의 전쟁,[6] '인구 폭탄'에 대한 두려움, 그리고 심지어 주류 환경보호주의에 이르기까지 현시대에 정치적으로 민감한 사안들에서 영감을 얻고 그것들을 더욱 키운다. 미국이민개혁연맹이나 이 시대의 파이어니어 펀드 수혜자들이나 우생학자 및 그 동조자들에 대한 뉴스 보도의 어조와 그 밑바탕에 깔린 수사는 [우생학의] 초창기 때와 크게 다르지 않다. 이민 여성은 생식력이 지나치게 왕성하다는 주장의 함의, 그것이 나라에 재정적, 인종적으로 미치는 영향에 관한 히스테리에 가까운 경고들은 계속되며, 이 경고들은 공격을 정치와 무관한 과학적 발견으로 포장함으로써 인종차별 혐의를 피해간다. 현 세태에 대해 생각하면 할수록 저들에게는 로버트 워드의 '미국 인종'이 여전히 궁극의 목표인 것 같다.

이민자에게 비난의 화살을 겨눴을 때 그랬듯 레즈비언, 게이, 바이섹슈얼, 트랜스젠더에 대한 '과학적' 평가는 가치중립적인 것, 심지어 해방적인 것으로 널리 간주됐다(이민자 집단의 경우 우생학적 위협의 손아귀에서 해방되는 것은 [이민자를 제외한] 나머지 국민인 반면, 성소수자 집단의 경우 애초에 그들을 골칫거리로 만든 위험으로부터 해방되는 것은 그들 자신이라는 점이 주된 차이였다). "자연은 주권자로서 그 자신의 기분에 따라 태어날 때부터 특정 여성, 남성 개인에게 동성애 충동을 부여하며, 그럼으로써 그들을 특정한 성적 구속 상태에 놓이게 한다"라는, 1869년 카로이 마리아 케르베니의 확신에 찬 진술은 동성애를 자연스럽지만 비뚤어진 것으로 상정했다. 우리가 굳게 지켜온 것도 바로 이런 시각인 듯하다. 성소수자 공동체의 경우 이는 우리[성소수자]가 우리 스스로를 희생자로 만드는 데 협력하도록 자주 강요당하고 조종당해왔다는 뜻이었다. '오리피스 수술'부터 사이먼 러베이의 부검에 이르기까지, 오직 의학 실험만이—우리의 동성애를 '치료함으로써' 또는 적대적이며 이성애 중심적인 세상을 향해 동성애가 우리 잘못은 아니라고 열심히 설득함으로써—퀴어의 삶을 향상시킬 수 있다는 확신은 연구자들의 방정식에 내포된 피할 수 없는 문화적 편견들을 가려버렸다.

하지만 알고 보니 과학 이론의 객관성에 대한 확고한 믿음에는 큰 대가가 따랐다. 이론가 및 실천가들의 의도가 뭐였든 간에 동성애 의료화에 대한 역사적 기록과 동성애 의료화에 따라 나타난 지속적인 결과는 부정할 수 없다. 동성애에 대한 인과론은 가산적이며, 따라서 동성애 혐오에 정면으로 맞서는 게 아니라 그것을 선동했다. 동성애에 대한 정신과적 진단이 도덕성에 바탕을 둔 지탄을 대신하지 못한 만큼이나, 러베이의 시상하부 가설도 정신과적 진단을 몰아내지 못할 것이다. 지난날의 노력이 그랬듯 기원을 찾으려는 작금은 노력은—개념적으로나 실행에 있어서나—심각한 결함이 있다. 이를 고수하는 일부 동성애자 권리 옹호자는 헤드스타트Head Start 프로그램* 및 적극적 우대 조치를 무효화하기 위해 아이큐 검사를 들먹이는 우파만큼이나 정치적 자포자기 행위를 하고 있다. 에이즈 및 동성애 혐오에 맞서 퀴어 공동체가 가시적이고 전투적이며 조직적인 대응을 보이는 시대에, 동성애에 대한 성급한 유전적 설명은 우발적이거나 우연적으로 나온 것이 아니다. 하지만 생물학 모형이 이미 파탄 났으며 백래시의 기제와 얽혀 있다 하더라도, 사회화 논리로 돌아서는 것 여시 거부해야 한다. 퀴어는 본성 대 양육 패러다임 자체를 완전히 벗어나야 한다.

생물학/환경 이분법의 타당성에 대해 우리는 좀처럼 따져 묻지 않는다. 동성애의 기원을 딱 잘라 분리해야 한다는 책무를

---

* 미 보건복지부가 주관하는 조기 아동교육 프로그램이다. 저소득층의 취학 전 아동을 대상으로 언어 발달, 보건 영양, 사회 정서 관련 포괄적 서비스를 제공해 빈곤의 악순환을 차단하는 것을 목표로 1960년대부터 도입, 운영되고 있다.

추동하는 힘은 무엇인가? 왜 부모의 양육이나 유전이나 혹은 그 둘 다에 책임을 덮어씌우고—그것들이 비난의 대상이 되고 있으므로—싶어 할까? 이는 누구에게 유리하며, 또 그 과정에서 어떤 쟁점들이 가려지고 있는가?

섹슈얼리티가 유전적 또는 진화적 방향에 따라 구성될 때, 동성애는 우생학적 우위 비슷한 것을 부여받는다. 만약 퀴어성이 연구의 초점이라면, 페트리 접시나 슬라이드상에서 보이는 자그마한 결함은 모조리 퀴어성 때문일 수 있다는 것이다. 마찬가지로 [퀴어성이 아닌] 다른 것에 초점을 맞춘 우생학 논문들에서도 인종이나 계급이나 에스니시티에 최고 우위를 부여하면서 그것들이 모든 인간 행동의 생물학적 심판자라고 규정했다.

소크연구소 및 미 국립보건원 실험실들에서 입증된 것처럼 인간 섹슈얼리티는 그 주체가 퀴어인 경우라면 제로섬 방정식으로 축소된다. 연구자들 및 일부 동성애자 권리단체는 인간 섹슈얼리티를 성소수자 공동체 내에서 체화되는 다양한 경험에 따라 복잡다단한 양상을 띠는 것이 아니라 단일한 구성개념으로 취급한다. 실제로 지방법원 단계에서 콜로라도주 수정헌법 제2조 재판을 취재했던 《빌리지 보이스》의 도나 민코위츠는 콜로라도 법률이니셔티브프로젝트의 변호인단이 동성애의 생물학적 불변성에 대한 자신들의 주장이 위태로워질까봐 바이섹슈얼을 언급하는 것조차 꺼리는 듯했다고 보도했다(따라서 사회집단들이 오로지 생물학적 불변성을 바탕으로만 시민권을 요구할 수 있다는 잘못된 주장에 이의를 제기하기는커녕 이를 묵인한 셈이었다).[8] 해머는 자신의 연구에 대해 "과학적으로 건전하고 **정량적이며** 다른 연구자가 재연할 수 있는" 방식으로 성적 지향을 측정해야 했다고 썼다.[9] 그토록 엄밀하며 하나로 통제되는 조직에 자신들의 연구 기반을 두고 있는 과학자들이, 동성애가 무엇인지 정의조차 하지 못하면서 그 동성애를 설명해줄 유전자니 호르몬이니 클러스터를 찾고 있는 것이다. 케이트 본스타인Kate Bornstein은 "지배 문화는 하위문화들을 다루기 쉬운 단위들로 통합하려는 경향이 있다"라고 썼다.[10] 동성애자와 동성애에 대한 과학적, 입법적 판단들은 사람들을 다루기 쉬운 존재로 만드는 일과 전적으로 관련이 있다. 그러므로 우리가 할 일은 가능한 한 제멋대로인 존재, 다루기 힘든 존재로 계속 남는 것이다.

이 책에서 우리는 어떤 발자취를 뒤쫓으며 충격에 빠질 수밖에 없었다. 그 궤적을 따라가다 보면, 그것의 정치적 기원이 무엇이든 모든 우생학적 책략을 경계하라는 경고의 목소리가 생생하게 울려퍼진다. 유구한 세월에 걸친 강제 단종수술 캠페인의 역사기 비로 그것이다. 단종수술 캠페인이 역사는 우파의 과학적 인종주의가 지닌 위험에만 국한되지 않는다. 궁핍을 종식시킬 수단으로서의 기술적/외과적 개입에 자유주의가 충실했던 사실도 포함되는 것이다. 그러므로 예컨대 1970년대 중반 비자발적 단종수술에 맞서 싸우는 단체들의 소송 및 교육운동이 한창 벌어지고 있었을 때, 어째서 전미여성기구 대표자들이 인구제로성장과 힘을 합쳐 캘리포니아주 단종수술 규제에 반대했는지도

설명이 된다.[11] 우생학은 여성, 가난한 사람, 장애인을 향한 적의
와 온정주의를 보이는 국가주의자, 이성애 중심주의자, 백인우
월주의자한테서 주로 지지를 받아왔다는 것을, 책을 마무리하는
이 지점에서 다시 한번 강조하고자 한다. 이들에게 가장 우선적
으로 책임이 있다는 사실을 어물쩍 넘어가지 않으면서도, 자유
주의가 우생학에 굴복하고 그것을 추동한 사실에 대해서도 반드
시 다뤄야 한다.

마거릿 생어에 대한 신격화를 그만두는 것은 좋은 시작점이
될 것이다. 생어에 대한 우상화가 인종이나 계급을 이유로 우생
학에서 버림받은 자로 간주됐던 사람들을 노골적으로 무시해서
이기도 하지만, 생어가 과학이라는 이름으로 인종 및 계급을 악
마화한 활동과 진정하게 해방적이어야 했을 산아제한운동 사이
에 다리를 놓았기 때문이기도 하다. 합의를 이끌어내는 사람으
로서 생어가 한 역할은 부인할 수 없다. 생어는 우생학을 건전하
고 자비심 넘치며 산아제한과 상호 의존적인 것으로 코드화했
고, 이는 자유주의자들의 지지를 받았다. 물론 그 과정에서 언어
표현을 다 고쳤지만 말이다. 생어가 우생학자들의 환심을 사려
고 한 것, 미 보건교육복지부가 초안을 작성한, 단종수술 남용에
대한 보잘 것 없는 보호 조치마저 전미여성기구가 반대한 것, 노
플란트를 하는 대가로 복지 수급을 허락하는 거래에 대해 주류
페미니즘이 이의 제기를 하지 못한 것, 청소년과 장애인에 대한
경멸과 병리화에서 분명하게 드러나는 의견 일치, 인구 조절 전
술들을 플랜드패런트후드가 수용한 것은 모두 자유주의가 보수

주의의 정반대에 서 있는 건 아니라는 단순한 사실을 드러낸다.

자유주의는 개별 신체를 중심으로 경제적 불평등 문제에 접근하는 방식에 몰두한다. 이는 (자유주의는 좌파다, 라는 대중매체의 끈질긴 주장에도 불구하고) 좌파보다는 우파와 더욱 일맥상통하는 전망일 수 있다. 예나 지금이나 자유주의가 우생학에 충실할 수 있는 것은 바로 이런 전망 때문이다. 우생학의 역사는 하나가 다른 하나와 포개지는 전략적 친화성의 역사이며, 이는 이미 정해진 정적인 '좌파', '우파' 개념에 이의를 제기한다. 우생학의 호소력을 산산조각 내려는 모든 프로젝트는 분명 자유주의자와 보수주의자 양쪽 모두에 책임을 물어야 한다.

미국의 우생학을 주의 깊게 살펴본 우리는 이제 발리바르가 국가 정화라고 판단했던 것으로 되돌아왔다. 그것은 국가가 "'가짜의', '외래의', '혼종적인', '세계 시민적인' 요소들을 제거하거나 쫓아내기 전, 우선 그 자신의 품 안에서 따로 분리해"내야 하는 어떤 과정이다.[12] 이런 자기 규제 노력에 덧붙여 우생학은 유전적 우월성과 생물학적 숙명론을 공표했다. 이런 주장들은 이민에 반하고 게이 및 레즈비언 가시화에 반하며 시민권 및 경제 정의에 대한 요구에 반하는 정치문화적 백래시에 완벽하게 들어맞는다. 브라운 대 교육위원회Brown v. Board of Education 사건 판결*이 있은

---

*   미 대법원이 1954년에 내린 기념비적인 결정으로, 당시 백인과 흑인이 같은 공립학교에 다닐 수 없도록 규정한 남부 주 법률을 위헌이라고 판결했다. 이는 1896년 플레시 대 퍼거슨 사건 판결에서 확인된, '분리되지만 평등하다'라는 흑백 분리 원칙을 뒤집

지 불과 30년 만에《종형 곡선》은 알려주고 있다. 아프리카계 미국인은 지적으로 열등한 유전적 경향이 있기 때문에 적극적 우대 조치는 명분을 잃었다고 말이다. 강간 및 신체 폭행을 둘러싼 논의의 사회정치적 책임 의식을 강화하기 위해 페미니즘 이론가 및 활동가들이 25년을 고군분투한(아닌 게 아니라 바로 그 '강간' 및 '신체 폭행'이 널리 통용되는 단어가 되게끔 싸운) 끝에 우리는 목도한다. 언론이 남성의 공격성은 사회적으로 구성되는 게 전혀 아니라 유전적으로 결정되는 것이라고 암시하는 그럴듯한 연구 결과들을 앞다투어 찍어내고 있는 것을 말이다. 이런 일들은 모두 잠재적 탈정치화 효과를 낳는다. 불평등을 자연화하고 저항의 생물학적 무익함을 암시하는, 입증되지 않은 유전적 가설들이 불의를 허물어뜨리려는 시도들을 무력화한다.

최근 우생학의 부활에 대해 확실하고도 실체적인 위협을 가하려면 반드시 해야 할 일이 있다. 여기저기서 튀어나오는 우생학의 온갖 면모들을 나란히 놓고서, 그것들이 서로를 강화하고 있음을 주의 깊게 살피는 일이다. 이 책에서는 이제껏 인종, 젠더, 계급, 장애, 이민 상태 그리고/또는 섹슈얼리티를 근거로 삼아 흔히 별개로 자행된다고 여겨지는 맹공격들이 어떻게 서로 영향을 미치는지 살펴보려고 시도했다. 여기서는 빠졌지만 절실하게 주목해야 할 중대 쟁점들도 있다. 인간 유전체 프로젝트의

은 것이다. 이 판결은 곧 이어질 민권운동의 토대가 되었으며, 제도화된 인종차별을 철폐하는 역사적 흐름의 도화선이 됐다.

유전자 지도 작성, 인간 유전체 다양성 프로젝트가 전 세계 700 개 토착민 집단을 대상으로 벌이고 있는 '유전 탐사', 파나마, 미크로네시아, 솔로몬제도, 뉴기니아, 중국 동부의 사람들을 대상으로 미국 과학자들이 자행하고 있는 유전자 채취, 복제, 특허권 취득, 거세를 하는 대가로 집행유예를 받게 해주는 유죄 협상 제도 시행, 산업계 여성들을 대상으로 단종수술을 받아들이지 않으면 좌천될 것이라는 최후통첩을 날리는 것, 유방암 유전자를 찾으면서도 [유방암을 일으키는 유해 화학물질 등] 환경적 주범에 대한 적절한 대응은 절대적으로 거부하는 것이 바로 그 쟁점들이다. 이 책의 논의에 무엇을 포함할지 결정하는 데는 한 명의 주체로서 내가 가진 입장도 당연히 영향을 미쳤다. 반드시 해결해야 할 과제임을 알고는 있지만 공간과 시간이 부족해 다루지 못한 채 남아 있는 것들이 있다. 그것들에 대해서도 곰곰이 생각하게 되는 이유는 내 정치적 신념 때문이다. 부분적이라도 이 책의 논의에 힘입어 여기서 논의되지 못한 것까지도 조명될 수 있기를 바라본다.

어떤 탈을 쓰고 등장하든 추종자들이 어떤 공약을 내세우든 우생학의 의제는 섬뜩할 정도로 투명하다. 우생학은 '과학적 근거'로 무장한 희생양 만들기를 권하고, 이를 건전한 공공 정책이라 부른다. 폭력적인 현상 유지를 실행 가능한 정치 전략이라며 옹호한다. 이런 속임수를 꿰뚫어보는 데 불가해한 것은 아무것도 없다. 우리가 할 일은 이렇게 자문하는 것뿐이다. "우생학에 영향을 받아 이뤄진 입법 때문에 가장 크게 타격을 입게 될 것은 누구의 몸인가? 이 지형의 물리적, 정치적 결과로 인해 대가를 지불한, 또 앞으로도 계속 지불할 사람들은 누구인가?” 우생학적 실천이 이어진 지 100년이 넘도록 이 물음들에 대한 대답은 변하지 않았다. 그 대답을 무시한다면 우리 스스로 위험을 무릅써야만 할 것이다.

감사의 말은 이 책에서 가장 쓰고 싶었던 부분이다. 하지만 다른 사람들의 인내와 관대함, 노력과 헌신에서 어떻게 자양분을 얻고 영감을 받으며 감격에 겨워 넋이 빠졌었는지 일일이 다 열거하자면 책은 두 배나 두꺼워질 것이다.

집필을 시작하고 끝마칠 수 있었던 데는 나 자신보다 친구들과 가족들의 공이 더 컸다. 그들은 내가 어떻게 요청해야 할지 모를 영역까지도 아낌없이 지원해줬다. 지적으로나 정서적으로나 기술적으로나 우편물을 통해서나 영양상으로도 말이다. 동료들에게 깊은 감사를 표한다. 그들은 이 세상 속에서 자신들의 일을 해나감으로써 내가 내 일을 계속할 수 있도록 지탱해줬다. 토머스 케인 랜드리Thomas Kane Landry, 헨리 세라노Henry Serano, 아일린 오르도버Eileen Ordover, 차나 폴락Chana Pollack, 질 피어스Jill Pierce, 숀 오툴Shawn O'Toole, 레이철 페퍼Rachel Pfeffer, 애니 카스토Annie Kastor, 멜라니 케이/칸트로위츠Melanie Kaye/Kantrowitz, 게일 키엘슨Gail Kielson, 아마르팔 달리왈Amarpal Dhaliwal, 아이리스 가르시아Iris Garcia, 너태샤 밴타 맥덜못Natasha Banta McDermott, 아말리아 카베자스Amalia Cabezas, 하이디 도러Heidi Dorow, 허브 그린Herb Green, 그리고 르네 푸이테뱅René Poitevin 이 바로 그들이다. 아말리아 아보이티즈Amalia Aboitiz와 주디스 로메로Judith Romero가 나를 붙잡아 일으켜 세운 적이 몇 번인지 셀 수도 없다.

레이철 르비츠키Rachel Levitsky, 데이나 그린Dana Greene, 레이철 로젠블룸Rachel Rosenbloom은 선하고 진실한 친구가 돼주었고, 민감한 독자이자 긴급 상황에 필요한 연구자로서 언제든 달려와줬다. 셉 카츠Seb Katz, 프랜시스 '벅스' 둘링Francis 'Bugs' Dooling, 에런 제에브 오르도버 사리Aaron Ze'ev Ordover Sary와 같이 있는 것은 즐거움 그 자체였다.

이들 대부분은 내가 느끼는 분노, 절박함, 모순에 공감했고, 많은 이가 내 농담에 깔깔댔으며, 선택받은 소수는 슬랩스틱 코미디까지 가능했다. 이런 것들이야말로 한 사람이 계속 버티며 앞으로 나아갈 수 있게 해주는 힘이 아닐까.

수년간 격려해주고 지도해주며 이 책을 집필하는 것이 중요한 일임을 지칠 줄 모르고 믿어준 마이클 오미Michael Omi, 캐런 캐플런Caren Kaplan, 에벌린 나카노 글렌Evelyn Nakano Glenn에게 깊은 감사를 전한다. 캘리포니아주북부게이및레즈비언역사학회Gay and Lesbian Historical Society of Northern California[현 게이레즈비언바이섹슈얼트랜스젠더역사학회Gay, Lesbian, Bisexual, Transgender Historical Society, GLBT Historical Society]의 전前 기록물 관리 전문가이자 모든 면에서 **존경스러운** 빌 워커Bill Walker가 있었기에 연구의 상당 부분을 수행할 수 있었다. 바버라 콴Barbara Quan, 카를라 앳킨스Carla Atkins, 앨시아 그래넘-커밍스Althea Grannum-Cummings에게도 감사를 전한다.

조지 립시츠George Lipsitz가 매우 귀중한 논평을 해줬다고 말한다면 엄청나게 절제된 표현일 것이다. 그가 보여준 통찰력에 대해, 그에게는 물론이고 그에게 내 원고를 보내준 미네소타대학교 출판부에도 감사드린다. 내 첫 편집자인 미네소타대학교의 윌리엄 머피William Murphy와 한 번의 통화를 한 뒤 다른 출판사는 고려할 필요도 없어졌다. 리처드 모리슨Richard Morrison, 피터 마틴Pieter Martin과 일을 해나가면서 그 결심은 더 확고해졌다.

부모님 조던 오르도버와 로셸 오르도버에 대한 사랑, 존경, 감사의 마음은 말로 다 표현할 수 없다. 두 분은 두 가지 큰 선물을 주셨다. 온전한 지지, 그리고 그것을 당연하게 여겨도 된다는 사실을 말이다.

2025년 9월,《가디언》은 팟캐스트를 통해 미 이민세관단속국의 추방 시스템이 얼마나 빠르고 은밀하게 운영되는지, 유출된 데이터를 바탕으로 상세히 조명했습니다. 〈'인간을 대상으로 한 아마존 프라임': 트럼프 행정부의 추방 시스템 내부'Like Amazon Prime but with human beings': inside Trump's deportation machine〉*라는 제목이 말해주듯 마치 아마존 프라임 배송처럼 효율적으로 사람들을 처리하려는 추방 시스템 속에서, 개인들은 법적 조언자나 가족에게조차 위치가 알려지지 않은 채 이동 및 추방되고 있었습니다. 이런 추방 체제는 기본적인 법적 보호 장치마저 무력화했고, 여기에 걸려든

---

* 《가디언》 팟캐스트 '투데이인포커스Today in Focus', 2025년 9월 26일. https://www.theguardian.com/news/audio/2025/sep/26/like-amazon-prime-but-with-human-beings-inside-trumps-deportation-machine-podcast

개인들은 외부와 단절된 채 일순간 '사라지는' 현상이 곳곳에서 나타나고 있었지요. 같은 달, 미국 조지아주 현대-LG 배터리 공장 건설 현장에서는 이민세관단속국의 대규모 단속으로 한국인 300명 이상이 체포되어 일시적으로 구금되었습니다. 일을 하기 위해 이국땅을 밟은 그들은 '위험한 범죄자'로 인식되어, 명확한 설명도 듣지 못하고 외부와 단절된 채 열악하고 비위생적인 환경에서 버텨야 했습니다. 아시아인에 대한 조롱과 모욕도 들어야 했지요.* 2025년 10월에는 한국 대구의 한 공장에서 당국의 '불법체류자' 단속 중 베트남 출신 외국인 노동자 뚜안씨가 추락사하는 사건이 발생했습니다.** 같은 해 12월, 서울역 앞에서 열린 세계 이주노동자의 날 기념 전국이주노동자 대회에서 참가자들은 '더 이상 죽이지 마라Don't kill anymore'라고 쓰인 피켓을 들었습니다. 재외국인 수 260만 명, '불법체류자'로 불리는 미등록 이주노동자를 포함한 외국인 이주노동자 수 140만 명을 넘어서는 한국, 그 한복판에서 나온 외침이었지요. 2024년 11월 29일 국가인권위원회가 이주노동자의 사망과 관련해 발표한 보고서에 따르면, 2022년 한 해 사망한 이주노동자 수는 3000명이 넘었습니다.***

---

* Anna J. Park, 〈조지아주 구금 한국인 노동자 수백 명, 이민세관단속국 상대로 소송 제기Hundreds of Korean workers detained in Georgia to file lawsuit against ICE〉, 《코리아타임스》, 2025.11.12.

** 권진영, 〈추락 · 절단 · 끼임…단속 중심 이주민 정책이 만든 지옥도〉, 《뉴스1》, 2025.12.25.

*** 박성우, 〈국내 최초, 이주노동자에 관한 충격적인 보고서〉, 《오마이뉴스》,

그 가을과 겨울을 지나오며 《미국의 우생학》 한국어판 출간 작업은 마무리되었습니다. 그러고 보니 텍스트로 남은 과거와 뉴스로 중계되는 현재, 둘은 닮은 꼴을 한 채 시간의 거리감이 느껴지지 않을 만큼 맞닿아 있었습니다. 이 책은 한국 독자에게 이제껏 널리 알려지지 않았던 미국 역사의 측면을 다루고 있습니다. 뛰어나다·우수하다 우優, 태어나다·생명 생生, 우생. 생명에 우열이 있다는 생각이 '과학적' 개념으로서 처음 등장한 지 약 150년. 나치즘과 파시즘을 지탱하는 하나의 축이 되기도 한 이론. 20세기 인류 최악의 사건인 홀로코스트 이후로 우생학은 유사과학으로서 역사의 뒤안길로 사라졌다는 것이 모두가 알고 있는 사실입니다. 하지만 현시대를 살아가는 우리는 생명에 가치 차이가 있다는 생각에서 얼마만큼 자유로울까요? 이 책은 19세기 말부터 20세기 말까지, 한 세기 동안 미국의 정치·사회 곳곳에 우생학이 남긴 자취를 집요하게 더듬어갑니다. 21세기를 사반세기 지난 지금, 우리는 얼마나 달라진 오늘을 살고 있을까요?

'불법 이민자' 추방 시스템 속에서 연기처럼 사라지는 거주자, '위험한 범죄자'로 몰려 구금되는 노동자, 당국의 단속을 피하기 위해 목숨을 걸어야 하는 '불법체류자'.《가디언》의 팟캐스트는 미국의 추방 시스템 속에서 '사라진' 사람들을 추적해 생생한 육성을 들려줬습니다. 그들은 서남아시아 국가 출신 학생으로서 미 정부를 비판하는 발언을 한 사람이기도 하고, 라틴아메리카

2024.12.3.

국가 출신 성소수자로서 출신국의 박해를 피해 망명 허가를 기다리던 사람이기도 했습니다. 그러나 추방 시스템은 그들을 '불법 이민자'로 싸잡아 명명하고 대대적인 표적몰이를 하고 있었습니다. '불법 이민자'—그러므로 (잠재적) 범죄자—혐의는 백인 (남성) 중심 사회에서 일상적으로 인종 프로파일링을 당하는 라틴아메리카계와 무슬림에게 손쉽게 덧씌워지기도 합니다. 흑인과 아시아계 또한 인종적 전형화에서 예외가 아니지요. 블랙 라이브스 매터를 촉발한 조지 플로이드 사망 사건이나 코로나19 팬데믹 동안 아시아계를 향한 혐오와 린치, 그리고 최근의 '불법 이민자' 추방 시스템에 이르기까지. 인종이나 민족, 종교나 계급은 범죄와 전염병, 국가 안팎의 위협으로 매끄럽게 연결되고, 특정 집단 전체가 공격의 표적이 되었습니다. 트랜스젠더에 대한 법적 인정 철회와 차별 금지 무효화, 장애인의 권리 보호 저하에서 보듯 공격은 표적만 바꿔가며 계속되고 있지요. '국가를 다시 위대하게' 한다는 대의에 따라 이토록 재빠르고 거침없는 표적몰이가 정당화될 때, 우생학의 역사가 그 토양이 되고, 우생학적 사고의 대중화가 그 알리바이가 되어준 것은 아닐까요?

스물다섯 살 유학생 뚜안씨의 죽음은 '국가' 간 정상회담의 성공적 개최를 지원한다는 명목으로 실시된 토끼몰이식 단속의 결과였습니다. 저출산·고령화·지역 소멸이 가속화되고, 외국인 노동자 없이는 지역 경제가 돌아가지 않을 정도라는 오늘날의 한국에서도, '외국인 노동자'의—가난한 나라에서 온 육체노동자라는—전형적 이미지는 크게 바뀌지 않았습니다. 특히 미등록 이주노동자를 가리키는 '불법체류자'는 절대적 척결의 대상으로 호명됩니다. 이들이 애초에 한국사회에서 저임금 및 위험부담 때문에 기피되는 노동을 하고 있고, 그 노동력의 결과물을 한국사회가 취해왔다는 사실은 큰 소리로 이야기하지 않지요. 사회에서 특정한 방식으로 인종화되고 계급화된 집단이 범죄 및 국가 안팎의 위협으로 지목당할 때, 대중화된 우생학적 사고는 또다시 고개를 쳐듭니다. 비용 절감과 책임 회피를 위해 노동을 희생시키는 것, 비정규직·하청·불법 노동의 양산, 노동의 결과물은 계속 취하면서도 그 노동을 하고 있는 사람만 처단하는 것과 같은 사회적 모순은 당장에 개인을 단죄하는 것이 가장 쉬운 해결책이기 때문일까요? 매일같이 들려오는 노동자의 사망 소식에 절망스러우면서도 한 해 3000명이 넘는 죽음 앞에서 덤덤할 수 있는 까닭은 이 사람들이 사회에서 "비실재화"*된 존재이기 때문일 것입니다. 지역사회 내에서 외국인 이주노동자가 분리되어 살아가듯, 성소수자나 장애인도 사회적 삶 속에서 가시화되지 않습니다. '시민의 출근길을 가로막는 장애인 이동권 시위는 불법적'이라는 주장처럼 오직 그들을 향한 공격에서만 가시화될 뿐이지요. 평소 자유롭게 이동하지 못하므로 사회에서 잘 보

---

* 〈이주노동자 사망에 대한 원인 분석 및 지원체계 구축을 위한 연구〉(국가인권위원회, 2024) 보고서에서는 한국사회가 이주노동자를 비실재화하고 있다고 지적했다. "비실재화란 사회가 특정 집단의 구성원을 단순히 무시하는 것을 넘어서, 그 존재를 사회적으로 지워버리고 '실재하지 않는 것'으로 만드는 과정을 의미한다." 앞의 《오마이뉴스》 기사에서 재인용.

이지도 않는 '그들'이, 당장에 '나의' 자유를 침해하므로 비난받아 마땅하다고요. 사회의 현상 유지를 받들어 사회적 책임을 회피하고 이미 소외된 사람들에게 공격의 화살을 돌리는 우생학의 오래된 논리를 우리는 얼마나 깊이 체득하고 있는 걸까요?

그리하여 다시 질문해봅니다. 오늘은 어제와 얼마나 달라졌나요? 그리고 어떻게 달라지기를 우리는 바라나요? 과거를 재방문함으로써 현재를 향해 계속 질문을 품기.《미국의 우생학》이 그럴 수 있게 하는 하나의 텍스트이자 장소가 된다면 기쁠 것입니다. 예컨대, 과학기술 발전과 사회 진보의 관계라는 오래된 물음도 다시 던져볼 수 있겠지요. 첨단 '과학'으로 신봉되었던 연구가 어떻게 사회의 특정 계층, 소수자와 약자를 차별하고 제거하는 데 쓰였는지를 이 책은 생생히 보여줍니다. 오늘날 국가 간이든 국가 내에서든 경제적 부의 격차는 극도로 벌어져 있습니다. 경제난·전쟁·기후위기 등으로 재난과 재해가 일상화된 세계에서 자원과 테크놀로지를 독점하려는 경쟁은 그 끝을 향해 질주하는 중입니다. 이제는 개개인의 생체정보까지도 자원화되고, 이를 바탕으로 한 감시와 통제 체제가 강화될 가능성도 늘 존재합니다. AI기술을 앞세운 빅테크의 독주와 정치적 극우의 부상이 동시에 진행되고 있는 지금, 다시 한번 테크놀로지와 사회의 역학에 주목하지 않을 수 없습니다.

《미국의 우생학》이 한국 독자를 만날 수 있게 된 것은 귀한 협업이 이뤄졌기 때문입니다. 번역자의 질문에 성실히 답변해준 저자 N. 오르도버에게 고마움을 전합니다. 번역자를 믿고 기다려주며 빛나는 프로다움을 보여준 신원제, 이다연 편집자님, 조하늘 디자이너님, 그리고 오월의봄에 감사를 전합니다. 기꺼이 이 책을 집어 든 당신에게, 동료 독자이자 시민으로서 응원과 지지를 보냅니다.

2026년 1월

김현지

한국어판 서문

1   〈UCLA Report Finds Latino Arrests by ICE Have Skyrocketed Under the Trump Administration's Second Term〉, *UCLA Luskin School of Public Affairs*, 28 October 2025. https://luskin.ucla.edu/ucla-report-finds-latino-arrests-by-ice-have-skyrocketed-under-the-trump-adminis (accessed 16 November 2025)

2   Olivia Alafriz, 〈'Poisoning the blood of our country': Trump delivers caustic attack on immigrants〉, *Politico*, 16 December 2023. https://www.politico.com/news/2023/12/16/trump-immigration-attack-00132156 (accessed 16 November 2025)

3   Marin Scotten, 〈"Most extreme white supremacists ever": Project 2025 contributors have a history of racism〉, *Salon*, 31 July 2024. https://www.salon.com/2024/07/31/most-extreme-ever-project-2025-contributors-have-a-history-of/ (accessed 16 November 2025)

4   〈Hearing of the Committee on Health, Education, Labor, and Pensions, Unites States Senate, 119th Congress, First Session on Examining the Nomination of Robert F. Kennedy, Jr. of California to be Secretary of Health and Human Services〉, US Government Publishing Office, 30 January 2025. https://www.congress.gov/event/119th-congress/

senate-event/LC74210/text (accessed 16 November 2025)

5 Louis Jacobson, 〈RFK Jr. exaggerates share of autistic population with severe limitations〉, *PolitiFact*, 21 April 2025. https://www.politifact.com/article/2025/apr/21/rfk-jr-exaggerates-share-of-autistic-population-wi/ (accessed 16 November 2025)

6 Lucy Hodgman, 〈RFK Jr. denies comments on 'ethnically targeted' Covid-19 were anti-Semitic〉, *Politico*, 15 July 2023. https://www.politico.com/news/2023/07/15/rfk-jr-covid-19-ethnically-targeted-00106478 (accessed 16 November 2025)

7 M. Gessen, 〈Autocracy: Rules for Survival〉, *The New York Review of Books*, 10 November 2016. https://www.nybooks.com/online/2016/11/10/trump-election-autocracy-rules-for-survival/ (accessed 16 November 2025)

8 Lauren Kaori Gurley and Hannah Natanson, 〈U.S. visas can be denied for obesity, cancer and diabetes, Rubio says〉, *The Washington Post*, 13 November 2025. https://www.washingtonpost.com/business/2025/11/13/obesity-visa-rules-trump-administration/ (accessed 16 November 2025)

9 Meryl Kornfield, 〈Labor Department social media campaign depicts a White male workforce〉, *The Washington Post*, 7 November 2025. https://www.washingtonpost.com/politics/2025/11/07/labor-white-male-images-social-media/ (accessed 16 November 2025)

10 일부 논평가들은 Homeland와 Heritage의 대문자 'HH'가 '하일 히틀러Heil Hitler'를 뜻하며, 이것이 신나치주의 지원자를 모집하거나 최소한 그들에게 우호적임을 알리기 위한 것이라고 지적합니다. Andrew Lapin, 〈Homeland Security accused of tweeting antisemitic dog whistles〉, *The Forward*, 14 August 2025. https://forward.com/fast-forward/762568/homeland-security-accused-of-tweeting-antisemitic-dog-whistles/ (accessed 16 November 2025)

11 Francesca Regalado, 〈Immigration Agents Collected U.S. Citizens' DNA at Border Checkpoints〉, *The New York Times*, 24 September 2025. https://www.nytimes.com/2025/09/24/us/us-border-patrol-dna.html?smid=em-share (accessed 16 November 2025)

12 Claire Fahy, 〈'Biometric Exit' Quietly Expands Across U.S. Airports, Unnerving Some〉, *The New York Times*, 26 September 2025. https://

www.nytimes.com/2025/09/26/travel/airports-biometric-exit-
program.html?smid=em-share (accessed 16 November 2025)

13 Christine Chung, 〈Visiting the European Union? Expect to Give Your
Biometric Data〉, *The New York Times*, 13 October 2025. https://www.
nytimes.com/2025/10/13/travel/eu-biometric-border-checks.html
(accessed 16 November 2025)

14 Department of Homeland Security, U.S. Citizenship and Immigration
Services, 〈Collection and Use of Biometrics by U.S. Citizenship and
Immigration Services〉, Notice of proposed rulemaking, 90 FR 49062
Federal Register, Vol. 90, No. 210, 3 November 2025. https://www.
federalregister.gov/documents/2025/11/03/2025-19747/collection-
and-use-of-biometrics-by-us-citizenship-and-immigration-services
(accessed 16 November 2025)

들어가는 말

1 Richard J. Herrnstein and Charles Murray, *The Bell Curve: Intelligence
and Class Structure in American Life*(New York: Free Press, 1994), 360;
New York Times Book Review, 16 October 1994, 3.

2 Dean Hamer and Peter Copeland, *The Science of Desire: The Search
for the Gay Gene and the Biology of Behavior*(New York: Simon &
Schuster, 1994); *New York Times Book Review*, 16 October 1994, 9. 그해
《뉴욕타임스 북 리뷰》와 다른 매체에서 덜 부각된 책은 J. 필리프 러시턴J. Philippe
Rushton의 *Race, Evolution, and Behavior: A Life History Perspective*
(New Brunswick, N.J.: Transaction, 1994)였다. 웨스턴 온타리오대학교
심리학 교수인 러시턴은 자신이 발표한 한 연구 논문에서, HIV[에이즈, 즉
후천면역결핍증의 바이러스] 발병률이 흑인 사이에 지나치게 높은 것은 그
바이러스를 퍼뜨리는 성적 행위가 유전적으로 프로그램화돼 있기 때문이라고
서술했다.(Adam Miller, "Professors of Hate", *Rolling Stone*, 20 October
1994, 110)

3 '과학'을 '뉴스거리'로 다루는 것에 관한 분석으로는 다음을 참조. Joan E.
Bertin and Laurie R. Beck, "Of Headlines and Hypotheses: The Role of
Gender in Popular Press Coverage of Women's Health and Biology" in
Man-Made Medicine: Women's Health, Public Policy, and Reform, ed.

Kary L. Moss(Durham, N.C.: Duke University Press, 1996): "과학 발전을 뉴스감으로 대하는 것은 그 자체로, 그리고 필연적으로 왜곡을 불러온다. 과학은 다양한 상황에서 가설을 공식화하고 검증하고 재연하며, 다른 관련 정보와의 맥락 속에 배치하는 어떤 과정이다."(41) 덧붙이건대 그 '관련 정보'에는 다른 과학 자료뿐만 아니라 정치, 사회, 경제적 맥락에 대한 설명도 포함돼야 한다.

4 내 의도는 미국에서 있었던 우생학운동 각각의 역사를 낱낱이 설명하는 게 아니다. 이제부터 이어지는 글에서 인용할 역사학자, 활동가, 작가들이 이 과거의 많은 부분을 발굴했다. 내 연구는 그들의 연구에 깊이 빚졌고, 바라건대 그들의 연구를 보완하면서도 중요한 지점에서 차이가 있다. 나는 그중에서도 특히 앨런 체이스Allan Chase, 칼 데글러Carl Degler, 트로이 더스터Troy Duster, 샌더 길먼Sander Gilman, 스티븐 제이 굴드Stephen Jay Gould, 데이비드 그린버그David Greenberg, 벳시 하트만Betsy Hartmann, 앤토니아 허낸데즈Antonia Hernández, 루스 허버드 Ruth Hubbard, 조너선 네드 카츠Jonathan Ned Katz, 대니얼 케블스Daniel Kevles, 낸시 라이스 스테판Nancy Leys Stepan, 배리 멜러Barry Mehler, 조지 모스George Mosse, 필립 라일리Philip Reilly, 코니 유리Connie Uri의 노고에 신세를 졌다.

5 Charles Mills, *The Racial Contract*(Ithaca, N.Y.: Cornell University Press), 73.

6 예컨대 심리학자 마크 신더먼Mark Synderman과 정치학자 스탠리 로스먼Stanley Rothman의 연구 결과를 생각해보라. 1984년까지만 해도 이 두 사람이 시행한 설문 조사에서 스스로를 자유주의자로 정체화했던 53퍼센트에 해당하는 응답자가 백인과 아프리카계 미국인 간 아이큐 점수 격차는 부분적으로 유전인자 때문이라고 생각했다.(*Newsweek*, 24 October 1994, 59)

7 George Mosse, *Nationalism and Sexuality: Middle-Class Morality and Sexual Norms in Modern Europe*(Madison: University of Wisconsin Press, 1985), 9.

8 Étienne Balibar, "Racism and Nationalism", Balibar and Immanuel Wallerstein, *Race, Nation, Class: Ambiguous Identities*(New York: Verso, 1991), 60. [한국어판:《인종, 국민, 계급: 모호한 정체성들》, 김상운 옮김, 두번째테제, 2022]

9 같은 글.

10 같은 글, 39.

11 배리 멜러의 "The History of the American Eugenics Society, 1921-1940"(일리노이대학교 어배너-샘페인 박사학위 논문, 1988년)은 우생학자들의 주장을 평가하는 데 극히 귀중한 자료다. 마찬가지로, 스티븐 제이 굴드의 *The Mismeasure of Man*(New York: W.W.Norton, 1981)은 유사과학

그리고 반이민 행위자로서 유사과학의 역사에 대한 논의의 배경을 파악할 수
있는 핵심 텍스트다. [한국어판:《인간에 대한 오해》, 김동광 옮김, 사회평론,
2003]

12 페이지법은 실제로 성매매를 하거나 혹은 한다고 상상되는 아시아인 여성, 계약
노동자, 중범죄자의 입국을 금지했다. 중국인배척법은 중국인 노동자에게 10
년간 이민 금지 조치를 부과했다.

13 Thurman Rice, *Racial Hygiene: A Practical Discussion of Eugenics and
Race Culture*(New York: Macmillan, 1929), xix.

14 Madison Grant, *The Passing of the Great Race*(New York: Charles
Scribner's Sons, 1916), 14.

15 U.S. House Committee on Immigration and Naturalization, *Biological
Aspects of Immigration: Hearings*, 16-7 April 1920, 18.

16 Ward, "Eugenic Immigration: The American Race of the Future and the
Responsibility of the Southern States for Its Formation: The 'Survival of
the Fittest'", *American Breeders Magazine* 4, no. 2(1913): 96-102. 워드가
인종과 국적을 하나로 합치는 대목은 미국에 입국하는 남아시아인 및 남동부
유럽인 이민자 수를 개탄하는, 글 끝부분에 나온다.

17 Madison Grant, *The Passing of the Great Race*, 81. 그랜트는 아마도 미국
우생학 역사상 가장 악명 높은 인종적 인구통계학자일 것이다. 그가 유럽의 인종
분류에 관한 논문을 쓰고, 점점 더 두드러지는 혐오의 대상이 된 두 주체 집단,
즉 유대인 및 아프리카계 미국인에 대한 비교를 자주 반복한 것은 인종주의적
상상 속에서 이질적인 존재들을 하나로 모으는 기술의 전형을 보여준다. 결국
우생학은 본질적으로 비교에 근거를 둔 이데올로기다. 몇 년 뒤, 시카고 지방
검사는 범죄 및 대중문화 "타락"의 원인을 앵글로색슨인이 "조화롭지 못하고
열등한 인종들과 뒤섞였나"는 데서 찾았다. 《우생학 소식》(16, no.3, March
1931: 37)에 실린 다음 책에 대한 서평을 참고. District Attorney Orebaugh,
Crime, Degeneracy, and Immigration.

18 다음에 인용됨. Mehler, "The History of the American Eugenics Society",
216.

19 매캐런-월터법은 일본인에게 이민 할당 인원수 및 귀화의 권리를 부여하긴
했지만 그 규모는 미미한 수준이었고, '비백인' 국가 출생 이민자를 엄격하게
제한했다. 이 법은 주로 좌파 노조 지도자 및 그 밖에도 '전복적'이라고 간주된
사람들을 국외로 추방하고 시민권을 박탈할 수 있는 절차를 완화했다. 그
일환으로 관련 사건들을 법원에서 빼내고, 적법절차에 구속되지 않는 자체
이사회를 수립했다. Sucheng Chan, *Asian Americans: An Interpretive*

History (Boston: Twayne Publishers, 1991), 42; Griffin Farielle, *Red Scare: Memories of an American Inquisition* (New York: Avon Books, 1995), 18-9; Philip S. Foner, *Organized Labor and the Black Worker, 1619-1981* (New York: International Publishers), 285.

20   *New York Times*, 19 October 1994, 78-9.

21   Richard J. Herrnstein and Charles Murray, *The Bell Curve*, 360.

22   같은 책.

23   같은 책, 549, 강조 추가. 하지만 저자들은 중국인 및 일본인 이민자가 우수한 지능을 지녔다고 쓰고 있다.

24   다음 저작 역시 같은 해에 출간됐다. Seymour W. Itzkoff, *The Decline of Intelligence in America: A Strategy for National Renewal.* 이 저자 역시 더 제한적인 이민정책을 선호했으며, 영구적으로 복지에 의존하게 될 위험이 있다고 판단되는 이민자 가족에 대한 이민 금지령을 촉구했다. Malcome W. Browne, "What Is Intelligence, and Who Has It?", *New York Times Book Review*, 16 October 1994, 41.

25   "U.S. Deports Record Number of Illegals", *San Francisco Examiner*, 28 December 1995, A-2.

26   L. A. Kerr, "Bi-Sexuality in Mankind", *Sexology* 8, no. 4 (March 1941): 221-2.

27   다음에 인용됨. Bruce Mirken, "Experts Debate Genetic Research", *Frontiers*, 25 March 1994, 34.

28   "Amazing Story ⋯⋯ Read This", *San Francisco Bay Times*, 2 May 1996, 11.

29   일단 정확한 유전자가 확인되면 산전 동성애 검사가 "비교적 일상화"될 것이라고 러베이 자신이 경고했다. "여기서 우리가 이야기하는 것은 사람들이 스스로 알아서 하는 우생학이다. 이는 무서운 결과를 초래할 수도 있다." 그는 "나는 사람들이 동성애자 아동{원문 그대로임}을 임신 중지하는 것을 막을 수 있으며, 이는 임신 중지를 불법화하는 게 아니라 사람들이 성적 지향을 바꾸고 싶어 하지 않도록 세상을 변화시키는 방식으로 이루어질 것이라는 점을 대단히 낙관한다"라고 말했다. 해머는 정부를 설득해 적절한 규칙과 규정을 공표하면 그런 검사는 개발되지 않을 것이라고 생각한다. 하지만 마크 슈프스Mark Schoofs가 날카롭게 물었듯, 동성애자 권리 법안 통과를 꺼리는 의회가 동성애에 대한 유전자 검사를 금지할 것이라고 신뢰할 수 있을까?(Schoofs, "Geneocide: Can Scientists 'Cure' Homosexuality by Altering DNA?", *Village Voice*, 1 July 1997, 40-2) 더욱이 본 책을 집필하고 있는 현재, 연방법, 주법을 막론하고 유전자 검사

결과의 기밀을 보호하거나 심지어 유전자 검사 결과에 근거를 둔 보험사 및 고용주의 차별을 금지하는 법률은 전무하다.(Jan Plather, "Predicting the Potential for Disease: For Whose Benefit?", *Sojourner*, January 1997, 11) 미 질병통제예방센터가 최근 HIV 양성인 개인의 성명을 지역 보건 당국에 보고하는 것을 고려하면서, 관련 기밀 유지 및 안전에 대한 쟁점이 대두됐다. (Duncan Osborne, "Federal Gov't Considers Tracing Sex Partners of HIV Infected", *LGNY*, 8 June 1997, 1)

30 2부는 리사 더건Lisa Duggan, 더그 푸투이마Doug Futuyma, 샌더 길먼, 리처드 골드스타인Richard Goldstein, 리처드 C. 르원틴Richard C. Lewontin, 도나 민코위츠 Donna Minkowitz, 그리고 에이즈 및 유방암 활동가들의 노고에 신세를 졌다. 이들의 수고는 우리가 생물학 결정론 그리고 과학계를 향한 무비판적 경외에 빠지지 않도록 경종을 울린다.

31 Siobhan Somerville, "Scientific Racism and the Emergence of the Homosexual Body", *Journal of the History of Homosexuality* 5, no. 2 (October 1994): 244.

32 G. Frank Lydston, *The Diseases of Society(The Vice and Crime Problem)* (Philadelphia: J. B. Lippincott, 1904), 394.

33 대니얼이 전자의 권고를 한 것은 1893년 발표한 논문 "Should Insane Criminals or Sexual Perverts Be Allowed to Procreate?"에서였다. 그는 성적 성향 및 범죄성이 유전될 수 있다고 믿었을 뿐만 아니라, 사법적 명령과 의료 행위의 교차를 통해 자비를 베풀 수 있다고 생각했다. 또한 거세를 예방 수단으로 상정했고, 사형의 필요성을 제거할 것이라는 점에서 기존의 양형보다 더 인도주의적이라고 여겼다. 이와 거의 같은 방식으로 후대 의사 및 국회의원들은 정관절제술을 거세보다 더 친절한 대안으로 포고할 터였고, 그 뒤에도 노플란트를 자궁적출술보다 더 연민 어린 선택지로 묘사할 터였다. 이리하여 대니얼과 그 이데올로기적 동료들은 스스로를 진보적이라고 부를 수 있었다. 그들은 대니얼 자신이 썼듯 "범죄자에 대한 잔인하고 쓸모없는 처형"의 종말을 옹호하며 "일종의 위생적인 유토피아"를 상상했다.(Harry H. Laughlin, *Eugenical Sterilization in the United States*{Chicago: Psychopathic Laboratory of the Municipal Court of Chicago, 1922}, 351; Jonathan Katz, *Gay American History: Lesbians and Gay Men in the U.S.A.*{New York: Avon Books, 1976}, 110, 209)

34 Michel Foucault, *The History of Sexuality*, vol. 1, *An Introduction*(New York: Vintage Books, 1990), 101. [한국어판: 《성의 역사1: 지식의 의지》, 이규현 옮김, 나남, 2020]

35 Donna Minkowitz, "Trial by Science", *Village Voice*, 30 November 1993.

36 미 대법원에서 수정안에 대해 성공적으로 반론을 펼친 변호인단은 의학적 전략에
    의존하지 않았다. 대법원은 [수정안이 위헌이라는] 판결을 확정했다.

37 Hamer and Copeland, *The Science of Desire*, 218.

38 같은 책, 219.

39 람다법률소송및교육지원기금Lambda Legal Defense and Education Fund[일명 람다
    리걸Lambda Legal]은 2000년 봄 기준, 성적 지향에 근거를 둔 고용 차별이 40개
    주에서 여전히 합법이라고 보고한다. [람다 리걸은 미 전역에서 소송과 교육, 정책
    로비 등을 통해 성소수자 및 HIV/에이즈 공동체의 민권이 완전히 받아들여지는
    것을 목표로 하는 민권단체다.]

40 Hamer and Copeland, *The Science of Desire*, 218.
    전미게이레즈비언대책본부National Gay and Lesbian Task Force의 "옳은 일을 위해
    싸우자Fight the Right Project"가 수집한 자료. [전미게이레즈비언대책본부는 현
    전미성소수자대책본부National LGBTQ Task Force로, 성소수자를 위한 활동 및
    운동을 지원하는 비영리단체다.]

41 1999년 로리 앤드루스가 뉴욕 공영 라디오방송인 WNYC-AM의 〈온더라인On
    the Line〉과 한 인터뷰. 또한 앤드루스의 다음 책을 참조. *The Clone Age*(New
    York: Henry Holt, 1999)

42 우르바시 바이드Urvashi Vaid는 《빌리지 보이스》의 한 기자에게,
    자신이 속해 있으며 전미게이레즈비언대책본부가 후원하는 어느
    민간 두뇌 집단이 조치를 취할 예정이라고 말했다. 이와는 대조적으로
    게이레즈비언의사협회Gay and Lesbian Medical Association, GLMA[현 글마: LGBTQ+
    평등을증진시키는의료전문가들GLMA: Health Professionals Advancing LGBTQ+
    Equality]는 아무런 입장도 취하지 않았다. 물론 바이드가 지적했듯, 공동체가
    여전히 증오 범죄와 에이즈 위기에 에워싸인 상황에서 사태의 긴급성을
    파악하지 못한다고 단체들을 비난하기는 어려울 것이다. 지금 한바탕 세상을
    뒤흔들고 있는 유전 가설에 관여한 동성애자 과학자들에 대해 말하자면, 그들은
    분명 위험을 감지하고도 모든 책임을 회피했다. 딘 해머는 최근, 성적 지향을
    함부로 손대서는 안 되며 모든 지향이 건전함을 선언하는 성명서에 영향력 있는
    과학자들의 서명을 받는 것이 실현 가능한 일인지를 묻는 질문에 대해 다음과
    같이 답했다. "좋은 생각입니다. 하지만 아무도 그렇게 하지 않는군요."(Schoofs,
    "Gene-ocide", 43) 문제는 과학자들에게 우생학을 견제할 만한 힘이 있다며
    과학자들을 치켜세우는 해머 자신이 왜 그런 성명서 초안을 만들지 않을까 하는
    점이다.

43 Margaret Sanger, "Address of Welcome" to the Sixth International Neo-

Malthusian and Birth Control Conference, April 1925. 다음에 재발행됨.
Birth Control Review 9, no. 4: 100.

44 Jonathan Boyarin, *Storm from Paradise: The Politics of Jewish Memory*(Minnesota: University of Minnesota Press, 1992), 10. 나는 보야린의 말을 빌려옴으로써 미국 우생학과 독일 우생학 간의 등가성을 도출하려는 게 아니라 나치 우생학자들이 미국 우생학자들로부터 받은 지적 원조 그리고 미국 우생학자들이 나치 우생학자들의 정책에 보낸 흔들림 없는 존경을 보여주고자 한다. 보야린은 구체적으로 미국과 독일, 각국에서 발생한 제노사이드의 역사에 대해 쓰고 있다.

45 Robert H. Blank, *Fertility Control: New Techniques, New Policy Issues*(New York: Greenwood Press, 1991), 89.

46 Margaret Sanger, "Birth Control and Race Betterment", *Birth Control Review* 3, no. 2(February 1919): 11-2.

47 다음에 인용된 테네시주 멤피스 교육감 토머스 P. 베일리Thomas P. Bailey의 말. Howard Odum, *Social and Mental Traits of the Negro: Research into the Conditions of the Negro Race in Southern Towns*(New York: Columbia University Press, 1910), 301.

48 여기서 나는 바버라 카츠 로스먼Barbara Katz Rothman이 자유주의 철학의 특징을 다음과 같이 설명한 부분을 염두에 두고 있다. "질서, 예측 가능성, …… 삶을 합리화하기, 사물들 및 사물로서의 인간을 통제하고 체계화하기, 우리 전부를 부품으로 축소하기, 그리하여 궁극적으로 우리 자신을 비롯해 모든 것을 자원으로 바라보기라는 기본 주제를 바탕으로 기술 사회의 가치를 명료하게 표현하는 것이다." Barbara Katz Rothman, *Recreating Motherhood: Ideology and Technology in a Patriarchal Society*(New York: W.W.Norton, 1989), 63.

49 Adolph Reed Jr., "The Content of Our Cardiovascular", *Village Voice*, 31 December 1996, 25.

1부 | 국가적 위생: 20세기 이민과 우생학 로비

1장 | 국가를 상상하기

1 *Morning Edition*, National Public Radio, broadcast 25 October 1994; Barry Mehler, "In Genes We Trust", *Reforming Judaism*, winter 1994, 14; Elizabeth Kadetsky, "Bashing Illegals in California", *Nation*, 17 October

1994, 419. 미국이민개혁연맹 지도부에는 전 콜로라도 주지사 리처드 램Richard Lamm, 미네소타주 출신 전 상원의원 유진 매카시Eugene McCarthy 같은 정치인들이 포함됐다.("Frustration over Immigration Growing in State", *San Francisco Chronicle*, 30 March 1994, A10)

2   투표 전 심의 과정에서 간과된 것은 미등록 이주민이 연간 30억 달러의 세금을 납부하며, 이는 그들이 받는 혜택의 세 배에 달한다는 점이었다. (코니 몬토야Connie Montoya가 '반이민 백래시' 분과 회의에 참가해 발언한 내용. 여성인구환경위원회가 개최한 회의의 녹취록인 다음을 참조. *Dangerous Intersections: Feminist Perspectives on Population, Immigration and the Environment*, New York, 25-6 October 1996, 43.(이 회의록을 제공해준 하이디 도로Heidi Dorow에게 깊은 감사를 전한다.) 키티 칼라비타Kitty Calavita는 미등록 이주민에게 사회 서비스 및 교육을 박탈하려는 노력은 "거의 한결같이 재정 부담에만 초점을 맞추는 태도"의 전형을 보여주고 있다고 논하면서 동시에 지지자들이 그런 조치에 동의했다는 것이 어떤 상징적 의미를 갖는지에 대해서도 서술한다.(Calavita, "The New Politics of Immigration: 'Balanced-Budget Conservatism' and the Symbolism of Proposition 187", *Social Problems* 43, no. 3 August 1996: 286) 칼라비타의 글을 보건대, 작금의 열렬한 반이민 정서는 복지 및 복지 수급자에 대한 공격을 반영한다. 유자녀가정지원(현 빈곤가정한시지원)은 연방 예산의 단 1퍼센트에 불과하지만, 필요에 근거를 둔 분배를 둘러싼 과대 선전은 그 비율이 훨씬 더 높다는 대중의 오해를 이용해먹는다. 마찬가지로, 미등록 노동자는 미국 전체 이민자의 13퍼센트, 전체 인구의 1퍼센트에 불과하다.(Mimi Abramovitz, *Under Attack, Fighting Back: Women and Welfare in the United States*{New York: Monthly Review Press, 1996}, 25; David Cole, "Five Myths about Immigration", *Nation* 259, no. 12 {17 December 1994}: 410)

3   다음에 인용된 찰스 대븐포트Charles Davenport의 말. Albert P. Van Dusen, "Birth Control as Viewed by a Sociologist", *Birth Control Review* 8, no. 5(May 1924): 134.

4   Étienne Balibar, "Racism and Nationalism", 39.

5   존 T. 모건의 발언, 25 April 1882, *Congressional Record*, 47th Cong., 1st sess., 1882, 8: 3270.

6   Balibar, "Racism and Nationalism", 50.

7   같은 글, 60.

8   다음에 인용된 조지 윌리엄 커티스George William Curtis의 말, Robert DeCourcey Ward, "Our Immigration Laws from the Viewpoint of Eugenics", *American*

Breeders Magazine 111, no. 1(1912): 26.

9 *Eugenical News*, 17, no. 1(January-February 1932): 31.

10 Ward, "Our immigration Laws from the Viewpoint of Eugenics", 20. 이는 최초의 유럽인 정착민이 죄수였던 조지아주 이야기는 아마도 아닐 것이다.

11 Ward, "Eugenic Immigration: The American Race of the Future and the Responsibility of the Southern States for Its Formation: The 'Survival of the Fittest'", *American Breeders Magazine*, 4, no. 2(1913): 99, 101. 《미국 육종가 잡지》는 그 모태가 되는 단체인 미국육종가협회American Breeders Association가 설립된 지 6년 뒤인 1910년 창간호를 발행했는데, 워드는 고정 기고자였다. 애초에 협회 창설 목적은 "동식물 육종가들이 동식물에 공통으로 적용되는 유전법칙하에 일하고 있음을 깨우치게" 하는 것이었다. 잡지에는 쟁기질, 사료, 작물 재배에 관한 글들이 게재됐다. 하지만 우생학과 과학적 인종주의가 꽃피움에 따라 이를 옹호하는 사람들에게 점점 더 많은 지면이 할애됐다. 예컨대 '우생학과 이민'이라는 글이 '사탕무 재배'라는 글 바로 다음에 나올 수도 있었다. 잡지는 당대 우생학의 거물인 매디슨 그랜트, 찰스 대븐포트, 해리 로플린, 헨리 허버트 고더드Henry Herbert Goddard, C. W. 살리비C. W. Saleeby, 그리고 당연히 프랜시스 골턴의 저술을 출판 및 재발행했다. 미국육종가협회는 미국유전학회American Genetic Association가 됐으며, 《미국 육종가 잡지》를 "동식물 육종과 우생학에 관한 월간지"라고 밝혔다. 워드와 같이 이민을 혹독하게 비판한 사람들은 잡지가 명시적으로 밝힌 사명에서 이데올로기적 백지수표를 발견했고, 따라서 육종가가 우려하는 일들에 대한 고찰을 외국인 혐오로까지 논리적으로 확장할 수 있었다.

12 Balibar, "Racism and Crisis" in Balibar and Immanuel Wallerstein, *Race, Nation, Class: Ambiguous Identities*(New York: Verso, 1991), 223.

13 같은 글, 49, 54.

14 Ward, "The American Race of the Future", 101; "Our Immigration Laws from the Viewpoint of Eugenics", 25. 대니얼 케블스 또한 우생학자들 사이에 이런 경향이 있었음을 지적했다(*In the Name of Eugenics: Genetics and the Uses of Human Heredity*{New York: Knopf, 1985}).

15 Ward, "Our Immigration Laws from the Viewpoint of Eugenics", 21-2.

16 같은 글, 21.

17 다음 사설, "Race Genetics Problems", *American Breeders Magazine* 11, no. 3(1911): 230.

18 다음 사설, *American Breeders Magazine* 11, no. 3(1911): 232.

2장 | 용의주도한 히스테리

1　George Mosse, *Nationalism and Sexuality: Middle-Class Morality and Sexual Norms in Modern Europe*(Madison: University of Wisconsin Press, 1985), 133-4. 덧붙이건대 시각적 정형화에 대한 집요함은 다른 범주들로도 뻗어나갔다.

2　George Stocking, *Bones, Bodies, Behavior: Essays on Biological Anthropology*(Madison: University of Wisconsin Press, 1988), 8.

3　다음에 인용됨. Ward, "The Immigration Problem Today", *Journal of Heredity* 11, no. 7(September-October 1920): 326.

4　같은 글. 현재 23개 주에서 명문화된 영어 전용 법안을 옹호하고 통과시키는 데 최근 수년간 이와 비슷한 논리가 사용됐다.(캐시 택터퀸Cathi Tactaquin이 '반이민 백래시' 분과 회의에 참가해 발언한 내용. *Dangerous Intersections*, 44) [2025년 3월 1일, 대통령 도널드 트럼프는 영어를 미국 공식 언어로 지정하는 행정명령에 서명했다. 현재 30개 이상의 주에서 영어를 공식 언어로 채택하고 있지만 연방 차원의 지정은 역사상 처음이다. 영어만을 공용어로 인정하는 단일 언어 정책은 세계화가 본격화된 1990년대 이후 미국의 인구학적, 문화적 변화에 직면해 이민자와 다문화주의를 거부하고 토착주의를 강조하는 흐름의 연장선상에 놓여 있다.]

5　하버드 졸업생 몇 명이 창립한 이민제한연맹은 상원의원 헨리 캐벗 로지Henry Cabot Lodge를 움직일 수 있었다. 케블스가 전하길, 이민제한연맹 창립자들은 워싱턴의 유능한 로비스트로서 일간지 수백 곳에 퍼붓듯이 글을 실었다. 《우생학 소식》은 1931년 워드에 대한 추도사에서 이민제한연맹의 목적이 "무엇보다도 미국인의 본질적인 인종 구조를 보존하는 것"이라고 규정했다. Kevles, *In the Name of Eugenics*, 24; Mehler, "The History of the American Eugenics Society", 191; *Eugenical News* 16, no. 11(November 1931).

6　다음 서평, "The Tide of Immigration", *Journal of Heredity* 7, no. 12 (December 1916): 554, 555. 원이 언어와 상관없이 문해력만 있으면 된다고 생각했는지, 아니면 영어에 대한 문해력으로 국한했는지는 불분명하다. 흔히 '문맹'은 당사자가 자신의 모국어를 읽고 쓸 수 있는지 여부와는 무관하게 영어를 읽고 쓸 줄 모르는 이민자에게 적용된 혐의였다.

7　Sidney Gulick, "An Immigration Policy", *Journal of Heredity* 7, no. 12 (December 1916): 547, 552. 동시에 걸릭은 "모든 국가에 동등하게 적용돼 차별적인 인종 대우를 방지할" 이민정책을 옹호했다. 그럼에도 걸릭이 구상한 정책은 중국인 및 일본인 이민자에 대해 이미 시행 중인 법률보다 더 심하지는

않더라도 똑같은 편견을 가지고 있었다. 걸릭은 이런 정책 구상과 더불어 자기
계획이 남동부 유럽인 이민자(특히 이탈리아인)에게 걸림돌이 된다는 점을
강조했지만, 자신을 비난하는 사람들을 다독이지는 못했다. 1919년 워드는
중국인배척법 및 신사협정을 폐지하고 중국인 및 일본인 이민에 대해 할당제
("중국 및 일본 국적 부모 아래 미국에서 태어난 자녀수와 중국인 및 일본인이
이미 귀화해 미국 시민으로서 낳은 자녀수를 합하여 산출한" 비율)를 적용한다는
계획, 또 아시아인 이민자에게 귀화를 허용한다는 제안에 대해 "우리 국가
정책이 동양인 이민을 막으려고 세운 문 아래에 가느다란 쐐기의 가장자리를
밀어넣으려는 것이다. 지금은 아주 얇은 쐐기이긴 하지만 어쨌든 쐐기임은
분명하다"라고 밝혔다. "The Immigration of Orientals", *Journal of Heredity*
10, no. 3(March 1919).

8   두개골 계측은 좋은 사례다. 19세기 초부터 사용된 이 방법은 이민자에게 숫자를
거꾸로 세라거나 주어진 그림 속의 사물을 암기하라고 요구하기 훨씬 전부터
일종의 발판이 됐던 것이다. 미 공중보건국이 엘리스 섬에서 실시한 지능검사에
대한 설명으로는 다음을 참조. Howard A. Knox, "Tests for Mental Defects",
Journal of Heredity 5, no. 3(March 1914): 122-30. 1911년 사망한 비네는
미국의 아이큐 검사관들이 그랬듯 지능이 단일 숫자로 취합되거나 측정될 수
있다고 생각하지 않았다. 비네의 철학과 의도에 대한 더 자세한 내용은 다음을
참조. Gould, *The Mismeasure of Man*.

9   Mehler, "The History of the American Eugenics Society", 190-1.

10   Allan Chase, *The Legacy of Malthus: The Social Costs of the New
Scientific Racism*(New York: Knopf, 1977), xix. 이로부터 80년 뒤,
헌스타인과 머리는 역사에 대한 자신들의 선택적 독해를 저버리는 주장을 했다.
《종형 곡선》은 1980년대에 미국으로 온 이민자의 평균 아이큐 점수가 "대략 95
에 달하는" 반면, 아시아인 및 아슈케나지 유대인은 가장 높은 점수를 받았다고
자신 있게 말한다(그럼으로써 이 누 십난을 에스닉 이민자 진체에서 효괴적으로
떼어내는데, 이는 저자들의 논리에 따르면 자신들의 이론이 틀렸음을 증명하는
것이다). 헌스타인과 머리는 나아가 아이큐 점수가 인종에 바탕을 두고 있으며,
대대로 어느 정도는 고정돼 있다고 설명했다.(Herrnstein and Murray, *The
Bell Curve*, 275; Malcome Browne, "What Is Intelligence and Who Has
It?", *The New York Times Book Review*, 16 October, 1994, 3) 헌스타인과
머리가 설명하지 않은 것은, 그렇다면 1910년대 아슈케나지 유대인의 낮은
점수와 70년 뒤 동일한 유대인의 높은 점수를 어떻게 조화시킬 수 있느냐였다.
더욱이 머리가 진정으로 아슈케나지 유대인의 지적 우월성을 믿는다면, 백인의
'집단 지능'이란 이처럼 겉모습은 다른 백인과 같지만 지능은 더 높은 사람들의

존재 때문에 인위적으로 부풀려질 수 있음을 고려해야 마땅하다. 머리 자신의
그럴듯한 추론에 따라 결론을 내리자면, 유대인이 백인 아이큐 검사군에서
제외될 경우 머리가 인식하는 흑백 간 격차는 상당이 줄어들 수도 있다. 유대인
사례를 고려한다면 헌스타인과 머리는 더욱 복합적인 분석을 내놓았어야만
했다. 그렇지 않았다는 사실은 그 분석이 사회적 범주화에 좌우되는, 이미 예정된
결론을 따랐음을 보여줄 뿐이었다.

유대인은 우생학자들의 머리와 마음에서 독특한 위치를 점유해, 맹렬한 조롱의
대상으로 지목되는가 하면 '순수한' 혈통을 유지한다(이것의 불가능성은
아직까지 완전히 시인되지 않았다)며 칭송을 받았다. 영국 우생학자 살리비는
유대인이 "다른 어떤 문명화된 종교, 사회, 에스닉 집단보다 신체적, 정신적
결함의 발생률이 더 높다"라고 주장하면서도, 동시에 수천 년간 이어진 박해
때문에 유대인 사이에는 "병약자"와 "바보"가 도태됐다는 주장을 폈다. 유대인은
"우리가 확실히 알고 있듯 손상되지 않은 채 존속해온 유일한 인류 집단이자,
이름 붙일 수 있는 어떤 인종보다도 가장 지속적이고 엄격한 선별 과정을 거쳐온
종족이다".(다음에 인용된 살리비의 말. "Eugenics in Jewish Life", *Journal of
Heredity* 8, no. 12{December 1917}: 543) 이런 모순된 평가는 전혀 특별한
것이 아니다. 예컨대 유대인은 '자본주의자'와 '볼셰비키'라는 비난을 동시에
받았다. 유대인에 대한 우생학적 평가의 모순적 성격을 살펴보면, 친우생학적
입장을 유지하는 데 필요한 자가당착, 위선, 논리의 비약이 드러날 뿐만 아니라
어떤 사람들을 대상으로 하든 인종화 안에 내재된 함정이 뚜렷해진다.

11 Gould, *The Mismeasure of Man*, 165-6. 걸드는 이 결과에 대해 이렇게
표현했다. "당연하게도 영어를 전혀 할 줄 모르며 삼등 선실을 타고 이제 막
대양을 건너온 겁에 질린 남녀 한 무리를 생각해보라. 그들 대부분은 가난하며
학교에 다닌 적도, 손에 연필이나 펜을 잡아본 적도 없다. 그런 사람들이 배에서
내려 걸어간다. 고더드가 파견한 직감이 있는 여성 중 한 명이 곧장 그 사람들을
한쪽으로 데려가 자리에 앉히고, 연필을 건네주며 조금 전 보여줬다가 바로 안
보이게 치워버린 어떤 형상을 종이에 똑같이 그려보라고 한다. 그 사람들이
그림을 그리지 못하는 것이 타고난 어리석음보다는 검사 환경, 쇠약함, 두려움,
아니면 당혹감 때문일 수도 있지 않을까? 고더드는 그럴 가능성을 고려하긴
했지만 받아들이지는 않았다."(166)

12 같은 책에 인용됨, 168.

13 Knox, "Tests for Mental Defects", 125.

14 같은 글, 122-3, 126. 워드는 그 부의副醫[녹스]의 우려에 공감했다. 고더드가
엘리스섬으로 외도하기에 앞서 워드는 이민자를 입국과 동시에 "홀딱 벗겨"
엄격한 정신 및 신체검사를 받게 할 것을 제안했었다. 이에 더해 워드는 "결함"

을 더 잘 탐지하기 위해 "항해 중인 이민자와 어울리는" 임무를 담당하는 "이민자 조사관과 우리 외과의들이 모든 이민자 수송 선박에 승선할 것"을 원했다.(Ward, "Our Immigration Laws from the Viewpoint of Eugenics", 23-4)

15 "The Tide of Immigration", 542.

16 L. E. Cofer, "Eugenics and Immigration", *Journal of Heredity* 6, no. 4(April 1915): 173.

17 같은 글, 171. 코퍼는 유럽이 미국에 고의로 "부적자"인 이민자를 감당 못할 정도로 많이 보낸 것에 대해 비난하면서 미 공중보건국이 상황을 파악하려 노력하고 있다고 보고했다. 미 공중보건국은 *Book of Instructions for the Medical Inspection of Aliens*를 발행하면서 네 가지 '질병' 유형 목록을 작성했다. A-1 등급에는 "백치, 치우, 정신박약, 간질, 정신이상, 결핵"이 포함됐다. A-2등급은 "두부 백선 …… 한센병 및 성병 …… 트라코마 …… 십이지장충"을 포함해 "혐오스럽고 전염성이 있거나 위험할 정도로 전염성이 높은 질병들"로 이뤄져 있었다. B등급에는 탈장, "영양결핍", 빈혈 등 "이민자의 생계유지 능력에 영향을 미치는 결함"이 나열됐다. "예외적인 돌봄"이 필요한 장애아도 이 범주에 속했다. 마지막으로 C등급은 "보고 가능"하지만 "추방 가능"하지 않은 건강 상태들의 잡동사니였다.(172) "쓰레기 투기"라는 코퍼의 비난은 20세기 대부분 동안 반이민 원칙을 꼭 붙들어 맸지만, 비난의 대상은 유럽 국가에서 라틴아메리카 및 남동부 아시아 국가로 옮겨갔다. 물론, 훗날 미국 언론은 쿠바에 대해서도 비슷한 비난을 제기할 수 있었다는 점에서 이중으로 운이 좋았다. 쿠바는 라틴아메리카 및 카리브해 국가이자 공산주의 국가였기 때문이다.

18 Kevles, *In the Name of Eugenics*, 23.

19 같은 책, 23-4.

20 W. C. Billings, "Oriental Immigration", *Journal of Heredity* 6, no. 10(October 1915): 464. (빌링스는 엔젤섬 이민국 의료 총책임자였다.)

21 "The Tide of Immigration", 544.

22 *U.S. Statutes at Large* 39(1917): 874-98. 미 연방 의회 의사록에 기록된 논의 내용에서 알 수 있듯, 윌슨 대통령의 거부권은 인도주의적 충동보다는 일본 정부의 대응에 대한 우려와 관련이 있었다.

23 롬브로소의 '생래적 범죄인' 개념은 존 도너휴John Donohue와 스티븐 레빗 Steven Levitt의 '아직 태어나지 않은 범죄인unborn criminal' 개념에 자리를 내줬다. 도너휴와 레빗 두 경제학자는 1985~1997년의 범죄 감소가 1973년 로 대 웨이드 Roe v. Wade 사건 판결에 따른 임신 중지 증가와 결부돼 있다고 밝혔다.

24 Stephen Steinberg, *The Ethnic Myth: Race, Ethnicity, and Class in America*(Boston: Beacon Press, 1989), 116.

25 Theodore Bingham, "Foreign Criminals in New York", *North American Review*, September 1908, 383.

26 Cofer, "Eugenics and Immigration", 174.

27 "The Tide of Immigration", 543.

28 Ward, "Our immigration Laws from the Viewpoint of Eugenics", 24.

29 Ward, "Eugenic Immigration: The American Race of the Future", 96-8. 1917년 이민법 지지자들은 어떤 면에서든 모두 노동계급에 관심이 있었다. 1917년 법률은 삼등 선실 구역에 대해 더욱 철저한 검사를 요구했다. 일등 선실을 타고 올 여유가 있었던 입국자들은 더 나은 시설을 이용하기 위한 재원을 마련할 능력이 있었다는 점에서 그들의 우생학적 기질을 이미 드러내 보여준 것이나 다름없었다.(Ward et al., "War, Immigration, Eugenics: Third Report of the Committee on Immigration, American Genetic Association, Prescott F. Hall, Chairman", *Journal of Heredity* 7, no. 6{June 1916}: 241) 나중에 워드는 "우생학적으로나 다른 방식으로 바람직하지 못한 외국인 다수가 이등 선실이나 심지어 일등 선실을 타고 오는 방식으로 엄격한 건강진단을 피하려 애쓰고 있다"며 불만을 토로했다.("Immigration and Eugenics: Second Report of the Sub-Committee on Selective Immigration of the Eugenics Committee of the United States of America", *Journal of Heredity* 16, no. 8{August 1925}: 288)

30 '중국 인종의 활력'을 주장하며 백인 노동자에게 경종을 울렸던 에드워드 A. 로스 Edward A. Ross는 이 운동의 기수로 남아 있다. 예외가 되는 중요 사례가 존재하기는 했다. 세계산업노동자연맹은 그들의 활동이 끝날 때까지, 또 산별노조협의회는 미국노동연맹에 의해 숙청되고 흡수되기 전까지, 이주노동자를 토박이 노동자와 대치하게 해 분열을 초래하는 전술에 저항했다.

31 S. L. Gulick, "An Immigration Policy", *Journal of Heredity* 7, no. 12 (December 1916): 546.

32 Balibar, "Racism and Crisis", 219.

33 Ward, "Immigration after the War", *Journal of Heredity* 8, no. 4(April 1917): 149.

34 같은 글.

35 Ward et al., "War, Immigration, Eugenics", 243, 247.

36 "The Tide of Immigration", 514.

37 Ward, "Immigration after the War", *Journal of Heredity* 7, no. 3(March 1916): 134. 워드는 '정신적 결함이 있는 외국인들'을 미국으로 실어 나르려는 증기선 회사들에 대해 더 무거운 벌금을 부과할 것을 제안했다.

38 Ward et al., "War, Immigration, Eugenics", 243-4.

39 Ward, "Immigration after the War"(1917), 147.

40 다음에 인용된 그랜트의 말. Mehler, "The History of the American Eugenics Society", 196, n.31.

41 Ward et al., "War, Immigration, Eugenics", 248.

42 U.S. *Statutes at Large* 39(1917): 875.

43 Knox, "Tests for Mental Defects", 126.

44 Ward, "Immigration after the War"(1917), 151.

45 "The Tide of Immigration", 542.

46 모든 사람이 5년이라는 기간에 흡족해한 것은 아니었다. 워드는 이민자가 배제 대상 계층이나 공공부조 대상이 되는 경우, 미국에서 얼마나 오래 살았느냐와 무관하게 국외 추방될 수 있어야 한다고 계속 주장했다(Ward, "Immigration and Eugenics", 289, 1925년 3월 9일 최초 발행됨). 1925년 국외추방법안은 그처럼 기한을 두지 않는 방침을 허용하기 위해 발의되었지만 하원만 통과하고 법률로 제정되지는 못했다. 그로부터 70년이 넘게 흐른 지금은 비시민권자인 이민자의 경우 얼마나 오래 거주했는지 또는 기소되거나 투옥된 뒤 시간이 얼마나 지났는지 관계없이 범죄 경력이 있을 시 원 스트라이크 아웃[즉, 즉시 퇴출] 방침이 적용된다.

47 U.S. *Statutes at Large* 39(1917): 876.

48 미국 대 발사라United States v. Balsara(1910), 미국 대 아즈코이 쿠마르 마줌다르 United States v. Ajkoy Kumar Mazumdar(1913). 이 사건 판결들은 미국 대 바가트 싱 틴드United States v. Bhagat Singh Thind 사건 판결로 뒤집힌다. 미 대법원은 남아시아인이 코카시아 인종일 수는 있지만 '백인'은 아니라는 점을 근거로 귀화 자격이 없다고 판결했다.

49 Charles Mills, *The Racial Contract*(Ithaca, N.Y.: Cornell University Press), 81.

50 *Congressional Record*, 64th Cong., 2d sess., 1917, 44: 2618. 물론 상원의원 하드윅이 가리키는 이민자 대부분은 힌두인[즉, 힌두교도]이 아니라 시크교도였지만, 우생학적 법률 제정이라는 인종주의적 통합 속에서 그런 구별은 실종됐다.

51 Ronald Takaki, *Strangers from a Different Shore: A History of Asian Americans*(New York: Penguin Books, 1989), 297.

52 *Congressional Record*, 64th Cong., 2d sess., 1917, 44: 2620.

53 우드로 윌슨을 인용한 리드의 발언, 같은 글, 2618.

54 같은 글, 2621.

55 Ward et al.,"War, Immigration, Eugenics", 246, 248. 미국유전학회의 전신은
    미국육종가협회이고, 미국육종가협회에서 발간한 《미국 육종가 잡지》가 결국
    《유전학 저널》이 됐다.

56 Ward, "Immigration after the War"(1917), 151-2.

57 "Some Present Aspects of Immigration: Fourth Report of the Committee
    on Immigration of the American Genetics Society", *Journal of Heredity*
    10, no. 2(February 1919): 69-70.

58 다음에 인용된, 엘리스섬 이민국장이자 이후 뉴욕시 교정국장을 지낸 F. A.
    월리스F. A. Wallis의 말. Ward, "The Immigration Problem Today", *Journal of
    Heredity* 11, no. 7(September-October 1920): 323.

59 같은 글, 324.

60 마찬가지로 바가트 싱 틴드를 표적으로 삼은 것, 그리고 그에 따른 미 대법원
    판결은 부분적으로는 틴드가 인도의 독립을 옹호한 데서 촉발된 것이다.
    (Sucheng Chan, *Asian Americans: An Interpretive History*{Boston:
    Twayne, 1991}, 94)

61 이는 전후 공산주의자 색출 기간 내내 그리고 1920년대까지 계속됐다.
    예컨대 인디애나대학교 세균학자이자 《인종 위생Racial Hygiene》의 저자인
    서먼 라이스Thurman Rice는 남동부 유럽인 이민자가 "우리 혈통과 잘 섞이지
    않는다. …… 그리고 만약 그들이 우리와 이종교배될 경우 그들의 우성형질이
    우리의 열성형질을 억누른다. 그들은 흔히 급진주의자이자 무정부주의자로서
    끝없이 말썽을 부린다. 그들은 생활수준이 매우 낮으며 오늘날의 노동문제를
    어지럽힌다. 그리고 생식력이 엄청나게 왕성하다"라고 썼다.(Thurman B.
    Rice, *Racial Hygiene: A Practical Discussion of Eugenics and Race
    Culture*{New York: Macmillan, 1929}, 302-3)

62 Frederick Adams Woods, "The Racial Limitation of Bolshevism", *Journal
    of Heredity* 10, no. 4(April 1919): 190.

63 Ezra Bowen, "Battling over Birth Policy", *Time*, 24 August 1987, 31.

64 Ward, "The Immigration Problem Today", 327. 제한주의자들의 많은
    모순 중 또 다른 하나는 이주노동자를 노동 선동자—선전과 불만을 퍼뜨리는
    외국인 급진주의자—이자 고임금 미국 토박이 백인 노동자가 언제든 대체될
    수 있게 만든, 연대감이라고는 눈 씻고 봐도 찾을 수 없는 자본주의자의 도구로
    간주했다는 점이었다.

65 내가 '포퓰리즘'이라는 단어를 사용함으로써 말하려는 바는 우생학자와
    배외주의자들이 노동계 등에 대한 호소를 전술적이고도 조직적으로 활용했다는
    점이다. 분명 우생학은 위로부터의 이데올로기였고 그 지지자들은 대체로 지위와

권력이 있는 사람, 즉 '사회의 기둥'이었다. 더욱이 우생학이 번창할 수 있었던 것은 부분적으로는 자본주의적 이익에 비난을 가하면서도 동시에 우생학자의 금고를 기업가의 돈으로 채우는 수완이 있었기 때문이다. 예컨대 해리 로플린의 우생학기록사무소Eugenics Record Office는 존 D. 록펠러에게서 부분적으로 재정을 지원받았다.

66 Ward, "Immigration and the Three Per Cent Restrictive Law", *Journal of Heredity* 12, no. 7(August-September 1921): 320-1. 마찬가지로 오늘날 이민자 단체에 기부하는 자동차 제조사, 항공사, 통신사, 정유사는 책임있는이민을촉구하는시민들Citizens for Responsible Immigration과 같은 반이민 단체로부터 손가락질을 받고 있다. "Frustration over Immigration Growing in State", *San Francisco Chronicle*, 30 March 1994, A11.

67 골턴연구회 회원으로는 우생학계 거물인 매디슨 그랜트, 해리 로플린, 칼 C. 브리검Carl C. Brigham, 로스롭 스토더드Lothrop Stoddard, 찰스 대븐포트 등이 있었다. 1927년 존슨은 다가오는 1930년 인구총조사에 우생학을 활용할 것을 제안해보자고 연구회에 촉구했다. 이에 대해 로플린은 "미국 국민 개인에 대한 영구적이고 완전한 혈통 기록"이 되게 하자며 "{그 자체로} 또한 국가가 인종의 추세를 가늠할 수 있게 될 것"이라는 의견을 밝혔다(*Eugenical News* 12, no. 12{1927}: 172).

68 Mehler, "The History of the American Eugenics Society", 196-7.

69 같은 글, 200-1.

70 Ward, "Immigration and the Three Per Cent Restrictive Law", 318. 워드는 '비율 제한 원칙'이 영구적으로 시행되길 원했지만, 그것이 중국인배척법과 신사협정을 대체하게 될 경우는 예외로 하고자 했다. 일본인 및 중국인 이민자는 어떤 비율이 됐든 입국을 허용해선 안 된다고 워드는 주장했다.(325) 1910 년이라는 해가 선택된 이유는 당시 이용 가능한 가장 최근의 인구총조사 자료가 그것뿐이었기 때문이다.(Kevles, *In the Name of Eugenics*, 65)

71 *Congressional Record*, 64th Cong., 2d sess., 1917, 44: 2619.

72 이 시대의 제한주의 법률은 1917년 간첩법Espionage Act으로 시작된 더 큰 규모의 '반외국인법률'이라는 맥락 속에서 고려해야 한다고 멜러는 주장한다. 1917~1920년에 제정된 주 법률들은 '재외국인'이 의학, 약학, 척추교정요법, 건축학, 수술, 측량술, 공학, 모터 버스 운행, 유언 집행을 하는 것을 금지했다. (Mehler, "The History of the American Eugenics Society", 181)

73 같은 글, 197-8, 391, 428.

74 Grant, *The Passing of the Great Race*, 227; Chase, *The Legacy of Malthus*, 174.

75 멜러의 "The History of the American Eugenics Society"는 미국우생학회의
복잡한 사항들에 대한 정보를 담은 대단히 유익한 안내서로, 매우 유용하게도
단체의 회원 및 지도부 인명록이 수록돼 있다.

76 Gould, *The Mismeasure of Man*, 194. 또한, 다음을 참조. Kevles, *In the
Name of Eugenics; Chase, The Legacy of Malthus*; and Troy Duster,
Back Door to Eugenics(New York: Routledge, 1990). 알파 검사를 받은
신병들은 문장을 해독하고 유추를 완성하며 주어진 수열에 누락된 숫자를
집어넣도록 요구받았다. 베타 검사는 그림을 바탕으로 했지만 대체로 주제는
동일했다. 검사 내용의 세부 사항은 다음을 참조. Gould, *The Mismeasure of
Man*, 199-200.

77 Gould, *The Mismeasure of Man*, 196-7. 검사 결과는 당시 육군 대위이자
여키스의 조수였던 에드윈 G. 보링Edwin G. Boring이 해석한 것이었다.

78 같은 책, 197.

79 다음에 인용됨. Rhett S. Jones, "Proving Blacks Inferior"(1965). 다음에
재발행됨. *The Death of White Sociology*, ed. Joyce A. Lander(New York:
Random House, 1973), 132.

80 Gould, *The Mismeasure of Man*, 199, 224. 걸드는 육군 검사가 "최초의
서면 아이큐 검사로 그 역할을 인정받았고, 모든 아동을 검사하고 등급 매기는
것을 …… 옹호하는 유전주의 이데올로기를 구현하는 데 필수적인 기술을
제공했다"고 지적했다(230). 아닌 게 아니라 한 필자는 육군 검사가 군 효율성을
끌어올렸다고 평가했으며, 육군 검사에 대해 이렇게 밝혔다. "[육군 검사는]
지능을 측정하는 집단적 방법을 교육 및 산업에 적용할 가능성을 입증했다.
육군의 방식이 비록 일반적인 교육 혹은 산업 요건에 적합하진 않더라도, 유사한
방식 개발을 위한 토대로서 쉽게 수정되거나 사용될 수는 있다."("Army Tests
Reveal the Vast Differences in Mankind", *Journal of Heredity* 10, no.
4{April 1919}: 190) 이후 수 세대에 걸쳐 미국 학생들이 그런 검사를 견뎌내야
했다는 점에 비춰보아 이는 예언적인 발언이었다고 말할 수 있을 것이다.

81 Brigham, *A Study of American Intelligence*(Princeton, N.J.: Princeton
University Press, 1923), xx.

82 같은 책, 205.

83 같은 책, 189-90, 207-8.

84 같은 책, 190. 1929년, 루이스 터먼Lewis Terman은 유대인 인구는 '영재' 할당
인원수를 두 배 초과했다고 썼다. Edward East, "Genetics of the Gifted: A
Review of *Genetic Studies of Genius*, vol. 1, *Mental and Physical Traits of
a Thousand Gifted Children*", *Birth Control Review* 13, no. 7(July 1929):

191. 다른 경우와 마찬가지로 이런 주장은 유대인 사이에는 동일성이 낮다는 주장에 의해 상쇄됐다. 뉴욕 몬테피오레 병원 내과의이자 《유대인The Jews》의 저자인 모리스 피시버그Maurice Fishberg는 이렇게 생각했다. "현대 유대인 사이에는 정반대되는 두 극단이 존재하는데 …… 한편으로는 정신박약자, 백치, 치우, 정신이상자, 그리고 또한 신체 결함이 있는 자와 허약하고 쇠약한 자의 비율이 매우 높고, 다른 한편으로는 …… 거의 각계각층에서 두드러지게 능력을 발휘하는 자의 비율도 놀라울 만큼 높다." 그 까닭은 유대인 사이에 서로 다른 에스닉 및 인종적 요소들이 존재하기 때문이라고 피시버그는 주장했다. 피시버그가 최근 유대인의 변이성 감소를 설명하는 지점에서 동화assimilation와 우생학은 병합된다. 유대인이 비유대인 이웃의 습성에 적응함에 따라 "[유대인의] 이런 특이성은 점차 희미해지고 있다. 유능한 자를 잃은 만큼 결함이 있는 자도 줄어들었는데, 그 손실이 상쇄되는지 여부는 관점에 따라 달라진다". 피시버그는 아마도 유대인을 우생학 관점에서 양심적인 사람으로 그리려는 의도였는지 이렇게 주장하기까지 했다. "랍비의 가르침은 적극적 우생학의 제안으로 가득 차 있다. 랍비들이 골턴을 약 1600년 정도 앞질렀다고 말하고 싶어 하는 사람도 있다." 심지어 중매인들조차 "우생학적 방향성에 따라 일했다"라고 피시버그는 썼다.(Fishberg, "Eugenics in Jewish Life", *Journal of Heredity* 8, no. 12{December 1917}: 544-6, 549)

85 Brigham, *A Study of American Intelligence*, 158-9, 170.

86 같은 책, 210.

87 Paul Popenoe, "In the Melting Pot", *Journal of Heredity* 14, no. 5(August 1923): 223.

88 여키스가 브리검의 《미국인의 지능에 관한 연구》에 쓴 머리말.

89 Gould, *The Mismeasure of Man*, 232.

90 다음에 인용된 터먼의 말, Mehler, "The History of the American Eugenics Society", 195. 터먼은 우생학기록협회 및 미국우생학회에서 활동했다. 이후 터먼은 자신이 여성과 남성의 정신적 능력 차이라고 인식한 것을 수량화하는 데 관심을 돌렸다.(430)

91 Jennifer Terry, "Anxious Slippages between 'US' and 'Them': A Brief History of the Scientific Search for Homosexual Bodies" in *Deviant Bodies: Critical Perspectives on Difference in Science and Popular Culture*, ed. Terry and Jacqueline Urla(Bloomington: Indiana University Press, 1995), 138-48.

92 멜러는 매디슨 그랜트가 존슨을 뉴욕의 핵심 인물들에게 소개함으로써 존슨이 우생학자로 성장하는 데 중요한 역할을 했다고 추측한다.(Mehler, "The History

of the American Eugenics Society", 196) 로플린의 경우를 보자면, 그는 1923년 말, 1924년 초 미 노동부 후원하에 유럽 11개국의 잠재적 이민자에 대한 해외 심사 가능성을 조사했다.("Third Report of the Sub-Committee on Selective Immigration of the Eugenics Committee of the United States of America", *Journal of Heredity* 16, no. 8{August 1925}: 293)

93   House Committee, *Biological Aspects of Immigration*, 17.

94   같은 글, 10. 로플린이 죽기 몇 년 전, 로플린 자신도 일종의 간질[즉, 뇌전증]을 앓았다는 사실이 밝혀졌다.(Mehler, "The History of the American Eugenics Society", 391)

95   House Committee, *Biological Aspects of Immigration*, 7.

96   같은 글, 15, 18. 오늘날에도 흔히 그렇듯, 이런 과대 대표에 대한 비난의 화살은 차별적 양형이나 배치 관행이 아니라 그 공간이나 상황에 갇힌 사람들에게만 전적으로 돌아갔다.

97   같은 글, 8, 7.

98   J. David Smith and K. Ray Nelson, *The Sterilization of Carrie Buck*(Far Hills, N.J.: New Horizon Press, 1989), 183.

99   다음에 인용됨. Thomas Shapiro, *Population Control Politics: Women, Sterilization, and Reproductive Choice*(Philadelphia: Temple University Press, 1985), 40.

100   "Doctor Laughlin Honored", *Eugenical News* 21, no. 4(July-August 1936).

101   다음에 인용됨. Popenoe, "In the Melting Pot", *Journal of Heredity* 14, no. 5(August 1923): 23-5. 또한 다음을 참조. U.S. House Committee on Immigration and Naturalization, *Analysis of America's Melting Pot: Hearings*, 67th Cong., 3d sess., 21 November 1922.

102   다음에 인용됨. Mehler, "The History of the American Eugenics Society", 185.

103   같은 글, 197-8, 206. 멜러는 우생학계 내부에 어느 정도 반대 의견이 있었음을 지적한다. 생물학자이자 동물학자인 허버트 제닝스Herbert Jennings는 미국우생학회 회원이었는데, 로플린의 통계 왜곡에 너무 실망한 나머지 조직을 떠나 우생학 혹평가가 됐다.(202, 208)

104   같은 글, 203.

3장 | 내부의 이민자

1 “Four Prizes for Eugenics Essays”, *Journal of Heredity* 19, no. 9(September 1928): 424.

2 *Birth Control Review* 13, no. 10(October 1929): 287; *Journal of Heredity* 20, no. 11(November 1929): 542.

3 *Eugenical News* 18, no. 2(March-April 1933).

4 “Meeting of the Board of Directors of the AES”, *Eugenical News* 13, no. 3(March 1928): 38; “American Eugenics Society: Committee on Cooperation with Clergymen”, *Eugenical News* 13, no. 4(April 1928): 53. 성직자에 대한 이런 관심은 골턴이 기독교를 경멸하고 기독교가 우생학으로 대체되기를 바라는 욕망이 있었다는 점에 비춰볼 때 특히 흥미롭다. '우생학'이라는 용어를 창안한 골턴은 '온유한 자들이 땅을 이어받을지니'라는 계명을 이유로 들며 로마제국 몰락을 기독교 탓으로 돌렸다. 골턴에 따르면, “인간은 이미 반쯤 무의식적으로, 또 하나의 개체로서 자기 자신의 이익을 위해 상당히 진화를 거듭해왔지만, 그것을 의도적이고 체계적으로 하는 것이 자신의 종교적 사명이라는 확신에는 아직 이르지 못했다”. 최근에는 전 일리노이대학교 심리학 교수 레이먼드 커텔Raymond Cattell이 '비욘디즘Beyondism'을 창안했는데, 그 교리는 부적자의 번식과 그에 따른 문명의 종말을 막으려면 가장 부유하고 지능적인 사람들이 세상을 물려받아야 한다는 것이다. “The Reason for Eugenics”(골턴의 다음 1883년 작에서 발췌. *Inquiries into Human Faculty and Its Development*), *Journal of Heredity* 5, no. 5(May 1914): 221; Mosse, *Nationalism and Sexuality*, 10; Mehler, “In Genes We Trust”, 77.

5 로플린, 그랜트, 헨리 프랫 페어차일드Henry Pratt Fairchild, H. F. 오즈번H. F. Osborn, 찰스 대븐포트, 그리고 C. C. 리틀C. C. Little 등이 바로 그들이다. 미국우생학회는 15개 주와 워싱턴 D.C., 하와이, 캐나다, 영국, 독일, 쿠바, 이탈리아, 푸에르토리코 및 스위스에 약 1000명의 창립 회원을 보유하고 있었다. 미국우생학회 기부자 중 한 명인 존 D. 록펠러 주니어John D. Rockefeller Jr.는 1925년과 1926년에 총 1만 달러를 냈다.(Mehler, “The History of the American Eugenics Society”, 81-3) 이후 록펠러는 마거릿 생어가 발간한 《산아제한 평론》의 기부자가 된다. 록펠러는 윈스턴 처칠, 알렉산더 그레이엄 벨, 전 하버드대학교 총장 찰스 엘리엇Charles Eliot과 나란히 1912년 1차 국제우생학대회에 참석했다. 이들의 참석은 중요한 의미가 있는데, 우생학자들이 존경을 받았음을 확연히 보여주고 과학적 인종주의자가 단지 비주류 집단이었다는 사회 통념이 틀렸다는 것을 드러내기 때문이다. 이 모임에서 '결함이 있는 이민자 및 유전적 결함이 있는 이민자'

에 대한 단종수술을 요구하는 '연방차원의실험적법률안Suggested Experimental Federal Law'이 제안됐다.(*Problems in Eugenics*, First International Eugenics Conference{Adelphi: Eugenics Education Society, 1912}, 466) 당연하게도 우생학자들은 그 누가 됐든 자기 사람임을 주장할 의향이 있었는데, 윌리엄 랜돌프 허스트William Randolph Hearst도 그 대상에 포함됐다. 허스트 소유의 신문들이 지지한 기본 원칙 중 하나에는 이 거물[허스트]이 발행한《뉴욕 아메리칸New York American》에서 밝혔듯 "미국이 필요로 하고 미국 시민권에 적합한 자들만 받아들이는 선택적 이민"이 포함됐다. 이에 대해 한 우생학자는 이렇게 반응했다. "이런 이상이 어떻게 진화해갈지 지켜보는 것은 흥미로울 거예요. 지금은 '시민권 적합성'을 기준으로 삼고 있는 신문들이 몇 년 내 '종축'[또는 씨가축. 집단에 있는 여러 개체 중에서 다음 세대를 생산하기 위해 번식에 사용할 가축]으로 기준을 바꾸게 될지도 모르잖아요."(*Eugenical News* 16, no. 1{January 1931}: 5)

6   Mehler, "The History of the American Eugenics Society", 217.

7   "Third Report of the Sub-Committee on Selective Immigration of the Eugenics Committee of the United States of America", 296, 298.

8   Mehler, "The History of the American Eugenics Society", 215-6.

9   "Memorial on Immigration Quotas: To the President, the Senate and the House of Representatives", *Eugenical News* 12, no. 3(March 1927): 27.

10   "Immigration Control: Statements on Immigration by Representative John C. Box of Texas, Member of the House Immigration Committee. Statement Number 3", *Eugenical News* 12, no. 11(November 1927): 163-4. 우생학자들과 그 동조자들이 내놓은 통계적 '증거'가 다 그렇듯 이 통계 역시 대단히 의심스럽다. 이민자 가족은 다양한 요인 때문에 아동 복지사의 주목을 받을 가능성이 더 높았다. 원래 멕시코 땅이었던 갤버스턴, 로스앤젤레스, 포트워스 같은 지역에는 당연히 멕시코인 및 멕시코계 미국인(복스가 이 둘을 구별했는지 의심스럽다) 인구가 상당할 것이고, 이용 가능한 서비스도 이에 비례할 것이다.

11   House Committee, *Biological Aspects of Immigration*, 15. 로플린의 인식은 이후 수십 년간 반향을 일으켰다. 1973년 상원 노동및공공복지소위원회에서 행한 진술에서 의사 알린 파슨스Arlene Parsons는 미국에서 "학습 가능한 정신지체", "경계성 정신지체", "정상 범위 아둔", 아니면 "사회 부적응"으로 분류된 아프리카계 및 라틴아메리카계 미국인 아동의 70퍼센트에서 80 퍼센트가 잘못 분류됐다고 증언했다.(U.S. Senate Subcommittee on Health, Committee on Labor and Public Welfare, *Quality of Health Care—*

Human Experimentation: Hearings, 93d Cong., 30 April, 28, 29 June,
and 10 July 1973, 1614)

12 "American History in Terms of Human Migration", *Eugenical News* 13, no.
8(August 1928): 122.

13 Mehler, "The History of the American Eugenics Society", 216.

14 "Immigration Commission of California," *Eugenical News* 13, no.
2(February 1928): 24. 1990년대 불법 입국에 대한 담론과는 달리, [1920
년대 당시에는] 북쪽 국경 역시 일정 수준의 경계가 필요한 장소로 여겨졌다.
퀘백의 평균적인 "거주자"는 "우생학적으로 열등하다"고 위원회는 발표했다.
그렇지만 우생학자들은 캐나다인들이 국경을 몰래 넘어 들어오는 것에는 대체로
무관심했다.

15 Ward, "Immigration and Eugenics: Second Report of the Sub-Committee
on Selective Immigration", 289.

16 Princeton League of Women Voters, *Heredity and Twelve Social
Problems*(Princeton, N.J.: Department of Social Hygiene of the Princeton
League of Women Voters, 1935/36), 31. 미국우생학회의 리언 F. 휘트니Leon
F. Whitney는 대공황은 "우생학에 헤아릴 수 없을 만큼 많은 도움을 줬다. …… 이
나라[미국]에서는 어떤 사람이 뭔가가 잘못됐음을 깨닫기 시작하기 전 돈지갑이
쪼그라드는 느낌이 오기 마련인데, 바로 이번 대공황이 사람을 옥죄는 그 통증을
느끼게 만든 것이다"라고 썼다.(Whitney, "Neither Dead nor Sleeping",
Journal of Heredity 24, no. 4{April 1933}: 150)

17 Princeton League of Women Voters, *Heredity and Twelve Social
Problems*, 31. 이는 아프리카계 미국인을 정신적-인종적 계층 구조의 밑바닥에
두지 않은 몇 안 되는 우생학 책자 중 하나였다. 하지만 저자들은 "전체 인구에
비춰볼 때 두 배 비율로 정신이상자를 정신 의료 시설에 대주고 있는" "국외 태생
사람들"에 대해 장황한 열변을 토하며, "니그로는 전체 인구에서 그들이 치지히는
수에 따라 마땅히 주어지는 비율을 훨씬 초과한다"라고 밝히긴 했다.(23)

18 같은 글, 31. 마찬가지로 우생학자들은 유럽의 값싼 노동력이 차단됨으로써
결과적으로는 남부 흑인이 북부 산업 중심지로 이주하는 현상이 눈에 띄게
늘고 있음을 우려했다. "1930년 인구총조사를 살펴보자면, 1920~1930년에
북부의 니그로 인구는 100만 명 가까이 늘었지만, 같은 기간 남부의 니그로
인구 증가세는 그 절반에도 미치지 못했다."("Negro Migration to the North",
Eugenical News 16, no. 9{September 1931}: 150) 물론 1920년대 제한주의적
입법 이전에 흑인 대이동과 남동부 유럽 출생 유대인의 대규모 이주는 상당히
중첩돼 일어난 일이었다.

19 다음에 인용된 오즈번의 말. Mehler, "The History of the American Eugenics Society", 219.

20 C. M. Goethe, "Patriotism and Racial Standards", *Eugenical News* 21, no. 4(July-August 1936): 66, 68.

21 "Japanese Immigration Quota: Pro and Con", *Eugenical News* 16, no. 9 (September 1931): 144. 이 글의 필자는 중국 및 일본을 할당제에 포함시키는 것에 반대하는 주장을 하고 있었다. 앞서 배외주의적 입법이 이뤄졌으므로, 이 필자는 미국을 잠식해 들어오는 아시아인의 위협을 상기시키려는 속셈으로 중국 및 일본에서 오는 이민자 수가 많다는 통계를 댈 수 없었다. 대신 하와이의 필리핀인 인구가 '유독 눈에 띄게' 불어났다는 점을 들었다.

22 Princeton League of Women Voters, *Heredity and Twelve Social Problems*, 31.

23 "Puerto Rico as State", *Eugenical News* 20, no. 4(July-August 1935): 58-9.

24 같은 글, 59.

25 다음에 인용됨. Grant, *The Passing of the Great Race*, 68.

26 Princeton League of Women Voters, *Heredity and Twelve Social Problems*, 31.

27 George Stocking, *Race, Culture, and Evolution: Essays in the History of Anthropology*(Chicago: University of Chicago Press, 1982), 48-9.

28 Madison Grant, "Further Notes on 'The Racial Elements of European History'", *Eugenical News* 13, no. 9(September 1928): 120.

29 Brigham, *A Study of American Intelligence*, 208.

30 Siobhan Somerville, "Scientific Racism and the Emergence of the Homosexual Body", 265.

31 *American Breeders Magazine* 2, no. 3(1911): 232. 물론 남동부 유럽인 이민자는 아시아인, 아프리카계 미국인, 멕시코인이 그랬듯 '피부색이 더 흰' 상대와 결혼하는 것이 법적으로 금지되지 않았고, 결혼을 했다는 이유로 일상적인 신체적 처벌을 당하지도 않았다.

32 Mehler, "The History of the American Eugenics Society", 92, 94.

33 같은 글, 92, 94.

34 *Eugenical News* 16, no. 3(March 1931): 37.

35 C. G. Campbell, "The Present Position of Eugenics", *Journal of Heredity* (April 1943): 147. 캠벨은 "현대에 들어와 우생학적 목적을 위해 법률을 제정한 최초의 국가라는 점에서 탁월함이 있다. 1905년 인디애나주에서 최초의 {단종}

법 제정 이래⋯⋯"라면서 미국을 칭송했다.

36 이런 '역사' 프로젝트는 수백만 명의 존재를 지워버리는 일뿐만 아니라
    우생학자들의 선택적 집단 기억에도 의존하고 있었다. 영광스러운 우생학적
    과거를 지닌 미국이라는 환상을 불러일으킬 때 우생학자들은 바로 자신들이
    공황에 빠져 부르짖었던 인종 혼합 금지 주장, 그리고 19세기 자신들의
    이데올로기적 전신들이 아프리카계 미국인 및 초기 이민자 물결 양쪽에 대해
    소리 높였던 배제의 목소리는 잊어버렸다. 또한 노예제 시기 및 그 이후에 백인
    남자에게 강간당한 흑인 여자에게서 태어난 아이들의 존재도 망각했다.

37 Stephen Steinberg, *Turning Back*(Boston: Beacon Press, 1995), 25, 32-
    3. 또한 다음을 참조. George Stocking, *Bones, Bodies, Behavior and Race,
    Culture, Evolution.*

38 K. Holler, "The Nordic Movement in Germany", *Eugenical News* 17, no. 5
    (September-October 1932): 117.

39 "Doctor Laughlin Honored", *Eugenical News* 21, no. 4(July-August 1936).

40 "Eugenical Sterilization In Germany", *Eugenical News* 18, no. 5
    (September-October 1933): 89.

41 C. M. Goethe, "Patriotism and Racial Standards", *Eugenical News*
    21, no. 4(July-August 1936): 65-6. 거터는 반멕시코 이민 제한에 지극히
    적극적이었고, 우생학기록협회에서 잠시 동안 맡았던 회장의 지위를 이용해
    미국 내에서 나치 정책에 대한 지지를 얻어냈다.(Mehler, "The History of the
    American Eugenics Society", 356)

42 Holler, "The Nordic Movement in Germany."

43 다음에 인용됨. Gould, *The Mismeasure of Man*, 195.

44 "Eugenical Sterilization in Germany", *Eugenical News* 18, no. 5
    (September-October 1933): 90. 이 글의 필자는 자신의 말이 얼마나
    부조리한지 인식조차 하지 못한 채 태연히 독자를 안심시켰다 "영미법에 정통한
    사람에게는 독일의 새 단종법이 어떻게 몇몇 사람이 시사하듯 ⋯⋯ 비북유럽계
    인종의 단종수술을 위한 '폭정의 도구'가 될 수 있는지 이해하기 어렵다. 최근 미
    주정부의 단종법들에 따른 합법적 단종수술 사례는 1만 6000건이 넘는다. 그중
    어느 누구도, 어떤 사례에서도 ⋯⋯ 이런 법하에서 인종적, 종교적, 혹은 정치적
    편견이 작용해 수술을 시행한 일이 단 한 번이라도 있음을 내비친 적은 없다."(90)
    1933년에는 그랬을 수도 있고 아니었을 수도 있지만, 그 상태가 그리 오래가지는
    않았다. 1935년이 되자 미국 내 흑인 언론은 정확히 그런 비판을 하고 있었고, 그
    비판은 대단히 유효했다.

45 "Race Hygiene (Eugenics) in Germany", *Eugenical News* 19, no. 5

(September-October 1934): 136.

46 "Hitler and Race Pride", *Eugenical News* 17, no. 2(March-April 1932): 61-
   62.

47 "Jewish Refugees from Germany", *Eugenical News* 19, no. 2(March-
   April 1934): 44.《우생학 소식》은 실제로 수십 년간 미국 내 유대인의 존재를
   모욕해왔으므로, 이는 순전히 수사적 질문에 불과했다. 같은 호에 편집진은
   매디슨 그랜트가 조르주 바셰 드 라푸즈Georges Vacher de Lapouge 백작한테서
   받은 서신을 실었는데, 프랑스 내 시리아인, 폴란드인, 모로코인, 스페인인,
   이탈리아인의 존재를 개탄하는 내용이었다. "그리고 이를 완성이라도 하듯,
   이제는 독일 유대인들까지 '억수같이 쏟아지고' 있어요."("A French View", 같은
   글, 39)

48 "A Letter From Dr. Ploetz" and "Jewish Physicians in Berlin" (from
   Rassen-politische Auslands-Korrespondenz, no. 2, 1934), *Eugenical
   News* 16, no. 5(September-October 1934): 126, 129.

49 우생학자들 사이에서도 일찍이 나치의 수사 및 정책을 비판한 사람들이
   있었지만, 그들의 비판은 묻혀버렸다. 가장 신랄한 비평가들도 '히틀러 같은
   자들'이 우생학의 평판을 떨어뜨린다고 비난했을 뿐인데, 그렇지 않았다면
   우생학은 건전한 철학이 됐을 것이라고 여겼기 때문이다. J. H. 켐튼J. H. Kempton
   은 상황을 낙관적으로 보아 히틀러 등이 "우생학을 더 심한 조롱거리로 만들긴
   하지만, 그들의 우스꽝스러운 짓거리는 인간의 유전이라는 주제에 대한 정보를
   얻고자 하는 수요를 자극하며 이는 결국 이로운 것으로 판명될 수도 있다"라고
   썼다.("Bricks without Straw", *Journal of Heredity* 24, no. 12{December
   1933}: 463)

50 C. G. Campbell, "The German Racial Policy", *Eugenical News* 21, no. 2
   (March-April 1936): 25.

51 같은 글, 29.

52 "Must We Raise Our Birth Rate?" *Sexology* 8, no. 4(March 1941): 230.

4장 | 파이어니어펀드: 과학적 인종주의와 우생학 기금

1 Certificate of Amendment of the Certificate of Incorporation of the
   Pioneer Fund, Inc., under Section 803 of the Not-For-Profit Corporation
   Law, 30 April 1985, State of New York. 이 문서를 찾아내준 로셸 오르도버
   Rochelle Ordover에게 감사를 전한다. 또한 다음을 참조. Mehler, "The History of

the American Eugenics Society", 115-6; Adam Miller, "Professors of Hate",
Rolling Stone, 20 October 1994, 112.

2   Mehler, "In Genes We Trust", 14.

3   Certificate of Amendment of the Certificate of Incorporation of the
Pioneer Fund. 파이어니어펀드 활동의 전모를 파악하기는 어렵다. 그들은
비영리, 비과세 조직으로서 선언문의 변경 사항은 제출해야 하지만, 정부에서
아무런 돈을 받지 않기 때문에 대중에게 공개할 의무가 없는 특정 정보들도
있다. 연방법에 따르면, 파이어니어펀드는 "선전 활동을 수행하거나 혹은 다른
방식의 시도를 함으로써 입법에 영향을 주려고" 하지 않는 한 비과세 상태를
유지할 수 있다. 이런 제한은 기금 수혜자에게는 적용되지 않으므로, "인종차별
해소 버스 운행[또는 강제 버스 통학]과 그것이 학습 능력의 유전적 측면과
맺는 관계"를 연구한 랠프 스콧Ralph Scott은 기금 수상자가 되자 상금 일부를
루이빌 및 보스턴에서 열린 인종차별 해소 버스 운행 반대/학교 안 인종차별
철폐 반대 세미나에 사용했다.("Fund Backs Controversial Study of 'Race
Betterment,'" *New York Times*, 11 December 1977, 76) [인종차별 해소 버스
운행은 학내 인종 간 균형을 맞추기 위해 학생을 거주지 밖의 지역에 위치한
학교에 통학시키는 것으로, 교육계의 인종차별을 철폐하는 수단으로 여겨져
1970년대 이후 널리 확산됐다. 백인 가족이 대도시 교외로 대거 이주하는 '백인
도피white flight' 현상을 촉진한 원인 중 하나로도 알려졌다. 도입 때부터 계속
반대와 저항에 부딪혔으며 지역별로 점차 폐지돼 2013년 완전히 사라졌다.]

4   Miller, "Professors of Hate", 112; Mehler, "In Genes We Trust", 14.

5   Mehler, "The History of the American Eugenics Society", 116.

6   Bonnie Squires, "'Bell Curve' Given Too Much Attention", *Philadelphia
Tribune*, 28 February 1995, 7A; Mehler, "The History of the American
Eugenics Society", 116 n. 70.

7   Steven J. Rosenthal, "The Pioneer Fund: Financier of Fascist Research",
American Behavioral Scientist 39, no. 1(September-October 1995): 50;
and Squires, "'Bell Curve' Given Too Much Attention."

8   상원의원 제임스 이스틀랜드James Eastland 또한 1950년대에 [파이어니어펀드]
이사회 이사였다.(Rosenthal, "The Pioneer Fund", 50; Griffin Fariello, *Red
Scare: Memories of the American Inquisition*{New York: Avon Books,
1995}, 18-9, 471) 파이어니어펀드는 1960년에 《계간 인류Mankind Quarterly》
를 발행하기 시작했다. 나치 '과학자'이자 요제프 멩겔레Josef Mengele의 스승인
오트마르 폰 페르슈어Otmar von Verschuer가 편집위원이었다.(Rosenthal, "The
Pioneer Fund", 51)

9   U.S. House Subcommittee No. 1, Committee on the Judiciary,
    *To Amend the Immigration and Nationality Act, and for Other
    Purposes: Hearings on H.R. 2580*, 89th Cong., 1st sess., 20 May 1965,
    237, 251. 1942년, 전미애국협회연합은 미 법무부에 의해 내란선동죄로
    기소됐다. 전미애국협회연합은 1960년대에 나치 전범의 석방을 촉구했고
    아파르트헤이트를 당당하게 지지했다. 그 밖에도 1976년 로널드 레이건의 대선
    출마를 지지하고, 1972년 제시 헬름스Jesse Helms의 선거운동 본부장으로 활동한
    토머스 F. 엘리스Thomas F. Ellis도 파이어니어펀드 이사진에 포함됐다.("Fund
    Backs Controversial Study", 76; Miller, "Professors of Hate", 112-3)

10 House Committee, *To Amend the Immigration and Nationality Act*, 239,
    240.

11 같은 글, 241.

12 같은 글, 245, 253.

13 일부 개인들은 시간이 흐름에 따라 파이어니어펀드로부터 거액을 받는 데
    성공했다. 캘리포니아대 버클리의 아서 젠슨Arthur Jensen은 수년간 100만 달러
    이상을 수령했다.(Mehler, "In Genes We Trust", 12, 14; Miller, "Professors of
    Hate", 114)

14 Miller, "Professors of Hate", 114. 캘리포니아주의 많은 학자가
    파이어니어펀드의 신조에 충실함을 입증했고 넉넉히 보상받았는데, 젠슨과 고
    윌리엄 쇼클리William Shockley는 그중에서도 일등이었다. 젠슨과 쇼클리의 상금은
    각각 캘리포니아대학교 버클리와 스탠포드대학교를 통해 지급됐다.("Fund
    Backs Controversial Study", 76) 이런 지출 방식이 드문 것은 아니지만, 이를
    통해 분명 대학기관이 일정 정도 공모했음을 알 수 있다. 또한 우생학적 도표
    작성자들에 의해 제공된 위로부터의 인종주의가 역사적으로 이어져왔다는 것을
    입증할 수도 있다.

15 Rosenthal, "The Pioneer Fund", 51.

16 엘리자베스 카데츠키Elizabeth Kadetsky는 [미국이민개혁연맹이 수령한]
    상금을 총 80만 달러로 산정한다.(Kadetsky, "Bashing Illegals in
    California", 419; Rosenthal, "The Pioneer Fund", 54) 파이어니어펀드는
    미국이민개혁연맹에 1994년 10만 500달러, 1993년 10만 8500달러, 그리고
    1992년 15만 달러를 수여했다. 두 번째 수혜자는 최근 몇 년간 반이민 목소리를
    높여온 미국이민통제재단American Immigration Control Foundation이다. 비록
    미국이민개혁연맹에 비하면 미국이민통제재단이 파이어니어펀드에서 받은 1
    만 달러 상금은 쥐꼬리만 한 수준이지만 말이다.(*Dangerous Intersections*,
    appendix)

17 Special issue, *New Republic*, 31 October 1994; and Kadetsky, "Bashing
  Illegals in California", 419.

18 "Frustration over Immigration Growing in State", *San Francisco
  Chronicle*, 30 March 1994, A10; Pamela Burdman, "Grass-Roots Anger
  Takes Hold in California", *San Francisco Chronicle*, 30 March 1994, A10.

19 Rosenthal, "The Pioneer Fund", 54.

20 맬서스주의는 자원은 산술적으로 증가하는 반면 인구는 기하급수적으로
  증가한다고 주장한다.

21 국내의 경고들은 생식력이 왕성한 타자라는 과장된 구성물에 기대기 일쑤다.
  "통계학자들은 1940년 이래로 캘리포니아주 남부의 인구가 방글라데시보다 두
  배로 빠르게 증가해왔다고 말한다."(*San Francisco Chronicle*, 14 May 1995,
  Sunday sec., 8) 대중문화 역시 비미국인 인구의 '폭발적 증가'라는 공포를
  활용했다. 서츠Certs[구취 제거용 민트 캔디 상표로, 미국 약국 및 편의점에서
  빼놓을 수 없는 품목]의 한 광고는 이렇게 경고한다. "지구상에 사람이 더
  늘어난다는 건 우리가 숨 쉴 공기를 오염시키는 구취가 더 많아진다는 뜻이지요."

22 다음에 인용됨. Aaron G. Lehmer, "The Greening of Hate", *San Francisco
  Bay Guardian*, 19 February 1997, 23.

23 다음에 인용됨. 니키 배스Nikki Bas가 '환경정의운동의현황State of the Environmental
  Justice Movement' 분과 회의에 참가해 발언한 내용. *Dangerous Intersections*,
  33.

24 벳시 하트만의 기조연설. *Dangerous Intersections*, 3.

25 Pamela Burdman, "The 'I-Word' Creates Tense Environment at Sierra
  Club", *San Francisco Chronicle*, 30 March 1994.

26 캐시 택터퀸이 토요일 총회에 참가해 발언한 내용. *Dangerous Intersections*,
  22.

27 백래시와 희생양 만들기의 시대에 '중립성'을 용인할 수 있느냐에 대한 논의는 본
  장의 범위를 벗어난다.

5장 | 무분별한 친절과 헤픈 감상주의: '박애주의적' 충동과 싸우기

1 "The Most Dangerous Conservative", *New York Times Magazine*, 9
  October 1994, 48.

2 E. J. Lidbetter, "Heredity, Disease, and Pauperism", *Birth Control Review*
  13, no. 7(July 1929): 192.

3   같은 글, 193.

4   Grant, *The Passing of the Great Race*, 228.

5   Ward, "Immigration after the War", *Journal of Heredity* 8, no. 4(April 1917): 147-9.

6   Fishberg, "Eugenics in Jewish Life", 547.

7   다음에 인용됨. Chase, *The Legacy of Malthus*, 174. 이민자의 '위협'에 대한 견해가 명백히 유사하다는 것 외에도 감상주의의 파괴력에 대한 쿨리지의 호소는 전적으로 그랜트에게서 차용한 것일 수 있다고 체이스는 주장한다. 쿨리지는 그랜트의 저작을 탐독했다. 44년 뒤, 의회를 향한 존 트레버의 호소는 쿨리지와 워드의 진술을 메아리치듯 따라 했다. 트레버는 래진스키를 인용했는데, 래진스키가 청소년 비행, 반역 행위, "넘쳐나는 살인"을 미국이 "타국 사람들에게 베푸는 **무모한 관용**" 탓으로 돌린 것도 포함됐다.(강조는 저자) 래진스키는 자신도 이민자였지만 이렇게 썼다. "미국은 더는 세계의 불행한 아이들을 위한 위탁 가정 노릇을 할 여유가 없다. 생물학적으로 보자면, 이곳에는 이미 너무 많은 인간 유형이 존재하므로 사람들이 더 들어온다고 해서 유전적 최종 산물이 향상될 일은 거의 없다. 하지만 사람들을 더 들여온다면 조화로운 사회에 반드시 필요한 유익한 융합은 무기한 연기될 것이다."(House Committee, *To Amend the Immigration and Nationality Act*, 존 트레버 주니어John Trevor Jr.의 증언, 241)

8   우생학자들과 그 동조자들은 스스로 감성보다 과학을 중시하는 합리적 개혁가라는 이미지에 빠져 있었다. 그런 까닭에 미국우생학회는 미성년자의 복지를 염려하는 아동노동법안을 옹호하는 것을 도저히 받아들일 수 없었다. 대신 미국우생학회는 그 법안을 1928년 발의된 입법 프로그램에 포함시키기로 결정했다. 그 결정은 "환경우생학적 조치가 아니라 …… 명확히 우생학적 조치인데, 아동노동이 쉽게 착취되는 극빈 지역에서는 대가족이 장려되기 때문이다". [환경우생학 또는 우경학은 유전보다는 환경을 개선함으로써 인종의 질적 개량, 사회 진보, 국가 번영을 꾀했던, 적극적 우생학의 한 갈래다.] ("Legislative Program of the American Eugenics Society", *Eugenical News* 13, no. 3{March 1928}: 39) 또한 이 입법 프로그램에는 "가능한 사회적, 유전적 위협"을 고려할 수 있도록 가석방 제도 재정비, 북미 및 남미로의 할당제 확대, 국외 추방 조항 확대, 그리고 "재외국인 전원 등록제"가 포함됐다. 1994년 7월에도 이처럼 감상주의에 굴복하지 않으려 했던 비슷한 사례가 있었다. 캘리포니아주 샌안셀모와 샌러파엘의 슈퍼마켓 두 곳에서 쇼핑객들이 유나이티드마켓 매장들을 상대로 서류 없이 미국에 입국한 엘살바도르 출생 4학년생의 얼굴과 이민 이야기가 찍힌 쇼핑백을 나눠주는 것을 중단하지 않을

시 불매운동 그리고/또는 피켓 시위를 하겠다고 으름장을 놓았던 것이다. 쇼핑백 사용 지지자가 비방자보다 수적으로 우세해 보였음에도 불구하고 유나이티드마켓은 항복했고, 어린이를 위한 공공 예술 작업 프로그램의 일환이었던 쇼핑백 4만 개를 폐기 처분했다. 주민투표발의안 187호 캠페인의 의장인 릭 올트먼Rick Oltman은 쇼핑백에 찍힌 그 열 살 난 아이의 모습이 불법 이민을 조장한다고 불만을 터뜨리는 여러 사람한테서 전화를 받았다. 그런 반응에 고무된 올트먼은 한 기자에게 "우리는 항상 우리 기반이 넓어지는 것을 반깁니다"라고 말했다.("Marin Markets Dump Bags after Protest", *San Francisco Chronicle*, 21 July 1994, 1, 13)

6장 | 끝나지 않은 공황 상태

1   "Frustration over Immigration Growing in State", *San Francisco Chronicle*, 30 March 1994, A10.

2   "Latinos Attack VA Bill to Require Reporting of Illegal Immigrants", *Washington Post*, 27 February 1994, B1, B2, B3.

3   앨런 C. 넬슨의 다음 기고문, "Open Forum: Something Must Be Done", *San Francisco Chronicle*, 17 August 1994, 19. 질병이라는 망령을 불러들이는 것은 일종의 자기 실현적 예언이 될 수도 있다. 에이즈 활동가들과 의료 서비스 제공자들은 복지 개혁이 이민자들에게 미칠 영향, 특히 그중에서도 팬데믹으로 너무 큰 타격을 입은 라틴아메리카계 지역사회에 미칠 파괴적인 파급 효과에 대해 경고했다.("AIDS Activists State Fears of Welfare Reform", *Bay Windows* 14, no. 37{5-11 September 1996}: 3, 21)

4   Mosse, *Nationalism and Sexuality*, 190. 모스는 유럽의 인종주의에 대해 말하고 있지만, 이는 미국에서 일어난 일에 대한 적절한 설명임이 틀림없다.

5   "Frustration over Immigration Growing in State", A11.

6   같은 글.

7   Mosse, *Nationalism and Sexuality*, 9.

8   J. H. Landman, *Human Sterilization*(New York: Macmillan Company, 1932), 302-4.

9   R. C. Lewontin, *Biology as Ideology: The Doctrine of DNA*(New York: Harper Collins, 1991), 23.

2부 | 퀴어 해부: 100년의 진단, 해부 그리고 정치 전략

7장 | 구원자로서의 과학

1 1968년 잡지 《예방Prevention》에서 식수에 함유된 불화물이 동성애를 유발한다는 혐의를 제기했다는 사실은 랠프 블레어Ralph Blair가 다음에서 밝힌 것이다. *Etiological and Treatment Literature on Homosexuality*(New York: National Task Force on Student Personnel Services and Homosexuality, 1972), 1; "Crash Made Him Gay, Jury Made Him Rich", *Oakland Tribune*, 15 February 1976.

2 다음에 인용됨. Donna Minkowitz, "Trial by Science", *Village Voice*, 30 November 1993.

3 Dean Hamer and Peter Copeland, *The Science of Desire: The Search for the Gay Gene and the Biology of Behavior*(New York: Simon & Schuster, 1994), 212.

4 다음에 인용됨. Ruth Hubbard, "False Genetic Markers", *New York Times*, 2 August 1993, A15.

5 강조 추가. "What Makes Folks Gay?", *Bay Area Reporter*, 10 November 1994, 44.

6 Caleb Crain, "Did a Germ Make You Gay?", *Out*, August 1999, 48.

7 Neenyah Ostrom, "'Gay Gene' Research Doesn't Hold Up under Scrutiny", *New York Native* 638(10 June 1995): 25; Ruth Hubbard, "False Genetic Markers", A15. 하버드대학교 유전학자 리처드 C. 르원틴은 쌍둥이 연구를 해석하는 데 대단히 중요한 통찰력을 제공하는데, 그중 일부는 분명 게이 형제에 대한 해머의 연구에도 적용될 수 있다. 요컨대 쌍둥이 피험자를 모집한다고 광고하는 연구들에는 서로 상당히 닮고, 비교적 사이가 좋은 쌍둥이들이 모일 것이다. 이런 자체 선별 과정에 대해 연구를 설계하거나 실행하는 연구자들이 인정하는 경우는 아예 없다고는 할 수 없지만 극히 드물다.(Lewontin, *Biology as Ideology: The Doctrine of DNA*{New York: Harper Collins, 1991}, 33)

8 Hamer and Copeland, *The Science of Desire*, 49-51, 99, 102, 108. 해머에 따르면 해머 자신의 직업은 "과학적 모형은 과학자가 이미 사실이라고 확신한 것이 아니라 관찰에 기초를 둬야 한다는 베이컨적 개념"을 가지고 있는데도 불구하고 말이다.

9 "Study Links Brain Path to Sexual Orientation", *Oakland Tribune*, 18 November 1994, A3; Natalie Angier, "Study Links Brain to Transsexuality",

New York Times, 2 November 1995.

10 딘 해머와의 라디오 인터뷰, "Technation: Americans and Technology", KALW-FM, San Francisco, 17 January 1995 방송.

11 Simon LeVay, "A Difference in the Hypothalamic Structure between Heterosexual and Homosexual Men", *Science* 253(30 August 1991): 1034-5.

12 "Born or Bred?", *Newsweek*, 24 February 1992, 48.

13 다음에 대한 돈 잭슨Don Jackson의 서평. *The Stereotaxic Treatment of Homosexuality*, F. Roeder and D. Muller, *Bay Area Reporter*, 28 June 1972; Jackson, "Psychosurgery", *Gay Sunshine* 13(June 1972): 1. 잭슨의 보도는 이 남성들이 감옥에 이르게 된 혐의를 하나하나 열거하지도, 그들이 동성애자라는 사실 때문에 형량이 늘어났음을 시사하지도 않았다.

14 Dean Gengle and Norman C. Murphy, "Revolutionary Extinction? An Emerging Model of the Origin of Sexuality", *Advocate* 253(1 November 1978): 17.

15 다음에 인용됨. Don Jackson, "Legislature Acts to Ban Surgical Cures", *Bay Area Reporter*, 28 June 1972.

16 "News for Neurosurgeons: Brain Cells Scattered", *Advocate* 4, no. 24(20 January-2 February 1971): 4.

17 Hamer and Copeland, *The Science of Desire*, 48.

18 Marcia Barinaga, "Is Homosexuality Biological?", *Science* 253(30 August 1991): 956-7.

19 같은 글, 956; William Byne and Bruce Parsons, "Human Sexual Orientation: The Biologic Theories Reappraised", *Archives of General Psychiatry* 50, no. 3(March 1993): 235.

20 "Born or Bred?" 48, 50, 52. 해머의 연구는 [동성애가] 생물학 **그리고** 어머니와 관련이 있음을 시사한다는 점은 굳이 덧붙일 필요도 없을 것 같다.

21 Doug Futuyma, "Is There a Gay Gene? Does It Matter?", *Science for the People*, January-February 1980, 15.

22 Wendell Ricketts, "Biological Research on Homosexuality: Ansell's Cow or Occam's Razor?", *Journal of Homosexuality* 9, no. 4(1984): 88.

8장 | 일탈을 상세하게 서술하기: 도덕적 명령, 유전적 전제,
그리고 법의 자구

1   George Chauncey, *Gay New York: Gender, Urban Culture, and the Making of the Gay Male World, 1890-1940*(New York: Basic Books, 1994), 14, 60.

2   같은 책, 122.

3   Jennifer Terry, "Anxious Slippages between 'Us' and 'Them'", 134.

4   다음에 인용됨. Siobhan Somerville, "Scientific Racism and the Emergence of the Homosexual Body", *Journal of the History of Homosexuality* 5, no. 2(October 1994): 259.

5   Michel Foucault, *The History of Sexuality*, vol. 1, *An Introduction*(New York: Random House, 1994), 54, 118.

6   다음에 인용됨. Havelock Ellis, *Studies in the Psychology of Sex*, vol. 2, *Sexual Inversion*(1901; 재발행, Philadelphia: F. A. Davis, 1928), 68.

7   다음에 인용됨. David F. Greenberg, *The Construction of Homosexuality* (Chicago: University of Chicago Press, 1988), 414. 폰 크라프트-에빙의 《성적 정신병리Psychopathia Sexualis》는 1892년 영어로 번역됐다.

8   James Foster Scott, *The Sexual Instinct: Its Use and Dangers as Affecting Heredity and Morals: Essentials to the Welfare of the Individual and the Future of the Race*(New York: E. B. Treat, 1907), 421, 427. 스콧은 '오나니슴'을 "부자연스러운 방법, 즉 성교 이외의 것으로 오르가슴을 만들어내기 위해 어느 성별이 됐든 혼자서 또는 서로 간에 동원하는 모든 형태의 성적 자극에 넓은 의미로 적용할 수 있는 포괄적 의미의 용어"라고 정의했다.(419)

9   같은 책, 105.

10 같은 책, 47, 105, 425.

11 같은 책, 42, 104. 대법관 홈스는 훗날, 동의 없이 단종수술을 시행할 수 있는 주 정부의 권리에 대한 대법원의 지지를 주도적으로 이끌어낸다.

12 다음에 인용됨. Vern L. Bullough, "Homosexuality and the Medical Model", *Journal of Homosexuality* 1(fall 1974): 106-7.

13 같은 글, 107.

14 같은 글.

15 Greenberg, *The Construction of Homosexuality*, 403. 그 실례로서 그린버그는 1852년 스웨덴 의사 마그누스 후스Magnus Huss에 의해 재분류되기

전에는 '만취 상태drunkenness'라 불렸던, '알코올의존증alcoholism'이라는
명명을 든다. '동성애'와 마찬가지로 '알코올의존증'이 마침내 질병의 지위를
갖게 된 것이다. 140년 넘게 흐른 뒤 뉴트 깅그리치Newt Gingrich가 '동성애'와
'알코올의존증'을 나란히 묶었을 때, 이 둘은 명시적으로 질병이 아니라 '지향'
으로 분류됐다.

16 같은 책, 415-6.

17 같은 책, 412-3.

18 Terry, "Anxious Slippages between 'US' and 'Them,'" 132.

19 Chauncey, *Gay New York*, 132.

20 강조 추가; G. Frank Lydston, *Addresses and Essays*(Louisville, Ky.: Renz
    & Henry, 1892), 244; 원래는 다음에 게재됨. *Philadelphia Medical and
    Surgical Reporter*, 7 September 1889. 해블록 엘리스는 《성적 전도Sexual
    Inversion》에서 리드스턴의 작업, 특히 그 의사가 최면 암시 기법을 이용한 것을
    과도하게 강조하여 인용했다.

21 Lydston, *Addresses and Essays*, 346.

22 Lydston, *The Diseases of Society (The Vice and Crime Problem)*
    (Philadelphia: J. B. Lippincott, 1904), 15.

23 몇 년 뒤 엘리스는 '잠재적 선천성 도착'에 대해 쓰면서 이것이 인생 후반부에,
    즉 아마도 아이를 낳거나 양육하는 시기 이후에 발현될 것이라고 했다.(*Sexual
    Inversion*, 84)

24 Lydston, *Addresses and Essays*, 248.

25 Jonathan Katz, *Gay American History: Lesbians and Gay Men in the
    U.S.A.*(New York: Avon Books, 1976), 197; Vern Bullough and Martha
    Voght, "Homosexuality and Its Confusion with the 'Secret Sin,'" *Journal
    of the History of Medicine and Allied Sciences* 38, no. 2(April 1973): 152.

26 *Boston Medical and Surgical Journal* 61, no. 8(22 September 1859): 165.

27 "The Orificial Philosophy", *Journal of Orificial Surgery* 1, no. 8(February
    1893): 536.

28 E. P. Miller, "Sensuality as a Cause of Disease", *Journal of Orificial
    Surgery* 4, no. 9(March 1896): 401.

29 Lydston, *The Diseases of Society*, 564.

30 다음 사설, E. H. Pratt, *Journal of Orificial Surgery* 2, no. 6(December
    1893): 281.

31 Wayne R. Dynes, ed., *Encyclopedia of Homosexuality*(New York:
    Garland Publishing, 1990), 740. 번 벌러우Vern Bullough는 롬브로소가

감옥 수감이 아니라 정신 의료 시설 수용을 옹호했다고 썼다.(Bullough, "Homosexuality and the Medical Model", 107)

32 Greenberg, *The Construction of Homosexuality*, 415; Wayne Dynes, *Encyclopedia of Homosexuality*, 740.

33 다음에 인용된 롬브로소의 말, Greenberg, *The Construction of Homosexuality*, 418.

34 Katz, *Gay American History*, 209. 후대 의사 및 정책 입안자들은 이와 비슷하게도 정관절제술이 거세보다 더 인도주의적이라고, 또 추정컨대 노플란트가 난관결찰술보다 덜 침습적이라고 이야기할 터였다.

35 같은 책.

36 같은 책, 210.

37 J. H. Landman, *Human Sterilization: The History of the Sexual Sterilization Movement*(New York: Macmillan, 1932), 312-3.

38 같은 책, 57-8.

39 같은 책, 61-3, 304, 306. 1920년대 중반부터 후반까지 아이다호주, 노스다코타주, 미시간주에서 단종법이 통과됐고, 동성애자에게 적용됐다. 미시간주에서는 해당 법률이 통과된 지 3년 이내에 629명에게 단종수술이 시행됐는데, 그중 압도적 다수가(476명) 여성이었다.(73)

40 같은 책, 76-7.

41 같은 책, 75.

42 강조 추가; *Warden Davis v. Walton*, 유타주 대법원, 9 April 1929; 그리고 Landman, *Human Sterilization*, 103.

43 판사들은 심지어 혐의가 제기된 '성범죄'가 실제 발생했다고 전적으로 확신하지도 못했다.(*Warden Davis v. Walton*, 유타주 대법원, 9 April 1929)

44 *U.S. Statutes at Large* 39, part 1(1917): 875. 하지만 미국 이민법은 무엇이 '도덕적 타락 행위'인지 명확히 정의한 적이 없으며, 이를 법원 및 미 이민귀화국의 재량에 맡겼다. 1952년 매캐런-월터법 및 1990년 이민법의 적용을 포함해 동성애와 미국 이민법에 대한 탁월한 논의로는 다음을 참조. Shannon Minter, "Sodomy and Public Morality Offenses under U.S. Immigration Law: Penalizing Lesbian and Gay Identity", *Cornell International Law Journal* 26(1993): 771.

45 Michel Foucault, *Discipline and Punish: The Birth of the Prison*(New York: Vintage Books, 1979), 22. [한국어판:《감시와 처벌: 감옥의 탄생》, 오생근 옮김, 나남, 2022]

9장 | 생물학 변명가들: 호소와 오산

1 "Born or Bred?" 48. 실츠의 발언은 아마도 동성애에 대한 비유인 '왼손잡이'에
대한 무의식적 언급이었을 것이다.

2 Barinaga, "Is Homosexuality Biological?", 957.

3 Deeg, "Gay Genes Found on Queer Butts", *Ultra Violet*
(개입에반대하는레즈비언및게이 Lesbians and Gays against Intervention, LAGAI
소식지) 6, no. 1(summer 1995): 10.

4 다음에 인용됨. Gunter Schmidt, "Allies and Persecutors: Science and
Medicine in the Homosexuality Issue", *Journal of Homosexuality* 10, no.
3/4(winter 1984): 128.

5 같은 글, 129.

6 같은 글, 132.

7 히르슈펠트는 이런 방식을 수용했지만, 이에 몇 년 앞서 엘리스는 그 독일인
성과학자[히르슈펠트]가 "우생학적 관점에서 동성애자의 결혼은 늘 대단히
위험하다는 결론을 내렸다"고 지적했다.(*Sexual Inversion*, 335)

8 Schmidt, "Allies and Persecutors", 133-4.

9 50년 뒤, 그처럼 '동성애 충동'을 관장한다고 생각된 뇌 부분을 절단하는 수술이
실제로 독일에서 수행됐다. 같은 글, 134-5.

10 Greenberg, *The Construction of Homosexuality*, 418.

11 Ellis, *Sexual Inversion*, 179.

12 같은 책, 265.

13 같은 책, 139.

14 Greenberg, *The Construction of Homosexuality*, 419.

15 Ellis, *Sexual Inversion*, 335.

16 James P. Winsco, "The Real Homosexual", *Sexology* 2, no. 10(June 1935):
639.

17 Ellis, *Sexual Inversion*, 327.

18 같은 책, 338.

10장 | 젠더, 인종, 그리고 은유의 전략

1 퍼킨스의 논평은 에이즈 약물 실험에서 여성이 누락됐음을 말하기에 더 적절한
발언이었을 것이다.

2   "Born or Bred?", 48.

3   Ellis, *Sexual Inversion*, 310 n. 2.

4   Lynda I. A. Birke, "Is Homosexuality Hormonally Determined?", *Journal of Homosexuality* 6, no. 4(summer 1981): 41.

5   이 두 사람이 유전학자가 아닌데도 유전적 주장을 펼치고 있다는 사실이 두 사람에 대한 언론의 신뢰도를 떨어뜨리지는 않았다. 입증되지 않은 연구 결과를 그저 수용하려고만 하는 어느 대중매체에서는 두 사람이 유전학자가 아니라는 사실이 언급조차 되지 않았다. 이는 드문 일이 아니다. 최근 두 명의 경제학자가 자신들의 전문 분야를 벗어나 로 대 웨이드 사건 판결이 1990년대 범죄 감소의 원인이라고 단호히 주장하기도 했다.

6   "Genetic Clues to Female Homosexuality", *Science News* 142(22 August 1992): 117; J. Michael Bailey and Richard C. Pillard, "A Genetic Study of Male Sexual Orientation", *Archives of General Psychiatry* 48, no. 12(December 1991). 각 연구에서 '바이섹슈얼'은 '레즈비언' 또는 '게이'에 포함됐다. 쌍둥이와 섹슈얼리티 연구들에 대한 더 자세한 설명은 다음을 참조. Wayne Dynes and Stephen Donaldson, *Homosexuality and Medicine, Health, and Science*(New York: Garland Publishing, 1992); Ralph Blair, *Etiological and Treatment Literature on Homosexuality*(New York: National Task Force of Student Personnel Services and Homosexuality, 1972) 쌍둥이 연구는 동성애의 원인을 뿌리 뽑기로 결심한 연구자들에게 오랫동안 가장 인기 있는 연구였다. 더 일반적으로는, 1883년 '우생학'이라는 용어를 창안한 프랜시스 골턴 경이 본성의 영향과 양육의 영향을 구별하기 위해 쌍둥이 연구를 처음으로 시도한 사람이었다고 멜러는 밝힌다.(Mehler, "In Genes We Trust", 77)

7   하지만 그들이 도출한 결과는 그들이 자체적으로 택한 모집 전략에 의해 대단히 왜곡될 수 있다(그들은 퀴어 및 페미니스트 언론에 피험자 모집 광고를 냈던 것이다). 레즈비언 쌍둥이 자매가 있는 레즈비언은 커밍아웃을 할 가능성이나 자매와 함께 스스로 그런 연구에 참여할 만큼 충분히 안전하다고/지지받는다고 느낄 가능성이 더 높을 수 있다.

8   "Study Cites Genetic Basis for Lesbianism", *San Francisco Examiner*, 11 March 1993, A1, A8. 한 문장 안에 "성적 지향" 그리고 "태아"라는 말을 함께 쓰는 것의 잠재적 파급력은 섬뜩하다. 이는 언론 보도가 조명한 것보다 훨씬 더 많은 관심을 받아 마땅하다.

9   같은 글.

10   Duncan Osborne, "The Escalating Drive to 'Cure' Queer Kids", *LGNY* 121

(16 December 1999): 4.

11 베일리와 필러드 등은 게이 남성은 어렸을 때 이성애자 남성보다 운동에 관심이
    적었다는 결론을 내렸다. 운동에 관심이 없는 것은 남성 피험자가 '사내답지
    못함'을 암시하는 것이라고 했다. 다른 아이들의 괴롭힘 행위는 운동 참여의 방해
    요인으로 고려되지 않은 듯하다.(Bailey and Pillard, "A Genetic Study of
    Male Sexual Orientation"; Bailey, Pillard, Michael C. Neale, and Yvonne
    Agyei, "Heritable Factors Influence Sexual Orientation in Women",
    Archives of General Psychiatry 50, no. 3{March 1993})

12 Bailey, Pillard, et al., "Heritable Factors Influence Sexual Orientation in
    Women", 219, 222; Bailey and Pillard, "A Genetic Study of Male Sexual
    Orientation", 1090, 1094-5.

13 Somerville, "Scientific Racism and the Emergence of the Homosexual
    Body", 247.

14 Albert Moll, *Perversions of the Sex Instinct*(Newark: Julian Press,
    1931), 235. 몰의 저서는 영어로 번역돼 영국 및 미국 저자들에게 광범위하게
    인용됐는데, 가장 눈에 띄는 저자들 중 한 명이 해블록 엘리스다.

15 Terry, "Anxious Slippages between 'US' and 'Them'", 131.

16 Lydston, *The Diseases of Society*, 49, 178, 263.

17 같은 책, 263.

18 같은 책.

19 다음 사설, C. A. Weirick, *Journal of Orificial Surgery* 7, no. 10(April 1899):
    477, 479. 와이릭은《오리피스 수술 저널》의 부편집장이었다.

20 다음에 인용됨. Katz, *Gay American History*, 209-11.

21 강조 추가; 다음 사설, Pratt, *Journal of Orificial Surgery*, 280.

22 "The Orificial Philosophy", 527.

23 Bullough and Voght, "Homosexuality and Its Confusion with the 'Secret
    Sin'", 152.

24 다음 사설, Weirick, *Journal of Orificial Surgery*, 479. 부모의 책임을 연구의
    필요성으로 격상시킨 와이릭은 인과론 연구에 대한《뉴스위크》의 보도를 거의
    100년이나 앞지른 것이다.

25 Bullough and Voght, "Homosexuality and Its Confusion with the 'Secret
    Sin'", 150.

26 Julia Holmes Smith, "Three Disappointing Cases", *Journal of Orificial
    Surgery* 7, no. 9(March 1899): 397-8.

27 Ellis, *Sexual Inversion*, 226, 253-4.

28   같은 책, 255-6.

29   이 특이한, 근거 없는 통념은 일정 기간 동안 어느 정도 통용됐던 것으로 보인다.
      엘리스가 쓰길, 울리히스는 [동성애자] 남성들이 휘파람을 불지 못한다는
      점을 최초로 확인했으며, 히르슈펠트는 사례들 중 23퍼센트 비율로 남성
      성도착자들이 휘파람을 불지 못한다는 점을 발견했다(같은 책, 291). 1940
      년 《성과학지》에 실린 한 기사에서도 남자아이들이 휘파람을 불지 못하는
      것은 그들이 동성애자이기 때문이라고 밝힌다.("Can Homosexuality Be
      Cured?", *Sexology* 7, no. 12{November 1940}: 827) 엘리스의 사례 연구 중
      하나에 등장하는 한 게이 남성은 아마도 고정관념을 상쇄시키거나 다른 남성
      성도착자들과 거리를 두려는 의도로 자신이 "웬만한 남자보다 휘파람을 더 잘 불
      것"이라고 조심스럽게 말한다.(Ellis, *Sexual Inversion*, 191)

30   그린버그는 골상학파의 창시자인 프란츠 요제프 갈Franz Joseph Gall이 '점착질
      adhesiveness'을 우정 본능을 담당하는 뇌 기능으로 가정했다고 지적한다.
      이는 다른 어떤 '병리' 과정, 예컨대 동성애만큼이나 감염되기 쉬운 것이었다.
      (Greenberg, *The Construction of Homosexuality*, 404)

31   다음에 인용됨. Katz, *Gay American History*, 206.

32   Ellis, *Sexual Inversion*, 201.

33   George W. Henry, ed., *Sex Variants: A Study of Homosexual Patterns*
      (New York: Paul B. Hoeber, 1941), 1080, 1082-99. 디킨슨이 이를
      어떻게 측정했는지는 아무도 짐작할 수 없지만, 그 당시나 지금이나 발기에
      극도로 주목하는 것은 드문 일이 아니다. 디킨슨은 미국우생학회에서 조직한
      산아제한의우생학적및열생학적영향에관한위원회 위원이었다.(Mehler,
      "The History of the American Eugenics Society", 331) 또한 다음을 참조.
      성변이연구위원회에 대한 제니퍼 테리의 글, "Anxious Slippages between
      'US' and 'Them'"; 그리고 테리의 다음 저서 6장과 7장, *An American
      Obsession: Science, Medicine, and Homosexuality in Modern Society*
      (Chicago: University of Chicago Press, 1999).

34   Maurice Chideckel, *Female Sex Perversion: The Sexually Aberrated
      Woman as She Is*(New York: Eugenics Publishing, 1935), 125.

35   George Chauncey Jr., "Christian Brotherhood or Sexual Perversion:
      Homosexual Identities and Sexual Boundaries in the World War I Era",
      Hidden from History: Reclaiming the Gay and Lesbian Past(Marham,
      Ontario: Penguin/New American Library Books, 1989), 546 n. 74.

36   August Forel, *The Sexual Question*(New York: Rebman Company, 1908),
      사회위생국 간행물인 다음에 인용됨. Katherine Bement Davis, *Factors in*

the Sex Life of Twenty-Two Hundred Women(New York: Harper and Brothers, 1929), 241.

37 이런 유형의 구별은 여성을 분류하는 데만 국한된 것도, 그 시대에만 한정된 것도 아니었다. 1824년 루이-르네 비예르메Louis-René Villermé가 프랑스 감옥에 대해 작성한 보고서를 보면, 이 의사는 어떤 게이 남성이 '남성', '여성' 역할을 하는지 정했을 뿐만 아니라 전자는 상황에 따른 동성애, 그리고 후자는 아마도 유전 가능성을 나타내는 것일 터인 '본능에 따른' 동성애라고 분류했다.(Greenberg, *The Construction of Homosexuality*, 404)

38 Ricketts, "Biological Research on Homosexuality", 84.

39 Muriel Wilson Perkins, "Female Homosexuality and Body Build", *Archives of Sexual Behavior* 10, no. 4(1981): 340-1, 344. 이 계층구조 속에는 마른 몸을 규범적인 것으로 구성하는 관념이 암묵적으로 내포되어 있다.

40 최근 들어 일부 동성애자 권리 옹호자들도 은유를 하나의 민권 전략으로 활용하면서, 동성애가 생물학적으로 바뀔 수 없다는 주장에 기대어 인종주의와 동성애 혐오 간 차이를 흐리려는 시도를 하고 있다.

41 다음에 인용됨. Blair, *Biological and Treatment Literature on Homosexuality*, 3.

42 Chideckel, *Female Sex Perversion*, 136-7.

43 같은 책, 136, 163.

44 같은 책, 299.

45 같은 책, 303-5; Somerville, "Scientific Racism and the Emergence of the Homosexual Body", 262.

46 Moll, *Perversions of the Sex Instinct*, 61; Ellis, *Sexual Inversion*, 21.

47 Ellis, *Sexual Inversion*, 257-8.

48 다음에 인용됨. Moll, *Perversions of the Sex Instinct*, 20.

49 같은 책, 172, 222.

50 Paul Moreau, *Des aberrations du sens genetique*, 다음에 인용됨. Bullough, "Homosexuality and the Medical Model", 106.

51 Scott, *The Sexual Instinct*, 48.

52 아닌 게 아니라 여행기들은 '원주민 아이들'의 거침없는 섹슈얼리티에 대해 쉼 없이 열광적으로 떠들어댔다.

53 Glen Wadsworth, "Treatment of Masturbation in Children", *Sexology* 2, no. 18(April 1935): 507.

54 "Premature Sex Development", *Sexology* 1, no. 5(January 1934): 313.

55 Davis, *Factors in the Sex Life of Twenty-Two Hundred Women*, 239;

Moll, *Perversions of the Sex Instinct*, 63. 몰은 유대인 사이에 게이 및 레즈비언이 지나치게 적다고 생각하지 않았다. 몰 자신도 개인적으로 아는 사람들이 몇몇 있다고 쓰면서, "유대인 우라니스트Uranist[영어로 유레이니스트]{남자}는 레베카, 사라 등과 같은 유대인 여자의 이름을 가지고 있다"고 꼬집었다.(86)

56 Chideckel, *Female Sex Perversions*, 323.

57 Scott, *The Sexual Instinct*, 48. 마찬가지로, 유대인 혈통은 '순수하다'는 가정은 유대인은 죄가 없다는 관념에 이바지했다. 스콧은 "혼혈이 아닌 유대인 여자는 위도상 어느 지역이든 모두 거의 동일한 연령인 14~15세에 월경을 시작하는" 반면, "혼혈아들은" 더 어린 나이에 사춘기에 도달한다고 쓰기도 했다.(48) 스콧은 정복당하고 노예가 되고 강간당하며 (어느 정도까지는) 흡수되기도 국외 추방당하는 일을 거듭 겪기도 한 디아스포라 민족이 어떤 초자연적 현상에 의해 세 조상[즉, 아브라함, 이삭, 야곱]까지 거슬러 올라가는 순수한 혈통을 유지할 수 있었는지에 대해서는 자세히 설명하지 않았다.

58 "The Orificial Philosophy", 527, 534.

59 Sander Gilman, *The Jew's Body*(New York: Routledge, 1991), 5, 126.

60 George Mosse, *Nationalism and Sexuality: Middle-Class Morality and Sexual Norms in Modern Europe*(Madison: University of Wisconsin Press, 1985), 140, 142, 158.

61 Nancy Leys Stepan, "Race and Gender: The Role of Analogy in Science", *Anatomy of Racism*, ed. David Theo Goldberg(Minneapolis: University of Minnesota Press, 1990), 44, 47-8.

62 게이 남성 및 (아마도 이성애자일) 여성의 시상하부의 한 부위가 이성애자 남성의 동일 부위 크기의 절반도 안 된다는 사이먼 러베이의 발표는 바로 이런 문화적 맥락에서 나온 것이다.(LeVay, "A Difference in the Hypothalamic Structure between Heterosexual and Homosexual Men", 1034) 다시 말하지만, 여기서 크기는 섹슈얼리티와 등가이며, 여성 및 게이 남성은 자연과학이 그 둘 사이의 연관성을 확증함에 따라 다시금 표준에 도달하지 못한다. 방법론 및 비유라는 두 측면에서 볼 때, 러베이에게는 분명 이데올로기적 조상이 있다. 1931년 알베르트 몰은 프랑스에서 발랑탱 마냥Valentin Magnan과 외젠 글레Eugène Gley가 "유레이니스트의 여성적 뇌"에 대한 이론을 확립했다고 전했다. 몰은 또한 프리드리히 다니엘 폰 레클링하우젠Friedrich Daniel von Recklinhausen이 동성애의 근원을 밝혀내기 위해 수행한 부검에 대해 언급하기도 했다.(Moll, *Perversions of the Sex Instinct*, 166) 게이 남성은 진정한 여성이라는 이론의 지지자 중 가장 극단적 인물은 아마도 테오 랑Theo Lang일 것이다. 랑은 1934

년부터 뮌헨 및 함부르크 경찰에게서 성명 및 주소를 입수해 게이 남성 1015
명을 연구하기 시작했다. 이 남성들의 형제 관계를 살펴보니, 남자 형제가 총
1734명, 여자 형제가 총 1532명이었다. 랑은 이처럼 여자 100명 당 남자 121명
꼴이라는 비율은 이 [게이] 남성 피험자 중 일부가 유전적으로 남성의 신체를
가진 여성임을 의미하는 게 틀림없다고 결론을 내렸다. 나치 독일하의 경찰이
동성애자라고 알려지거나 의심되는 남성의 명단을 작성했음은 새삼스럽지
않지만, 랑이 자기 연구 결과가 "동성애에 대한 '최종 해결책'[홀로코스트를
뜻하는, '유대인 문제에 대한 최종 해결책Endlösung der Judenfrage(줄여서 최종
해결책)'을 떠올리게 한다]에 기여할 것"이라고 주장했다는 사실은 섬뜩하다.
염색체 구성으로 성별이 결정된다는 게 밝혀진 1950년대까지도 랑의 이론이
파기되지 않았다는 사실을 고려하면 더욱 그렇다. Theo Lang, "Studies on
the Genetic Determination of Homosexuality", *Journal of Nervous and
Mental Disease* 92, no. 1(July 1940): 56, 61, 63; C. M. B. Pare, "Etiology of
Homosexuality: Genetic and Chromosomal Aspects", *Sexual Inversion*,
ed. Judd Marmor(New York: Basic Books, 1965), 72.
과학이 오랜 세월 여성의 신체적, 정서적, 지적 열등성을 확립해온 덕택에
'여성'은 남성에게 퍼부을 수 있는 최악의 모욕이 됐으며, '여성스러운' 것으로
범주화되는 행동은 남성이나 남자아이들이 해당 행동에 관여할 경우 '게이임을
나타내는 표시'로 해석된다. 게이 남성 및 게이 남성의 섹슈얼리티를 이성애자
여성 및 이성애자 여성의 섹슈얼리티와 동일시하는 것은 문제가 있다. 여성과
게이 남성은 둘 다 서로 다른 시기에 병리화됐으며, 자신의 섹슈얼리티에 대한
모욕이 이성애자 남성의 섹슈얼리티를 정상화하는 데 이용되는 것을 목격했다.
여성과 게이 남성은 하나가 다른 하나를 폄하하는 은유적 표현이 됐다. 나는
이성애자든 동성애자든, 남성에서 여성으로 전환한 트랜스젠더에 대해 말하는
것이 아니다. 그들에게 그런 등가성은 다양한 함축적 의미를 부여한다. 앞에서
말한 연구자 중 아무도 젠더나 섹슈얼리티의 유동성을 분석하는 데는 관심이
없었다.

11장 | 동성애와 생체/정신 병합: 인과론의 가산적 모형

1   퀴어에게 심리학자들의 '치료' 요법은 여전히 위험천만하다. 해당 학문 분야의
초창기에도 상황은 다르지 않았다. 〈동성애의 부인과학The Gynecology of
Homosexuality〉이라는 논문에서 로버트 라투 디킨슨은 캐슬린 M.Kathleen M.의
사례를 무미건조하게 전달했다. "한 심리학자가 남성들과 관계를 가지라고

조언했다. 그 심리학자가 캐슬린과 잠자리를 했고, 그 뒤 캐슬린은 두 달간 질 출혈을 겪었다."(Henry, ed., *Sex Variants*, 1092)

2 Hamer and Copeland, *The Science of Desire*, 73.

3 Greenberg, *The Construction of Homosexuality*, 26, 422-3, 425; Ellis, *Sexual Inversion*, 83.

4 George B. Lake, "Sex 'Inversion'", *Sexology* 1, no. 7(March 1934): 419. 동성애자가 적어도, 조직적으로 비방과 멸시를 당하는 다른 집단들만큼은 대우받아야 한다는 요구는 그 두 집단 중 어느 쪽을 보더라도 지나친 것은 아니었다. 수전 스트라이커Susan Stryker가 알려준 덕분에 나는《성과학지》에서 풍부한 자료를 찾을 수 있었다.

5 Kermit Reidner, "Cure for Homosexuals?", *Sexology* 1, no. 18(April 1934): 490, 492.

6 Myron D. Jacoby, "Homosexuality-Another Letter", *Sexology* 8, no. 6 (May 1941): 351.

7 J. W. P., "Can Homosexuality Be Cured?", *Sexology* 7, no. 12(November 1940): 828.

8 Dynes, *Encyclopedia of Homosexuality*, 826.

9 Moll, *Perversions of the Sex Instinct*, 64-5, 180.

10 같은 책, 148-9, 160, 168.

11 Dynes, *Encyclopedia of Homosexuality*, 826.

12 Moll, *Perversions of the Sex Instinct*, 187.

13 같은 책, 147.

14 Ellis, *Sexual Inversion*, 286, 329-30.

15 다음에 인용된 맥스의 말, Katz, *Gay American History*, 252.

16 1937년 12월 16일 의사들과의 만남에 대한 메모. Pauli Murray Papers, collection #MC412, box 4, file 71, Schlesinger Library, Cambridge, Massachusettes. 머리의 메모 내용에 대한 내 부연 설명은 원문이 주는 유창함과 감명에 비교가 되지 않는다.

17 같은 글, 1937년 12월 17일 의사들과의 만남에 대한 메모.

18 *New York World-Telegram*, 3 November 1939, 1.

19 "Sex Tablets Stir Medics", *New York Amsterdam News*, 11 November 1939, 1.

20 1939년 11월 4일 자 편지, Pauli Murray Papers.

21 "Summary of Symptoms of Upset", 8 March 1940, Pauli Murray Papers. 당시 동성애를 둘러싼 담론은 그다지 섬세하지 않았기 때문에, 머리가 남성이

되고 싶다고 반복적으로 언급한 것은 여러 방식으로 해석될 수 있다(그리고 그
해석들은 결코 상호 배타적이지 않다). 머리 자신이 남자의 몸을 가지고 있다고
믿었을 가능성이나 여성에 대한 성적 끌림, '사내들의 세계'에서 일하며 살아가고
싶은 욕망은 엄밀하게 해부학적 의미에서 남성이 되고 싶다는 뜻으로 해석되어야
한다는 것이 그 한 예시다.

22 "The Invert Personality(Part Three)", *Sexology* 6, no. 9(May 1939): 585-
    6.

23 D. H. Keller, "A New Theory of Homosexuality", *Sexology* 10, no. 4
    (November 1943): 208.

24 편집자, *Sexology* 7, no. 5(March 1940): 329.

25 "Endocrimes", *Sexology* 10, no. 2(September 1943): 128.

26 *Sexology* 2, no. 8(April 1935): 5538.

27 스틸베스트롤은 합성 에스트로겐의 한 형태다. 에스트리올은 에스트로겐
    유도체다.

28 미 공중보건국이 터스키기 매독 실험을 진행한 기간은 1932년에서 1972
    년까지다. 그 40년간 400명이 넘는 아프리카계 미국인 남성이 저도 모르게,
    매독을 치료하지 않고 방치하면 어떻게 되는지를 알아내기 위한 정부 연구의
    피험자가 됐다. 그들은 자신들이 치료를 받고 있다는 말을 들었지만, 실제로는
    진찰 대신 척추천자를 당하고 가짜 약을 받았다.

29 Ricketts, "Biological Research on Homosexuality", 72.

30 호르몬'요법'에 대해 의구심을 나타낸 초창기 논문들로는 다음이 있다. Hyamn
    S. Barahal, "Testosterone in Psychotic Male Homosexuals", *Psychiatric
    Quarterly* 14, no. 2(1940): 319-30. Abraham Myerson and Rudolph
    Neustadt, "Bisexuality and Male Homosexuality: Their Biologic and
    Medical Aspects", *Clinics* 1, no. 4(1942): 932-57; Myerson and Neustadt,
    "Essential Male Homosexuality and Results of Treatment", *Archives of
    Neurology and Psychiatry* 55, no. 3(1956): 291-3.

31 "Castration of a Male Homosexual", *British Medical Journal* 4894(1954):
    1001.

32 Charles Bery and Clifford Allen, *The Problem of Homosexuality*(New
    York: Citadel Press, 1958), 73.

33 같은 책, 32.

34 J. Srnec and K. Freund, "Treatment of Male Homosexuality through
    Conditioning", *International Journal of Sexology* 7(1953), 다음에 인용됨.
    Blair, *Biological and Treatment Literature on Homosexuality*, 35. 35mm

‘자극용 슬라이드’의 조달업자 중 하나는 네브래스카주 그랜드아일랜드에 있는 페럴인스트루먼트였다. "시각 충격 장치, 수동식 충격 장치 및 체계적 둔감화와 함께 사용할 용도"라는 그들의 상품 목록에는 다음과 같은 것들이 포함됐다. "데이팅하는, 영화를 보는, 소풍을 즐기는 **커플들**", "모의 윤간, 허리띠 및 채찍이 등장하는 사디즘[가학성애], 얼굴은 드러나지 않은 **남자**", "침대에서 알몸으로 유혹하는 자세를 취하는 **남자**(브루스), 27세, 긴 머리, 콧수염", "침대에서 알몸을 한 **여자**(아네트), 21세, 긴 갈색 머리, 훌륭한 몸매."

35   James Basil, "Case of Homosexuality Treated by Aversion Therapy", *British Medical Journal* 5280(1962): 768-70.

36   M. J. MacCulloch and M. P. Feldman, "Aversion Therapy in Management of 43 Homosexuals", *British Medical Journal* 5552(1967): 594-7.

37   Terry, "Anxious Slippages between 'Us' and 'Them'", 158-9.

38   "New Homosexuality Study Supports Physical Origin", *Advocate* 58 (28 April-11 May 1971): 2. 게이 남성 대학생 30명을 측정한 결과, 정자 수 및 테스토스테론 수치가 [이성애자 남성보다 더] 낮았다고 한 무리의 의사들이 밝혔다. 이 내용이 《뉴잉글랜드 의학 저널New England Journal of Medicine》에 발표됨에 따라, 호르몬이 운명을 결정한다는 식의 광란은 계속됐다. 당연히 테스토스테론 감소 요인은 여러 가지일 수 있지만, 그 어떤 것도 분석 대상이 아니었으므로 무시됐다. [위의 조사 결과를 발표한] 의사 콜로드니, 매스터스, 토로는 이렇게 썼다. "그 결함의 원인이 고환에 있는지, 뇌하수체에 있는지, 시상하부에 있는지 여부는 추가로 조사해봐야 한다."(다음에 인용됨. "Baker Says Researchers Neglect Hormone Study", *Advocate* 77{19 January 1972}: 7)

39   "Report on Study Triggers Demonstrations in LA", *Advocate* 58(28 April-11 May 1971): 2.

40   다음에 사설에 인용됨. Gerald T. Fitzgerald, "Improve Human Heritage Means 'Kill the Queers'", *Advocate* 53(17 February-2 March 1971): 25-6. 글래스는 미국과학진흥회 역대 회장이었다.

41   "Born or Bred?" 49; Greenberg, *The Construction of Homosexuality*, 430.

42   Don Jackson, "Psychosurgery", *Gay Sunshine: A Newsletter of Gay Liberation* 13(June 1972): 1.

43   David L. Aiken, "Ervin Committee Report Bares 'Clockwork Orange' Horrors", *Advocate* 154(1 January 1975): 5.

44   플로리다주 오렌지주스 행상인이자 전 미인 대회 수상자인 브라이언트는

[브라이언트는 플로리다주 감귤류위원회의 브랜드 홍보대사였다] 1977년
데이드카운티의 동성애자 권리 조례 폐지운동에 앞장섰다. 플로리다주에서
성공을 거둔 브라이언트는 '우리 아이들을 지켜라' 캠페인을 전국적으로
진행했다.

45 Dean Gengle and Norman Murphy, "Revolutionary Extinction? An
Emerging Model of the Origin of Sexualities", *Advocate* 253(1 November
1978): 15.

46 같은 글, 16.

47 같은 글, 19.

48 같은 글, 18.

49 같은 글, 18; Dean Gengle, "An Interview with Revolutionary Psychologist
Norman C. Murphy", *Advocate* 253(1 November 1978): 22.

50 Gengle, "An Interview with Revolutionary Psychologist Norman C.
Murphy", 24.

51 Lake, "Sex 'Inversion'", 419.

52 John A. W. Kirsch and James Eric Rodman, "The Natural History of
Homosexuality", *Yale Scientific Magazine* 51, no. 3(winter 1977): 7-8,
11. 딘 해머는 게이 남성의 이성애자 여성 친족 사이에 출생률이 유전적으로
증가한다고 가정하면서 이러한 주장을 어느 정도 구체화했다. 이 여성들은
평균보다 더 많은 자녀를 낳을 것이고, 따라서 인간에게는 '게이 유전자'가 계속
존재할 수 있다고 해머는 추론한다.(다음에 인용됨. Hamer and Copeland,
The Science of Desire, 183) 나아가 해머는 만약 '게이 유전자'가 그 유전자를
가진 사람을 동성애자로 만드는 것 외에 유익한 부작용이 있다면, 이성애자들이
자신의 자손에게 그것을 주입하기를 원할 수도 있다는 의견을 밝혔다.(186)
베일리와 필러드는 실제로 동성애가 발현되도록 코드화된 어떤 유전자는 특정
질병에 대한 항체를 가지고 있는 등 이점이 있을 수 있나는 의견을 밝혔디.(J.
Michael Bailey and Richard C. Pillard, "A Genetic Study of Male Sexual
Orientation", 1095)

53 Gengle, "An Interview with Revolutionary Psychologist Norman C.
Murphy", 22-3.

54 G. Dörner, "Hormonal Induction and Prevention of Female
Homosexuality", *Journal of Endocrinology*(Great Britain) 42(1968): 163-
4.

55 Birke, "Is Homosexuality Hormonally Determined?", 46.

56 G. Dörner et al., "Prenatal Stress as Possible Aetiogenetic Factor of

Homosexuality in Human Males", *Endokrinologie* 75, no. 3(1980): 365. 주산기 스트레스에는 영양부족이나 아기 아버지의 부재가 포함됐다.

57 같은 글, 365-8.

58 여기에는 연합국의 폭격이 독일 남성의 생식력을 손상시킨다는 생각도 내포돼 있었다. 전쟁 방지가 동성애 방지를 약속하는 것이라면, 되르너의 이론은 언젠가 전 세계 남성에게 평화주의가 안전하다는 것(혹은 적어도 남성성을 함양하기 위한 전쟁 및 국가주의만큼이나 훌륭하다는 것)을 입증할 수 있을지도 모를 일이다.

59 Gunter Schmidt, "Allies and Persecutors: Science and Medicine in the Homosexuality Issue", *Journal of Homosexuality* 10, no. 3/4(winter 1984): 136.

60 Hamer and Copeland, *The Science of Desire*, 30. 해머는 또한, Xq28(해머 자신의 주장에 따르면 엑스염색체에서 '게이 유전자'가 있는 영역)이 "INAH 3 내 뉴런의 생장과 사멸에 직접적으로 관여하는" 단백질을 생성한다고 가정함으로써 자신의 작업을 러베이의 것과 연결시켰다. "호르몬이 이 영역을 조절할 때 그것에 영향을 미치는 단백질을 유전자에 코드화하는 대안이 가능하다"는 것이다.(163)

61 Gengle and Murphy, "Revolutionary Extinction?", 21.

12장 | 에이즈, 백래시, 그리고 해방적 생물학주의라는 신화

1 안타깝게도 사회다윈주의가 뚜렷한 형상으로 나타난 최근의 이 사례에 대해 자유주의 진영이 보인 반응은 진화 사슬에서 가장 약한 연결고리—즉, 퀴어 그리고 정맥주사를 이용한 약물복용자—'만' 제거된다는 것과는 거리가 멀었다. 자유주의 진영에서는 도리어 모두가, 심지어 이성애자인 운동선수처럼 강인하고 고도로 진화된 사례도 위험에 처해 있다고 강조했다. 이는 결코 용기 있는 반론이라고 보기는 어려웠다.

2 Cindy Patton, *Sex and Germs: The Politics of AIDS*(Boston: South End Press, 1985), 19.

3 Richard Goldstein, "AIDS and the Social Contract", *Taking Liberties: AIDS and Cultural Politics*, ed. Erica Carter and Simon Watney(London: Serpent's Tail, 1989), 81.

4 다음에 인용됨. Hamer and Copeland, *The Science of Desire*, 212.

5 Lisa Duggan, "Queering the State", in *Sex Wars: Sexual Dissent and Political Culture*, Lisa Duggan and Nan D. Hunter(New York: Routledge,

1995), 189-90. 이 글에 주목하게 해준 레이철 로젠블룸Rachel Rosenbloom에게 감사를 전한다.

6   Blair, *Biological and Treatment Literature on Homosexuality*, 1.

7   Tony Kushner, "Copious, Gigantic, and Sane", in *Thinking about the Longstanding Problems of Virtue and Happiness*(New York: Theater Communications Group, 1995), 52.

8   Somerville, "Scientific Racism and the Emergence of the Homosexual Body", 266.

3부 | 단종수술과 그 너머: 테크노픽스라는 자유주의적 호소

13장 | 자유주의의 맹점

1   "U. of Minn. Republicans Oppose Sanger as Racist", *Chronicle of Higher Education*, 8 November 1996, 8.

2   Janice Raymond, *Women at Wombs: Reproductive Technologies and the Battle Over Women's Freedom*(San Francisco: Harper, 1993), 41.

3   여기서 '테크노픽스technofix'는 제도화된 불평등에 대한 실질적 이의 제기로부터 주의를 딴 데로 돌리는 역할을 하는 기술적 미봉책에 대한 로버트 블랭크Robert Blank의 논의에서 차용한 것이다.(Robert H. Blank, *Fertility Control: New Techniques, New Policy Issues*{New York: Greenwood Press, 1991})

4   David Theo Goldberg, *Racist Culture: Philosophy and the Politics of Meaning*(Cambridge, Mass.: Blackwell, 1993), 5, 213.

5   Blank, *Fertility Control*, 89, 119.

6   Loren R. Graham, "Political Ideology and Genetic Theory: Russia and Germany in the 1920's", *Hastings Center Report* 7, no. 5(October 1977): 35. 그레이엄의 지적은 독일 및 러시아의 우생학에 대한 것이었지만, 이는 미국의 맥락에서도 똑같이 적절한 비평이다. 여기서 독일 및 소비에트연방의 우생학운동에 대한 그레이엄의 특정한 분석은 주목할 만하다. 그레이엄이 쓰길, 몇몇 예외를 제외하면 멘델주의 우생학은 우파와, 라마르크주의 우생학(획득형질이 유전될 수 있다고 규정함)은 좌파와 연관돼 있었다. 소비에트연방에서는 이 둘 중 어느 것이 더 반혁명적인지를 두고 논쟁이 벌어졌다. 바이마르공화국에서는 우익에 가까운 우생학자들은 '라센휘기네 Rassenhygiene'[인종 위생]라는 용어를 사용한 반면, 좌익에 가까운 우생학자들은

‘오이게니크Eugenik’[우생학]라는 용어를 썼다.(31, 34)

7   다음에 인용됨. Steven J. Rosenthal, "The Pioneer Fund: Financier of Fascist Research", *American Behavioral Scientist* 39, no. 1(September-October 1995): 55. 물론, 이 둘[즉, 머리와 자유주의자]은 상호 배타적이지 않았으며, 많은 자유주의 정책 지침은 노엘 이그나티에프Noel Ignatiev가 "유전학과 사회학을 접합하려는 시도들"이라고 부르는 것을 손쉽게 통합한다.(Noel Ignatiev, *How the Irish Became White*{New York: Routledge, 1995}, 1)

8   사실 우생학적 처방의 강제적 성격 때문에 오늘날 '산아제한'[즉, 피임]의 의미와 생어가 그 용어를 사용한 방식은 구별될 필요가 있다. 왜냐하면 생어가 우생학자들의 환심을 사려고 노력하고 우생학적 이데올로기를 수용하면서, 산아제한의 자발적 성격은 나중에 인구 조절이라고 불리게 될 것으로 대체됐기 때문이다. 예나 지금이나 인구 조절은 출생률 상한을 외부적으로 부과하기 위해 특정 집단을 표적으로 삼았던 미국 내 우생학 캠페인들과 동일하게 (인종과 소득이라는) 기본적인 기준을 동원한다.

9   Stephen Steinberg, *Turning Back: The Retreat from Racial Justice in American Thought and Policy*(Boston: Beacon Press, 1995), 135.

14장 | 벅 대 벨과 그 이전

1   Carl Degler, *In Search of Human Nature: The Decline and Revival of Darwinism in American Social Thought*(New York: Oxford University Press, 1991), 45.

2   다음에 인용됨. Harry H. Laughlin, *Eugenical Sterilization in the United States*(Chicago: Psychopathic Laboratory of the Municipal Court of Chicago, 1922}, 351.

3   J. H. Landman, *Human Sterilization: The History of the Sexual Sterilization Movement*(New York: Macmillan, 1932), 52, 54.

4   Nancy Leys Stepan, *The Hour of Eugenics: Race, Gender, and Nation in Latin America*(Ithaca, N.Y.: Cornell University Press, 1991), 31.

5   House Committee, *Biological Aspects of Immigration*, 7.

6   Laughlin, "Legal Status of Eugenical Sterilization", *Birth Control Review* 12, no. 3(March 1928): 78. 로플린의 이 글은 《산아제한 평론》에 게재된 〈단종수술 심포지엄Sterilization Symposium〉의 일부였다. 로플린이 이러한 전망을 설파한 해인 1928년에는 미국 대학의 75퍼센트가 우생학 과목들을 개설해

가르치고 있었다.(Garland Allen, "Genetics, Eugenics, and Class Struggle",
Genetics 79, 증보판{June 1975}: 33; 다음에 인용됨. Carole R. McCann,
Birth Control Politics in the United States, 1916-1945{Ithaca, N.Y.: Cornell
University Press, 1994}, 102)

7 Degler, *In Search of Human Nature*, 151.

8 Landman, *Human Sterilization*, 276-7.

9 David Smith and K. Ray Nelson, *The Sterilization of Carrie Buck* (Far
Hills, N.J.: New Horizon Press, 1989), 226.

10 Landman, *Human Sterilization*, 84.

11 *Buck v. Bell*(1927년 4월 22일 변론; 1927년 5월 2일 판결), *U.S. Reports* 274
(1928): 207-8. 이 판결의 유일한 반대자는 대법관 피어스 버틀러Pierce Butler
였는데, 그는 소수 의견을 작성하지는 않았다. 몇몇 학자들은 버틀러가 종교적
신념에 따라 반대표를 던진 것으로 받아들였다. 다수 의견 찬성자로서는 대법관
루이스 브랜다이스Louis Brandeis, 윌리엄 하워드 태프트William Howard Taft, 할런 F.
스톤Harlan F. Stone이 있었다.(Blank, *Fertility Control*, 60)

12 1942년 스키너 대 오클라호마주Skinner v. State of Oklahoma 사건에서 강제
단종수술에 대한 이의 제기가 이뤄졌다. 오클라호마주는 어떤 개인이 세
번째로 중범죄 유죄판결을 받은 경우 강제 단종수술 행위를 허용했다(스키너
Jack T. Skinner는 한 번은 닭 절도 건, 두 번은 무장 강도 건으로 총 세 차례에
걸쳐 유죄판결을 받았다). 이 사건은 미 수정헌법 제14조[평등보호조항 및
적법절차조항]의 근거를 비롯한 여러 가지 점에서 다퉈졌다. 요컨대 일부 중범죄
(횡령, 정치범, 금주법 및 세입법 위반)는 법령에 따라 명시적으로 제외됐던
것이다. 미 대법원은 [강제 단종수술을 허용하는] 오클라호마주 법률이
평등보호조항에 위배되는 것이 맞다고 판결했다. 대법관 윌리엄 O. 더글러스
William O. Douglas는 이렇게 썼다. "법이 본질적으로 동일한 죄질의 범죄를 저지른
사람들을 평등하지 않게 대우해 한쪽에게는 단송수술을 하고 다른 쪽에게는 하지
않는다면, 마치 어떤 특정 인종이나 국적을 선별해 억압적 대우를 하는 것처럼
부당한 차별을 가하는 것이다. …… 오클라호마주는 무단침입, 속임수, 또는
사기에 의한 절도를 저지르는 자가, 횡령을 저지르는 자에게는 없는 생물학적
유전형질을 갖고 있다고 주장하지 않는다." 대법원장 할런 F. 스톤도 같은
의견이었지만, 적법절차에 중점을 뒀다. "이 사건 소송인은 단종수술이 자신의
건강에 해로울 것인지 여부를 확인하기 위한 심사는 받았지만, 자신의 범죄
성향이 유전되는 유형의 것인지 여부를 알아보기 위한 심사는 받은 적이 없다."
마지막으로, 대법관 로버트 H. 잭슨Robert H. Jackson은 이렇게 썼다. "입법상의
다수가 소수—심지어 다수가 범죄라고 규정한 것을 저질러 유죄판결을 받은

자일지라도—의 존엄과 인격과 자연적 능력을 희생시키면서 생물학적 실험을
수행할 수 있는 범위에는 한계가 있다"(*Skinner v. Oklahoma*, no. 782{1942
년 5월 6일 변론; 1942년 6월 1일 판결}). 하지만 이 판결은 벅 대 벨 사건 판결을
뒤집지 않았고, 오클라호마주 법률이 통상적이지 않은 잔인한 처벌을 구성하는지
여부에 관한 의견을 피력하지도 않았다. 트로이 더스터는 이렇게 논평했다. "이
판결에 내포된 명백한 뜻은 범죄행위와 유전적 구성 사이에 일반적인 연관성을
입증할 수 있고 특정 계층에 속한 범죄자를 그렇게 노골적으로 제외하지
않는다면, 국가에 의한 단종수술이 허용된다는 것이다."(Duster, *Backdoor to
Eugenics*, 30-1)

13 《인간 개량을 위한 단종수술Sterilization for Human Betterment》의 저자인 포프노이는
미국우생학회 및 여타 다수의 우생학단체 회원으로서 활발하게 활동했다.

14 [단종수술을 받은] 여성 대 남성의 수는 5069명 대 2482명이었다(Philip R.
Reilly, *The Surgical Solution: A History of Involuntary Sterilization in the
United States*{Baltimore: The Johns Hopkins University Press, 1991}, 98).

15 E. H. Pratt, "Circumcision of Girls", *Journal of Orificial Surgery* 6,
no. 8(February 1898): 385; H. E. Beebe, "The Clitoris", *Journal of
Orificial Surgery* 6, no. 1(July 1897): 9(애크런에서 열린 오하이오주
동종요법의학회Homeopathic Medical Society에서 최초로 발표됨); Cora Smith
Eaton, "Circumcision for Headaches", *Journal of Orificial Surgery* 8, no.
8(February 1900): 369; "Removal of the Ovaries as a Cure for Insanity"
(펜실베이니아주 공공자선단체위원회 소속 정신이상에관한위원회의 10차
연례보고서에 발췌), *American Journal of Insanity* 49(January 1893):
397; 프랫이 쓴 사설, Pratt, *Journal of Orificial Surgery*, 279. 이에 반대하는
사람들도 있었다. 필라델피아 정신이상에관한위원회 위원인 토머스 W. 발로
Thomas W. Barlow는 이렇게 말했다. "정신이상이 있는 여성에게 난소적출술{한쪽
또는 양쪽 난소를 제거하는 수술}을 하는 것은 …… 생명을 구하기 위해 반드시
필요한 경우가 아닌 한 불법적일 뿐만 아니라 그 실험적 성격으로 보아 잔혹하고
비인간적이며 어떤 합리적 근거로도 용납될 수 없다고 생각합니다. ……
정신이상자를 수용하고 있는 주립병원을 실험장으로 이용해 미친 여성들에게
치료 명목으로 의심스러운 수술을 받게 하자는 제안을 볼 때, 부인과의의 열의가
심상치 않을 정도로 확산되고 있음을 감지할 수 있습니다." 발로의 동료 위원이자
외과의인 토머스 G. 모턴Thomas G. Morton은 이에 동의하며 그런 수술들에 대해
"부당하고 변호의 여지가 없다"라고 했으며, 친척이나 보호자에게 자궁적출술에
동의할 도덕적, 법적 권리가 있는지 의문을 제기했다.(Morton, "Removal of the
Ovaries as a Cure for Insanity", 399-401)

16 Harry H. Laughlin, *Eugenical Sterilization in the United States*(Chicago: Psychopathic Laboratory of the Municipal Court of Chicago, 1922), 440-1. 로플린은 "사회적 부적자 계층의, 보호자가 없는 여성"을 "잡종 가축의 암컷"에 빗댔다. 로플린은 후자의 수가 "암컷을 처분하거나 그 성적 능력을 없앰으로써" 줄어들었음을 강조했다.(*Proceedings of the First National Conference on Race Betterment*, 8-12 January 1914{Battle Creek, Mich.: Race Betterment Foundation, 1914}, 484)

17 예컨대 많은 진보주의자는 자원은 산술적으로 증가하고 인구는 기하급수적으로 증가한다는 신맬서스주의적 믿음을 통해 우생학에 입문했다.

18 Ralph Bevan, "God's Call to Birth Control", *Birth Control Review* 8, no. 9 (1924): 252.

15장 | 마거릿 생어와 우생학의 합의

1 Linda Gordon, *Woman's Body, Woman's Right: Birth Control in America* (New York: Penguin Books, 1990); Angela Davis, *Woman, Race, and Class*(New York: Vintage Books/Random House, 1983).

2 Goldberg, *Racist Culture*, 5.

3 Charles Mills, *The Racial Contract*(Ithaca, N.Y.: Cornell University Press, 1997), 56.

4 McCann, *Birth Control Politics in the United States*, 19, 125.

5 Ellen Chesler, *Woman of Valor: Margaret Sanger and the Birth Control Movement in America*(New York: Simon and Schuster, 1992), 123.

6 McCann, *Birth Control Politics in the United States*, 123.

7 Chesler, *Woman of Valor*, 216.

8 같은 책, 215.

9 McCann, *Birth Control Politics in the United States*, 19, 101.

10 Sanger, *The Pivot of Civilization*(New York: Brentanos: 1922), 240. 터먼과 여키스에 대한 인용은 다음을 참조. 241 n.3 그리고 263.

11 Betsy Hartmann, *Reproductive Rights and Wrongs: The Global Politics of Population Control*(Boston: South End Press, 1995), 97.

12 Martha C. Ward, *Poor Women, Powerful Men: America's Great Experiment in Family Planning*(Boulder, Colo.: Westview Press, 1986), 8.

13 "Address of Welcome", Sixth International Neo-Malthusian and Birth

Control Conference, 다음에 재발행됨. *Birth Control Review* 9, no. 4 (April 1925): 100; 원문에 강조 표기돼 있음.

14 McCann, *Birth Control Politics in the United States*, 101.

15 강조는 저자. Sanger, *The Pivot of Civilization*, 78.

16 같은 책, 70. 1950년 생어는 자신이 수상하는 자리에 모인 청중에게 홀로코스트가 '인구압'의 결과라고 말했다. "인간을 강제수용소로, 광대한 강제 노동 감옥으로 몰아넣습니다. 전 국민이 부랑자[또는 홈리스] 및 난민이 됩니다. **이러한 현상은 인구정책의 완전한 결여**, 이 땅에 사는 인간의 존엄성의 가치와 의미에 대한 정치적 통찰력의 완전한 부재를 보여주는 징후입니다."(강조는 저자) 마거릿 생어가 앨버트와메리라스커재단Albert and Mary Lasker Foundation의 플랜드패런트후드 상을 수상하면서 밝힌 "라스커 수상 연설Lasker Award Address" 은 1950년 10월 25일 미국가족계획연맹의 30차 연례 오찬에서 낭독됐다. 또한 《멜서스주의Malthusian》의 한 부록으로 재발행됐다.(January 1951)(Margaret Sanger Papers, Collected Document Series {이하 MSP-CDS}, folder 1950-1951)

17 Sanger, *The Pivot of Civilization*, 78.

18 같은 책, 82.

19 다음에 실린 생어의 사설을 보라. *Birth Control Review* 9, no. 6(June 1925): 163-4.

20 Sanger, *The Pivot of Civilization*, 187.

21 같은 책, 279. 이 대목은 같은 책의 부록 중 (1921년 생어가 설립한) "미국산아제한연맹의 행동 지침과 목표Principles and Aims of the American Birth Control League" 항목에 나온다.

22 Sanger, "The Eugenic Value of Birth Control Propaganda", *Birth Control Review* 5, no. 10(October 1921): 5. MSP-CDS.

23 Sanger, *The Pivot of Civilization*, 104; "The Eugenic Value of Birth Control Propaganda", *Birth Control Review* 5, no. 10(October 1921): 5.

24 Sanger to Mrs. William P. Driscoll, 28 November 1928, MSP-CDS.

25 McCann, *Birth Control Politics in the United States*, 16-7.

26 Mehler, "The History of the American Eugenics Society", 416-7; McCann, *Birth Control Politics in the United States*, 108-9.

27 McCann, *Birth Control Politics in the United States*, 119. 매캔은 애초에 미국산아제한연맹ABCL이 왜 대븐포트에게 초대장을 보냈는지에 대해서는 언급하지 않는다. 대븐포트에게 그처럼 저명한 회의의 주재 역할을 제안했다는 사실은 생어의 추종자들과 우생학자들 사이에 매캔이 인정하는 것보다도 훨씬 더

긴밀한 연결고리가 있었음을 암시한다. 멜러에 따르면, 대븐포트는 우생학위원회 창립위원,《우생학 소식》편집위원, 골턴연구회 회장, 우생학기록협회 명예 회장, 미국우생학회 우생학연구문제위원회 위원장, 미국우생학회 이사회 이사, 3차 국제우생학대회 회장, 실험진화연구소Station for Experimental Evolution 및 우생학기록사무소 소장, 국제우생학기구연맹 회장, 그리고《우생학과 연관된 유전학Heredity in Relation to Eugenics》을 비롯해 다양한 우생학 텍스트의 저자였다. (Mehler, "The History of the American Eugenics Society", 329-30)

28 다음에 인용된 귄터의 말, "Notes and News", *Eugenical News* 15, no. 2 (December 1930): 178. 이에 앞서 1928년 9월, 그랜트는《우생학 소식》13권 9호에서 귄터의 저서에 대한 서평을 실은 적이 있었다. 그로부터 60년 뒤, 리처드 헌스타인은 '적자'의 출생률이 하락하고 있다는 귄터와 그랜트의 우려, 또 그 때문에 초래된 재난은 여성의 책임이라는 귄터와 그랜트의 믿음을 되풀이할 터였다. 1989년에 발표한 글에서 헌스타인은 아이큐 점수가 높으며 "잘 교육받은 여성들"이 갈수록 자식을 더 적게 낳고 있다는 '사실'을 개탄했다. 헌스타인은 개인의 주권을 국민의 의무와 조화시키려고 하면서 이렇게 썼다. "자식을 낳겠다는 결정보다 더 사적인 것은 없지만, 그럼에도 사회는 그런 결정들의 총체적 효과에 대해서는 비상한 관심이 있다."(Herrnstein, "IQ and Falling Birth Rates", *Atlantic Monthly*, May 1989, 73-9)

29 Albert E. Wiggam, "Will the Good or the Bad Inherit the Earth?", *Birth Control Review* 13, no. 12(December 1929): 347; 원문에 강조 표기돼 있음. 이 글은 생어가《산아제한 평론》편집장으로서의 임기를 마친 이후에 게재됐다.

30 Mehler, "The History of the American Eugenics Society", 439.

31 Wiggam, "Will the Good or the Bad Inherit the Earth?" 349.

32 Sanger, "The Eugenic Value of Birth Control Propaganda", 5.

33 같은 글

34 같은 글.

35 Sanger, *The Pivot of Civilization*, 189. 엘리스는 우생학과 산아제한의 관계에 대해 이렇게 썼다. "우리는 우리가 닿을 수 있는 가장 높은 곳에 올라서서 이 세계의 미래를 위해서는 무엇이 최선인지 생각하고 있다. 왜냐하면 산아제한이 미래의 인간을 우리의 발전적 이상에 맞게 조형하는 일에서 귀중할 뿐만 아니라 없어서는 안 될 도구라는 점은 의심의 여지가 없기 때문이다."(Ellis, "Birth Control in Relation to Morality and Eugenics", *Birth Control Review* 3, no. 2{February 1919}: 8)

36 Hartmann, *Reproductive Rights and Wrongs*, 97.

37 Gordon, *Woman's Body, Woman's Right*, 222.

38 Little, "Will Birth Control Promote Race Improvement?", *Birth Control Review* 13, no. 12(December 1929): 343; Laughlin, "Legal Status of Eugenic Sterilization", *Birth Control Review* 12, no. 3(March 1928): 78.

39 Mehler, "The History of the American Eugenics Society", 392-4.

40 다음에 실린 《우생학적 개혁Eugenic Reform》에 대한 서평. *Birth Control Review* 12, no. 8(August 1928): 234. 이 글은 "우리 사이에 많은 인간 뻐꾸기가 살아가고 있다"라며 개탄했다. 《우생학이란 무엇인가What Is Eugenics》에 대한 한 서평은 이듬해에 게재됐다.(*Birth Control Review* 13, no. 8{August 1929}: 226) 다음에 인용된 엘리스의 서평. Gordon, *Woman's Body, Woman's Right*, 278.

41 Gordon, *Woman's Body, Woman's Right*, 182.

42 McCann, *Birth Control Politics in the United States*, 133-4.

43 Chesler, *Woman of Valor*, 15. 체슬러는 생어의 반유대주의를 보여주는 사례들을 언급한 다음, 생어가 "그것을 극복했다"고 주장하기도 한다.(50-1)

44 Raymond Pearl, "The Differential Birth Rate", *Birth Control Review* 9, no. 10(October 1925): 278. 펄은 부분적으로는 상대적 부유층이 피임 지식이 더 해박할 뿐만 아니라 "지적 관심사가 더 다양하며, 신경 에너지 배출구가 일반적으로 더 넓다"라고 주장함으로써 이 수치에 대해 설명했다.(279)

45 장애인에 대한 우생학적 맹공격은 현재진행형으로, 이에 대한 역사화는 이 책의 뒷부분에서 따로 한 장을 할애한다. 하지만 빈곤층에 대한, 유전에 바탕을 둔 공격이라는 맥락에서 문제를 제기하는 것도 중요하다.

46 Pearl, "The Differential Birth Rate", 301.

47 John C. Duvall, "The Purpose of Eugenics", *Birth Control Review* 8, no. 12(December 1924): 345.

48 "The Story of a Subsidized Family, or How to Populate the Earth with the Unfit", *Birth Control Review* 9, no. 7(July 1925): 200-1.

49 "Unprofitable Children", *Birth Control Review* 8, no. 5(May 1924): 144.

50 Sanger, "Address of Welcome", Sixth International Neo-Malthusian Conference, 100: 원문에 강조 표기돼 있음.

51 같은 글. 수감자는 예나 지금이나 오로지 가해자로 규정되는 경우가 대부분이다. 이런 수감자를 정치적으로나 개인적으로나 학대에 노출된 발달장애인과 연결시키는 것은 가장 취약한 사회집단들을 가장 위험한 악당으로 재현하는 방식의 전형이다. 생어는 계속해서 이렇게 불만을 토로했다. "이 나라는 보통선거를 보장하는 자유로운 민주주의 국가입니다. 우리에게는 모두, 심지어 정신적 발달이 멈춘 사람까지도 투표권이 있습니다. 그러므로 노둔한 이들의

표가 천재의 표와 동등하게 취급된다 해도 놀랍지 않습니다. 그저 우리의 앞날이
유쾌하지 않을 뿐이지요."(같은 글)

52 같은 글.

53 Gordon, *Woman's Body, Woman's Right*, 300, 304.

54 Sanger, 같은 책에 인용됨, 310.

55 Chesler, *Woman of Valor*, 298.

56 다음에 인용됨. Thomas Shapiro, *Population Control Politics: Women,
    Sterilization, and Reproductive Choice*(Philadelphia: Temple University
    Press, 1985), 49-50.

57 "우리의 구호 및 여타의 사회적 지출이 이렇게나 높은 상황에서"라고 운을
    띄우며 펜실베이니아주 산아제한연맹의 문헌은 이런 질문을 던졌다. "이제
    부적자에 대한 단종수술 프로그램을 새로이 고려해야 할 때가 아닌가?"(같은 책,
    49)

58 체슬러는 이 여성들 중 50퍼센트 이상이 연구에서 중도 하차했다고
    보고하면서, 이들이 "불만을 표출했다"고만 언급했다.(*Woman of
    Valor*, 378-9) 로버트 라투 디킨슨은 1941년에 발표한 연구 〈동성애의
    부인과학〉으로 유명하다. 디킨슨은 갬블과 오랫동안 친분을 유지했고,
    갬블은 디킨슨이 설립한 전미모성보건위원회National Committee on Maternal
    Health에 재정을 지원했다. 한때 디킨슨은 미국우생학회에서 조직한
    산아제한의우생학적및열생학적영향에관한위원회에서 활동하기도
    했다.(Mehler, "The History of the American Eugenics Society", 331)

59 1937년 6월 29일, 갬블이 생어에게 보낸 편지, Margaret Sanger Papers,
    Smith College Collection(이하 MSP-SCC), S13:0261. 갬블은 그 1년 전
    플로리다주에서 거품-분말-스펀지 방식 시험을 감독한 적이 있었다. 그는
    나중에는 보건이나 복지제도에 걸려든 여성들로만 국한하지 않고, 자유가 제한된
    형태의 수용자들을 더욱 폭넓게 이용했다. 예컨대 1961년 갬블은 생어에게
    보낸 편지에서, 자신이 추진하던 연구를 진행할 장소를 마침내 찾았다고 썼다.
    거품 형태 정제를 사용하는 여성들로부터 "불편하다"는 불만이 있었고, 갬블은
    다양한 상품 샘플들을 시험할 지원자를 찾기 위해 2~3년간 애쓰고 있었다.
    그리고 마침내 찾은 것이다. "한 이스라엘인 의사가 말하길 그 문제가 쉽게
    해결됐답니다. 군대 내 여성들이 시험에 참여할 거예요." 갬블은 열여섯 가지
    상품 샘플을 그 의사에게 보내줬다.(1961년 4월 16일, 갬블이 생어에게 보낸 편지,
    MSP-SCC, S58:0617)

60 〈산아제한이 이로운 열 가지 이유〉 중 '네 번째 이유'에서 인용된 에드워드
    A. 로스의 말. 로스는 사회학자이자 경제학 교수로, '인종 자살'이라는 말을

만든 사람이다. *Birth Control Review* 12, no. 12(December 1928). 로스는
그로부터 몇 년 전 시카고산아제한대회에서 한 발언에서, 미국에서 '인종 자살'
이 일어날 것이라는 전망 때문에 한때 무섭기도 했지만 이제는 인구과잉이 더
두렵다고 말했다. Rev. Albert P. Van Dusen, "Birth Control as Viewed by a
Sociologist", *Birth Control Review* 8, no. 5(May 1924): 135(1924년 6월 29
일, 뉴욕주 시러큐스산아제한대회에서 처음 발표됨).

61 Hartmann, *Reproductive Rights and Wrongs*, 247; Yamila Azize-Vargas,
"The Roots of Puerto-Rican Feminism: The Struggle for Universal
Suffrage", *Radical America* 23, no. 1(June 1990): 72.

62 Gordon, *Woman's Body, Woman's Right*, 333.

63 Shapiro, *Population Control Politics*, 53. 이는 푸에르토리코에서 산아제한
[즉, 피임]을 합법화하는 법안 제64호가 1937년까지는 법률로 제정되지
않았음에도 불구하고 이뤄진 일이었다.(1937년 5월 2일, 갬블이 생어에게 보낸
편지, MSP-SCC, S13:0016)

64 1938년 2월 6일, 갬블이 생어에게 보낸 편지, MSP-SCC, S14:0380; 1938년 2
월 12일, 생어가 갬블에게 보낸 편지, MSP-SCC, S14:0450.

65 Shapiro, *Population Control Politics*, 53-4.

66 같은 책, 53. 하트만은 1940년대에 투자에 대한 비과세 인센티브 및 저임금
노동으로 미국 제조업이 푸에르토리코로 유입되면서 푸에르토리코 여성들이
단종수술 남용에 점점 더 취약해졌다고 지적한다. 단종수술은 "예컨대 좋은 보육
시설을 제공하는 대신 여성들이 '자유로운 상태에서' 취업을 할 수 있게 도와주는"
방법으로 간주됐다. 푸에르토리코 정부는 국제가족계획연맹International Planned
Parenthood Federation 및 여타의 민간기관들과 함께 푸에르토리코 여성에
대한 단종수술을 추진했다. 이는 미국 정부 자금을 지원받아 이뤄졌으므로,
단종수술을 제공하기까지 금전적 비용이 거의 또는 전혀 들지 않았다. 1968년,
푸에르토리코 여성의 단종수술 비율은 세계에서 가장 높은 수치를 기록했다.
(Hartmann, *Reproductive Rights and Wrongs*, 247)

67 Shapiro, *Population Control Politics*, 53.

68 1954년 4월 15일, 생어가 갬블에게 보낸 편지, MSP-SCC, S43:0571.

69 1947년 12월 6일, 갬블이 생어에게 보낸 편지, MSP-SCC, S27:0791.

70 편지에는 세인트루이스 출신 조지프 서넨Joseph Sunnen이
푸에르토리코가족복지협회Asociación Puertorriqueña Pro Bienestar de la Familia에
연간 10만 달러씩 3년간 지원할 것을 약속했음이 반복적으로 언급됐다(갬블이
생어에게 보낸 편지, 1956년 8월 5일, MSP-SCC, S50:0463; 1956년 9월 4
일, MSP-SCC, S50:0723; 그리고 1957년 3월 13일, MSP-SCC, S51:0651 {이

마지막 편지는 일반 배송 주소를 이용해 "친애하는 협력자분들께" 발송된 것임};
1957년 1월 18일, 갬블이 생어에게 보낸 편지, MSP-SCC, S51:0285).

71 1957년 3월 7일, 생어가 갬블에게 보낸 편지, MSP-SCC, S51:609; 1957년 3월 9일, 갬블이 생어에게 보낸 편지, MSP-SCC, S51:0623.

72 1957년 3월 13일, 갬블이 생어에게 보낸 편지, "친애하는 협력자분들께", MSP-SCC, S51:0651. 하트만은 "푸에르토리코에서 진행된 초창기 경구피임약 연구에 대한 윤리적, 과학적 기준은 …… 아쉬운 점이 많았다"라고 지적한다. 하트만이 인용한 어느 연구에서는, 한 여성은 폐결핵에 걸리고 다른 여성은 울혈성심부전으로 사망했다. 연구자들은 사망이든 결핵이든 여성이 약물 실험에 참여한 것이 그 원인이라고 밝히길 꺼렸다. 전문성을 주장하려는 노력의 일환으로 여성의 증상을 최소화하는 것은 의학계에서 분명 이례적인 일은 아니었다. 푸에르토리코 실험 상황을 보자면, "어느 연구에서는 심지어 메스꺼움, 구토, 어지러움 같은 부작용 발생을 대부분 심리적 요인 탓으로 돌리기도 했다"라고 하트만은 보고한다.(Hartmann, *Reproductive Rights and Wrongs*, 190)

73 1957년 3월 13일, 갬블이 생어에게 보낸 편지, MSP-SCC, S51:0651; 그리고 1957년 3월 9일, MSP-SCC, S51:0623. 산후안의 여성들에 대한 실험도 진행되고 있었다.

74 1957년 3월 19일, 갬블이 생어에게 보낸 편지, MSP-SCC, S51:0675; 1957년 4월 5일, MSP-SCC, S51:0855; 1957년 9월 2일, MSP-SCC, S52:0643; 1958년 3월 19일, MSP-SCC, S53:0659; 1959년 6월 5일, MSP-SCC, S55:0514; 1959년 6월 20일, MSP-SCC, S55:0547; 1962년 2월 12일, MSP-SCC, S59:0446; 1960년 2월 1일, 갬블이 조지프 서넨에게 보낸 편지, MSP-SCC, S56:0576.

75 다음에 인용됨, Gordon, *Woman's Body, Woman's Right*, 328.

76 Jessie Rodrique, "The Black Community and the Birth Control Movement", *Unequal Sisters: A Multicultural Reader in U.S. History*, ed. Ellen DuBois and Vicki Ruiz(New York: Routledge, 1990), 27.

77 "Sterilization", *Pittsburgh Courier*, 30 March 1935, 10.

78 같은 글.

79 W. E. B. DuBois, "Forum of Fact and Opinion", *Pittsburgh Courier*, 27 June 1936, sec. 2, 1. 이러한 경계심 때문에 흑인 지역사회에 접근 가능한 피임을 지원하는 일이 결코 줄거나 하지는 않았다. 1941년 전미흑인여성협의회National Council of Negro Women는 피임을 공식 승인한 최초의 전국 단위 여성단체가 됐다.(McCann, *Birth Control Politics in the United States*, 218) 이에

대해 더 자세한 내용은 다음을 참조. Rodrique, "The Black Community and the Birth Control Movement." 또한 다음을 참조. Nancy Leys Stepan and Sander Gilman, "Appropriating the Idioms of Science: The Rejection of Scientific Racism", in *The Bounds of Race: Perspectives of Hegemony and Resistance*, ed. Dominick Lacapra(Ithaca, N.Y.: Cornell University Press, 1991).

80 강조는 저자. 1939년 11월 26일, 갬블이 플로렌스 로즈에게 보낸 편지, MSP-CDS; 1939년 11월 26일, 생어가 갬블에게 보낸 편지, MSP-CDS.

81 Reilly, *The Surgical Solution*, 134.

82 1947년 12월 6일, 갬블이 생어에게 보낸 편지, MSP-SCC, S27:0791. 가톨릭교도에 대한 생어의 극심한 혐오감은 산아제한에 대한 가톨릭교회의 반대 때문인 것으로 보인다. 생어의 반감은 기록에도 잘 나와 있다. 이에 대해 더 자세한 내용은 다음을 참조. Chesler, *Woman of Valor*.

83 Reilly, *The Surgical Solution*, 134.

84 Margaret Sanger, "Lasker Award Address", 1950년 10월 25일 미국가족계획연맹의 30차 연례 오찬에서 낭독됨. 또한 《맬서스주의》의 한 부록으로 재발행됨(January 1951). MSP-CDS, folder 1950-1951, Lasker Award Address.

85 같은 글.

86 같은 글.

87 Sanger, "Sterilization: A Modern Program for Human Health and Welfare", June 1951, MSP-CDS, 하위 시리즈 4, folder 1950-1951, 4.

88 1950년 11월 20일, 갬블이 생어에게 보낸 편지, MSP-SCC, S33:0414; 1950년 11월 28일, 생어가 갬블에게 보낸 편지, MSP-SCC, S33:0456. 생어는 윌리엄 쇼클리가 말한 자발적 단종수술 장려금 프로그램을 20년 앞지른 것이다. "장려금은 단종수술의 대가로 제공될 것이다. 소득세 납부자들에게는 장려금이 지급되지 않는다. 그 밖의 모든 사람은 성별, 인종, 복지 수급 지위에 관계없이, 예컨대 당뇨, 간질, 헤로인 중독, 관절염 등과 같은 결점의 발현 유전인자에 대한 최고의 과학적 평가에 따라 지급 장려금이 결정된다. 단종수술을 받은 자들이 복지 수급 지위를 잃지 않고 최저임금 이하로 고용될 수 있도록 허용하는 것이 [자발적 단종수술을 받게 할] 동기 부여 방법이 될 수 있다. 이것이 최근의 고용 부적격자들에게 기회를 제공할 수 있을까?"(Shockley, "Dysgenics— A Social Problem Evaded by the Illusion of Infinite Plasticity of Human Intelligence?", *Shockley on Eugenics and Race: The Application of Science to the Solution of Human Problems*, ed. Roger Pearson{1971;

재발행, Washington, D.C.: Scott-Townsend Publishers, 1992}, 181)
쇼클리는 복지 프로그램에 찬성한다고 주장하면서도, 복지 프로그램은 "반진화적
효과"가 있다고 말했다.(Shockley, "Racial Aspects of the Environment—
Heredity Uncertainty", 1968년 3월 24일, 미국국립과학원에서 낭독된 제안서.
같은 글에서 인용됨, 103)

89 Sanger, *Sterilization: A Modern Medical Program for Human Health and Welfare*, 1951, MSP-CDS.

90 로버트 라투 디킨슨과 클래런스 갬블은 모두 인간개량재단의 후신인 미국인간개량협회Human Betterment Association of America의 의학및과학위원회에서 활동했다.

91 1950년 12월 5일, 갬블이 생어에게 보낸 편지, MSP-SCC, S33:0505.

92 Sanger, "Sterilization"(부재중 낭독된 연설), MSP-CDS, February 1951, 2.

93 같은 글. 생어의 발언은 '잘못된 삶wrongful life' 소송보다도 수년 앞선 것이었다. ['잘못된 삶' 소송과 관련해서는 3부 18장 '장애와 우생학: 변함없는 합의'에서 더 자세히 전개된다.]

94 1960년 7월 20일, 루스 프로스카우어 스미스가 마거릿 생어에게 보낸 편지, MSP-CDS. 1962년 미국가족계획연맹-세계인구비상사태캠페인PPFA-World Population Emergency Campaign의 의료 책임자인 의사 메리 S. 칼드론Mary S. Calderone은 워크숍 참가자들에게 이렇게 말했다. "단종수술은 결코 가족계획연맹 프로그램의 일환이었던 적이 없습니다. …… 우리는 그 요청을 인간개량협회에 회부할 권한이 있는 위원회는 있습니다."("Birth Control Services in Tax-Supported Institutions", 1962년 5월 16일, 샌프란시스코에서 가족계획연맹 후원으로 열린 한 워크숍의 요약서{New York: PPFA-World Population Emergency Campaign, 1962}, 21, MSP-CDS)

95 1961년 1월 4일, 스미스가 생어에게 보낸 글(전보); 1961년 1월 5일, 생어가 스미스에게 보낸 편지, MSP-CDS.

96 1961년 2월, H. 커티스 우드 주니어, MSP-CDS. 생어 자신도 10달러를 기부했다.

97 McCann, *Birth Control Politics in the United States*, 173. 그리고 책 전반을 보라.

98 갬블에 관해서 보자면, 생어는 이 펜실베이니아주 출신 의사와 우호적인 것 이상의 관계를 유지했을 뿐만 아니라 그를 가리켜 "훌륭한 조직자로서 여기저기서 시행착오를 겪어야 하는 실험을 가장 먼저 하고 있다"라며 칭찬했다. (1951년 1월 16일, 생어가 {미국인간개량협회 사무총장인} 아이린 헤들리 아르메스에게 보낸 편지, MSP-CDS)

99 MSP-SCC, 필름 S36, 37, 47, 56. 따라서 생어가 1955년 이후로 갬블과

절연했지만 그를 완전히 소외시키지는 않았다는 체슬러의 보고를 정확한 사실로 보기는 힘들 것이다.(Chesler, *Woman of Valor*, 438) 실제 생어는 1958년에 호의에 보답해, 자신의 뒤를 이어 국제가족계획연맹 회장이 될 후보 명단에 갬블의 이름을 포함시켰다.(1958년 9월 11일, 갬블이 생어에게 보낸 편지, MSP-SCC, S54:0441)

16장 | 신체적 후유증: 인종주의, 우생학, 그리고 2차 세계대전 이후 자유주의적 공범들

1   다음 사설, "The Right to Reproduce", *New Leader*, 3 March 1945, 16; {원문 그대로임!}은 원문에 표기돼 있음.

2   앨리스 타나베 네히라의 증언은 다음에 재발행됐다. "The Commission on Wartime Relocation and Internment of Civilians: Selected Testimonies from the Los Angeles and San Francisco Hearings", *Amerasia Journal* 8, no. 2(fall-winter 1981): 92.

3   강조는 저자; Nils P. Larsen, "Post-Partum Sterilization: Reduction of Infant and Maternal Mortality in Hawaii"(《인간 생식Human Fertility》에 게재된 논문 일부 발췌, March 1944, MSP-CDS).

4   다음에 인용된 영국 철학자 존 스튜어트 밀의 말, Mills, *The Racial Contract*, 149, n.57.

5   1949년 8월 29일, 갬블이 생어에게 보낸 편지, MSP-SCC, S30:0989. 갬블이 전쟁이 끝난 지 불과 4년 만에 독일의 단종수술 정책(미국 우생학자들의 제안을 모형으로 삼은 정책들이었다)을 '임의적'이라고 묘사할 수 있었다는 것은 나치 우생학에 대한 심각한 오독을 드러낸다.

6   Moya Woodside, *Sterilization in North Carolina: A Sociological and Psychological Study* (Chapel Hill: University of North Carolina Press, 1950), 24, 78-9, 161. 여기서 나의 주장은 미국 우생학이 나치 우생학의 실질적 또는 이데올로기적 등가물을 구성한다는 것이 아니다. 단지 갬블과 우드사이드가 심지어 유럽에서 우생학의 이상이 완전하게 입법화된 직후에도 인종주의, 강압, 백인우월주의에 대한 우려를 비합리적인 것으로 너무 쉽게 일축해버렸다는 점이다. 20년 뒤, 윌리엄 쇼클리 역시 자신의 말이 얼마나 부조리한지 인식조차 하지 못한 채 분명히 밝혔다. "오직 가장 반게르만적인 인종주의자만이, 독일 국민은 너무도 악랄한 종족이라서 실제로 유효한 헌법 제1조에 따라[즉, 표현 및 언론의 자유가 있어] 히틀러의 '최종 해결책'이 폭로되고 논의될 수 있었더라도

강제수용소 및 가스실을 용인했을 것이라고 믿을 것이다. …… 미 수정헌법 제1
조는 우리 미국인이 안심하고 인도주의적인 우생학적 조치들을 추구할 수 있도록
해준다.(Shockley, "Dysgenics—A Social Problem Evaded by the Illusion
of Infinite Plasticity of Human Intelligence?", 180)

7 그중에서도 가장 잔혹했던 것은 '미국 부인과의 아버지'라고 불리는 J. 매리언
심스J. Marion Sims가 실행한 수술들이었다. 1845~1849년 심스는 노예가 된
여성들(그중 최소 한 명은 심스가 명시적으로 실험을 위해 돈을 주고 샀다)을
대상으로 앨라배마주에 있는 자신의 임시 병원에서 수술을 실행했다. 수술은
종종 청중 앞에서 마취도 하지 않은 채 이뤄졌다. 그런 과정에서 심스는 미국에서
가장 부유한 의사 중 한 명이 됐다. 심스는 북미 지역 의료 행위에 스페큘럼[검진을
위해 인체 구멍을 넓히는 데 사용되는 도구로, 검경 또는 벌리개라고 함]을 도입한
공로를 인정받는다. 심스의 수술 및 그 의미에 대한 비판적 설명으로는 다음을
참조. Terri Kapsalis, *Public Privates: Performing Gynecology from Both
Sides of the Speculum*(Durham, N.C.: Duke University Press, 1997).

8 Nancy Krieger and Elizabeth Fee, "Man-Made Medicine and Women's
Health: The Biopolitics of Sex/Gender and Race/Ethnicity", *Man-
Made Medicine*, ed. Moss, 17. 카트라이트는 노예가 주인의 명령에 불복하게
만드는 병인 '디스에스세지어dysesthesia'[불유쾌한 이상 감각], 그리고 노예의
탈출 시도가 특징이 되는 정신장애인 '드레이프토마니아drapetomania'[출분증,
도망노예증]에 대한 자신의 '새로운 발견들'을 발표하면서 피험자들의 저항
자체를 병리화했다.(Mike A. Males, *The Scapegoat Generation: America's
War on Adolescents*{Monroe, Maine: Common Courage Press, 1996},
243; Adolph Reed Jr., "The Content of Our Cardiovascular", *Village
Voice*, 31 December 1996, 25)

9 Krieger and Fee, "Man-Made Medicine and Women's Health", 18. 1913
년의 한 문헌에 따르면, 미국푸르덴셜보험사의 수석 통계학자는 배독과 결핵이
흑인의 "인종적 특성인 엄청난 부도덕성"의 필연적 결과라고 공공연하게 말했다.
(Edward Eggelston, *The Ultimate Solution of the American Negro
Problem*{Boston: Gorham Press, 1913}, 226)

10 Charles McCord, *The American Negro as a Dependent, Defective,
and Delinquent*(Nashville: Benson Printing, 1914), 98-9, 168-9. 매코드는
아내를 살해한 혐의로 기소되고 모친을 살해한 혐의를 받았으며 교수형에 처해진
'밥Bob'의 사연을 들려줬다(노예해방 이후의 일이라는 점에 매코드는 조심스럽게
주목했다). "밥의 어머니가 적절한 때에 거세됐다고 가정해보자. 최소 세 건의
폭력적인 죽음을 예방할 수 있었을 것이고, 또 기소, 구금, 처형에 드는 비용도

절약됐을 것이다.” 매코드는 밥의 어머니가 정신박약자라고 공공연하게 말하고, 아들의 교수형, 며느리의 살해, 그리고 어머니 자신의 죽음이 다름 아닌 어머니 자신 탓이라고 말했다. 그런 여성들은 “부도덕성과 질병을 퍼뜨리고 타락자들을 낳는다”라고 매코드는 썼다.(307) 백인 노예주인 밥의 아버지는 거의 언급되지 않았다.

11 G. Frank Lydston, *The Disease of Society(The Vice and Crime Problem)* (Philadelphia: J. B. Lippincott, 1904), 394.

12 Woodside, *Sterilization in North Carolina*, 7, 16, 33.

13 같은 책, 5, 138.

14 같은 책, 6.

15 같은 책, 83. 우드사이드의 견해는 반복되는 주제에 대한 하나의 변주에 불과했다. 찰스 매코드는 예컨대 1914년 “미 남부 주 니그로들 사이의 연간 질병 및 사망 비용 추산”이라는 도표를 작성하면서 백인은 운이 나쁘거나 무능하거나 “빈민 혈통”이기 때문에 가난해지는 반면, “니그로는 완전히 자라지 못한 …… 결함이 있는, 어린애 같은 종족이기 때문에 빈민이 되는 경우가 더 많다”라고 주장했다.(McCord, *The American Negro as a Dependent, Defective, and Delinquent*, 151-2)

16 Woodside, *Sterilization in North Carolina*, 8.

17 같은 책, 21. 노스캐롤라이나주에 대한 우드사이드의 연구에서는 “정신 능력이 경계에 있거나 정상 이하인” 여성들 사이에 피임 교육 및 피임제 사용이 실패한 것을 개탄하는 대목이 있는데, 마거릿 생어의 문서에서도 이 대목이 발견된다. 생어의 문서에는 이렇게 쓰여 있다. “피임 서비스 종사자들은 그런 사람들이 클리닉에 참석하도록 설득하고, 피임법을 지도하며, 조언이 확실하게 이행되도록 하는 것이 어렵다고 한목소리로 말한다.” 여백에는 생어의 필체로 이렇게 쓰여 있다. “그 사람들은 단종시켜야 한다.”(MSP-CDS, folder 1-18 July 1960, 《노스캐롤라이나주에서의 단종수술Sterilization in North Carolina》에서 발췌)

18 Woodside, *Sterilization in North Carolina*, 204-5.

19 Eugene Harris, “The Physical Condition of the Race; Whether Dependent on Social Conditions or the Environment”, *Atlantic University Publications*, no. 2(1987): 25.

20 Reilly, *The Surgical Solution*, 134.

21 강조는 저자, 다음에 인용됨. Adelaida R. Del Castillo, “Sterilization: An Overview”, *Mexican Women in the United States: Struggles Past and Present*, ed. Magdalena Mora and Adelaida R. Del Castillo(Los Angeles: Chicano Studies Research Center Publications, University of

California, Los Angeles, 1980), 73. 유사한 법안들이 전국 곳곳에서 논의됐다.
일리노이주에서는 공공부조위원회의 한 위원이 성매매로 유죄판결을 받은
여성에 대한 강제 단종수술을 허용하도록 주 법률을 개정할 것을 요구했다.
여기에는 "혼외자를 한 명 이상 낳거나" 임신 중지를 한 사람이 포함됐다. 이
사람들 모두 '성매매 여성'의 정의에 들어갔다.

22 *Biennial Report of the Eugenics Board of North Carolina*, 1 July 1939
    to 30 June 1940; Del Castillo, "Sterilization", 67. 다른 우생학운동들과
    마찬가지로 이러한 증가세 역시 민권운동이 이루어낸 성취에 대한 백래시를
    보여준다.

23 Claudia Dreifus, "Sterilizing the Poor", *Progressive*, 14 December 1975,
    18.

24 Del Castillo, "Sterilization", 68. 이런 유형의 설문 조사에서는 과연 누가
    여론조사의 대상이 될 수 있는 '평균적 미국인'을 구성하느냐는 의문이
    필연적으로 제기된다.

25 같은 글, 67. 아델라이다 델 카스티요Adelaida Del Castillo는 의사들의 태도에 대한
    이 조사에서 산부과의가 가장 징벌적인 입장을 취했다고 보고했다.

26 같은 글, 68-9.

27 Hartmann, *Reproductive Rights and Wrongs*, 248.

28 이와 같은 해 〈모이니핸 보고서Moynihan Report〉가 발행됐다는 것은 대수롭지 않은
    일이 아니다. [〈니그로 가족: 국가적 대응을 위한 사례The Negro Family: The Case
    For National Action〉, 일명 〈모이니핸 보고서〉는 린든 존슨 정권의 노동부 차관보
    및 이후 상원의원을 지낸 대니얼 패트릭 모이니핸Daniel Patrick Moynihan이 1965년
    발표한 보고서다. 도시 빈민의 대부분을 차지하는 흑인의 빈곤에 대해 남성 가장
    부재 및 여성 가장 우세가 근본적 문제라고 지적해 논란을 불러일으켰다.]

29 *ACLU News*[미국시민자유연맹 보도사항], 상원 노동및공공복지위원회하
    보건소위원회에 제출됨, *Quality of Health Care: Human Experimentation*,
    1586. 나이얼 루스 콕스의 사례를 통해 1933년 이래로 40년간
    노스캐롤라이나주 우생학위원회의 후원하에 시행된 단종수술 7686건 중 5000
    건이 아프리카계 미국인에게 실시됐음이 밝혀졌다.(Angela Davis, *Women,
    Race, and Class*{New York: Vintage Books, 1983}, 217) 콕스 자신도 수술을
    받은 지 5년이 될 때까지 그 수술의 비가역성을 알지 못했다. 콕스는 편두통,
    요통, 월경통을 앓고 방광 조절 불능 및 다리 허약 증세를 보였다.(*ACLU News*,
    상원 소위원회, *Quality of Health Care*, 1596) 이 증상들은 모두 수술을 받은
    시점부터 발현됐으며, 증상 중 일부는 단종수술의 부작용으로 기록된 것과
    일치한다.

30　Antonia Hernandez, "Chicanas and the Issue of Involuntary Sterilization: Reforms Needed to Protect Informed Consent", *Chicano Law Review* 3 (1976): 41.

31　Davis, *Women, Race, and Class*, 217; {원문 그대로임}은 원문에 표기돼 있음.

32　Hernandez, "Chicanas and the Issue of Involuntary Sterilization", 22.

33　Dreifus, "Sterilizing the Poor", 18. 많은 의사는 자신이 일반 대중에 대해, 복지 수급자 및 그 밖의 '기생충들'을 단종시켜야 할 책임을 지고 있다고 생각했다. 이런 의사들의 입장을 우드는 분명히 밝혔다. "사람들은 오염을 일으키고, 너무 많은 사람이 너무 가까이 모여 있으면 많은 사회경제적 문제가 발생한다. …… 의사이자 이 사회의 일원으로서 우리는 의무가 있다. 이른바 복지라는 난장판은 해결책을 필요로 하며, 그중 하나가 생식력 조절이다."(다음에 인용됨. Carlos Velez, "Se Me Acabó La Canción: An Ethnography of Non-Consenting Sterilization among Mexican Women in Los Angeles", Mora and Del Castillo, *Mexican Women in the United States*, 77)

34　Hernandez, "Chicanas and the Issue of Involuntary Sterilization", 18.

35　다음에 인용됨. Susan Pleck, "Voluntary Sterilization: Attitudes and Legislation", *Hastings Center Report* 4, no. 3(June 1974), 8.

36　Davis, *Women, Race, and Class*, 216. 데포-프로베라에 대한 실험이 끝나기 전에 그것이 인간에게 투여됐다는 사실은 렐프 자매 사연을 취재한 대부분의 기자들에게 그다지 중요하게 인식되지 않았다.

37　상원 소위원회, *Quality of Health Care*, 1501-2.

38　Shapiro, *Population Control Politics*, 90.

39　상원 소위원회, *Quality of Health Care*, 1497.

40　같은 글, 1496.

41　Shapiro, *Population Control Politics*, 90.

42　Hernandez, "Chicanas and the Issue of Involuntary Sterilization", 9-10. 1973년 미 보건교육복지부 차관보는 그런 지침이 부재하는 것은 "전문적 판단 및 윤리가 보건 서비스 프로젝트에서의 의료 행위를 관장해야 한다"라는 보건교육복지부의 믿음 때문이라고 밝혔다.(상원 소위원회, *Quality of Health Care*, 1571) 하지만 이런 믿음은 임신 중지로까지 확장되지는 않았다. 보건교육복지부에서 재정을 지원받는 시설들에서는 임신 중지가 불가능했다.

43　Hernandez, "Chicanas and the Issue of Involuntary Sterilization", 17.

44　상원 소위원회, *Quality of Health Care*, 1498.

45　Allan Chase, *The Legacy of Malthus: The Social Costs of the New Scientific Racism*(New York: Knopf, 1977), 17; Shapiro, *Population Control*

Politics, 91.

46 Reilly, *The Surgical Solution*, 151-2.

47 Boston Women's Health Book Collective, *The New Our Bodies/ Ourselves*(New York: Simon and Schuster, 1984), 257.

48 Jeannie I. Rosoff, "Sterilization: The Montgomery Case and Its Aftermath", *Hastings Center Report* 3, no. 4(September 1973): 6.

49 Robert E. McGarrah Jr., "Sterilization without Consent: Teaching Hospital Violations of HEW Regulations", Public Citizen's Health Research Group Report, 21 January 1975, 3-4.

50 같은 글, 1-2, 5. 퍼블릭시티즌의 상근 변호사인 로버트 E. 맥개러 주니어Robert E. McGarrah Jr.는 의대부속병원들을 조사했는데, 의대부속병원들에서는 오랫동안 '절단'에 큰 중요성을 부여했었다. 맥개러는 이를 잘 보여주는 두 가지 실례를 들었다. 첫 번째 사례에서는, 왜 여성이 난관결찰술이 아닌, 자궁적출술을 받고 있느냐는 의대생의 질문에 한 레지던트가 이렇게 답했다. "우리가 자궁적출술을 하고 싶어 하는 이유는 그것이 더 어려운 일이기 때문이야. …… 침팬지도 훈련만 잘 받으면 난관결찰술을 할 수 있으니까 말이야. …… 자궁적출술은 임상 레지던트에게 좋은 경험이야. …… 훌륭한 수련이지." 두 번째 사례에서는, 한 의사가 그의 동료에게 "일주일 전에 레지던트들이 분만 후 난관결찰술을 11건이나 한 것을 축하하고 싶네"라고 말하자 다른 의사가 이렇게 답했다. "심지어 지난주에는 더 잘 했더군. 15건이나 해냈으니." 맥개러는 또한 이렇게 지적했다. "가난하고 소외된 사람들에게 수술을 더 많이 하는 것에 대한 초기 '보상'은 전공의 및 전문의 자격 획득의 형태로 이뤄졌다. 그랬던 것이 수련이 끝난 뒤에는 재정적 보상으로 전환돼, 의사가 절단술을 많이 하면 할수록 더 많은 돈을 벌게 된다." 가난한 환자들에게 단종수술을 받아들이도록 '설득하는' 강매 전술을 쓰지 않겠다고 하는 인턴들은 의료진으로부터 압박을 받았다. 그 결과 "헌법상 환자의 기본권에 대한 체계적 침해"가 보스턴시립병원, 볼티모어시립병원, 로스앤젤레스카운티 의료센터 여성병원의 산부인과 인턴 및 레지던트들에 의해 저질러졌다.(McGarrah, "Voluntary Female Sterilization: Abuses, Risks, and Guidelines", *Hastings Center Report* 4, no. 3{June 1974}: 5-6)

51 American Indian Inter-Agency Council, *Drumbeat of the Bay Area: News and Opinions of the American Indian Community* 1, no. 4(May 1977): 4.

52 Andrea Carmen, "Native American Growing Fight against Sterilizations of Women", *Akwesane Notes*(late winter 1979).

53 Rosalind Pollack Petchesky, "Reproduction, Ethics, and Public Policy:

The Federal Sterilization Regulations", *Hastings Center Report* 9, no. 5(October 1979): 32; "American Indian Women Sterilized without Informed Consent", *Hastings Center Report* 7, no. 1(February 1977): 3; Richard Louv, "The Sterilization of American Indian Women", *Playgirl* 4, no. 12(May 1977): 43.

54 생방송 인터뷰, *Woman: Concerns of American Indian Women*, WNED, Western New York Educational Television Association, 1977. 유리는 '자궁 이식'을 요청하는 한 여성의 방문에서 자극을 받아 자체적으로 조사에 착수했다. (Shapiro, *Population Control Politics*, 187)

55 Louv, "Sterilization of American Indian Women", 43.

56 다음에 인용됨. Andrea Carmen, "Native American Growing Fight against Sterilizations of Women", *Akwesane Notes*(late winter 1979).

57 Louv, "Sterilization of American Indian Women", 53.

58 같은 글, 100. 한 보고서에 따르면, 순혈 아메리카 토착민이 표적이 됐다는 몇몇 증거가 있었다. "아메리카 토착민인 취재원들은 오클라호마주의 한 부족의 경우 단종수술을 받지 않은 순혈 여성이 없다고 전한다."(Carmen, "Native American Growing Fight against Sterilizations of Women")

59 Louv, "Sterilization of American Indian Women", 53. 이 의사가 보여준 인구 조절 윤리는 미 보건교육복지부의 철학과 일맥상통했다. 앤절라 데이비스는 아메리카 토착민에게 배포할 목적으로 제작된, 보건교육복지부의 한 소책자에 대해 보고했다. 이 소책자에는 두 가족이 묘사돼 있었다. 한 가족에게는 자녀 10명과 말 1마리, 다른 가족에게는 자녀 1명과 말 10마리가 있다. "마치 자녀가 1명인 가족이 소유한 말 10마리를 산아제한 및 단종수술이라는 마법을 부려 불러내기라도 했다는 양 말이다."(Davis, *Women, Race, and Class*, 218)

60 Louv, "Sterilization of American Indian Women", 51; Carmen, "Native American Growing Fight against Sterilizations of Women."

61 생방송 인터뷰, *Woman: Concerns of American Indian Women*.

62 Shapiro, *Population Control Politics*, 91.

63 Louv, "Sterilization of American Indian Women", 100. 강조는 저자.

64 같은 글. 이 시기에 페미니스트 및 강간위기센터의 활동가들은 자신의 '무분별한 행동'을 은폐하기 위해 말 바꾸기를 한다는 비난을 받으며 유사한 공격을 받고 있는 강간 피해자들 편에서 [그러한 공격에 맞서] 눈에 띄는 저항을 펼쳤다.

65 같은 글, 57.

66 1974년까지 이보다 두 배 이상 많은 사람이 단종수술 남용 사례들을 제보했지만, 여러 가지 이유에서 공동 원고로 참여하지는 않았다.

67 Robert E. McGarrah Jr., "Voluntary Female Sterilization: Abuses, Risks, and Guidelines", *Hastings Center Report* 4, no. 3(June 1974): 5.

68 De Castillo, "Sterilization", 68.

69 Velez, "Se me acabó la canción", 78. 조사를 받은 로스앤젤레스카운티병원 인턴 및 레지던트 25명 중 절반이 자신이 치료한 여성들에게 단종수술을 강요하는 일에 관여했다고 털어놨다.(McGarrah, "Voluntary Female Sterilization", 6) 충분한 정보에 입각한 동의와 관련해 맥개러가 미국 내 다른 지역 사례를 지적한 것을 보자면, 볼티모어시립병원은 방사선과 환자에게는 여섯 문단으로 된 상세한 권리 포기 서류를 사용했지만, 단종수술을 받을 여성에게는 고작 여섯 문장으로 된 동의서 양식을 사용했다.

70 Velez, "Se me acabó la canción", 78. 1974년 맥개러는 볼티모어시립병원에서 대부분 18~20세인 여성 12명이 단종수술을 받았음을 보고했다. 그들은 제왕절개를 받기 불과 몇 분 전 동의서 양식을 받고 서명했다. "이 사례 중 어느 것도 이전에 여성이 단종수술에 대한 관심을 표명했다는 증거는 없었다. 여성이 출산하기 몇 주나 몇 달 전 병원에 등록할 때 그 여성에게 단종수술을 원하는지 여부를 묻는 것이 병원의 통상적인 절차인데도 말이다."(McGarrah, "Voluntary Female Sterilization", 5)

71 Hernandez, "Chicanas and the Issue of Involuntary Sterilization", 6-7. 어코스타는 두 달 뒤 피임제를 받으러 병원을 다시 찾을 때까지 자신이 단종수술을 받았다는 사실을 전혀 알지 못했다. 어코스타의 남편은 제왕절개에 대한 면책 동의서라는 말을 듣고서 동의서 양식에 서명했다.(Dreifus, "Sterilizing the Poor", 14)

72 Dreifus, "Sterilizing the Poor", 14.

73 Hernandez, "Chicanas and the Issue of Involuntary Sterilization", 31.

74 같은 글, 8.

75 De Castillo, "Sterilization", 69.

76 강조는 저자. Velez, "Se me acabó la canción", 86-7.

77 다음에 인용된 단종수술남용종식위원회 논문집, Shapiro, *Population Control Politics*, 114.

78 같은 글.

79 Petchesky, "Reproduction, Ethics, and Public Policy", 35; Patricia Donovan, "Sterilizing the Poor and Incompetent", *Hastings Center Report* 6, no. 5(October 1976): 7. 또한, 다음을 참조. *Douglas v. Holloman*, USDC, SN.Y., Civil Action no. 76 Civ. 6.

80 Shapiro, *Population Control Politics*, 187.

81 Petchesky, "Reproduction, Ethics, and Public Policy", 36.

82 전미여성기구 각 지부의 정책은 본부의 정책과 다를 수 있다는 점을 유념하는
것이 중요하다(1994년 캘리포니아주 주민투표발의안 187호에 대해
시에라클럽이 취한 입장에서도 봤듯 말이다). 마찬가지로, 2차 세계대전 중에
플랜드패런트후드 직원 일부는 주택 공급 및 의료 서비스 문제를 더 비중 있게
다뤄야 한다고 주장했지만, 본부는 이런 관점을 공유하지 않았다. 실제로 본부는
산아제한을 통해 의료 및 복지 프로그램 감축으로 발생할 수 있는 문제가
상쇄된다고 보았다.(Gordon, *Woman's Body, Woman's Right*, 350)

83 Judy Norsigian, "The Women's Health Movement in the United
States", in *Man-Made Medicine*, ed. Moss, 90. 이와 비슷하게도,
자발적인수술적피임협회Association for Voluntary Surgical Contraception[현
엔젠더헬스EngenderHealth]가 제작해 저소득층 여성에게 단종수술 상담을 하는
사람들을 대상으로 마케팅한 한 소책자에서는 이렇게 개탄한다. "빈곤 여성은
특히 분만 후 단종수술을 받으려고 시도할 때 종종 관료주의적 혹은 제도적
장벽에 부딪힌다. …… 그런 장벽에 부딪힌 여성들은 대부분 출산을 위해 병원에
있는 동안 수술을 받지 못해 유감스러워한다."(Association for Voluntary
Surgical Contraception, *Counseling Low-Income Women about
Voluntary Sterilization*{New York: Association for Voluntary Surgical
Contraception, n.d.})

84 Goldberg, *Racist Culture*, 5.

85 Alison M. Jaggar, *Feminist Politics and Human Nature*(Sussex, England:
Harvester Press, 1983), 43, 194-5.

86 하지만 앞서 언급했듯, 연방 규정은 이 후자의 집단을 거의 보호하지 못했다.
심지어 미 보건교육복지부 관할하의 의료 서비스 제공자들조차 만성적으로
규정을 위반하고 있었기 때문이다.

87 Goldberg, *Racist Culture*, 5.

88 Chris Weedon, *Feminist Practice and Poststructuralist Theory*(Oxford,
England: Basil Blackwell, 1987), 143.

89 Mills, *The Racial Contract*, 56.

17장 | 새로운 테크놀로지, 오래된 정치: 노플란트와 그 너머

1 주사로 투여되는 데포-프로베라는 점액과 자궁내막을 변화시켜 배란을
억제한다.(Committee to Defend Reproductive Rights, "Is Depo-

Provera Safe?", *CDRR News*{San Francisco}, spring-summer 1993, 4)
합성 호르몬(프로게스틴 레보노르게스트렐)이 함유된 노플란트 I(캡슐 6개)과
노플란트 II(막대 2개)를 여성의 팔뚝에 삽입하면 최대 5년간 효과가 유지된다.
프로게스틴이 캡슐에서 새어 나와 혈류로 흡수되는 방식이다. 노플란트는
자궁경부 점액을 두껍게 해 정자의 진입을 방해하고, 자궁내막을 변화시키며,
매달 난소에서 성숙한 난자가 배출되는 것도 막는다.("Updating a Revolution",
Washington Post, 7 January 1991, 3; "The National Latina Health
Organization Takes a Look at Norplant", *Morena*{March-April 1992}: 3)

2 생식 테크놀로지에 관해서는 전 세계적 맥락에서 살펴보지 않고선 논의가
불가능하다. 특히 벳시 하트만과 같은 학자들 그리고 수많은 작가, 이론가,
활동가들에 의해 이 분야에서 상당한 연구가 이뤄졌다. 활동가들 중에는
생식유전공학에저항하는국제페미니스트네트워크Feminist International Network
of Resistance to Reproductive and Genetic Engineering 구성원들도 있다. 이들은 인구
조절-제국주의-인체 실험 지형에 대해 폭로하고 분석했다. 미국 국외의 노플란트
및 데포-프로베라 사용 사례에 대해 이 글에서 간략하게만 서술하는 까닭은 기존
연구를 그대로 되풀이하기보다는 그것을 발판으로 삼아 덧붙여나가고자 하기
때문이다.

3 Carol Levine, "Depo-Provera and Contraceptive Risk: A Case Study of
Values in Conflict", *Hastings Center Report* 9, no. 4(August 1979): 11.

4 Committee to Defend Reproductive Rights, "Is Depo-Provera Safe?"
4; Hartmann, *Reproductive Rights and Wrongs*, 202; Levine, "Depo-
Provera and Contraceptive Risk", 9.

5 샌프란시스코 제국주의에반대하는여성들Women against Imperialism이 제작한
정보 제공용 전단지인 '데포-프로베라—당신이 주사를 맞기 전 알아야 할 사실들
Depo-Provera—Get the Facts before You Get the Shot'. 의사 및 관리자들은 이런 부작용
대다수를 사소한 것으로 무시한다고 하트만은 지적한다. 히트민은 "우울증은
단지 한 여성의 삶의 질을 완전히 파괴하는, 미미한 부작용이지요"라는 제나
코리아Gena Corea의 말을 인용하고 있다.(Hartmann, *Reproductive Rights
and Wrongs*, 202) 데포-프로베라는 3개월마다 주사로 투여되기 때문에(효과는
훨씬 더 오래 지속된다) 부작용을 겪는 여성은 말 그대로 자신의 몸에 갇혀 있는
셈이다. 일단 주사를 맞으면 시간이 흐르는 것 말고는 체내에서 데포-프로베라를
제거할 방법이 없다.

6 Committee to Defend Reproductive Rights, "Is Depo-Provera Safe?" 4.

7 루스 알바레스 마르티네스Luz Alvarez Martinez가 '유색인 여성과 생식 건강Women
of Color and Reproductive Health' 분과 회의에 참가해 발언한 내용, *Dangerous*

Intersections, 61; Women against Imperialism, "Get the Facts before You Get the Shot", *WAI News* 1(spring-summer 1994).

8 마르티네스가 '유색인 여성과 생식 건강' 분과 회의에 참가해 발언한 내용, *Dangerous Intersections*, 61.

9 Levine, "Depo-Provera and Contraceptive Risk", 8.

10 Hartmann, *Reproductive Rights and Wrongs*, 204.

11 Raymond, *Women as Wombs*, 117.

12 Hartmann, *Reproductive Rights and Wrongs*, 204. 인종은 미국 바깥에서도 누가 표적이 될 것이냐를 결정하는 중요 요인이었다. 하트만에 따르면, 아파르트헤이트 치하 남아프리카공화국에서는 흑인 및 '혼혈' 여성을 골라내 데포-프로베라를 투여했다. 가족계획이 흑인 여성에게 유일하게 무상으로 제공된 의료 서비스였듯, 데포-프로베라는 종종 유일하게 이용 가능한 피임제였다(206). 이와 비슷하게 프랑스에서는 피임을 하는 프랑스 출생 여성의 4퍼센트만이 데포-프로베라를 사용한 데 비해, 프랑스 거주 알제리 출생 여성의 15퍼센트, 사하라 이남 아프리카 출생 여성의 20퍼센트가 데포-프로베라를 사용했다. 아프리카계 여성들이 데포-프로베라 외의 피임제를 프랑스 출생 여성들보다 두 배 이상으로 자주 요청했다는 사실에도 불구하고 말이다. (Committee to Defend Reproductive Rights, "Is Depo-Provera Safe?", 7)

13 Suzanne Shend, "What I Saw on Guantanamo Bay", *Gay Community News*, April 1993, 1. 수잰 셴드Suzanne Shend는 아이티인들Haitians만 미국 입국 전 HIV 검사를 받았다고 언급했다. "아이티인이 아닌 사람은 같은 해역이나 심지어 같은 배에서 잡힌 경우라도 HIV 검사를 받지 않는다." [에이즈 팬데믹] 초기에 동성애자homosexual, 헤로인 중독자heroin addict, 혈우병 환자hemophiliac와 함께 에이즈를 전염시키는 "네 가지 H" 중 하나로 지명됐던 것을 비롯해 1980년대 및 1990년대 아이티인을 둘러싼 담론은 데포-프로베라 강제 수용의 토대가 됐다. 관타나모만 기지 억류자들은 "강제로 검사를 받은 다음 비행기 격납고에 있는 스피커에서 큰 소리로 자신의 [에이즈] 감염 여부가 방송되는 것을 들었다"라고 셴드는 보고했다.
1999년 《뉴욕타임스》는 포르토프랭스 소재 코넬대학교 의과대학의 한 클리닉에서 진행된 에이즈 연구에 관해 1면 머리기사를 실었다. "아이티인은 현재 세계 선진국에서 표준으로 여겨지는 수준의 의료 서비스를 받지 못하고 있기 때문에 이상적인 연구 대상이다." 그 클리닉이 연간 78만 6000천 달러의 연방 보조금을 받는데도 불구하고 연방 정부의 감시 감독은 최소한으로 이뤄지며, 뉴욕시 소재 코넬대학교 의과대학 부속병원보다 의료 수준도 현저히 낮다고 《뉴욕타임스》는 보도했다. "만약 이 연구가 미국 국내에서 이뤄졌다면, 의사들은 항레트로바이러스제를 처방하고 무방비 상태의 성관계에 대해 가장 효과적인 상담 서비스를 제공할 의무를 졌을 것이라는 데 전문가들은 동의한다."(Nina Bernstein, "For Subjects in Haiti Study, Free AIDS Care Has a Price", *New York Times*, 6 June 1999, 1; Bernstein, "Oversight Agencies Give Program Scant Review", *New York Times*, 6 June 1999, 10)

14 Levine, "Depo-Provera and Contraceptive Risk", 11.

15 같은 글, 8. 15년 뒤, 이 주입 약물은 케냐 여성들 사이에서 경구피임약에 이어 두 번째로 높은 사용률을 보였으며, 하트만이 보고했듯 당시 아프리카 대륙 전역에 걸쳐 공격적인 판촉이 진행되고 있었다. 전 세계적으로 그 주입 약물 사용자는 피임제 사용자의 단 1퍼센트밖에 되지 않는데도 말이다.(Hartmann, *Reproductive Rights and Wrongs*, 200-1)

16 Jennifer McGuire, "Health Educator Says Depo-Provera and Norplant Harmful", *Indian Country Today*, 22-9 July 1996, C1.

17 William Booth, "Updating a Revolution", *Washington Post*, 7 January 1991, 3.

18 Raymond, *Women as Wombs*, 15.

19 UBINIG, "'The Price of Norplant Is Tk.2000! You Cannot Remove It': Clients Are Refused Removal in Norplant Trial Bangladesh", *Issues in Reproductive and Genetic Engineering* 4, no. 1(1991): 45(1991년 기준 2000타카Tk[방글라데시 통화]는 55미국달러에 해당함); Margot Zimmerman et al., "Assessing the Acceptability of NORPLANT Implants in Four Countries", *Studies in Family Planning* 21, no. 2(March-April 1990): 99.

20 방글라데시의 한 여성은 결국, 자녀가 익사했으며 남편이 아이를 더 갖고 싶어 한다고 거짓말을 해서 의사들이 억지로 노플란트를 제거하게 만들었다.(UBINIG, "Research Report on Norplant, The Five Year Needle: An Investigation of the Norplant Trial in Bangladesh from the User's Perspective", *Issues in Reproductive and Genetic Engineering* 2, no. 3{1990}: 225) 유엔의 후원을 받아 국제적으로 진행된 노플란트 캠페인들에 대한 더 자세한 내용은 다음을 참조. UBINIG, "The Price of Norplant Is Tk.2000"; Ana Regina Gomes Dos Reis, "Norplant in Brazil: Implantation Strategy in the Guise of Scientific Research", *Issues in Reproductive and Genetic Engineering* 3, no. 2(1990).

21 Hartmann, *Reproductive Rights and Wrongs*, 77.

22 Judy Mann, "New Contraceptive Advances Freedom, Responsibility", *Washington Post*, 12 December 1990, B33.

23 UBINIG, "The Price of Norplant Is Tk.2000", 46. 방글라데시에서 노플란트를 보급하는 한 클리닉을 대상으로 실시한 연구에서는 노플란트 삽입을 받은 환자의 100퍼센트가 빈곤층이나 중하류층이며 80퍼센트가 글을 읽을 줄 모르는 것으로 밝혀졌다. 노플란트의 장단점을 나열한 전단지를 시술 전 여성들에게 읽어줬다고 의료진은 주장했지만, 이런 주장이 사실이라고 확인해준 여성은 단 한 명도 없었다. 클리닉은 시술에 앞서 노플란트 삽입이 금지된 고혈압, 천식, 황달 등 질환에 대한 검사를 실시했다고 주장했지만, 여성들은 이 역시 불신했다. 여성들은 혈압 검사, 체중 검사 및 (아마도 임신 여부를 확인하기 위한) 일부 소변 검사를 받았을 뿐이며, 대단히 드물게 골반 검사를 받았다고 보고했다. 캡슐 삽입 당시 60퍼센트의 여성이 모유 수유 중이었다.(UBINIG, "Research Report on Norplant, The Five Year Needle", 224-5)

24 "The National Latina Health Organization Takes a Look at Norplant", 3. 유방암, 혈액순환 및 심장 관련 질환, 혈전, 황달, 간 질환이 있는 여성, 또는 흡연을 하거나 모유 수유 중이거나 임신 가능성이 있는 여성은 노플란트를 절대로 사용해선 안 된다고 전미라틴아메리카계여성보건기구는 경고한다. 노플란트는 체중이 150파운드 이상인 여성—다른 여성에 비해 노플란트 삽입의 결과로 자궁외임신이 더 잘 발생한다—에게는 효과가 떨어지는데도, 그런 여성들조차 노플란트를 쉽게 구할 수 있었고 일상적으로 처방을 받았다.(Susan Gerber, Carolyn Westoff, Maria Lopez, and Laurie Gordon, "Use of Norplant Implants in a New York City Clinic Population", *Contraception* 49, no. 6 {June 1994}: 561; McGuire, "Health Educator Says Depo-Provera and Norplant Harmful", C1)

25 UBINIG, "Research Report on Norplant", 220.

26 "Abstract Arguments, Real Births", *New York Times*, 20 March 1991, 28.

27 Linda Roach Monroe, "New Expensive Birth Control Gets Slow Acceptance", *Los Angeles Times*, 16 May 1991.

28 "The National Latina Health Organization Takes a Look at Norplant", 3. 노플란트 캡슐은 마치 가시처럼 피부 안에서 돌아다닐 수 있으므로 밖으로 꺼내기가 매우 어렵다. 새크라멘토의 한 간호사는 《뉴욕타임스》 기자에게 이렇게 말했다. "가끔은 한 시간 동안 이곳저곳을 찔러봐야만 했어요. 그러면 피부 조직이 너무 부어올라서 아무것도 찾을 수 없지요. 그래서 환자에게 한 달 뒤 상처가 아물면 다시 오라고 해야 하는 거예요. 그러고는 또다시 여기저기를 쑤시는 거지요." 일부 여성은 노플란트를 몸에서 제거하기 위해 전신마취를 하고 수술을 받아야 했다.(Lewin, "'Dream' Contraceptive's Nightmare", *New York Times*, 8 July 1994, 7) 1993년 9월 시카고의 변호사 주얼 클라인

Klein은 노플란트 제거 과정에서 다친 여성들을 대신해 와이어스-에어스트를
상대로 소송을 제기했다. 이듬해 이는 400명의 원고가 참여하는 집단소송으로
이어졌다. 1995년 말이 되자 클라인의 의뢰인들을 포함해 여성 5만 명이
와이어스-에어스트를 고소하겠다고 했다. 와이어스-에어스트가 노플란트 삽입
및 제거 교육을 받지 않은 의사들에게 노플란트를 판매하는 것을 금지하는
가처분명령과 손해배상을 청구하는 소송이었다.(같은 글; Geoffrey Cowley
with Susan Miller, "The Norplant Backlash", *Newsweek*, 27 November
1995, 52) 1999년 와이어스-에어스트의 모기업인 아메리칸홈프로덕츠는 두통,
메스꺼움, 우울증 및 불규칙한 월경 출혈로 고통을 받는 여성 3만 6000명에게
각각 1500달러씩 지급하는 것으로 합의했다. 이 합의는 노플란트 제거 과정에서
입은 부상에 대해서는 보상하지 않았다. 와이어스-에어스트는 어떤 잘못도
인정하지 않았다.

29 Annie Chang et al., "Local Reactions at the Insertion Site of the Norplant
    Contraceptive System", *Journal of Long-Term Effects of Medical
    Implants* 3, no. 4(1993): 305; Uel E. Crosby et al., "A Preliminary Report
    on Norplant Insertions in a Large Urban Family Planning Program",
    Contraception 48(October 1993): 359; Cowley and Miller, "The Norplant
    Backlash", *Newsweek*, 27 November 1995, 52.

30 Lewin, "'Dream' Contraceptive's Nightmare", 7. 1991년 《월 스트리트 저널》
    은 노플란트 임상 연구에 참여한 여성의 40~65퍼센트가 5년이 지나기 전에
    노플란트 제거를 요청했다고 보도했다.(Charlotte Allen, "Norplant—Birth
    Control or Coercion?", *Wall Street Journal*, Western ed., 13 September
    1991, 12)

31 Margaret L. Frank, L. Bateman, and Alfred N. Poindexter, "The Attitudes
    of Clinic Staff as Factors in Women's Selection of Norplant Implants for
    Their Contraception", *Women and Health* 21, no. 4(1994): 80, 83.

32 Peter Baker, "Virginia Assembly Approves Norplant Money Despite
    Critics", *Washington Post*, 12 February 1993, D1, D3.

33 에이프릴 테일러April Taylor가 '유색인 여성의 재생산권 확보하기Securing
    Reproductive Rights for Women of Color' 워크숍에 참가해 발언한 내용, *Dangerous
    Intersections*, 74; 앤드리아 스미스가 금요일 총회에 참가해 발언한 내용,
    Dangerous Intersections, 6.

34 McGuire, "Health Educator Says Depo-Provera and Norplant Harmful",
    C1, C3.

35 마르티네스가 '유색인 여성과 생식 건강' 분과 회의에 참가해 발언한 내용,

Dangerous Intersections, 61. 이는 방글라데시의 한 여성이 겪은 일과
판박이이다. 노플란트를 사용한 지 2년이 된 그 여성은 제거를 요청했다. 의사는
그 여성과 여성의 남편에게 약 400달러인 제거 비용 전액을 지불하는 경우에만
노플란트를 제거하겠다고 말했다. 비용을 지불할 수 없었던 그 여성은 어쩔 수
없이 노플란트 삽입을 계속 하고 있어야만 했다. 출혈이 심한 또 다른 여성은
의료진에게 노플란트를 팔에서 꺼내달라고 여러 차례 간청했다. 그 여성은
의사에게서 거듭 거절당했으며, 이런 말을 들었다. "출혈을 멈추게 할 약이
없으니 당신에게 처방해줄 수가 없군요. 그리고 제거라고요? 당신이 죽으면
알려줘요. 그러면 꺼내줄 테니."(UBINIG, "The Price of Norplant Is Tk.2000",
46)

36　Judy Norsigian, "The Women's Health Movement in the United States",
Man-Made Medicine, ed. Moss, 87.

37　앤드리아 스미스가 금요일 총회에 참가해 발언한 내용, *Dangerous
Intersections*, 6.

38　Mann, "New Contraceptive Advances Freedom, Responsibility", B3.

39　Mark Stein, "Judge Stirs Debate with Ordering of Birth Control", *Los
Angeles Times*, 10 January 1991, 31.

40　"Judge Orders Birth Control Implant in Defendant", *Washington Post*,
5 January 1991, 1; Mark Stein, "Judge to Let Birth Control Order Stand",
Los Angeles Times, 11 January 1991, 3. 브로드먼은 판결 선고 당시 존슨에게
노플란트에 대해 설명하기 위해 형식적인 의사 표시를 했었다고 나중에
주장했다.

41　"Judge Orders Birth Control Implant in Defendant", 10; "Judge to
Reconsider Probation Requiring Birth Control", *Los Angeles Times*, 9
January 1991, 16.

42　Helen R. Neuborn, "In Norplant Case, Good Intentions Make Bad Law",
Los Angeles Times, 3 March 1991, M5.

43　사실상 브로드먼은 자녀를 때렸다고 인정한 여성을 구금 해제시킴으로써 그
여성의 자녀를 더 큰 위험에 빠뜨렸다고도 할 수 있을 것이다.

44　강조는 저자; "Norplant", *60 Minutes*, 10 November 1991(방영일), *CBS
News* (대본) 24, no. 8(1991): 8. 브로드먼은 당시 임신 상태인 존슨이
노플란트를 거부할 경우 감옥행을 선고할 준비가 돼 있었던 만큼, 그의 우려가
산전 관리에까지 적용되진 않았다.

45　1990년 미네소타대학교 생명윤리학자인 아서 캐플런Arthur Caplan은 이렇게
경고했다. "어떤 지역의 판사가, 자신이 보기에 태아에게 위험하거나 해를 입히는

행위를 한다고 생각되는 여성에게 노플란트 삽입을 명령하는 것은 시간문제일 뿐이에요. 장담하건대 그런 일은 반드시 일어날 거예요."(Malcolm Gladwell, "Implant for Birth Control Stirs Debate", *Philadelphia Inquirer*, 31 October 1990, 1-2)

46 Del Castillo, "Sterilization", 68.

47 Stein, "Judge Stirs Debate with Ordering of Birth Control", 31.

48 Tamar Lewin, "5-Year Contraceptive Implant Seems Headed for Wide Use", *New York Times*, 29 November 1991, 26.

49 "Norplant", *60 Minutes*, 9.

50 Stein, "Judge to Let Birth Control Order Stand", 3. 사실 브로드먼의 관할 구역인 툴레리카운티는 극도로 가난한 지역이다. 툴레리카운티는 캘리포니아주에서 청소년 빈곤율 및 십 대 임신율이 가장 높다.(Males, *The Scapegoat Generation*, 62) 가난한 유색인(툴레리카운티는 멕시코계 미국인 인구가 많다) 여성의 출산을 막는 일에 혈안이 된 브로드먼이, 아동학대 혐의를 빌미 삼아 개입했다고 보는 것도 무리는 아니다.

51 Del Castillo, "Sterilization", 67-8; Blank, *Fertility Control*, 69.

52 "Teenager Sentenced to Birth Control", *Gay Community News*, 25 November-8 December 1990, 3.

53 브로드먼은 존슨 판결에 반대하는 한 남성에게 법정에서 총격을 받은 뒤, 해당 재판에서 스스로 물러났다.("Norplant", *60 Minutes*, 10) 브로드먼은 이후 여러 사건에 대해 고의에 의한 직무상 위법 행위 혐의로 사법직무수행위원회에 회부됐다. 존슨 사건이 아직 항소심 중일 때 대중매체에서 그 사건에 대해 이야기한 것도 혐의에 포함돼 있었다. 사법직무수행위원회는 "사법 행정에 해를 끼치는 행위"라는 훨씬 덜 심각한 결론을 내렸다.(Ramon G. McCleod, "No Misconduct in Norplant Case", *San Francisco Chronicle*, 27 August 1996, 15) 미국시민자유연맹이 제기한 존슨의 항소에 대해 주 항소법원은 존슨이 마약 관련 집행유예 위반 혐의로 체포되자 더는 판결을 내릴 필요가 없다고 선고했다. 항소심 판결과 달리 1심 판결은 캘리포니아주에서 법적 선례가 될 수 없다.("Birth Curb Order Is Declared Moot", *New York Times*, 5 April 1992, 3)

54 Allen, "Norplant—Birth Control or Coercion?", 12.

55 Alexander Cockburn, "Beat the Devil", *Nation* 259 no. 3(18 July 1994): 80. 저크가 마침내 1994년에 발의한 법안에서는 교도소의 행정 책임자가 임신 중지를 포함하지 않는 한 "제공돼야 할 적절한 서비스와 그런 서비스 제공을 위한 방법"을 결정하도록 규정했다. 1996년 캘리포니아주 의회는 아동 성추행으로 두 차례 유죄판결을 받은 남성에 대해, 그 남성이 정관절제술을 선택하지 않는

한 데포-프로베라를 "석방된 뒤에도 주기적으로 주입받도록" 하는 법안을
발의했다. 데포-프로베라가 테스토스테론 수치를 낮추고 고환을 수축시키며
발기부전을 초래한다는 사실을 지적한 주의회 의원들은 이 조치가 아동을 보호할
것이라고 주장했다.(B. Drummond Ayres Jr., "California Child Molesters
Face Chemical Castration", *New York Times*, 27 August 1996, 1, 8; Blank,
Fertility Control, 89) 데포-프로베라와 화학적 거세의 역사에 관한 더 자세한
설명은 다음을 참조. "'Chemical Castration': Another Use for DepoProvera",
Hastings Center Report 9, no. 4(August 1979): 10.

56 Allen, "Norplant—Birth Control or Coercion?", 12.

57 Sanger, "Sterilization: A Model Program for Human Health and Welfare",
5 June 1951, 1, MSP-CDS.

58 Mann, "New Contraceptive Advances Freedom, Responsibility", B3;
Philadelphia Inquirer, 12 December 1990, 18. 해당 《인콰이어러》 사설은
그 신문의 독자와 직원, 필라델피아흑인언론인협회Philadelphia Association of Black
Journalists, 그리고 전국 언론인들에게 맹비난을 받았다. 《인콰이어러》는 피켓
시위에 시달렸고, 결국 첫 번째 사설에 대해 사과하는 두 번째 사설을 게재했다.
("An Apology", 23 December 1990, 4-C)

59 "Norplant: A Tool against Women", *off our backs* 21, no. 3(March 1991):
13; Allen, "Norplant—Birth Control or Coercion?", 12. 추적 검사를 위한
진료가 호르몬제 사용 중인 여성의 지속적 건강 상태를 감시 감독하기 위한
것인지, 아니면 여성이 거래의 목적을 잘 지키고 삽입물을 '조기에' 제거하지
않도록 확실히 하기 위한 것인지는 불분명하다.

60 Ellen Goodman, "The Politics of Norplant", *Boston Globes*, 19 February
1991; "Norplant", *60 Minutes*, 9.

61 복지 수급자의 75퍼센트가 2년 안에 수급자 명단에서 빠져나가며 단 8
퍼센트만이 8년 이상 복지 수급자로 남는다는 사실을 고려하면, 이 수치는
엄청나게 오해의 소지가 있었다.(마르티네스가 '유색인 여성과 생식 건강' 분과
회의에 참가해 발언한 내용, *Dangerous Intersections*, 62; "Norplant: A Tool
against Women", 13)
전후 가족계획연맹 회장을 맡은 윌리엄 보그트William Vogt 또한 전임자인 생어나
후임자인 윌리엄 쇼클리와 마찬가지로 단종수술을 한 개인에 대한 '특별수당'
지급을 옹호했다. "그런 특별수당은 주로 이 세상의 무능한 사람들의 마음을
끌 것이므로, 아마 이로운 선별적 영향을 미칠 것이다. …… 사회의 관점에서
보자면, 다수가 신체적으로나 심리적으로 주변부에 속하는 영구 빈곤층에게
50달러나 100달러를 지급하는 것이 유전적, 사회적 유산으로 인해 계속해서

무기력하게 살아갈 확률이 높은 그들의 수많은 자식들을 먹여 살리는 것보다 훨씬 더 나을 것이다." 환경보호주의자이자 조류학자인 보그트는 인구 조절이 환경보호론자들의 주된 관심사가 돼야 한다고 주장했다.(James Ridgeway, "Behind the Bell Curve", *Village Voice*, 15 November 1994, 16)

62 Helen R. Neuborne, "In the Norplant Case, Good Intentions Make Bad Law", *Los Angeles Times*, 3 March 1991; "Norplant: A Tool against Women", 13. 이는 분산된 주 지부들 간의, 그리고 주 지부와 본부 간의 노플란트 정책 분석의 불일치를 나타내는 것일 수 있다. 또는 주 법원이 아니라 주 의회에 의해 노플란트가 의무화될 수 있다는, 장소의 문제를 강조하는 전미여성기구의 입장을 보여주는 것일 수도 있다.

63 Barbara Katz Rothman, *Recreating Motherhood: Ideology and Technology in a Patriarchal Society* (New York: W.W.Norton, 1989), 62.

64 Lewin, "5-Year Contraceptive Implant Seems Headed for Wide Use", 26; "Birth Control Implant Gains among Poor under Medicaid", *New York Times*, 17 February 1992, 1; Allen, "Norplant—Birth Control or Coercion?", 12(Texas); Stephanie Denmark, "Birth Control Tyranny", *New York Times*, 19 October 1991(Louisiana); Mehler, "In Genes We Trust", 12(Connecticut); Alexander Cockburn, "Beat the Devil", *Nation*, 18 July 1994, 79(Florida).

65 "이 비뚤어진 논리에 따르면"이라고 운을 띄우며 알렉산더 콕번Alexander Cockburn은 이렇게 썼다. "한 아이가 태어나지 않도록 다섯 아이가 굶어 죽어야 한단다."(Cockburn, "Beat the Devil", 79-80)

66 마르티네스가 '유색인 여성과 생식 건강' 분과 회의에 참가해 발언한 내용, *Dangerous Intersections*, 62.

67 Theresia Degener, "Female Self-Determination between Feminist Claims and 'Voluntary' Eugenics, between 'Rights' and Ethics", *Issues in Reproductive and Genetic Engineering* 3 no. 2(1990): 88. 디제너는 일차적으로는 장애와 생식에 관해 이야기하고 있지만, 그의 주장은 복지 수급 여성에게도 마찬가지로 적확하게 들어맞는다. 1996년 클린턴 대통령의 복지개혁법 승인 이후로는 더욱 그렇다.

68 다음에 언급된 소힐의 말, Malcolm Gladwell, "Implant for Birth Control Stirs Debate", *Philadelphia Inquirer*, 31 October 1990, 2-A; 다음에 언급된 노플란트협력단, Paul W. Valentine and Amy Goldstein, "Baltimore to Try Norplant to Reduce Teen Pregnancy", *Washington Post*, 4 December 1992, 1; 다음에 언급된 학교 내 노플란트 배포, "Baltimore's Lead in

Contraception", 14 December, 1993, 16; Steven A. Holmes, "Norplant Is Getting Few Takers at School", *New York Times*, 3 May 1994, 16.

69 몇몇 기사는 아프리카계 미국인 지역사회 일부가 제기한 제노사이드 혐의를 언급했지만, 이런 주장들의 근거에 대해 어떤 식으로든 의미 있는 보도를 하는 데는 실패했다. 제노사이드 혐의 제기가 너무 극단적이라고 느껴질지도 모르겠지만, (이 나라에서 시행된 제공자 주도 피임법 및 인구 조절책의 역사는 말할 것도 없고) 언론 보도를 살펴보면 이는 이해할 만한 반응이다. 예컨대 1992년 12월 4일 《뉴욕타임스》는 〈볼티모어 학교 클리닉들, 외과적 삽입에 의한 피임법 제공 Baltimore School Clinics to Offer Birth Control by Surgical Implant〉이라는 1면 머리기사 바로 밑에 〈인구 증가율, 기존의 미국 인구조사 추정치를 앞질러 Population Growth Outstrips Earlier U.S. Census Estimates〉라는 기사를 내보냈던 것이다. 2029년에 이르면 미국 내 백인 인구는 더는 늘어나지 않지만 흑인 인구는 향후 60년간 두 배로 늘어날 것으로 예상된다는, 미국인구조사국 U.S. Census Bureau의 조사 결과를 보도하는 기사였다.(Tamar Lewin, "Baltimore School Clinics to Offer Birth Control by Surgical Implant", *New York Times*, 4 December 1992, 1; Robert Pear, "Population Growth Outstrips Earlier U.S. Census Estimates", *New York Times*, 4 December 1992, 1)

70 텍사스대학교 연구진은 노플란트 삽입을 한 성인 여성의 53퍼센트가 불규칙한 월경 출혈을 경험하는 데 비해 십 대의 경우는 71퍼센트가 그렇다고 밝혔다. ("Teenagers in Study Favor Norplant Use", *Washington Post Health*, 17 August 1993) 그런 결과가 발표된 그 달에 한 기사에서는 노플란트를 삽입한 십 대 여성의 33퍼센트가 감정 기복을 부작용으로 꼽았음을 지적했다.(Abbey B. Berenson and Constance M. Wiemann, *Pediatrics* 92, no. 2{August 1993}: 257) 텍사스 소재 파클랜드메모리얼병원에서는 분만 직후 노플란트 삽입을 한 431명 중 63퍼센트가 19세 이하였고, 23.5퍼센트는 16세도 되지 않았다.(Crosby et al., "A Preliminary Report on Norplant Insertions", 359, 361) 이미 눈에 띄는 부작용들과 추가 연구의 필요성을 무시한 채, 방금 언급된 자료들의 각 저자는 노플란트가 젊은 여성 및 여자아이들에게 이상적이라는 결론을 내렸다. 그런 권고는 1969년 미국산부인과학회가 단종수술에 대한 연령-출산력[출산 횟수] 지침 제안을 철회하려고 했던 것을 상기시킨다.

71 "Is Depo-Provera Safe?" 4; 주디스 스컬리 Judith Scully가 '유색인 여성과 생식 건강' 분과 회의에 참가해 발언한 내용, *Dangerous Intersections*, 64; Hartmann, *Reproductive Rights and Wrongs*, 212; 마르티네스가 '유색인 여성과 생식 건강' 분과 회의에 참가해 발언한 내용, *Dangerous Intersections*, 65.

72 다음 사설, "Bold Attack on Teenage Pregnancy", *Los Angeles Times*, 7 December 1992, B6.

73 *Vital Statistics of the United States, 1940-1991*, vol. 1, 다음에 인용됨. Males, *The Scapegoat Generation*, 62; Hartmann, *Reproductive Rights and Wrongs*, 144. 고등학교를 졸업하는 아프리카계 미국인 학생 수가 1964년 67퍼센트에서 1994년 75퍼센트로 증가했음을 언급한 공영 라디오방송의 보도(1994년 11월 21일 방송) 또한 이와 관련지어 생각할 수 있다.

74 다음에 인용됨. Marc Lacey, "Teen-Age Birth Rate in U.S. Falls Again", *New York Times*, 27 October 1999, A16.

75 Males, *The Scapegoat Generation*, 88, 220.

76 같은 책, 88.

77 Karen De Witt, "Teen-Agers Split on Birth Control Plan", *New York Times*, 5 December 1992, 7.

78 Males, *The Scapegoat Generation*, 82.

79 Paul W. Valentine, "In Baltimore, a Tumultuous Hearing on Norplant", *Washington Post*, 12 December 1993, D5; Males, *The Scapegoat Generation*, 9.

80 다음에 인용됨. Males, *The Scapegoat Generation*, 219.

81 Francis X. Clines, "Computer Project Seeks to Avert Youth Violence", *New York Times*, 24 October 1999.

18장 | 장애와 우생학: 변함없는 합의

1 물론, 장애인 권리 옹호자들은 제외하고 말이다.

2 Blank, *Fertility Control*, 83.

3 Robert A. Jones, "This Beats a Sombrero Any Day", *Los Angeles Times*, 19 May 1991, 3.

4 다음에 인용됨. Lisa Blumberg, "Eugenics vs. Reproductive Choice", *Sojourner*, January 1995, 17.

5 같은 글에 인용됨.

6 같은 글.

7 같은 글.

8 *Problems in Eugenics*, First International Eugenics Conference, 466.

9 강조는 저자. 다음에 인용된 의사 빅터 C. 본Victor C. Vaughan의 말, Morton

Aldrich et al., *Eugenics: Twelve University Lectures*(New York: Dodd, Mead, 1914), 74-5. 미시간주 최초의 강제 단종법이 1913년 통과됐다. 미시간주 법률은 '백치, 치우, 정신박약자, 간질 환자'에 대한 우생학적, 징벌적 그리고/또는 '치료적' 단종수술을 허용했다. 이 법은 나중에 위헌판결을 받는데, 일반 대중이 아니라 시설 수용자에게만 적용됐다는 게 그 이유였다. 이 법은 여러 차례 개정됐으며, 그 결과 단종수술 후보자군이 점점 더 확대됐다. 1929년에 이르면 "도덕적 타락자" 및 "유전적 퇴화를 보이는 변태성욕자"도 후보자군에 포함됐다. (Landman, *Human Sterilization*, 70, 305)

10 Mehler, "The History of the American Eugenics Society", 95-6.

11 P. W. Whiting, "Selection, the Only Way of Eugenics", *Birth Control Review* 9, no. 6(June 1925): 166. 와이팅은 성병이 "우둔하고 부도덕한 자들을 단종시키므로" 심지어 우생학적일 수 있다는 로즈웰 존슨Roswell Johnson의 주장을 인용하기도 했다. 미국우생학회에서 활발하게 활동한 존슨은 폴 포프노이와《우생학의 응용Applied Eugenics》을 공동 집필했다.(Mehler, "The History of the American Eugenics Society", 383)

12 Sanger, "Birth Control and Racial Betterment", *Birth Control Review* 3, no. 2(February 1919): 12.

13 Sanger, "Margaret Sanger's Own Corner", *Birth Control Review* 8, no. 5 (May 1924).

14 미국산아제한연맹ABCL은 단종수술이 "연맹의 목표에 포함된다"고 생각하고 있으며 "산아제한이 실패할 가능성이 있는 상황에서 단종수술이 가치가 있음을 인식하고 있고, 이 분야에서 이뤄지고 있는 작업에 깊은 관심이 있다"라고 그 사설은 밝혔다. 이 발언들이 나오게 된 계기는 1928년 4월《산아제한 평론》에 게재된〈단종수술: 심포지엄Sterilization: A Symposium〉의 서문이었다. 그 서문 기고자 가운데는 로플린과 엘리스도 있었다. 로플린은 강제 단종수술을 옹호했고, 엘리스는 단종수술이 "바람직한 경우가 많지만" 그럼에도 "일종의 처벌로 가해져서는 안 되며, 해당 주체나 책임자가 자유롭게 수용해야 한다, 이렇게 되면 특별히 법률을 제정할 필요도 없다"라고 썼다.("Sterilization: A Symposium", *Birth Control Review* 12, no. 3{April 1928}: 73, 90)

15 Sanger, *The Pivot of Civilization*, 86, 101-2.[《문명의 중심축》에서 생어가 이렇게 쓴 지] 6년 뒤,《산아제한 평론》은 1928년 단종수술에 대한 심포지엄 글에서 [생어와] 상반된 견해를 발표했다. 나중에 미국우생학회 이사회에서 활동하게 될 워런 S. 톰프슨Warren S. Thompson은 단종수술보다는 격리를 선호했다. "작은 지역사회에서 정신박약이 있는 여자아이는 그곳에 살고 있는 젊은 남성들 대부분의 먹잇감이 된다. (우생학자들{원문 그대로임}[원문에

'eugenists'로 표기돼 있는데, 이는 'eugenicists'보다 드물게 사용되는
형태임]은 보통) 그런 여자아이를 그 지역사회의 골칫거리라고 여기는데, 이는
여자아이가 자식을 낳을 가능성이 있기 때문이다. 그 여자아이에게 단종수술을
시행하면 분명 골칫거리는 제거되고 우생학적으로도 떳떳할 것이다. 하지만
사회학자가 보기에 이는 하나만 알고 둘은 모르는 소리다. 그런 여자가 버리고
갈 대여섯 명쯤 되는 아이들보다 그런 여자가 지역사회에 존재함으로써 풍기를
문란하게 하는 효과를 더 두려워해야 할 것이다." 그러므로 톰프슨은 격리를
권장했다. "그런 여자가 지역사회 곳곳에 질병을 옮겨서는 안 되고, 도덕 수준을
떨어뜨려 더 정상적인 사람들이 따라 하고 싶게 해서도 안 되며, 이웃에게 조심성
없는 성적 습성들을 퍼뜨리는 수단이 돼서도 안 된다. …… 따라서 이 경우,
그런 사람의 **사악한 힘**을 줄어들게 하기에 단종수술은 충분하지 않다는 것이
명확하며, 적절한 격리가 이뤄지는 것이 반드시 필요하다. 격리는 이 문제의
생물학적, 사회적 측면들을 동시에 다루기 때문이다.(강조는 저자. Thompson,
"Sterilization: A Social View", *Birth Control Review* 13, no. 3{April 1928}:
76) 격리도 단종수술도, 톰프슨이 묘사한 학대나 폭력으로부터 여성을 보호하지
못했다. 톰프슨도 생어도, 그들이 말하는 여자아이 및 여성이 안녕한지에
대해서는 아무런 관심을 나타내지 (또는 그 여성들을 피해자로 만들 수 있는
젊은 남성들에 대해 규탄하지) 않았다. 오히려 생어와 톰프슨이 사로잡혀 있었던
것은 그 여성들이 남성을 타락시키고 감염시키는 우생학적 위협이자 국가 재정
파탄자라는 생각이었다.

16   Chesler, *Woman of Valor*, 195.

17   Ruth Hubbard, "Eugenics and Prenatal Testing", *International Journal
      of Health Services* 16, no. 2(1986): 234. 케네디의 논문이 발표됐을 당시
      독일에서는 이와 유사하지만 더 전면적인 캠페인이 진행되고 있었다.

18   나음에 인용된 플링의 말, Duster, *Back Door to Eugenics*, 46. 마찬가지로
      1980년대에 HIV 양성인 사람들은 생식기에 문신을 하라는 요구가 나온 것도
      에이즈가 아니라 이미 주변화되고 위태로워진 사람들을 겨냥한 것이었음이
      분명하다.

19   Michael Bayles, "The Legal Precedents", *Hastings Center Report*, June
      1978, 38.

20   Petchesky, "Reproduction, Ethics, and Public Policy", 38. 덧붙이건대
      노스캐롤라이나주에서 유지되고 있는 것과 같은 법령들은 장애아를 키우느니
      자녀가 아예 없는 게 보편적으로 더 낫다는 생각을 자명하게 여긴다.

21   Levine, "Depo-Provera and Contraceptive Risk", 8; Hartmann,
      Reproductive Rights and Wrongs, 204.

22 Macklin and Gaylin, *Mental Retardation and Sterilization: A Problem of Competency and Paternalism*(New York: Plenum Press, 1981), 다음에 인용됨. Blank, *Fertility Control*, 61.

23 Petchesky, "Reproduction, Ethics, and Public Policy", 37. 덧붙이건대 발달장애인이 당면한 성적 학대의 위험이 커지고 있음을 고려하면, 권력과 동의를 다루는 교육 프로그램도 페체스키의 제안 사항에 추가될 수 있겠다.

19장 | 퀴나크린, 다가오는 공세

1 퀴나크린 정제를 자궁에 삽입하면 정제가 녹으면서 염증이 발생하고, 이 때문에 나팔관 끝에 반흔 조직[또는 흉터 조직]이 생겨 난자가 자궁으로 들어가는 것을 막는다.(Hartmann, *Reproductive Rights and Wrongs*, 256)

2 Norsigian, "The Women's Health Movement in the United States", *Man-Made Medicine*, ed. Moss, 88; Hartmann, *Reproductive Rights and Wrongs*, 257, 286. 베트남 정부는 여성 권리 옹호자 및 보건 기구들이 표명한 우려를 받아들여, 추가 평가가 나올 때까지 퀴나크린 단종수술을 중단했다. ("Women's Views Influence Contraceptive Use", *Network*, no. 1, September 1995, 16) 베트남에서는 퀴나크린 사용자들이 클리닉을 방문할 때 3달러를 받았다고 자발적인수술적피임협회는 보고한다.(Charles S. Carignan, Deborah Rogow, and Amy E. Pollack, "The Quinacrine Method of Nonsurgical Sterilization: Report of an Experts Meeting", AVSC working paper no. 6, July 1994, 8)

3 Carignan, Rogow, and Pollack, "The Quinacrine Method of Nonsurgical Sterilization." 출혈, 만성 골반통, 어지러움, 두통, 자궁외임신, 삽입 중 자궁 천공, 염증 및 화끈거림이 모두 퀴나크린 사용 여성들에 의해 보고됐다.

4 *Dangerous Intersections*, 부록.

5 Hartmann, *Reproductive Rights and Wrongs*, 99; Mehler, "The History of the American Eugenics Society", 318, 340.

6 Guy Irving Burch, "Immigration Control", *Birth Control Review* 13, no. 6 (June 1929): 163-4. 이 글의 나머지 부분은 1924년 이민법 폐지에 대한 버치의 두려움에 집중돼 있었다. "1890년을 기점으로 하이픈으로 연결되는 '국외 태생'이라는 범주에 포함되지 않는 대다수 미국 국민들은 하이픈으로 연결된 미국인으로부터 압박을 받고 있는 의회가 이 나라의 혈맥을 정치적 도구로 삼지 못하도록 지켜야 할 책임이 있다." 캐럴 매캔은 생어와 그 추종자들이 이민

제한에는 반대했지만, "그들의 수사는 낡은 관점을 동화시킬 필요가 있었다"
고 주장했다.(McCann, *Birth Control Politics in the United States*, 132)
생어와 그 추종자들이 이민 제한에 반대하는 신념을 가진 사람이라는 매캔의
분류가 정확하다면, 버치의 글이《산아제한 평론》에 발표된 것도, 버치가
미국산아제한연맹ABCL 지도부에 오른 것도 모두 설명이 되지 않는 부분이
있다. 고든에 따르면, 버치는 자신이 산아제한을 지지하는 것에 대해 "미국인이
재외국인이나 니그로 혈통으로 대체되는 것을 막고자" 헌신하는 과정에서
자연스레 자라난 것으로 설명했다.(다음에 인용된 버치의 말, Gordon, *Woman's
Body, Woman's Right*, 279) 1939년 버치는 유대인 고아/난민의 미국 입국
금지 캠페인을 벌였다.(Hartmann, *Reproductive Rights and Wrongs*, 99)

7 하트만은 콜린스와 엡스타인이 워싱턴 D.C.에 참석할 수 있었던 것에 대해
엑스포 주최 측이 본인들의 생각이 짧았음을 인정하며 사과했다고 언급했다.
(하트만이 토요일 총회에 참가해 발언한 내용, *Dangerous Intersections*, 23)

8 Asoka Bandarage, "A New and Improved Population Control Policy?",
Sojourner 20, no. 1(September 1994): 17.

9 RU-486은 빈혈이 있는 경우 사용이 금지돼 있으므로, 자엘 실리먼Jael Silliman이
지적하듯 개발도상국 등의 많은 여성에게 "매력적인 선택지가 아니다".(실리먼이
'카이로와 그 너머: 인구와 환경에 대한 국제적 관점Cairo and Beyond: International
Perspectives on Population and the Environment' 워크숍에 참가해 발언한 내용,
Dangerous Intersections, 78) 빈혈 여부와 관계없이 여성들은 구토, 장기간의
출혈, 극심한 통증, 그리고 어떤 경우 혈전증 및 부정맥을 비롯한 부작용을 겪을
수 있다.(FINRRAGE Position Paper {on} RU-486, Feminist International
Network of Resistance to Reproductive and Genetic Engineering,
Hamburg, Federal Republic of Germany, October, 1991, 이 자료를
제공해준 레이철 로젠블룸에게 감사를 전한다) 하트만은 "RU-486을 사용하는
경우, 외과적 임신 중지를 할 경우보다도 수혈을 필요로 하는 출혈이 훨씬 더 자수
발생한다"고 보고한다.(Hartmann, *Reproductive Rights and Wrongs*, 264)
이는 현재까지 알려진 부작용일 뿐이다. RU-486과 퀴나크린의 장기적 효과가
알려지기 전에는 진정 '충분한 정보에 입각한' 동의란 있을 수 없다.

10 Karen Houppert, "How Prolife Forces Strangle Research", *Village Voice*,
1 October 1996, 25. 캐런 후퍼트Karen Houppert는 이런 함정에 빠진 모습을
보여준다. 그는 임신 중지 권리 반대 집단만이 노플란트 및 그와 유사한 '피임법의
진보'를 거스른다면서, 새로운 테크놀로지들의 위험성은 검토하지 않은 채 그
테크놀로지들에 대한 지지를 표명한다.

나오는 말

1   Charles A. Boston, "A Protest against Laws Authorizing the Sterilization of Criminals and Imbeciles", *Journal of the Institute of Criminal Law and Criminology* (September 1913).

2   Erica Goode, "Roe v. Wade Resulted in Unborn Criminals, Economists Theorize", *New York Times*, 20 August 1999.

3   Mosse, *Nationalism and Sexuality*, 133-4.

4   *Proceedings of the First National Conference on Race Betterment*, 478.

5   이 문단의 소제목은 다음 글에서 인용한 것이다. Ruth Hubbard, "Irreplaceable Ewe", *Nation*, 24 March 1997, 4.

6   주민투표발의안 187호가 아직 재판 중에 있을 때, 플로리다주, 일리노이주, 뉴욕주 정치인들은 그와 유사한 법안이 자기 주에서도 제정되면 좋겠다는 바람을 표명했다. 또 캘리포니아주 법원의 판결과는 무관하게 주민투표발의안 187호가 연방 이민정책의 전면적 개편을 위한 발판이 될 것이라는 징후들이 일찌감치 감지됐다. 아닌 게 아니라 연방 조치들은 주민투표발의안 187호의 조항 다수를 무용하게 만들었다. 1996년 4월 클린턴 대통령이 승인한 반테러법의 원 스트라이크 아웃 방침에 따라, 합법적 장기 거주자일지라도 '중대 범죄'로 유죄판결을 받은 사람은(유죄판결을 받고 형을 선고받고 석방이 된 뒤 시간이 얼마나 지났는지 관계없이) 강제 구금 및 국외 추방을 당한다. 이제껏 보장됐던 국외 추방 면제 신청권이나 연방 법원 항소권도 박탈당한 채로 말이다.("Immigrant's Peril—'One Strike and You're Out'", *San Francisco Chronicle*, 3 September 1996, 1)

7   다음에 인용됨. Vern Bullough, "Homosexuality and the Medical Model", *Journal of Homosexuality* 1, no. 1(1974): 106.

8   Minkowitz, "Trial by Science", 28-9. 생물학자들이 자신들의 이론을 바이섹슈얼리티와 조화시키지 못한 것은 확실히 이 재판보다 먼저 있었던 일이다. 예컨대 1941년 의사 L. A. 커L. A. Kerr는 바이섹슈얼리티를 허마프로다이티즘[즉, 자웅동체증]과 나란히 '생물학적 말더듬증'으로 분류했다.("Bi-Sexuality in Mankind", *Sexology* 8, no. 4{March 1941}: 221)

9   강조는 저자. Hamer and Copeland, *The Science of Desire*, 53.

10   Kate Bornstein, *Gender Outlaw* (New York: Routledge, 1994), 3.

11   Patricia Donavan, "Sterilizing the Poor and Incompetent", *Hastings Center Report* 6, no. 5(October 1976): 9.

12   Étienne Balibar, "Racism and Nationalism", *Race, Nation, Class*, 60.

ㄱ

가난(빈곤, 궁핍) 8, 27, 31, 53, 55, 56, 71, 74, 83, 95, 103, 112, 140, 149, 234, 235, 288, 289-290, 291, 293-295, 297, 311, 322-324, 327-329, 332, 337-338, 349, 354, 366, 374, 398, 402-404, 409, 430, 440

가산적 인과론 180

가족계획 365-367, 384, 431

가족계획클리닉 363

간성 185

간질(뇌전증) 50, 71, 81, 88, 109, 159, 201, 213, 222, 249, 300, 301, 310, 388, 418, 421

갬블, 클래런스 54, 288, 293, 326-329, 331-336, 339-340, 343, 350, 356

거세 45, 166, 175, 195-196, 198-199, 201-202, 209, 214, 239, 253, 260-261, 298, 352, 394, 436, 439, 449

거터, C. M. 124-125, 132, 157

걸릭, 시드니 76, 84-85

게이 24, 27, 30, 41-43, 45-46, 48-49, 108, 164-168, 170-178, 180, 188, 207-210, 213-215, 217-219, 227-228, 239, 243-248, 250-253, 258, 260-261, 263, 265-267, 269-270, 272-273, 275-278, 280, 284, 298, 434, 436, 442, 447

게이 관련 면역결핍증(그리드) 276

결함 26, 28, 36, 43, 50, 64, 66, 68, 73, 77-78, 80, 86, 88, 96, 105, 107, 126, 151-152, 173, 176, 180, 185-186, 190-191, 193, 198, 212, 240,

257, 265, 294, 309-312, 321-322,
324-325, 336, 340-341, 352-353,
355, 359, 415-416, 418, 422-423,
436, 444
결혼(혼인) 25, 128-130, 134, 136, 196,
209, 212-213, 233, 299, 312, 322-
324, 354, 356, 397, 419,
경구피임약 332, 333, 392, 432
경제 여건(경제 논리, 경제적 지위) 112,
191, 295, 321-322, 363, 380, 398,
401
계급주의(계급적 편견) 63, 77, 92, 293,
298, 376, 380, 390, 398-399,
400, 438
고더드, 헨리 허버트 77-78, 102, 159
골상학 228
골턴, 프랜시스 25
골턴연구회 100, 132
과학적 인종주의 24, 40, 44-45, 51, 62,
131, 139, 158, 234, 240, 303, 321,
343, 346-347, 350-352, 430, 437,
445
국가주의 8-9, 14, 16-17, 29, 31, 56, 63,
67-68, 70, 93, 96, 117, 158, 238,
284, 291, 435, 440, 446
국민성 29, 32, 134, 136
국외 추방 40, 63, 78, 80, 86, 88-89,
96, 110, 122, 134, 136, 138, 142, 147,
437
국제가족계획연맹 387
국제우생학기구연맹 132
그랜트, 매디슨 34, 36, 87, 90, 102, 117-
118, 126-129, 133, 148, 150, 157,
313-314, 441
그린, 리처드 168, 263, 273

그린버그, 데이비드 190, 245
글래스, H. B. 265
기독교 우파 432
기독교 정체성운동 62
기독교연합 432

ㄴ

나치 독일 37, 51, 53, 111, 131-132, 135,
138, 350
나치 우생학 131, 133, 136, 141, 346,
423
난관결찰술 31, 55, 345, 360, 362-
364, 370, 372-374, 383, 388-390,
438
난소적출술 223-224
내분비학 209, 257, 271
네케, 파울 218
넬슨, 앨런 146, 156, 441
노동(노동자, 노동력) 36, 64-65, 81-
85, 92, 96, 98-99, 118-119, 121,
123, 156, 172, 184, 190, 238, 278,
310, 337, 438, 441
노플란트 27-28, 55-56, 289-290,
294, 383, 387-395, 397, 400-412,
414, 425, 427, 431-432, 438-439,
446
녹스, 하워드 78-79, 89
니그로 프로젝트 334-335, 337
니콜로시, 조지프 220

ㄷ

단종법 46, 53, 109, 111, 115, 132, 159,
199-202, 298-300, 348, 356,

359, 413, 423, 434

단종수술 8, 25, 28, 30, 32, 45, 51-
56, 66, 108, 110-111, 115, 132-134,
147, 196, 199-205, 260, 285, 288,
290, 292-294, 297-302, 324-
325, 327, 331, 334-355, 360-380,
383-386, 390-391, 393-394,
397-400, 403, 406, 412-413, 418-
421, 423-424, 430-431, 433, 436-
439, 445-446, 449

대공황 116, 123, 326-327

대니얼, F. E. 45, 197-199, 224, 298,
436

대븐포트, 찰스 77, 118, 313, 318

데포-프로베라 31, 289-290, 294,
363-364, 383-387, 390-391, 393,
407, 412, 423-424, 427, 432

델린퀀테 나토 197

도너휴, 존 434-435

도착 46, 79, 128, 184, 192, 194, 211-
214, 230, 246, 249-250, 257, 270,
279

동성애(동성애자) 24, 27, 30, 42, 45-
47, 49-50, 128, 161, 163-174, 176-
181, 183-186, 188-191, 194, 196-
197, 202-203, 205-215, 218-225,
228, 231-239, 243-254, 256-273,
275-284, 419, 438, 442-445

동성애 혐오(호모포비아) 30, 41-42,
48, 56, 166, 168, 170, 178, 180, 215,
269-270, 275, 277-279, 282, 284,
438, 443

동의 54-55, 345, 355, 359, 361-365,
367-368, 370-374, 378, 391-393,
395, 398, 402, 408, 413, 423

되르너, G. 231, 271-273

두개골학(두개골 계측) 228

듀발, 존 C. 323

드레이퍼 프로젝트 142

드레이퍼, 위클리프 139

디킨슨, 로버트 라투 108, 228-229,
328

ㄹ

라르센, 닐스 P. 348-349

래진스키, 존 M. 143

러베이, 사이먼 41, 163-164, 173-176,
217-218, 276, 279, 442-443

레이크, 조지 246, 270

로 대 웨이드(1973) 435

로스, 에드워드 A. 118

로플린, 해리 H. 34, 37, 59, 102, 109-
112, 115, 117-118, 120-121, 123, 132-
133, 139-140, 288, 298-299, 302,
310, 318, 436, 440-441

롬브로소, 체사레 82, 196-197, 434

뢰더, F. 174

리드베터, E. J. 149-150

리드스턴, G. 프랭크 44, 192-194, 196,
199, 222-223, 352

리틀, C. C. 318

리히텐슈타인, P. M. 232

ㅁ

마머, 저드 169

말고리스, M. 시드니 263-264, 273

매카시, 조지프 141

매캔, 캐럴 R. 53-54, 306-309, 313,

320, 342
매코드, 찰스 351-352
맥스, 루이스 251, 261
머리, 찰스 24, 38-40, 145, 149, 291,
    409
머리, 폴리 252-256
머피, 노먼 C. 267-271, 273
메디케이드 293, 361-362, 365, 367,
    425
모로, 폴 188-189, 197, 235
몰, 알베르트 222, 234-235, 247-251,
    273
무솔리니, 베니토 339
《문명의 중심축》308, 317, 421
문해력 검사 74-76
뮐러, D. 174
《미국 육종가 잡지》33, 66, 69, 128
미국 인종 35, 70, 442
미국가족계획연맹 337, 384
미국산아제한연맹 313, 317-318, 327-
    328, 334, 421, 429
미국산아제한연합 334, 336
미국우생학위원회 100, 117, 313
미국우생학회 77, 102, 117, 129, 141,
    314, 318, 418-419, 428-429
미국유전학회 86, 94
미국육종가협회 77

ㅂ

반동성애 주민투표발의안(반동성애
    법안 및 주민투표) 49, 167, 177, 280
반유대주의 100, 238
반이민 8, 32, 35, 40, 62, 64, 66, 73,
    84, 95, 100-101, 117, 139, 141, 145,
155, 157-158, 183, 428, 437, 440-
    441
발리바르, 에티엔 31-32, 67-68, 70,
    85, 447
발생장애 26, 83, 195, 310
백인우월주의 8, 11, 32, 56, 62, 66,
    284, 295, 351, 435, 440, 446
백치 50, 81, 88, 193, 201, 213, 300,
    302, 309
버치, 가이 어빙 428-429
벅 대 벨(1927) 115, 204, 297-298,
    300-301, 397, 424
벅, 캐리 204, 300, 359, 420, 424
범죄(범죄자) 25, 33, 35, 45-46, 50,
    55, 71, 81-82, 92, 109, 111, 129-130,
    159, 180, 191, 193, 196-203, 205,
    223, 228, 239, 270, 279, 309-310,
    323-324, 334-335, 356, 375, 394,
    400-401, 418, 431, 434-435, 440-
    441
범죄인류학 82, 192, 196, 228
베리, 찰스 260
베일리, J. 마이클 42, 163, 178, 218-
    221, 268, 273, 276
병리화 8, 28, 183, 215, 219, 252, 311,
    406, 412, 446
복스, 존 C. 99-100, 119
복지 38, 54, 63, 147, 152, 289-290,
    293-294, 306, 344-346, 350,
    353-354, 356-362, 364-368,
    374, 383, 394, 397-398, 401-406,
    409-410, 412, 430-431, 433, 437,
    439, 446
부적자 29, 52, 66, 70, 72, 83, 109-
    110, 133, 151, 196, 203-204, 277,

288, 297-298, 311-312, 322, 324, 325, 339-340, 344, 347, 412, 419-421, 436
불평등 30, 55, 57, 64, 74, 83, 146, 159, 284, 289, 303, 310, 381, 392, 408, 430, 437, 447-448
브라운 대 교육위원회(1954) 134, 447
브리검, 칼 C. 102-108, 128
블랭크, 로버트 52, 290, 413
비네-시몽 지능검사 77, 308
빈곤가정한시지원 56, 152, 406

ㅅ

사회다윈주의 26, 351
《산아제한 평론》 52, 66, 149, 303, 313, 315, 317-318, 321-324, 326, 329-330, 343, 419, 421, 428-429
산아제한 52, 54, 147, 239, 285, 287-289, 291-292, 295, 302-303, 305-321, 324, 326-332, 336, 342-345, 381, 392, 400, 402, 415, 419, 422, 429, 446
생래적 범죄인 82, 197, 434
생물학 결정론 30, 47, 131, 166, 173, 283, 309-310, 438
생식(생식질, 생식력) 34, 36-38, 45, 55-56, 65, 68, 96, 98, 103, 116, 126-127, 139, 147, 155, 186-187, 201, 205, 208-209, 212, 225, 231, 233, 248, 260, 287, 289-290, 297, 299, 302, 306, 311-312, 319, 321-322, 325-326, 338-339, 342, 346, 349, 355, 384, 389, 394, 397, 404, 406, 412, 414, 418, 431, 436, 439, 441
생어, 마거릿 52-54, 66, 147, 285, 287-289, 291-294, 302-303, 305-313, 315-321, 324-328, 331-344, 350, 379, 392, 402-403, 419-422, 428, 430-431, 436, 446
성매매 35, 74, 80, 82, 103, 159, 237, 300, 310, 400
성병 185, 237, 271-272
성소수자 공동체 262, 264, 275, 279, 442, 444
섹슈얼리티 25, 29, 44-45, 48, 54, 65, 172-174, 179, 184, 194, 199, 205, 208, 213, 221-222, 225, 245-246, 250, 260, 270, 281, 283, 298, 307, 310, 334, 353, 435, 444, 448
슈타이나흐, 오이겐 209-210
스미스, 줄리아 홈스 225-226
스콧, 제임스 포스터 186-188, 235, 237-238
스텀프, 월터 E. 175
스토더드, 로스롭 102, 133, 157, 318
스톤월 항쟁 28, 262
시민권 17, 48, 57, 93, 140, 142, 149, 167, 208, 253, 262, 279-280, 334, 351, 362, 437, 444, 447
시상하부 42, 163-164, 173-174, 217, 269, 277, 443
신맬서스주의 146-147, 285, 309, 318, 321, 325, 337, 342, 354, 419, 431
십 대 임신 294, 407-409, 412, 431, 438

ㅇ

아동기 젠더 비순응 219-221, 240, 439

아이큐 검사 24, 32, 64, 77, 101, 103, 159, 308, 443
아직 태어나지 않은 범죄인 434
앨런, 클리퍼드 260
어데어, B. A. 오언스 297
에드워즈, D. J. 103
에이즈(후천면역결핍증) 42, 169, 173-177, 217, 275-278, 297, 408, 443
엘리스, 해블록 46-47, 206, 208, 210-215, 227-228, 234-235, 243, 250, 273, 281, 310, 317-318
엘리스섬 77-78, 159
여성 동성애(레즈비언) 27, 30, 42-43, 45-46, 48, 108, 163-164, 166-168, 171-172, 175, 178, 188, 207-208, 210, 213, 215, 217-219, 221-223, 225-229, 231-233, 240-241, 243-248, 251-252, 258, 263, 265, 267, 269-270, 280, 284, 442, 447
여성 혐오 56-57, 284, 292
여키스, 로버트 M. 102-103, 106, 108, 133, 308, 436
역사 수정주의 69, 288
열등(열등한, 열등함, 열등성) 32, 73, 76, 84, 88-89, 99, 105, 107-108, 110, 118, 123, 129, 142, 144, 201, 298, 306, 311, 338, 448
오나니슴 186-187
오르바, D. A. 129
오리피스 수술 43, 45, 195, 224, 237, 244, 301, 442
오즈번, H. F. 118, 123
와이릭, C. A. 223-224
와이팅, P. W. 419-420
와튼버그, 벤 J. 98

외국인 혐오 32, 40, 51, 63, 66, 68, 85, 98, 135, 146, 148, 158, 237, 438, 440
《욕망의 과학》 24-25, 29, 165, 169, 245
《우생학 소식》 33, 66, 120-121, 125, 129, 131-132, 134-137, 318
우생학기록사무소 318
우생학기록협회 100, 102, 111, 116, 124, 129, 132, 137
우생학연구회 34, 314
우생학위원회 100, 199, 201, 299, 313, 336, 357
우즈, 프레더릭 애덤스 97
울리히스, 카를 하인리히 167, 184, 248, 281
워드, 로버트 드코시 35, 69-71, 75, 83-86, 89, 94-95, 98, 117-118, 122, 150-152, 438, 441-442
워즈워스, 글렌 236
원, 프랭크 줄리언 76
월터, 프랜시스 38, 141-142
위검, 앨버트 E. 313-314
윈스코, 제임스 P. 213
윌슨, M. G. 103
유자녀가정지원 56, 358-359, 362, 365, 394, 403, 405-406, 409
유전론 30, 180, 211, 243, 278
육군 정신 검사 102, 104, 118
은유 105, 156, 207, 217, 222, 234, 239-240, 264-265, 437
음핵절제술 166, 195, 223, 301
의료 사법적 복합 관념 209, 439
의료화 44, 173, 180, 190-191, 208, 238, 443

‘이민의 생물학적 측면’ 34, 59, 109
이민자 10, 12, 26, 29, 32, 35-40, 62,
    64, 66-70, 72, 74, 76-77, 79-82,
    84-86, 88-92, 94, 96, 99-101,
    103-106, 108-112, 115, 118-119, 122-
    125, 128, 141-143, 146-147, 151-152,
    155-158, 184, 191, 215, 284, 298,
    324, 374-375, 418, 440-442
이성애(이성애자, 이성애 중심) 41-42,
    49, 161, 163, 165, 171, 173-174, 176,
    183-184, 194-195, 197, 207, 209,
    211, 217, 219, 227, 231, 250, 261,
    263-264, 268-272, 276-277, 435,
    437, 442, 446
이젤, 해럴드 146
인구 조절 52, 56, 133, 147-148, 289-
    290, 292, 295, 329-330, 333-
    334, 336, 342-344, 354, 362,
    377, 381, 383-384, 388, 393, 396,
    406, 428-430, 446
인종 개량 37, 45, 62, 139, 159, 298,
    323, 436
인종 위생 53, 131, 137, 297
인족 자살 118, 312
인종간혼합금지법 25, 32, 129, 135,
    297
인종주의(인종차별) 17, 31-33, 40, 44-
    45, 51, 54, 57, 59, 63, 67-68, 73,
    85, 92, 113, 130, 139-140, 148, 157-
    158, 179, 203, 222, 232, 234, 236,
    259, 284, 287, 289-295, 299,
    303, 311, 318, 320-321, 342-343,
    345-347, 359-360, 368-369,
    380-381, 390, 398, 423, 431, 435,
    438, 440, 442

또한 다음을 보라 → 과학적 인종주의
일탈 45, 47, 163, 172, 183, 192, 194-
    195, 210, 221, 224, 239, 241, 244,
    247, 265, 278, 381
임신 중지 49, 170, 265, 305, 356,
    360, 367, 372-373, 392-393, 403,
    415, 417, 431, 435

ㅈ

자궁적출술 54-55, 166, 195, 301, 345,
    367, 372, 383,
자위 176, 186-188, 193, 198, 223-
    226, 236-237, 302
자유주의(자유주의자) 30-31, 41, 51-
    53, 56, 158, 284, 285, 287-291,
    294-295, 303, 305-306, 342,
    345-346, 349, 377-381, 383, 392-
    393, 402, 404, 409, 411, 425, 430-
    431, 434-435, 438, 445-447
장애인 9, 11, 25, 51, 54, 74, 87, 105,
    199, 265, 289, 294-295, 311, 321,
    322, 324, 326, 338, 343, 360, 412,
    413-414, 416-425, 430, 434, 446
재생산 13, 54, 56, 107, 288, 299, 301,
    302, 311, 321, 323, 325, 363, 392,
    431
‘적자 가족 경진대회’ 117, 314
적자 72, 83-84, 86, 299, 302, 311-
    312, 323, 325
전기충격요법 166, 251, 262
전도 47, 184, 186, 191, 211, 214, 222,
    227, 234, 246, 249-250, 253, 257
전두엽절제술 45, 166, 244, 266
정관절제술 55, 166, 195

정신 의료 시설(어사일럼) 34, 79, 111, 189, 196, 200, 230, 237, 299-301, 325, 420
정신 치료 요법 259-260
정신박약 50, 53, 64, 71, 77-79, 88-89, 101, 103, 109, 110, 124, 130, 159, 200-201, 300, 309, 311, 324, 334, 336, 340, 343, 352-353, 356, 412, 413, 420-421, 424
정신이상 45, 65, 71, 79-82, 88-89, 109-111, 186-187, 189, 193, 201, 211, 212, 221, 222, 223, 224, 237, 241, 250, 300, 310-311, 324, 336, 340, 418, 420-421, 440
정신적 결함(정신적 부적자, 정신적 무능력자) 80, 86, 151, 198, 310-312, 336, 339-340, 352, 353, 359, 415, 420, 422
젠글, 딘 267
젠더 8, 15, 29, 30, 45, 163, 184, 217, 219-222, 229, 230, 240-241, 246, 266, 267-269, 294, 345, 376, 379-380, 394, 397, 411, 435, 448
젠더 순응(젠더 규범 준수) 15, 45, 221, 229
젠더 정체성 장애 219-220
존슨, 앨버트 100-102, 109, 112-113, 115, 117, 441
《종형 곡선》 24-25, 38, 40, 145, 291, 448
지능 24, 25, 27, 38, 62, 76, 77, 103, 105-107, 118, 123, 126, 283, 311, 314, 349, 351
진화론 12, 167, 243, 277, 282, 307

ㅊ

체슬러, 엘런 53-54, 306-307, 320, 342, 421-422
치데클, 모리스 229, 232-234, 237
치우 88, 201, 213, 300, 433

ㅋ

카트라이트, 새뮤얼 A. 351
캠벨, 클래런스 G. 129, 137-138
케네디, 포스터 422, 423
케르베니, 카로이 마리아 183, 238, 442
코퍼, L. E. 79-80, 82
코플랜드, 피터 24
퀴나크린 55, 427-429, 436, 438
퀴어 9, 13, 26, 28-29, 30, 42-44, 46-47, 49-50, 79, 105, 161, 165-166, 168, 170, 172-173, 177-179, 181, 208, 222, 229, 239, 241, 243-244, 252, 262, 265, 266, 269-270, 275-276, 278-280, 282-283, 295, 437, 442-444
퀴어성 173, 444
큐클럭스클랜(KKK) 141, 405
키어넌, 제임스 228
킨제이 보고서 262

ㅌ

태아의 권리 396
터먼, 루이스 108-109, 308, 436
터스키기 매독 실험 259
테크노픽스 51-52, 56, 289, 292, 294, 346, 381, 411, 438

퇴화 26, 66, 107, 128, 130, 152, 185,
186, 197, 200, 246, 249, 250, 291,
299, 311, 323, 436,
트랜스젠더 13, 15, 27, 30, 43, 168, 251,
284, 442

ㅍ

파시즘 8, 17, 37, 344, 430
파이어니어펀드 37-38, 62, 138, 139-
143, 145-146, 441
퍼킨스, 뮤리얼 231
페미니즘 52, 54, 294, 430, 431, 446,
448
페어웨더, 니컬러스 135
페어차일드, 헨리 프랫 428
포렐, 아우구스트 212, 229-230
포프노이, 폴 108, 301, 312
폰 크라프트-에빙, 리하르트 186, 227
폴링, 라이너스 422-423
푸코, 미셸 46, 185-186, 205
프랫, E. H. 196, 224
프로이트, 지크문트 243, 245-246
플랜드패런트후드 287, 309, 332, 337,
377, 389, 404, 428, 446
플뢰츠, 알프레트 136
피시버그, 모리스 152
피어스, 클로비스 361-362
피임(피임법, 피임제, 피임약) 56, 288,
289, 295, 302, 306, 308, 316,
320, 327, 328-329, 330, 333, 334,
349, 355, 360, 363, 364, 367, 377,
384, 386, 389-390, 392-393,
397, 399-400, 402, 405-406,
410, 420, 423-425, 427, 432

필러드, 리처드 C. 42, 163, 178, 218,
220-221, 268, 273, 276

ㅎ

해리스, 유진 356
해머, 딘 24, 41, 48-49, 164-166, 169-
176, 217, 218, 245, 272, 273, 276,
279, 444
허버드, 루스 415, 422
헌스타인, 리처드 24, 38-40, 145
혐오 요법 46, 244, 251, 261-262, 266,
270
호르몬요법 254, 256, 259
홀로코스트 55, 134, 293
화학요법 166, 258
환경결정론 309-310
환경보호주의 33, 148, 158, 441
흑인 8, 11, 29, 38, 67, 103, 105, 123,
126, 127, 139, 157, 232-233, 240,
319, 320, 334, 335, 351-354, 362,
390, 402-403
흑인 대이동 29, 35, 63, 82
히르슈펠트, 마그누스 47, 167, 184,
206, 208-210, 215, 227, 238, 268,
281
히스테리 35, 40, 63, 73, 95, 98, 157,
278, 407, 441
히스테리 간질 222, 224
히틀러, 아돌프 111, 132, 210, 339

영문자

HIV 175, 176, 277, 386, 390

미국의 우생학

초판 1쇄 펴낸날　2026년 2월 2일
지은이　　　　N. 오르도버
옮긴이　　　　김현지
펴낸이　　　　박재영
편집　　　　　임세현·이다연
디자인　　　　조하늘
제작　　　　　제이오
펴낸곳　　　　도서출판 오월의봄
주소　　　　　경기도 파주시 회동길 513 203호
등록　　　　　제406-2010-000111호
전화　　　　　070-7704-5240
팩스　　　　　0505-300-0518
이메일　　　　maybook05@naver.com
X(트위터)　　@oohbom
블로그　　　　blog.naver.com/maybook05
페이스북　　　facebook.com/maybook05
인스타그램　　instagram.com/maybooks_05

ISBN　　　　979-11-6873-170-7 03300

이 책은 저작권법에 따라 보호받는 저작물이므로 무단전재와 복제를 금합니다.
이 책 내용의 전부 또는 일부를 이용하려면 반드시 저작권자와 도서출판 오월의봄에
서면 동의를 받아야 합니다.

책값은 뒤표지에 있습니다. 잘못된 책은 바꾸어 드립니다.

만든 사람들
책임편집　　　이다연
교정교열　　　신원제
디자인　　　　조하늘